辽宁省"十二五"普通高等教育本科省级规划教材
首届辽宁省教材建设奖省级优秀教材
省级一流本科课程配套教材
普通高等教育国际经济与贸易专业系列教材

国际贸易实务

第3版

徐春祥　梁姝娜　编著

机械工业出版社

本书共分 11 章，包括导论、国际货物贸易交易标的、贸易术语与货物的价格、国际货物贸易运输、国际货物贸易运输保险、国际货物贸易货款结算、出入境检验检疫、国际货物贸易争议与处理、交易磋商与合同订立、国际货物贸易合同的履行、进出境货物的通关。

本书既可作为国际经济与贸易专业以及经济学科其他专业本科生、高职高专学生的核心课程教材，也可作为国际贸易学等各专业研究生的主要参考用书，还可作为国际贸易从业人员的重要参考资料，同时可供社会读者参考。

图书在版编目（CIP）数据

国际贸易实务/徐春祥，梁姝娜编著. —3 版. —北京：机械工业出版社，2024.5

普通高等教育国际经济与贸易专业系列教材　辽宁省"十二五"普通高等教育本科省级规划教材　首届辽宁省教材建设奖省级优秀教材　省级一流本科课程配套教材

ISBN 978-7-111-75604-0

Ⅰ.①国…　Ⅱ.①徐…②梁…　Ⅲ.①国际贸易-贸易实务-高等学校-教材　Ⅳ.①F740.4

中国国家版本馆 CIP 数据核字（2024）第 072799 号

机械工业出版社（北京市百万庄大街 22 号　邮政编码 100037）
策划编辑：常爱艳　　　　　　责任编辑：常爱艳　何　洋
责任校对：龚思文　梁　静　　封面设计：鞠　杨
责任印制：郜　敏
北京富资园科技发展有限公司印刷
2024 年 7 月第 3 版第 1 次印刷
184mm×260mm・20.25 印张・501 千字
标准书号：ISBN 978-7-111-75604-0
定价：59.80 元

电话服务　　　　　　　　　　网络服务
客服电话：010-88361066　　　机 工 官 网：www.cmpbook.com
　　　　　010-88379833　　　机 工 官 博：weibo.com/cmp1952
　　　　　010-68326294　　　金 书 网：www.golden-book.com
封底无防伪标均为盗版　　　机工教育服务网：www.cmpedu.com

前　言

教材是课程教学内容的主要载体，是教师教学、学生学习的重要参考工具。积极推进教材课程一体化建设，是本教材编写组的使命和担当。作为省级精品课程建设成果之一，《国际贸易实务》第1版于2011年7月出版，2013年6月获第四届兵工高校优秀教材二等奖，2014年5月被评为辽宁省"十二五"普通高等教育本科省级规划教材。2018年2月，教材第2版出版，2019年9月获第七届兵工高校精品教材奖，2021年1月被评为首届辽宁省教材建设奖省级优秀教材。2021年1月，"国际贸易实务"被评为省级一流本科课程。十多年来，教材课程一体化建设理念得到贯彻，高水平教材建设不断推进，教材特色得以凝练和强化，教材质量和育人功能得以提升，充分体现了"教学团队'双师化'、教学内容模块化、教学案例精品化、教学质量标准化"等创新特色。

近年来，我国对外贸易面临的内外部环境和形势发生了很大变化。一是国际商会修订的《国际贸易术语解释通则》(Incoterms 2020) 从2020年1月1日起正式生效。二是根据国务院机构改革方案，原国家质量监督检验检疫总局的出入境检验检疫管理职责和队伍划入海关总署，自2018年4月20日起以海关名义对外开展工作。三是自2023年6月2日起，《区域全面经济伙伴关系协定》(RCEP) 对东盟10国和澳大利亚、中国、日本、韩国、新西兰等15个签署国全面生效。生效后，中国达成的自贸协定增加到19个，自贸伙伴达到26个。RCEP是一个现代、全面、高质量、互惠的大型区域自贸协定。不论从人口和经济总量还是从货物贸易总额来看，RCEP均高于欧盟(EU)、《全面与进步跨太平洋伙伴关系协定》(CPTPP) 和《美墨加协定》(USMCA) 等巨型区域贸易集团的规模。RCEP将推动中国以更高水平开放促进更深层次改革。四是世界经济复苏乏力，个别西方国家贸易保护主义抬头，动辄挥舞贸易制裁大棒，鼓噪脱钩断链。在这种背景下，中国倡导和推进的"一带一路"倡议越发彰显智慧，中欧班列、中亚班列依托的铁路运输的重要性更加凸显。

本次教材的修订工作主要体现在以下五个方面：

(1) 对第3章贸易术语与货物的价格进行了重新编写。贸易术语是货物价格不可或缺的组成部分，也是国际贸易惯例的具体体现，更是"国际贸易实务"课程的灵魂。一是对Incoterms 2020进行了全方位解读，并尽可能保持"原汁原味"。二是Incoterms 2020从2020年1月1日起生效，在此之前Incoterms 2010沿用了10年之久，并对业内人士产生了深远影响。为更好地理解Incoterms 2020，本教材在本章延伸阅读中对Incoterms 2020

和 Incoterms 2010 进行了辨析。

（2）对第 4 章国际货物贸易运输进行了大幅修订。一是利用较大篇幅介绍了铁路运输。铁路运输是继海洋运输、航空运输之后另一种重要的运输方式，尤其是"一带一路"倡议提出以来，中欧班列和中亚班列的常态化开行，更加凸显了铁路运输的重要作用。之前多数教材对这个环节的介绍或内容不足，或讲述不清，给授课教师、学生和实际从业人员带来很多困惑。笔者在查阅了大量外文网站、阅读了大量文献资料，以及与掌握俄语、法语、德语等的朋友深入沟通交流的基础上，全面清晰地阐述了涉及国际铁路货物运输的"国际货约"和"国际货协"的来龙去脉，厘清了《国际铁路货物运输合同统一规则》（CIM）是如何由《铁路货物运输国际公约》（1890 年制定，中文简称"国际货约"，法语简称 CIM）一步步演变为《国际铁路运输公约》（COTIF）附录 B 的，清楚地介绍了管理"国际货约"（CIM）的组织机构的演变过程。同时，也厘清了由铁路合作组织（OSJD）管理的《国际铁路直达联运货物运送协定（国际货运协定）及其办事细则》是如何演变为《国际铁路货物联运协定》（俄语简称 СМГС，中文简称"国际货协"）的。上述修订内容涉及第 1 章导论第 1.2.2.2 小节"调整国际货物运输关系的公约"、第 4 章第 4.1.3 小节"铁路运输"等章节。二是修订完善了铁路运输单据的相关内容。国际铁路运输政府间组织（OTIF）成员国之间的铁路货物运输，按《国际铁路货物运输合同统一规则》（CIM）办理，使用的运输单据，法语名称为 Lettre de voiture CIM，德语名称为 Frachtbrief CIM，英语名称为 CIM consignment note，中文名称为"国际货约运单"。铁路合作组织（OSJD）成员国之间的铁路货物运输，按《国际铁路货物联运协定》（СМГС）办理，使用的运输单据，俄语名称为 Накладная СМГС，英文名称为 SMGS consignment note 或 SMGS waybill，中文名称为"国际货协运单"。本书介绍了"国际货约运单""国际货协运单"，同时还介绍了"国际货约/国际货协运单"（CIM-SMGS 运单），内容涉及第 4.2.3 小节"铁路运输单据"章节。三是修订完善了国际多式运输及多式运输单据的相关内容。本部分内容参考了国际上对多式运输的通行解释，通过举例辨析了多式运输和多式联运的异同及使用场合，内容涉及第 4.1.6 小节"国际多式运输"和第 4.2.5 小节"多式运输单据"等章节。

（3）对第 7 章出入境检验检疫进行了重新编写。根据国务院《深化党和国家机构改革方案》，从 2018 年 4 月 20 日起，原国家质量监督检验检疫总局所属出入境检验检疫管理职责和队伍划入海关总署，以海关名义对外开展工作。之后，海关总署对原出入境检验检疫的有关条例和规章进行了重大修订，如：从 2018 年 8 月 1 日起，海关进出口货物实行整合申报，报关单、报检单合并为一张报关单；2021 年 4 月修订《中华人民共和国进出口商品检验法》；2022 年 3 月修订《中华人民共和国进出口商品检验法实施条例》。2022 年 1 月 1 日起，报关单位备案（进出口货物收发货人备案、报关企业备案）全面纳入"多证合一"改革，涉及货物检验检疫的范围与要求、报检企业分类、报检单位备案、法检目录调整等内容。

（4）对第 10 章国际货物贸易合同的履行有关原产地证书和原产地声明的相关内容做了重大修订。以 RCEP 协定的内容为基础，深入解读了原产地和原产地规则、原产地规则的分类，以案例的方式解析了货物原产资格的判定、原产地证书和原产地声明等，内容涉及第 10.1.5 小节 "信用证结算方式下的制单结汇"等章节。

（5）对第 11 章进出境货物的通关进行了重新编写。海关是国家进出关境监督管理机关。近年来，海关内部改革不断深化，职能发生了重大变化，除传统的监管、征税、缉私、编制海关统计等基本职能外，还增加了检验检疫、风险管理等职能。报关单位备案、"多证合一"改革、备案企业分类管理、进出口货物报关单填制规范（2019 年 2 月 1 日起执行至今）等都有相应变化。

修订后的教材体现了如下八个特点：①定位明确。本教材的内容设计、知识点阐释、重难点安排、难易程度与人才培养目标定位相吻合。②特色鲜明。本教材的编写体现了专业特色和课程特色。③使用对象明确。本教材可作为国际经济与贸易专业以及经济学科其他专业本科生、高职高专学生核心参考教材，也可作为国际贸易学等各专业研究生的主要参考用书，还可作为国际贸易从业人员的重要参考资料。④贴近实际、实操性强。⑤体现时代特征，内容新颖、紧扣时代前沿。⑥体现课程思政元素、提升育人功能。⑦语言表述流畅、文字简洁凝练、讲述透彻、前后呼应、逻辑严谨。⑧策划匠心独运、设计简约高雅、印刷精美大方。

本书配有国际贸易实际业务单证 100 余幅，除个别核心单证在正文中予以重点介绍外，多数单证均以二维码形式呈现在"本章数字资源"中，可扫码获取。同时，本书配套制作精美的中英文教学课件（PPT）、课程教学大纲、期末综合测试题及参考答案，免费提供给选择本书作为授课教材的教师，欢迎与出版社联系索取：cmpbook.edu.com。

如果您对本教材的编写有建设性意见或建议，欢迎与作者联系：chunxiangxu@126.com 或 lshuna@126.com。

值本教材修订出版之际，感谢一直以来使用本书作为参考教材的国内数十家高校师生的鼎力支持，感谢国内同行、专家、广大师生、国际贸易从业人员对本书的高度认可和厚爱，特别感谢参与本次修订讨论的英语、法语、俄语、德语专家、同学、学生，你们的专业知识使笔者多年的困惑得到了合理解释。

由于笔者水平有限，书中难免存在疏漏和不足之处，欢迎广大读者批评指正。

编　者
2023 年 7 月

目 录 CONTENTS

前言
第1章 导论 ... 1
本章阅读提示 ... 1
1.1 国际贸易实务的研究对象及学习方法 ... 1
1.1.1 国际贸易实务的研究对象 ... 1
1.1.2 国际贸易实务的学习方法 ... 4
1.2 国际贸易适用的法律、公约和惯例 ... 5
1.2.1 国际贸易适用的法律 ... 5
1.2.2 国际贸易适用的公约 ... 6
1.2.3 国际贸易适用的惯例 ... 11
1.3 本书的结构安排 ... 13
本章延伸阅读 ... 14
本章主要参考文献 ... 15

第2章 国际货物贸易交易标的 ... 16
本章阅读提示 ... 16
2.1 货物的名称 ... 16
2.1.1 货物名称的含义 ... 16
2.1.2 货物名称的表示方法 ... 17
2.1.3 规定货物名称条款的注意事项 ... 18
2.2 货物的品质 ... 19
2.2.1 货物品质的含义 ... 19
2.2.2 货物品质的表示方法 ... 19
2.3 货物的数量 ... 24
2.3.1 常用的度量衡制度和货物计量单位 ... 25
2.3.2 重量的计算方法 ... 26
2.3.3 合同中数量条款的有关规定 ... 28
2.4 货物的包装 ... 30
2.4.1 包装的种类 ... 30
2.4.2 合同中包装条款的有关规定 ... 33
本章延伸阅读 ... 35
本章主要参考文献 ... 37
本章数字资源 ... 38

第3章 贸易术语与货物的价格 ... 39
本章阅读提示 ... 39
3.1 贸易术语 ... 39
3.1.1 贸易术语的含义及作用 ... 39
3.1.2 Incoterms 2020 规则中的 11 个贸易术语及其解释 ... 40
3.1.3 常用贸易术语及其使用注意事项 ... 51
3.2 货物的价格 ... 63
3.2.1 货物价格构成 ... 63
3.2.2 主要贸易术语之间的价格转换 ... 64
3.3 合同中的价格条款 ... 66
3.3.1 单价和总价 ... 66
3.3.2 总值 ... 67
本章延伸阅读 ... 68
本章主要参考文献 ... 74
本章数字资源 ... 74

第4章 国际货物贸易运输 ... 75
本章阅读提示 ... 75

4.1 运输方式 75	5.3.1 航空运输货物保险 131

- 4.1.1 海洋运输 76
- 4.1.2 航空运输 80
- 4.1.3 铁路运输 81
- 4.1.4 邮政运输 87
- 4.1.5 集装箱运输 87
- 4.1.6 国际多式运输 89

- 4.2 运输单据 91
  - 4.2.1 提单和提货单 92
  - 4.2.2 航空运单 98
  - 4.2.3 铁路运输单据 98
  - 4.2.4 邮包收据 102
  - 4.2.5 多式运输单据 102
  - 4.2.6 其他运输单据 103

- 4.3 合同中的装运条款 105
  - 4.3.1 装运日期 105
  - 4.3.2 装货港（收货地）、卸货港和目的港（交货地） 106
  - 4.3.3 分批装运和转运 107
  - 4.3.4 装船指示和装运通知 108

- 本章延伸阅读 110
- 本章主要参考文献 116
- 本章数字资源 116

第5章 国际货物贸易运输保险 117

- 本章阅读提示 117
- 5.1 海洋运输货物保险的保障范围 117
  - 5.1.1 保障的危险 118
  - 5.1.2 保障的损失 118
  - 5.1.3 承担的费用 120
- 5.2 我国海洋运输货物保险的有关条款 121
  - 5.2.1 承保责任范围 122
  - 5.2.2 保险责任起讫 127
  - 5.2.3 除外责任 129
  - 5.2.4 被保险人的义务 129
  - 5.2.5 赔偿处理 130
- 5.3 空、陆、邮、冷藏货物运输保险 130
  - 5.3.2 陆上运输货物保险 132
  - 5.3.3 邮包险 133
  - 5.3.4 海洋运输冷藏货物保险 134
- 5.4 合同中的保险条款 136
  - 5.4.1 合同中的保险条款示例 136
  - 5.4.2 保险单 137
  - 5.4.3 保险金额、保险费率和保险费 140
  - 5.4.4 保险索赔 141
- 本章延伸阅读 143
- 本章主要参考文献 148
- 本章数字资源 148

第6章 国际货物贸易货款结算 149

- 本章阅读提示 149
- 6.1 结算工具 149
  - 6.1.1 汇票 149
  - 6.1.2 本票 153
  - 6.1.3 支票 154
- 6.2 结算方式 155
  - 6.2.1 汇款 155
  - 6.2.2 托收 157
  - 6.2.3 信用证 160
- 6.3 合同中的结算条款 171
  - 6.3.1 合同中的汇款条款 171
  - 6.3.2 合同中的托收条款 171
  - 6.3.3 合同中的信用证条款 172
  - 6.3.4 各种结算方式的综合运用 172
- 本章延伸阅读 174
- 本章主要参考文献 184
- 本章数字资源 184

第7章 出入境检验检疫 185

- 本章阅读提示 185
- 7.1 出入境检验检疫概述 185
  - 7.1.1 进出口商品检验 186
  - 7.1.2 出入境动植物检疫 187
  - 7.1.3 出入境卫生检疫 188
  - 7.1.4 进出口食品安全 189

7.1.5　货物检验检疫的作用 …… 190
　7.2　检验检疫机构和检验检疫
　　　证书 …… 191
　　7.2.1　检验检疫机构 …… 191
　　7.2.2　检验检疫证书 …… 193
　7.3　出入境检验检疫报检 …… 195
　　7.3.1　报检范围 …… 195
　　7.3.2　报检企业 …… 196
　　7.3.3　报检单位备案 …… 197
　7.4　合同中的检验检疫条款 …… 198
　　7.4.1　检验检疫条款的主要
　　　　　内容 …… 198
　　7.4.2　订立检验检疫条款时的
　　　　　注意事项 …… 199
　本章延伸阅读 …… 200
　本章主要参考文献 …… 202
　本章数字资源 …… 202

第8章　国际货物贸易争议与处理 …… 203
　本章阅读提示 …… 203
　8.1　争议与索赔 …… 203
　　8.1.1　违约与争议 …… 203
　　8.1.2　索赔与理赔 …… 205
　　8.1.3　合同中的争议与处理
　　　　　条款 …… 207
　8.2　不可抗力 …… 211
　　8.2.1　不可抗力的含义 …… 211
　　8.2.2　构成不可抗力应具备的
　　　　　条件 …… 212
　　8.2.3　不可抗力的认定与法律
　　　　　后果 …… 212
　　8.2.4　不可抗力的通知与证明
　　　　　文件 …… 213
　　8.2.5　合同中的不可抗力条款 …… 213
　8.3　仲裁 …… 215
　　8.3.1　仲裁的含义及特点 …… 215
　　8.3.2　仲裁协议 …… 215
　　8.3.3　仲裁裁决的承认与执行 …… 216
　　8.3.4　合同中的仲裁条款 …… 217
　本章延伸阅读 …… 220

　本章主要参考文献 …… 222
　本章数字资源 …… 222

第9章　交易磋商与合同订立 …… 223
　本章阅读提示 …… 223
　9.1　交易磋商 …… 223
　　9.1.1　交易磋商的重要性及磋商
　　　　　前的准备工作 …… 223
　　9.1.2　交易磋商的基本原则及其
　　　　　注意事项 …… 225
　　9.1.3　交易磋商的程序 …… 226
　9.2　合同订立 …… 233
　　9.2.1　国际货物贸易合同的含义
　　　　　及其形式 …… 233
　　9.2.2　国际货物贸易合同的主要
　　　　　内容 …… 236
　本章延伸阅读 …… 240
　本章主要参考文献 …… 240
　本章数字资源 …… 241

第10章　国际货物贸易合同的履行 …… 242
　本章阅读提示 …… 242
　10.1　出口合同的履行 …… 242
　　10.1.1　备货及申领出口许
　　　　　　可证 …… 242
　　10.1.2　催证、审证和改证 …… 246
　　10.1.3　订舱（租船）与装运 …… 251
　　10.1.4　报关、报检与投保 …… 251
　　10.1.5　信用证结算方式下的
　　　　　　制单结汇 …… 256
　　10.1.6　出口退税 …… 266
　10.2　进口合同的履行 …… 269
　　10.2.1　申领进口许可证 …… 269
　　10.2.2　开立、修改信用证 …… 270
　　10.2.3　订舱（租船）和催装 …… 270
　　10.2.4　办理保险（投保） …… 271
　　10.2.5　审单与付汇 …… 272
　　10.2.6　进口货物通关与验收 …… 274
　　10.2.7　办理进口索赔 …… 275
　本章延伸阅读 …… 276
　本章主要参考文献 …… 282

本章数字资源……………………… 282

第11章　进出境货物的通关 ………… 283
本章阅读提示………………………… 283
11.1　海关概述……………………… 283
 11.1.1　我国海关的发展………… 283
 11.1.2　海关的性质和主要
    任务…………………… 284
 11.1.3　海关的管理体制和
    组织架构……………… 286
 11.1.4　海关关徽及关衔制度…… 287
11.2　报关单位备案………………… 287
 11.2.1　备案应符合的条件……… 287
 11.2.2　备案流程………………… 289
 11.2.3　高级企业认证…………… 289
11.3　报关和通关及其分类………… 289
 11.3.1　报关及其分类…………… 289
 11.3.2　通关及其分类…………… 291
11.4　一般贸易进出口货物的
   通关…………………………… 293
 11.4.1　一般贸易进出口货物
    的概念………………… 293
 11.4.2　一般贸易进出口货物
    的通关程序…………… 293
11.5　进出口货物报关单填制
   规范…………………………… 297
 11.5.1　进出口货物报关单填制
    的基本要求…………… 297
 11.5.2　进出口货物报关单填制
    的法律责任…………… 297
 11.5.3　进出口货物报关单填制
    规范…………………… 297
11.6　一般贸易进出口货物征税…… 306
 11.6.1　进出口货物关税税率的
    设置和适用…………… 306
 11.6.2　进出口货物完税价格的
    确定…………………… 307
 11.6.3　进出口货物税费的
    征收…………………… 307
本章延伸阅读………………………… 309
本章主要参考文献…………………… 314
本章数字资源………………………… 314

第1章

导　论

 本章阅读提示

　　国际贸易实务主要涉及国际货物贸易实务、国际服务贸易实务和国际技术贸易实务三部分内容。传统的国际贸易主要是指有形商品的国际买卖，即国际货物贸易实务，表现为货物自身的跨国转移，不仅涉及货物运输、货物运输保险、货款结算、进出口单证、出入境检验检疫以及进出境货物通关等具体业务领域，而且涉及交易磋商（商务谈判）、合同订立与履行等相关环节。

　　本章主要结构安排如下：第1.1节介绍国际贸易实务的研究对象及学习方法。恰当界定一门课程的研究对象是学习这门课程的前提；正确掌握一门课程的学习方法常常会起到事半功倍的效果。第1.2节介绍国际贸易适用的法律、公约和惯例。国际货物贸易涉及的法律法规主要是指贸易当事人所在的国家制定的法律规范；涉及的公约是指《联合国国际货物销售合同公约》等用以协调各国（地区）法律、法规差异的条约；涉及的惯例是指《国际贸易术语解释通则》《跟单信用证统一惯例》等习惯做法。不同的法律、公约或惯例对国际货物贸易不同环节的规定是不同的，因此，了解这方面的知识有助于国际货物贸易合同的签订和履行。第1.3节介绍本书的结构安排，给出了本书的编写结构和框架，便于读者阅读。

1.1　国际贸易实务的研究对象及学习方法

1.1.1　国际贸易实务的研究对象

1.1.1.1　国际贸易要解决的两个问题

　　国际贸易需要解决两个层面的问题：一是世界上不同国家或地区之间为什么要相互开展贸易；二是不同国家或地区之间如何开展贸易。对第一层面问题的回答属于国际贸易理论的范畴，对第二层面问题的回答则属于国际贸易实务的范畴。

　　国际贸易理论通常又分为国际贸易基本理论和国际贸易政策两部分内容。

　　国际贸易基本理论主要研究三个方面的问题：贸易的基础，贸易产生的影响，以及贸易与经济增长之间的相互关系。其中，贸易的基础主要研究贸易为什么能够在不同国家或地区之间发生，在什么情况下会发生国际贸易，决定贸易模式的因素是什么，或者说一国应该出口什么、进口什么。对这些问题的不同解释就形成了不同的国际贸易理论模型，如古典国际贸易理论、新古典国际贸易理论以及现代国际贸易理论等。贸易产生的影响主要研究自由贸易对参与贸易的各方带来的利益到底有多大，这些贸易利益在贸易各方之间是如何分配的，贸易各方哪些在贸易中获益、哪些在贸易中受损，贸易对本国的生产和消费会带来什么样的影响，短期和长期的影响是否存在差异。上述研究是基于静态研究方法进行的，而贸易与经济增长之间的相互关系则是一种动态研究方法，主要研究在假设条件放宽的前提下，一国的贸易或经济受到什么样的影响，同时国际贸易的发展怎样反作用于经济增长和技术进步等，这通常涉及宏观经济学的知识。

国际贸易政策主要研究两个方面的问题：贸易政策的影响以及贸易政策制定中的政治经济学。任何贸易政策都是对自由贸易的干预。这种干预既有限制贸易的，也有鼓励贸易的；既有进口方面的政策，也有出口方面的政策。但无论是鼓励性贸易政策还是限制性贸易政策，都会给国内经济带来影响，包括对国内市场价格、贸易量，国内生产和消费，以及国内各种生产要素收益、各种利益集团和整个社会福利产生不同影响。研究表明，任何对自由贸易进行干预的政策措施，都会给整个经济带来效益（或福利）的净损失。既然如此，为什么各国政府还要积极运用各种政策（贸易政策或产业政策）干预贸易？什么因素决定了各国不同时期的不同贸易政策或产业政策？对这些问题的回答构成了国际贸易政策研究的另一个重要组成部分，即贸易政策制定过程中的政治经济学[1]。

国际贸易要解决的第二个层面的问题是不同的贸易体（国家或地区）之间如何进行贸易，即国际贸易实务。

1.1.1.2 国际贸易实务的研究内容

国际贸易实务包括国际货物贸易实务、国际服务贸易实务和国际技术贸易实务三部分内容。其中，国际货物贸易实务主要研究三个方面的内容：一是交易磋商（包括交易磋商的程序和交易磋商的内容）；二是履约（包括出口合同的履行和进口合同的履行）；三是进出境货物的通关。有时通关也是履约的一个环节[2]，而多数情况下则是卖方负责货物的出口清关，买方负责货物的进口清关。国际服务贸易实务主要研究服务的跨国供给和需求，属于无形贸易范畴。国际技术贸易实务主要研究技术在不同国家或地区之间的买卖和转让等，也属于无形贸易的范畴。因此，国际贸易实务要解决的主要问题是有形的货物或无形的服务或技术如何能够在不同国家或地区之间进行交换。

传统的国际贸易实务主要是指国际货物贸易实务，即有形货物的跨国转移，这种货物的跨国转移不但涉及国际贸易货物运输、货物运输保险、货款结算、进出口单证、出入境检验检疫以及进出境通关等具体业务领域，而且涉及交易磋商、合同订立与履行等相关领域。当然，国际货物贸易实务并不是独立的，它与国际服务贸易实务是紧密相连的，尤其是国际金融、保险以及货物运输等环节。

本书研究的对象主要是国际货物贸易实务。国际货物贸易实务是一门应用性很强的学科，因此实务性或操作性是该学科的特色之一。同时，国际货物贸易实务又是一门综合性学科，涉及的领域很广，包括国际商法、国际金融、国际市场营销学、国际运输（物流）、国际保险等。这些不同领域的知识和内容或渗透或涵盖整个国际货物贸易实务的各个环节。

---

[1] 海闻、林德特、王新奎，国际贸易，格致出版社，2012。

[2] 如"EXW"（工厂交货）要求买方办理出口清关手续，而"DDP"（完税后交货）要求卖方办理货物进口清关手续。

前面提到，国际货物贸易实务主要研究以下三个方面的内容：

1. 交易磋商的程序和内容

交易磋商的程序是一个商务谈判的过程，交易磋商的程序要解决的问题是交易各方如何进行磋商，该笔交易才会达成。一般来说，交易磋商的程序包括询价、发价、还价和接受四个基本环节，其中发价和接受是一项交易磋商不可或缺的环节。详细内容请参阅本书第 9 章交易磋商与合同订立的相关内容。

交易磋商的内容也是合同的主要条款，交易磋商结束后，交易双方将磋商的结果形成书面文件，这便是国际货物买卖合同（请参阅本书第 9 章）。交易磋商的内容主要包括以下几个方面：

1）国际货物贸易交易标的。交易标的包括交易双方所要买卖的货物的描述（包括货物名称、规格、型号等）、品质、数量以及包装等内容。

2）贸易术语与货物的价格。国际货物贸易实务中，贸易术语是单位价格（单价）不可或缺的组成部分，代表了交易双方的风险转移界限和费用负担划分。使用不同的贸易术语，货物的价格也有所差别。

3）国际货物贸易运输。国际货物贸易运输涉及不同的运输方式和运输单据。

4）国际货物贸易运输保险。国际货物贸易运输保险主要涉及交易双方谁负责办理保险以及投保什么险别等。

5）国际货物贸易货款结算。国际货物贸易货款结算涉及结算工具、结算方式等。

6）出入境货物检验检疫。出入境货物的检验检疫分为法定检验检疫（简称法检）和非法定检验检疫（简称非法检）两种。其中，法定检验检疫的货物涉及检验检疫的程序和检验检疫单证等。

7）国际货物贸易争议与处理。国际货物贸易中的争议、索赔、不可抗力与仲裁等内容都是正式合同必须磋商的内容，以期在出现异议后有据可裁。

有关交易磋商的详细内容及注意事项，请参阅本书第 2 章至第 8 章内容。

2. 履约

合同又称合约，履行合同简称履约。履约包括出口合同履行和进口合同履行两部分。交易过程中所使用的贸易术语（CPT、FOB 或 CIF）不同、货款结算方式（汇款、托收或信用证）不同，双方履约的义务就不同。

其中，以 CIF 贸易术语成交、以信用证方式结算货款的出口合同，履行程序主要包括货（备货、申领出口许可证；报关（报检）与投保）、证（催证、审证、改证以及利用信用证融资）、船（订舱或租船）、款（制单结汇以及办理出口退税）四个基本环节；以 FOB 价格术语成交、以信用证方式结算货款的进口合同，履约程序主要包括按时开立信用证、订舱或租船（运输）、投保（国际货物运输保险）、审单付汇、进口货物的通关和验收以及在必要的情况下办理进口索赔等。具体内容见本书第 10 章国际货物贸易合同的履行。

3. 进出境货物的通关

不同贸易术语下对买卖双方货物通关的要求是不同的。例如，EXW（工厂交货）贸易术语下要求买方自行办理货物的出口清关（通关）手续，而 DDP（完税后交货）则要求卖方办理货物进口清关手续，其他术语下货物的出口通关由卖方办理、进口通关由买方办理等。

由于买卖合同中一般不涉及通关内容，因此多数教材对本环节介绍得较少。但进出境货物的通关是国际贸易实务的重要环节之一，因此本书把进出境货物的通关单独作为一章进行了较为详细的介绍，详见第 11 章进出境货物的通关。

总之，国际贸易研究的主要内容如图 1-1 所示。

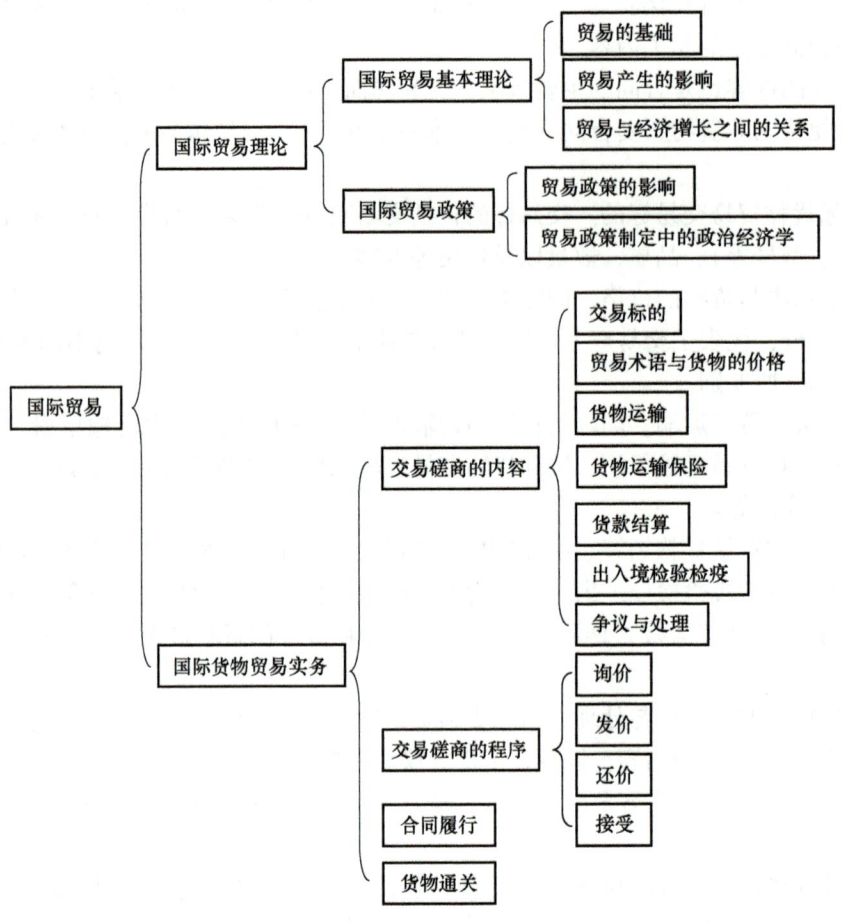

图 1-1　国际贸易研究的主要内容

1.1.2　国际贸易实务的学习方法

不同学科（课程）体现了不同的专业特色，学习方法也有很大差异。国际贸易实务具有很强的专业性，同时体现了很强的实务（操作）性。从国际经济与贸易专业本科生的角度来看，学习国际贸易实务应该从以下四个方面入手：

（1）课堂的学习。课堂学习是一门课程学习的基础。国际贸易实务的课堂学习要体现两个环节：一是国际贸易实务各个环节的理论讲授与学习；二是每个环节涉及的贸易单证的讲解与认知。国际贸易实务是一门实务性很强的学科，因此，不仅要求课堂理论教学，还要求课堂实践教学。也就是说，课堂学习既体现理论教学，又体现实践认知。

（2）基于实验室的国际贸易流程模拟。有了理论知识做基础，又有了课堂上涉及实践教学环节的讲解与处理，下一步的学习便是基于实验室的国际贸易业务流程模拟。这个模拟平台较为真实地模拟了实际业务的流程：从业务洽谈到签约，再到履约的每一个环节，都可以通过相应的教学软件在计算机上模拟进行。

（3）进出口报关业务模拟。海关是国家出入境监督管理机关，无论是出口还是进口都必须接受海关监管。作为国际经济与贸易专业学生，除要求了解海关的基本业务知识外，还要求掌握报检报关业务流程。进出口报关业务模拟主要是模拟报关员向海关申报货物的进出境，正确填写进出口货物报关单，接受海关的监管，进行会计结算和缴纳税费等。

（4）专业实习。实践是检验真理的唯一标准，也是巩固理论知识的重要途径。经过前面的课堂学习、实验室模拟，具备了相应的知识之后，下一步就是去外贸企业或相关业务部门进行专业实习。通过前面环节的实践训练，学生的实践动手能力将得到较大幅度的提高。

1.2 国际贸易适用的法律、公约和惯例

国际贸易涉及不同国家或地区的当事人，不同国家或地区有着不同的法律、法规、政策，因此可能存在法律、法规、政策之间的冲突和适用问题。交易各方在交易磋商前应该对此加以了解，并在履约过程中引起注意。与此同时，国际贸易还涉及有关贸易的国际公约和惯例。本节主要介绍国际贸易适用的法律、公约和惯例。应该强调的是，本节的内容仅具有导读性质，目的主要是提醒读者对国际贸易相关法律、公约或惯例的关注，对具体的法律、法规还应根据相关提示仔细加以研究。

1.2.1 国际贸易适用的法律

国际贸易适用的法律主要是指对国际贸易交易行为具有约束力的各国（或地区）的国内法规范，包括成文法、判例法等。如美国管理对外贸易的法律是源于美国《统一商法典》的美国《贸易法》，人们熟知的"301条款"便源自这部法律。英国1893年便制定了《货物买卖法》以调整国际贸易关系，后经过多次修改和补充，现行相关法律是1995年1月3日生效的《1994年货物买卖和供应法》。日本有关对外贸易的法律体系包括作为基本法的《外汇及对外贸易管理法》，具体涉及对外贸易管理的《进出口交易法》，以及促进对外贸易发展的《贸易保险法》等；此外，根据有关进出口的法律，日本政府还颁布了《输入贸易管理令》和《输出贸易管理令》，在具体操作层面上，还有经济产业省颁布的《输入贸易管理规则》和《输出贸易管理规则》等。韩国实行政府主导的外向型经济发展战略以期"贸易立国"。韩国的贸易制度也经历了从管制到逐渐自由化的过程。20世纪80年代以前，韩国实行的基本上是贸易保护政策，与此相适应，有关进出口贸易的法律、法规也都体现了贸易保护倾向。1987年，为了精简法律和提高透明度，韩国政府将各种与贸易有关的法律整合为《对外贸易法》并颁布实施。韩国对商品进出口实行审批制，审批分为自动许可和限制许可两大类，自动许可类商品可以不经审批自由进出口，限制许可类商品进出口则需经产业资源部审批。产业资源部通过发布"进出口公告""进出口特别公告""进出口综合公告""战略物资进出口公告"等形式确定限制进出口商品的种类、数量、金额或交易地区以及许可的申请程序等。墨西哥的对外贸易法律主要包括《对外贸易法》《对外贸易法实施法规》《海关法》《进出口税法》《计量和标准化法》等。

在我国，调整或涉及国际贸易的法律规范有《中华人民共和国民法典》《中华人民共和国对外贸易法》《中华人民共和国海商法》《中华人民共和国票据法》《中华人民共和国海关法》等。这些法律、法规从不同层面对涉及国际、国内贸易的环节进行了规范。

不同国家或地区的法律、法规存在很大差异，有些甚至是完全冲突的。但没有必要去谙熟每一个国家的法律、法规条文，因为多数情况下贸易各方会在合同中订明适用公约或惯例来处理贸易业务、解决贸易纠纷。

1.2.2 国际贸易适用的公约

由于不同国家或地区有关国际贸易的法律、法规之间的差异会导致交易各方执行中的困难进而引发更多争议，因此一些国际组织（如国际商会[一]、国际法协会等）便制定了一些国际贸易条约（公约）来统一和规范各国的贸易行为。这些公约涵盖货物买卖、货物运输、产品责任、代理关系、票据、知识产权、仲裁裁决等各个方面。其中，涉及国际货物贸易的公约主要有：调整国际货物买卖关系的《联合国国际货物销售合同公约》（1980年）；调整国际货物运输关系的《海牙规则》（1924年）、《华沙公约》（1929年）、《维斯比规则》（1968年）、《汉堡规则》（1978年）以及《联合国国际货物多式联运公约》（1980年）等；调整代理关系的《国际货物销售代理公约》（1983年）；调整国际票据关系的《联合国国际汇票和国际本票公约》（1988年）；调整知识产权保护的《世界版权公约》（1952年），以及调整仲裁裁决的相关公约等。

1.2.2.1 《联合国国际货物销售合同公约》

在《联合国国际货物销售合同公约》（*United Nations Convention on Contracts for the International Sale of Goods*，CISG）出台前，有关国际货物买卖的国际条约主要有1964年罗马国际统一私法协会起草的两个海牙公约：《国际货物买卖统一法公约》（*The Uniform Law on International Sale of Goods*，ULIS）（海牙第一公约，1972年8月18日生效）以及《国际货物买卖合同成立统一法公约》（*The Uniform Law on the Formation of Contract for International Sale of Goods*，ULI）（海牙第二公约，1972年8月23日生效）。两个海牙公约主要受大陆法系[二]的影响较大，用词晦涩，内容烦琐，参与成员数量较少，没有达到统一国际货物买卖法的目的。

为使两个海牙公约能够得到不同社会制度、经济制度和法律制度的国家的广泛认可，联合国国际贸易法委员会于1969年专门成立了国际货物买卖工作组，对上述两个海牙公约进行修订。至1978年，历时近十年，《联合国国际货物销售合同公约》（以下简称《公约》）终于起草完成。1980年3月，《公约》在维也纳外交会议上获得通过。1981年9月30日，

[一] 国际商会（International Chamber of Commerce，ICC）成立于1919年，总部设在巴黎，是世界上重要的民间商业组织，是联合国的一级咨询机构，其会员分布在140多个国家和地区。1988年，国务院批准成立中国国际商会（China Chamber of International Commerce，CCOIC）。中国国际商会于1994年代表中国加入了国际商会，国际商会中国国家委员会（The Affiliate of International Chamber of Commerce in China，ICC CHINA）秘书局设在中国国际商会。中国国际商会在开展与国际商会相关业务时，使用ICC CHINA的名义。中国国际商会组织会员单位，全面深入地参与国际商会的各种活动，利用国际商会的全球商业网络，同各国商界、政府相关机构以及国际组织建立广泛联系，促进中外企业的合作与交流，推动中国经济融入世界的进程。

[二] 英美法系和大陆法系请阅本章延伸阅读。

中国政府代表签署了该《公约》，并于1986年12月11日交存核准书。《公约》于1988年1月1日起生效。值得提醒的是，我国现行的《中华人民共和国民法典》有关合同订立及买卖合同的权利与义务的规定，在很大程度上借鉴了《公约》的内容。

《公约》共分四个部分，计101条。第一部分为《公约》的适用范围和总则（第1~13条）；第二部分为合同的订立（第14~24条）；第三部分为货物销售（第25~88条）；第四部分为最后条款（第89~101条）。《公约》充分顾及了各国社会、经济、法律制度的差异，为减少国际贸易的法律障碍、促进国际贸易的发展发挥了重要作用，在国际货物买卖领域得到了国际社会的广泛认同。

1.2.2.2 调整国际货物运输关系的公约

货物运输是国际货物贸易的重要环节之一，国际贸易货物要经过运输的环节才能从卖方手中交到买方手中。国际货物运输可分为海洋运输、航空运输、铁路运输以及多式联运等方式，相应地，调整国际货物运输的法律或公约也有所不同。据统计，世界货物贸易量中有超过2/3通过海洋运送，因此下面首先介绍海洋运输的相关立法。

1. 海洋货物运输相关公约

海洋货物运输相关公约主要有提单立法等。提单（Bill of Lading, B/L）是用以证明海洋运输合同成立和货物已由承运人接收或装船，以及承运人保证在目的港按照提单所载明的条件交付货物的书面凭证。调整提单的法律分为国内法和公约。其中，我国调整提单运输的相关法律规定体现在《中华人民共和国海商法》第四章。德国调整提单的法律有1937年根据《海牙规则》制定的《海上货物运输法》和根据《维斯比规则》修订的《海商法》。英国1855年制定了《提单法》，该法于1992年被《海上货物运输法》取代。美国1893年的《哈特法》适用于美国与外国间的海上货物运输，1916年制定的《联邦提单法》于1994年修订，适用于美国签发的提单；同时，美国于1936年制定了《海上货物运输法》。

调整提单的国际公约可分为《海牙规则》《维斯比规则》以及《汉堡规则》。

（1）《海牙规则》（1924年）。1921年，国际法协会在海牙召开会议制定《海牙规则》。1924年，布鲁塞尔会议对其做了一些修改，正式定名为《统一提单的若干法律规则的国际公约》（*International Convention for the Unification of Certain Rules of Law Relating to Bills of Lading*），通称1924年《海牙规则》（*Hague Rules*, 1924）。该规则于1931年生效。

（2）《维斯比规则》（1968年）。由于《海牙规则》侧重保护船方的利益，1968年，国际法协会在布鲁塞尔制定了《修订1924年统一提单某些法律规定的国际公约的1968年议定书》，简称《维斯比规则》（*Visby Rules*）。它对《海牙规则》略做修改，于1977年生效，参与成员较少，影响较小。

（3）《汉堡规则》（1978年）。1978年，联合国贸易与发展会议（UNCTAD）主持制定了《汉堡规则》（*Hamburg Rules*），全称为《1978年联合国海上货物运输公约》（*UN Convention on the Carriage of Goods by Sea*），于1992年11月1日生效。《汉堡规则》按照船方和货方合理分担风险的原则，适当加大了承运人的责任，使双方的权利义务趋于平等。

我国尚未加入上述三个公约，但《中华人民共和国海商法》关于海上货物运输合同当事人的权利义务的相关规定与《海牙规则》和《维斯比规则》的基本原则几近一致。

2. 国际铁路货物运输相关公约

国际铁路货物运输是指国家之间缔结条约或协定，发货人办理完托运手续后，启运国第一铁路承运人（the first rail carrier）签收货物，全程使用一份铁路运单（railway bill，RWB），由铁路部门负责货物在两个或两个以上国家进行跨境运输，中途不需要收货人和发货人参与的运输方式。

有关铁路货物运输的国际公约主要有《国际铁路货物运输合同统一规则》（CIM，国际货约的前身）和《国际铁路货物联运协定》（CMΓC，国际货协），分别隶属于国际铁路运输政府间组织（OTIF）和铁路合作组织（OSJD）两个政府间铁路运输组织⊖，详见第4.1.3小节部分内容。

(1)《国际铁路货物运输合同统一规则》（国际货约，CIM）。1890年10月14日，欧洲一些国家在瑞士首都伯尔尼（Berne）制定了《铁路货物运输国际公约》（法语简称CIM，中文简称国际货约），于1893年1月1日生效。1924年10月23日，CIM成员国签署了《铁路旅客和行李运输国际公约》（法语简称CIV，中文简称国际客约），并于1928年生效。

1980年5月9日，《铁路货物运输国际公约》（CIM）进行重大修订，并更名为《国际铁路运输公约》（法语简称COTIF 1980），从1985年1月1日起生效。1999年6月3日，《国际铁路运输公约》（COTIF 1980）再次修订后变为COTIF 1999，于2006年7月1日生效至今。

《国际铁路运输公约》（COTIF 1999）由国际铁路运输政府间组织（法语简称OTIF）负责管理。OTIF现有50个正式成员、1个区域经济一体化组织（欧盟）和1个准成员，官方工作语言为法语、德语和英语。

COTIF 1999是OTIF的基本文本，包含七个附录，其中：

附录A是《国际铁路旅客运输合同统一规则》，法语全称 *Règles uniformes concernant le contrat de transport international ferroviaire des voyageurs et des bagages*，CIV-Appendice A à la Convention，即国际客约（CIV）演变成为《国际铁路旅客运输合同统一规则》，并成为COTIF的附录A，于2006年7月1日生效。

附录B是《国际铁路货物运输合同统一规则》，法语全称 *Règles uniformes concernant le contrat de transport international ferroviaire des marchandises*，CIM-Appendice B à la Convention，即国际货约（CIM）演变成为《国际铁路货物运输合同统一规则》（CIM），并成为COTIF的附录B，于2006年7月1日生效。

此外，附录C~附录G分别涉及危险货物运输、车辆使用、基础设施使用、技术标准验证等。

(2)《国际铁路货物联运协定》（国际货协，CMΓC）。为应对西欧国家签订的《铁路货物运输国际公约》（国际货约，CIM），苏联、阿尔巴尼亚、保加利亚、匈牙利、民主德国、波兰、罗马尼亚、捷克斯洛伐克等8个前社会主义国家分别在华沙（1950年12月22日）、布拉格（1951年4月23日）、布达佩斯（1951年7月10日）等地举行会议，编制并商定了办理国际客、货运送的第一批基本文件，涉及《国际铁路直达联运货物运送协定（国际货运协定）及其办事细则》、《国际铁路直通联运旅客及行李运送协定（国际客运协定）及其办事细则》等，并从1951年11月1日起施行。

⊖ 除OTIF和OSJD外，1922年10月成立的国际铁路联盟（简称铁盟，法语缩写为UIC）是一个非政府间组织，现有成员208个，官方工作语言为法语和德语。

1953年和1955年，分别在莫斯科和柏林对上述"基本文件"进行了根本性修订。其中，《国际铁路直达联运货物运送协定（国际货运协定）》的名称修改为 *Соглашение о Международном железнодорожном Грузовом Сообщении*（俄语简称 *СМГС*，中文名称为《国际铁路货物联运协定》，简称国际货协）；《国际铁路直通联运旅客及行李运送协定（国际客运协定）》名称修改为 *Соглашение о Международном Пассажирском Сообщении*（俄语简称 *СМПС*，中文名称为《国际旅客联运协定》，简称国际客协）。

国际货协和国际客协由 OSJD（铁路合作组织，中文简称铁组）负责管理。2015年3月20日起，OSJD 成为政府间国际组织，现有成员30个、观察员7个，官方工作语言为俄语和中文。我国于1953年加入国际货协。

3. 国际航空货物运输相关公约

航空货运约占世界贸易总量的 1%，占世界贸易总金额的 20%~30%[①]。调整国际航空运输货物关系的国际公约主要有《华沙公约》《海牙议定书》《瓜达拉哈拉公约》《危地马拉城议定书》《蒙特利尔议定书》及《蒙特利尔公约》。

（1）《华沙公约》（1929年）。《华沙公约》（*Warsaw Convention*）全称《统一国际航空运输某些规则的公约》，1929年10月于华沙签订，1933年2月13日生效。我国于1958年加入该公约。《华沙公约》规定了航空运输承运人和货物托运人与收货人之间的法律义务和相互关系，是国际航空运输的一项最基本的公约。该公约适用于运输合同中规定的启运地和目的地都属于该公约成员国的航空运输，也适用于启运地和目的地都在一个成员国境内，但飞机停留在其他国家的航空运输。

（2）《海牙议定书》（1955年）。修订《华沙公约》的议定书简称《海牙议定书》（*Hague Protocol*），签订于1955年9月，1963年8月1日生效。我国于1975年加入该议定书。《海牙议定书》的适用范围比《华沙公约》更为广泛，无论是否是连续运输，无论有无转运（transshipment），只要启运地和目的地在两个成员国境内，或者在一个成员国或非成员国境内有一定的经停地点的任何运输都适用该议定书。

（3）《瓜达拉哈拉公约》（1961年）。《瓜达拉哈拉公约》（*Guadalajara Convention*）原名《统一非缔约承运人所办国际航空运输某些规则的补充华沙公约的公约》，签订于1961年9月18日，1964年5月1日生效。我国没有加入该公约。该公约主要为补充《华沙公约》而订立，并将《华沙公约》中有关承运人的各项规定扩展到非合同承运人，即根据与托运人订立航空运输合同的承运人的授权来办理全部或部分国际航空运输的实际承运人。

（4）《危地马拉城议定书》（1971年）。1971年3月8日，在危地马拉城签订了《修订经1955年9月28日订于海牙的议定书修正的1929年10月12日在华沙签订的统一国际航空运输某些规则的公约的议定书》，简称《危地马拉城议定书》。

（5）《蒙特利尔议定书》（1975年）。1975年9月25日，国际民航组织在蒙特利尔召开会议，签订了《修订经海牙议定书或者经海牙议定书和危地马拉城议定书修正的华沙公约的第一号至第三号附加议定书以及蒙特利尔第四号议定书》，简称《蒙特利尔议定书》，把原来《华沙公约》规定的主观归责原则改为客观归责原则，进一步简化了运输凭证，并将特别提款权（special drawing right, SDR）规定为赔偿限额的计算单位。

[①] Alan E. Branch, 国际贸易实务, 孔雁、蔡荣生译, 清华大学出版社, 2007.

(6)《蒙特利尔公约》(1999年)。1999年5月28日,于蒙特利尔签订了《统一国际航空运输某些规则的公约》,简称《蒙特利尔公约》,进一步确保国际航空运输消费者的利益,在恢复性赔偿原则的基础上提供了更加公平的赔偿。

应该指出的是,上述六个有关国际航空货物运输的公约都是相互独立的,其中《华沙公约》是基础,其他公约是对《华沙公约》的修改或补充,但都没有改变《华沙公约》的基本原则。

4. 国际多式联运相关公约

国际多式联运是在集装箱基础上发展起来的一种运输方式。它将海洋运输、铁路运输、公路运输、航空运输和内河运输等传统运输方式结合在一起,形成了一体化的"门到门"(door to door)或"仓到仓"(warehouse to warehouse)服务的运输方式。

为适应国际货物多式联运要求,解决国际货物多式联运中出现的矛盾,联合国贸易与发展会议于1980年通过了《联合国国际货物多式联运公约》。我国是该公约的缔约国。该公约对国际货物多式联运的概念、多式联运单据、联运经营人的赔偿责任、发货人的赔偿责任以及索赔与诉讼等进行了界定。

由于《联合国国际货物多式联运公约》实施起来非常困难,联合国贸易与发展会议于1992年与国际商会共同制定了具有指导性的《多式联运单据规则》。但该规则没有普遍约束力,当事人可自由选择。

1.2.2.3 调整代理关系的相关公约

代理关系是被代理人、代理人和第三方当事人之间的法律关系。英美法系国家与大陆法系国家的代理制度存在较大差异,对国际商事代理活动的开展造成了很大障碍。目前,已经生效且具有统一各成员方商事代理法作用的国际公约,只有原欧共体于1986年制定的《关于协调成员国间有关独立商事代理人法律的指令》(该《指令》于1994年并入欧盟第57号法律文件)。

除此之外,一些调整国际货物代理关系的公约主要是由国际统一私法协会制定的,包括《国际私法关系中的代理统一法公约》(1961年)、《国际货物买卖代理合同统一法公约》(1961年)、《国际货物运输代理人代理合同公约》(1967年)、《国际货物销售代理公约》(1983年)。这些公约虽未生效,但因归纳了许多国家的共同规定从而受到各国重视。特别是1983年通过的《国际货物销售代理公约》更具有代表性,可适用于直接或间接的销售代理关系,多个国家已核准并加入。

1.2.2.4 调整国际票据关系的相关公约

票据是一种支付和结算手段,通常包括汇票、本票和支票,其中,以汇票见多[一]。调整票据关系的公约主要有《日内瓦统一汇票本票法公约》(1930年)、《解决汇票及本票若干法律冲突公约》(1930年)、《统一支票法公约》(1931年)、《关于解决支票的若干法律冲突的日内瓦公约》(1931年)以及《联合国国际汇票和国际本票公约》(1988年)。其中,《联合国国际汇票和国际本票公约》(Convention on International Bill of Exchange and International Promissory Note of the United Nations)于1988年12月9日联合国第43次大会上通过,并开放供签署。该公约旨在克服国际货款支付(结算)中所使用的票据存在的主要差别和

[一] 汇票的相关知识见本书第6章国际货物贸易货款结算。

不确定性，该公约仅适用于国际汇票和国际本票，不适用于支票。应该指出的是，作为国际货物贸易支付工具，本票和支票已经很少使用。

1.2.2.5 调整知识产权保护的相关公约

知识产权是指人们对自己的智力活动创造的成果和经营管理活动中的标记、信誉依法享有的权利。世界知识产权组织（World Intellectual Property Organization，WIPO）是关于知识产权服务、政策、合作与信息的全球论坛，也是联合国负责管理全球知识产权事务的专门机构，现有193个成员（截至2023年7月），管理着知识产权领域的24项国际条约。

1.2.3 国际贸易适用的惯例

国际贸易惯例（international trade practice）又称国际习惯法规则或国际商事习惯法规则，是指在长期国际贸易中形成的并为各国普遍承认和遵守的国际商事交易行为规范。与国际公约或条约不同，国际贸易惯例不是参与贸易的各国或地区谈判产生的，而是在国际贸易实践中约定俗成的不成文规范，其本身不具有法律约束力，参与交易的各方可依照"意思自治"的原则全部或部分地选择适用。需要注意的是，这些惯例一旦被交易各方选择并采用，则对交易各方具有约束力，受诉法院或仲裁机构可据此解释当事人之间的纠纷。

国际贸易惯例具有如下特点：①内容确定，明确了交易各方当事人的权利义务关系；②为各国交易各方认可并普遍采用；③一旦采用，对交易各方具有约束力。这些国际贸易惯例涉及贸易术语、货款结算等各个环节。

1.2.3.1 有关贸易术语的国际贸易惯例

前面已经提及，贸易术语是货物单价（unit price）的重要组成部分，不同的贸易术语代表了交易各方不同的义务、风险和费用的划分。目前，在国际贸易中影响较大的有关贸易术语的国际贸易惯例有三个，分别是《1932年华沙-牛津规则》《1990年美国对外贸易定义修订本》以及《2020年国际贸易术语解释通则》。

1. 《1932年华沙-牛津规则》

《1932年华沙-牛津规则》（*Warsaw Oxford Rules 1932*）是国际法协会专门为解释CIF（成本、保险费加运费）合同而制定的。1928年，国际法协会在波兰首都华沙举行会议，制定了有关CIF合同的22条规则，称为《1928年华沙规则》。1932年，英国牛津会议对上述规则进行了修订，并精简为21条，定名为《1932年华沙-牛津规则》。这个规则主要说明CIF买卖合同的性质和特点，具体规定了采用CIF价格时买卖双方所承担的责任、费用和风险的划分，至今仍有一定影响。

2. 《1990年美国对外贸易定义修订本》

《1990年美国对外贸易定义修订本》（*Revised American Foreign Trade Definition 1990*）最初是美国九个商业团体于1919年制定的《美国出口报价及其缩写条例》（*The U. S. Export Quotations and Abbreviations*）；后因贸易习惯发生了变化，在1940年召开的美国第27届对外贸易会议上对其进行了修订，并于1941年7月31日经美国国会、美国进出口协会和美国对外贸易协会所组成的联合委员会通过，称为《1941年美国对外贸易定义修订本》。1990年再次修订后改为现名。该定义修订本分别对六种价格术语（EXW——工厂交货、FOB——

㊀ 世界知识产权组织，见 https://www.wipo.int/portal/index.html.。

船上交货、FAS——船边交货、CFR——成本加运费、CIF——成本、保险费加运费以及DEQ——目的港码头交货）做了解释。其中，FOB 价格术语又分为六种。《1990 年美国对外贸易定义修订本》主要用于国际贸易报价，在北美地区有一定影响。

3. 《2020 年国际贸易术语解释通则》

《国际贸易术语解释通则》（*International Rules for the Interpretation of Trade Terms*，简称 *Incoterms*），是国际贸易中应用最为广泛的国际商事规则。第一版 *Incoterms* 由国际商会（International Chamber of Commerce，ICC）于 1936 年正式发布，并先后于 1953 年、1967 年、1976 年、1980 年、1990 年、2000 年和 2010 年进行了修订和补充。为适应国际贸易实务的最新发展，ICC 于 2016 年 9 月正式启动了 *Incoterms 2020* 的起草工作，并在全球进行了广泛的意见征询，与来自各国家和地区的法律、保险、银行、进出口、海关等行业专家开展了研讨。2018 年 10 月，ICC 商法与惯例委员会秋季会议审议并讨论通过 *Incoterms 2020* 终稿。2019 年 9 月 10 日，ICC 正式向全球发布了 *Incoterms 2020*。该规则于 2020 年 1 月 1 日起生效。

国际商会 *Incoterms* 规则是适用于国内与国际贸易的术语，便利全球贸易行为，减少"随着全球贸易规模的增长和复杂程度的增加，如果销售合同草拟不当，误解和代价高昂的纠纷发生的可能性随之增加的"风险。在货物销售合同中援引 *Incoterms 2020* 规则，可以在诸如风险、费用以及运输和海关清关安排等方面清晰界定当事人相应的义务，从而减少潜在法律纠纷的可能性。

本书第 3 章对 *Incoterms 2020* 中涉及的 11 个贸易术语的含义、买卖双方风险转移和费用划分、清关手续以及每个术语的使用说明做了详细介绍。

1.2.3.2 《跟单信用证统一惯例》（*UCP600*）

信用证（letter of credit）是常见的国际货物贸易货款结算方式之一。早在 19 世纪末 20 世纪初，信用证就已广泛应用于国际货物贸易结算中。但当时各国法律不同，不同国家银行对信用证操作习惯各异，由于各方当事人对信用证有关条款理解的差异导致的利益冲突时有发生。为减少利益争端，调和各方当事人之间的矛盾，国际商会于 1929 年制定了《商业跟单信用证统一规则》（*Uniform Regulations for Commercial Documentary Credits*）。在此基础上，1930 年拟订了一套《商业跟单信用证统一惯例》（*Uniform Customs and Practice for Commercial Documentary Credits*），并于 1933 年正式公布。该《惯例》对信用证的定义、有关术语、操作要求以及当事人的权利和义务等做了统一的解释和规定。

此后，随着国际贸易的发展，各种新的运输方式和通信方式的运用，《惯例》显现出了一些问题和不足。国际商会与时俱进，于 1951 年和 1962 年对原《惯例》进行了两次修订，并于 1974 年的一次修订中更名为《跟单信用证统一惯例》（*Uniform Customs and Practice for Documentary Credits*，国际商会第 290 号出版物）。之后，于 1983 年和 1993 年又进行了两次修订，分别形成了国际商会第 400 号和第 500 号出版物（即 *UCP400* 和 *UCP500*）。2005 年，适应时代的发展，国际商会又对《跟单信用证统一惯例》进行了修订，称为《跟单信用证统一惯例》国际商会第 600 号出版物（*UCP600*），并于 2007 年 7 月 1 日起实施至今。

2016 年 11 月 8 日和 11 月 23 日，国际商会执行委员会（ICC Executive Committee）分别在罗马和巴黎的成员国委员会论坛（National Committee Forum）上宣布通过投票的方式决定是否对 *UCP600* 进行修订。结果是多数成员不赞成修订，因此目前生效的版本仍然是 UCP600。

UCP600 共分为 39 条，分别对 UCP 的适用范围、定义、信用证与合同的关系等内容做了具体规定。

应该认识到，UCP600 仅仅是一种国际惯例，只有信用证上表明适用 UCP600，它才能对当事人具有法律上的强制约束力。因此，通常信用证开证申请书上都明确写明"请根据我公司在本申请书中的指示开出跟单信用证。该信用证适用在开证之日有效的国际商会《跟单信用证统一惯例》最新修订本"（Please issue a documentary credit according to our instructions stated in this application form. The credit should subject to ICC Uniform Customs and Practice for Documentary Credits（UCP）latest revision effective on the date of issuance）。

1.2.3.3 《托收统一规则》（URC522）

托收（collection）同样是国际货物贸易常见的结算方式之一。各国银行在实际办理托收业务时，由于当事各方对权利、义务及责任的理解不同，加上各银行具体业务做法的差异，往往会产生误会、争议甚至纠纷。为此，国际商会于 1958 年草拟了《商业单据托收统一规则》（Uniform Rules for Collection of Commercial Paper），并建议各国银行采用。1967 年国际商会对该规则进行了修订。1978 年国际商会又一次对该规则进行了修订，并更名为《托收统一规则》（Uniform Rules for Collection，国际商会第 322 号出版物）。更名后的《托收统一规则》于 1979 年起实施。之后，1993 年国际商会再一次对《托收统一规则》进行修订，目的是适应 20 世纪 80 年代以来各国国内和国际上的国际托收程序、技术、法律和法规方面的变化，修订后的《托收统一规则》即国际商会第 522 号出版物（URC522）于 1996 年 1 月 1 日起实施，作为对托收业务的指导性惯例。

需要说明的是，无论是有关国际贸易的公约还是惯例，都是国际贸易从业人员应了解的知识，读者可根据提示进行选择性阅读。

1.3 本书的结构安排

本书主要介绍国际货物贸易流程。除去本章内容，全书分为四个部分：第一部分是国际货物贸易的交易内容；第二部分是交易磋商与合同订立；第三部分是合同履行；第四部分是货物通关。

第一部分包括第 2 章~第 8 章。其中，第 2 章介绍国际货物贸易交易标的，包括货物的名称、品质、数量及包装。第 3 章介绍贸易术语与货物的价格。贸易术语是指在国际贸易长期实践中形成的，能够代表买卖双方在货物交接过程中所承担的责任、费用和风险划分，用英文字母缩写表示的一组术语。贸易术语是构成国际贸易货物价格的重要组成部分，也是国际贸易惯例的具体体现。本章主要介绍 Incoterms 2020 规则中 11 个贸易术语。第 4 章介绍国际货物贸易运输。无论是国际货物贸易还是国内货物贸易，都需要运输过程将货物从卖方交到买方手中，因此，国际货物运输是国际贸易的重要环节之一。本章主要介绍海洋运输、航空运输、铁路运输等几种不同运输方式及各种运输方式下的运输单据，最后介绍合同中的装运条款。第 5 章介绍国际货物贸易运输保险。在运输过程中，货物有可能遭遇自然灾害或意外事故，充分的保险对于保障运输过程中货物所有人的预期收益至关重要，货物运输保险可对货物遭受的损失给予经济上的补偿。本章主要介绍海洋运输货物保险的保障范围以及我国海洋运输货物保险的有关条款。第6章国际货物贸易货款结算，主要介绍结算工具、结算方式以及合同中的结算条款。其中结算工具属于基础性知识，结算方式是本章重点内容，也是理解合同中具体结算条款的前提。第7章介绍出入境检验检疫。出入境检验检疫涉及进出口商品检验、出入境动植物检疫、出入境卫生检疫、进出口食品安全等方面。根据国务院机构改革方案，从2018年4月20日起，原国家质量监督检验检疫总局所属出入境检验检疫管理职责和队伍划入海关总署，以海关名义对外开展工作。从2018年8月1日起，海关进出口货物实行整合申报，报关单、报检单合并为一张报关单，原报关报检单据单证也整合为一套随附单证、一组参数代码，报关报检只需要登录一个申报系统，即中国"国际贸易单一窗口"。改革带来了效率的提升，使贸易更加便利，但出入境检验检疫仍然是一块相对独立的业务，因此本书依然将其单独作为一章来介绍。本章主要介绍出入境检验检疫的概念，进出口商品检验、出入境动植物检疫、出入境卫生检疫、进出口食品安全等的相关要求，检验检疫机构与检验检疫证书，出入境检验检疫报检，以及检验检疫条款在合同中的具体应用等。第8章国际货物贸易争议与处理，主要介绍争议与索赔、不可抗力和仲裁这些基本的概念，以及合同中有关内容的规定。

第二部分是第9章，即交易磋商与合同订立。其中，交易磋商包括交易磋商的重要性以及磋商前的准备工作、交易磋商的基本原则以及交易磋商的程序。合同订立包括国际货物贸易合同含义及其形式、国际货物贸易合同的分类及主要内容。

第三部分是第10章，即国际货物贸易合同的履行。本章分为出口合同的履行和进口合同的履行两个环节。合同履行一定程度上是对前面所学内容的归纳、梳理、回顾和总结。

第四部分是第11章，即进出境货物的通关。本章主要介绍海关的性质和主要任务，海关的管理体制和组织机构设置，进出境货物通关程序，重点介绍进出口货物报关单的填制规范。

 本章延伸阅读

英美法系和大陆法系

英美法系和大陆法系对西方国家法律以及大多数国际组织（联合国、世界贸易组织、国际商会等）法律框架影响很大。下面对英美法系和大陆法系进行简单介绍。

(1) 英美法系。英美法系（Anglo-American law system）又称普通法系（common law system），以英格兰普通法为基础而形成，以英国和美国为代表。普通法形成于英国，后扩展至美国及其他曾受英殖民统治的国家和地区。普通法泛指以英格兰法为基础，以判例法（case law）为主要渊源的法律体系。19世纪后期形成的"遵循先例"的原则，伴随着普通法的传播，被其他普通法系国家和地区接受。

(2) 大陆法系。大陆法系（civil law system）又称罗马法系、民法法系或成文法系，形成于13世纪的西欧，以罗马法为基础，以法国和德国为代表。许多欧洲大陆国家（如瑞士、意大利、比利时、卢森堡、荷兰、西班牙、葡萄牙等）均采用大陆法系。除此以外，历史上殖民主义的扩张使西欧宗主国各自的殖民地，包括整个拉丁美洲、非洲的一部分、近东的某些国家均采用大陆法系。曾经是法属殖民地的普通法系国家的个别地区（美国路易斯安那州、加拿大魁北克省）、英国的苏格兰也采用大陆法系。亚洲的中国、日本等国家采用大陆法系。大陆法系以制定法，尤其是法典化为特征。

（3）英美法系与大陆法系的不同。英美法系与大陆法系的起源不同，在发展过程中，两者的差距越来越小，但由于其各自历史传统、社会文化背景、政治经济等因素，两大法系仍存在显著差异：①从法律构成方面来看，英美法系区别于大陆法系的最突出的特征是其以"遵循先例"为原则的判例法作为其主要法律渊源。②从立法角度来看，大陆法系国家通常将法律划分为公法和私法，采用法典化立法；而英美法系体系庞杂，各具体法律门类在概念上缺乏逻辑联系，在结构上缺乏系统分类。③从程序角度来看，英美法系注重程序法而轻视实体法的倾向明显；而大陆法系中实体法居主导地位，程序法附属于实体法。④从两大法系的形成过程来看，英美法系是以英国普通法为中心、呈放射状向全球传播的，明显区别于大陆法系的欧洲大陆本土的连锁式、欧洲以外的多中心式传播方式。

本章主要参考文献

[1] 海闻，林德特，王新奎. 国际贸易 [M]. 上海：格致出版社，2012.
[2] 田东文. 国际商法 [M]. 3版. 北京：机械工业出版社，2019.
[3] 吴国新，毛小明. 国际贸易实务 [M]. 3版. 北京：清华大学出版社，2019.
[4] 陈岩. 国际贸易理论与实务 [M]. 5版. 北京：清华大学出版社，2021.
[5] 布朗奇. 国际贸易实务：第五版 [M]. 孔雁，蔡荣生，译. 北京：清华大学出版社，2007.
[6] 黎孝先，王健. 国际贸易实务 [M]. 7版. 北京：对外经济贸易大学出版社，2020.
[7] 冷柏军. 国际贸易实务 [M]. 3版. 北京：中国人民大学出版社，2020.
[8] 中国国际商会，国际商会中国国家委员会. 国际贸易术语解释通则2020 [M]. 北京：对外经济贸易大学出版社，2020.
[9] 徐春祥，等. 国际贸易实务 [M]. 2版. 北京：机械工业出版社，2018.
[10] 徐春祥. 国际贸易实务习题与参考答案 [M]. 北京：机械工业出版社，2014.

第 2 章

国际货物贸易交易标的

 本章阅读提示

　　交易标的（object of transaction）是指当事各方订立合同时所要规范的"客体"内容，是合同当事各方权利和义务共同指向的对象。标的是合同成立的必要条件，没有标的，合同便无法成立。一般而言，某种货物要构成买卖中的标的物（subject matter），必须具备三个条件：第一，必须是合法的；第二，卖方对该货物有处置权；第三，必须是当事各方一致同意的。国际贸易交易标的通常有三种，即货物、服务和技术。其中，国际货物贸易交易标的是指进入国际贸易领域的有形货物，包括货物的名称（规格、型号）、品质、数量和包装四个部分。货物的名称、品质、数量和包装条款是国际货物贸易合同要件（condition of contract），违反其中的任何一项，都会被视为根本性违约（fundamental breach of contract），违约方要承担相应的违约责任。因此，在合同中明确、具体、准确地订明交易货物的名称、品质、数量和包装条款是交易双方的共同义务。

　　本章结构安排如下：第2.1节主要介绍货物名称的含义、表示方法及规定货物名称条款的注意事项。第2.2节重点介绍货物品质的表示方法，灵活采用表示品质的方法，不仅关系到交易双方的利益，同时也是订立合同的前提。第2.3节主要介绍常用的度量衡制度和货物计量单位、重量的计算方法，以及合同中数量条款的有关规定。第2.4节主要介绍包装的种类及合同中包装条款的有关规定。

2.1　货物的名称

2.1.1　货物名称的含义

　　货物名称（name of commodity）有时称为"品名"（即商品名称的缩写），是指能使某种货物区别于其他货物的一种称呼。它能够反映货物的自然属性、用途及主要性能特征等。常见的货物有固定、统一的名称，这时买卖双方一般不会产生歧义，如家庭用排气量为2.0升的"小轿车"，在《中华人民共和国进出口税则（2023）》中的货物名称为"气缸容量（排气量）超过1500毫升，但不超过2000毫升——小轿车"，对应的8位 H. S. 编码⊖（税则号列）为 8703.2341；棉制针织或钩编的"T 恤衫"（T-shirts, knitted or crocheted），在《中华人民共

　　⊖　H. S. 是 the Harmonized Commodity Description and Coding System 的英文缩写，即《商品名称及编码协调制度》，简称 H. S. 或《协调制度》。详细内容请参阅第 11 章。

和国进出口税则（2023）》中的货物名称为"针织或钩编的T恤衫、汗衫及其他背心——棉制"，对应的8位H. S. 编码为6109.1000；新鲜的"榴莲"（durian）在《中华人民共和国进出口税则（2023）》中的货物名称为"榴莲"，对应的8位H. S. 编码为0810.6000等。这些货物尽管分类各异，但货物的名称较为一致，内容比较固定，买卖双方对交易标的一般不会产生歧义。有些不太常见的货物，中外表述差异较大。如我国某公司欲从加拿大进口一台低温冷柜用于对金属锯条的冷却处理，加方发来的函电中货物名称为"The Environmental Test Chamber"。起初我方业务人员很疑惑这种货物是否是自己要购买的冷柜，等看完相关参数后才确认。

品名条款的规定取决于成交货物的特点，就一般货物而言，只要列明货物的名称即可，但有时为了明确起见，还要把有关货物的具体品种、等级、规格或型号的概括性描述包括进去，作为进一步的限定。有的甚至把货物的品质也包括进去，这种情况下它实际上是把品名条款与品质条款合并在一起，如一份销售合同中对货物名称和规格的描述如下：

Creosote oil

Moisture：	1.5% max
Sulfur：	0.7% max
Toluene insoluble：	0.15% max
Density（70/4 D. G.）	1.06 min
BMCI：	150 min
Na：	10ppm[①] max
Flash point（D. C.）：	70℃ min

杂酚油[②]

水分含量：	不超过1.5%
硫含量：	不超过0.7%
甲苯不溶物含量：	不超过0.15%
密度：	不小于1.06
芳烃指数值：	不小于150
钠：	不超过10ppm
闪点：	不低于70℃

这种情况下，对货物的描述就不仅仅是一个名称问题了，而是将货物的名称、规格以及其他品质加列在一起。因此，在国际贸易合同中，通常用"货物描述"（description of goods，简称"货描"）来代替"货物名称"。

2.1.2 货物名称的表示方法

不同货物由于用途、生产工艺、产地、性能等不同而有不同的划分标准，因此名称也各有不同。概括地说，常见货物名称的表示方法有如下几种：

[①] ppm 意为百万分之一，10ppm 即十万分之一，但业内更多用 10ppm 表示。
[②] 杂酚油，褐色浓油，取自煤溚（tar），用以防护木料。

（1）以货物的主要用途表示货物名称。这种表示方法的目的在于突出货物的主要用途，如"自动灌注机"（automatic filling machine）、"旅游鞋"（tourist shoes）、"摩托车防滑链条"（skid-proof chain for motorcycles）等。

（2）以加工原料表示货物名称。这种表示方法主要突出货物所使用的加工原料，有时反映货物的品质，如"羊绒衫"（cashmere sweater）、"钢制螺钉"（steel screws）、"菠萝罐头"（pineapples in airtight containers）等。

（3）以人物姓名表示货物名称。以人物姓名表示货物名称主要是因为人物的知名度较高，或是历史品牌，如"李宁牌运动鞋"（Li-ning brand sports shoes）、"王致和腐乳"（Wang Zhi-he fermented beancurd）、"王守义十三香调料"（Wang Shou-yi multi-flavored spices）等。

（4）以品牌表示货物名称。品牌是企业及其所提供货物的综合标志，它既代表企业对消费者的产品质量承诺，又代表企业所获得的消费者信任水平，如"保时捷"（Porsche）汽车、"百事可乐"（Pepsi-cola）、"青岛啤酒"（Tsingtao beer）等。

（5）以产地命名。产地同样代表着货物的品质水平，因此有时将产地与货物名称相结合，能起到很好的宣传作用，如"中国东北大豆"（soybean in Northeast China）、"新疆哈密瓜"（Xinjiang Hami melons）、"云南普洱茶"（Yunnan Puer tea）等。

（6）以加工制作工艺表示货物名称。这种表示货物名称方法的目的是增强消费者对该货物的了解，当然不同的加工制作工艺代表着不同的生产成本，因此价格也各异，如"人造毛皮"（artificial fur）、"卤水豆腐"（marinated tofu）、"纯生啤酒"（draft beer）等。

（7）以主要成分表示货物名称。以货物所含的主要成分表示货物名称可使消费者了解货物的效能，有利于提高货物的售价，如"葵花子油"（sunflower-seed oil）、"钻戒"（diamond ring）、"无水乙醇"（absolute ethyl alcohol）等。

上述货物名称的表示方法在某种程度上也代表了货物的品质，因此货物名称的表示方法要与品质条款相结合，只有这样才能更好地体现货物的具体内容和价值。

2.1.3 规定货物名称条款的注意事项

明确货物名称是买卖双方交易的基础，同时货物名称也是国际贸易合同的要件之一。因此，在拟订货物名称条款时应注意以下事项：

（1）货物描述应准确、具体、简洁。对交易货物的描述应准确、具体，能切实反映货物的特点和物理、化学特性，切忌笼统、含糊不清；描述用语应力求简洁，不要拖泥带水，不应做过多解释，以免给双方履约带来不必要的麻烦。

（2）货物描述应实事求是，反映货物的真实情况。合同中列明的货物必须与真实货物相一致，不能夸大其辞。货物必须是卖方有能力生产而且是买方所需的，凡做不到或不必要的修饰性语句都不应列入，以免给事后履约造成困难。

（3）货物描述应尽可能使用国际上通用的名称。不同国家，甚至同一国家的不同地区，对某一货物的称谓可能不尽相同，为避免误解，应尽可能地使用国际上通用的名称。如果必须使用地方性的称谓，则需要买卖双方事先就其内涵达成共识。对于某些新货物的命名及其译名，必须做到准确易懂，并符合对方国家的语言习惯。

（4）恰当、合理地选择货物的名称。不同的货物对应着不同的进口税率，同时适用不同的运费率。因此，如果一种货物有不同的名称，则在规定货物名称时，应注意有关国家的海关税则、进出口的相关规定以及班轮公司对不同名称货物的收费标准，以便合理地选择货物名称，以减少税费支出、方便进出口和节省运费开支。

2.2 货物的品质

2.2.1 货物品质的含义

货物品质（quality of goods）是指货物的内在质量和外观形态的具体表现，是货物之间相互区别、体现一定用途、满足用户需求的本质特征。其中，内在质量表现为货物的化学成分、物理性能、机械性能、生物特征、技术指标等。货物的内在质量，如化工产品的熔点、沸点、纯度，前面提及的杂酚油中硫的含量，机械产品的表面粗糙度、加工精度，金属材料的抗拉强度（tensile strength），纺织品的回潮率、缩水率，以及一些肉禽类产品中各种菌类的含量等，一般难以从外观上获得，需借助一定的仪器、设备进行分析测试方能得出结论。货物的外观形态则表现为货物的形状、结构、造型、款式、色泽、透明度、光亮度、图案、嗅觉、味觉等。

品质有时是一个较为抽象的概念，需要通过一些具体的指标来表述。在国际贸易中，通常是根据具体货物的不同特点和用途，选择一定的指标来表示货物的品质。例如，买卖大豆时，如果用于榨油，在合同中应以含油量作为表示其品质的主要指标；如果用于食用（如制作豆制品），则可能主要以蛋白质含量作为反映其品质的指标。

品质条款是国际货物贸易合同中买卖双方约定的重要条款之一，是合同的要件。对此，《公约》第35条第1款规定"卖方交付的货物必须与合同所规定的数量、质量和规格相符，并须按照合同所规定的方式装箱或包装"。

2.2.2 货物品质的表示方法

国际贸易中，货物种类纷繁复杂，不同货物的用途、加工制作工艺、所用原材料、品牌、产地、性能等各方面千差万别，其品质的表示方法也各不相同。归纳起来，主要包括两大类：一类是以实物表示货物的品质；另一类是以文字描述表示货物的品质。

2.2.2.1 以实物表示货物的品质

以实物表示货物的品质是指以交易货物的实际品质（actual quality）或以代表货物品质的样品（sample）来表示货物的品质。前者称为看货买卖，后者称为凭样品买卖。

1. 看货买卖

看货买卖（sale by quality）又称作看货成交，是指买方对卖方欲销售的货物先行查验，后双方达成交易。卖方只要按买方验看的货物交货，买方就不能对所交货物的品质提出异议。看货买卖属于现货交易方式，国际贸易中多用于寄售、拍卖、展卖等业务（见本章延伸阅读1）。

2. 凭样品买卖

样品（sample）是指从一批货物中随机抽取出来，或者由生产和使用部门设计、加工出来足以代表整批货物品质的少量实物。凭样品买卖（sale by sample）是指交易双方以样品表示货物的品质并作为双方签约和交货时的品质依据。凭样品买卖通常适用于部分工艺品、服装、轻工业品和土特产品等一些难以用科学方法表示其品质的货物买卖。凭样品买卖又可分为凭卖方样品买卖、凭买方样品买卖和凭对等样品买卖三种。

（1）凭卖方样品买卖（sale by seller's sample）。它是指交易双方约定以卖方提供的样品作为交货品质依据。这种情况下，买卖合同中一般订明"品质以卖方样品为准"（quality as per seller's sample），之后卖方所交整批货物的品质必须与其提供的样品相一致。

（2）凭买方样品买卖（sale by buyer's sample）。它是指交易双方约定以买方提供的样品作为交货品质依据。买方为了使其订购的货物符合自身要求，有时自己提供样品交由卖方依样承制。凭买方样品买卖有时也称"来样成交"或"来样制作"，其优点是可提高卖方产品在国外市场的适销性，有助于扩大出口。这种情况下，买卖合同中一般订明"品质以买方样品为准"（quality as per buyer's sample），之后卖方所交整批货物的品质，必须与买方提供的样品相一致。

（3）凭对等样品买卖（sale by counter sample）。它是指买方先提供一个样品，卖方根据买方提供的样品加工仿制一个"对等样品"（counter sample）或"回样"（return sample）。对等样品经买方确认后，称为"确认样品"（confirmed sample）。之后卖方所交整批货物的品质应与确认样品相同，这样等同于将"凭买方样品买卖"转换成了"凭卖方样品买卖"。在国际贸易中，如果卖方认为按买方来样供货没有十足把握，为稳妥起见，经常采取凭对等样品买卖，以免因交货品质与买方提供的样品不符而遭到买方退货甚至索赔的危险。

凭样品买卖时，在合同的品质条款中应注明样品的编号和提供（寄送）的日期，并规定交货品质与样品相同。例如：

The goods to be delivered shall be same as sample No…submitted by the seller on… (Date)
（所交货物品质应与卖方于……（日期）提供的第……号样品相一致）。

凭样品买卖容易在履约过程中产生品质方面的争议。因此，在出口业务中采用凭样品买卖时，应注意以下几个方面的问题：

（1）卖方交货品质必须与样品相符。在凭样品成交的情况下，卖方日后所交货物的品质都要与样品相一致。如果卖方所交货物与样品不符，买方可以拒收或提出赔偿，甚至解除合同。

（2）卖方提供的样品必须具有代表性。卖方提供的样品必须是足以代表整批货物品质的中等实物，样品的品质不能偏高也不能偏低。品质过高会给日后交货带来困难，容易引起纠纷；而品质过低会给卖方在价格上带来损失。

（3）为防止日后交货时发生争议，外寄样品要留复样（duplicate sample），或者使用封样（sealed sample），以备将来核对。在凭样品买卖的交易中，为防止履约时发生不必要的纠纷，在外寄样品时，应保留与送交样品品质完全一致的另一样品，即留存复样。必要时可使用封样，即由第三方或公证机关在一批货物中抽取同样品质的样品若干份，每份样品烫上火漆或铅封，由第三方或公证机关留存一份备案，其余供当事人使用。有时封样也可由出样人自封或买卖双方共同加封。日后一旦发生品质争议，可以该封样为裁决依据。

（4）对"货、样一致"没有绝对把握时，应在合同品质条款中做灵活规定。凭样品成交的货物，多数属于品质难以规格化、标准化的货物，交货品质一般不可能做到同样品完全一致。因此，可在合同中事先规定"交货品质与样品大致相符"（quality to be nearly the same to the sample 或 quality to be similar to the sample）。

（5）采用"凭买方样品买卖"时，应特别注意防止侵犯第三方工业产权或其他知识产权。对此，《公约》第 42 条规定"卖方所交付的货物，必须是第三方不能根据工业产权或其他知识产权主张任何权利或要求的货物，但以卖方在订立合同时已经知道或不可能不知道的权利或要求为限"。换句话说，对于依照买方提供的技术图样、图案、程序或其他规格生产的产品，如果第三方提出该产品侵犯了其工业产权或其他知识产权，卖方对此不负责任。为了避免日后出现纠纷，最好在品质条款中对此做出明确声明，如：

凡根据买方提供的式样、商标、品牌等生产的产品，如果因涉及第三方工业产权或其他知识产权而引起纠纷，概由买方负责（For any goods produced with the designed, trade marks, brands provided by the Buyers should there be any disputes arising from infringement upon the third party's industrial property or other intellectual property right, it is the Buyers to be held responsible for it）。

2.2.2.2　以文字描述表示货物的品质

国际贸易中，多数货物的品质是用文字描述来表示的。所谓用文字描述表示货物的品质，是指用文字、图表、图片、照片等方式来描述货物品质，也称凭文字描述买卖（sale by descriptions）。具体包括以下六种形式。

1. 凭规格买卖

货物规格（specification of goods）是指足以反映货物品质的一些主要指标，如化学成分、含量、纯度、性能、容量、长短、粗细、大小、表面粗糙度、色泽、强度等。用规格表示货物品质具有简便易行、明确具体，并可根据每批成交货物的具体品质状况灵活调整的特点，在国际贸易中广为应用。一般情况下，在农产品（如大豆、玉米等）、矿产品以及橡胶、轮胎等货物交易中经常使用凭规格买卖。例如，中国东北大豆的货物描述及品质表示如下：

soybean in Northeast China
Oil content：　　　　　　　　　　18% min
Moisture：　　　　　　　　　　　14% max
Admixture：　　　　　　　　　　 1.5% max
Imperfect grains：　　　　　　　　8% max
中国东北大豆
含油量：　　　　　　　　　　　　不低于18%
水分含量：　　　　　　　　　　　不超过14%
杂质：　　　　　　　　　　　　　不超过1.5%
不完善粒：　　　　　　　　　　　不超过8%

需要说明的是，由于不同货物有其特定的结构，货物规格也各不相同，即使是同一货物，有时因用途不同，规格的描述也会有些差异。如上述中国东北大豆的品质描述说明该大豆主要用于榨油，而用作食用（如制作豆腐）时则通常应列明蛋白质含量（protein content）。

2. 凭等级买卖

货物等级（grade of goods）是指把同一货物按其品质（如大小、形状、重量、成分、构造、效能等）的差异，划分为不同的级别和档次，用数字或文字表示，如特级（superior）、一级（grade 1）、二级（grade 2）等。货物等级通常是由制造商或出口商根据其长期生产和了解该货物的经验，在掌握其品质规律的基础上制定的。它有助于满足各种不同需要，也有利于根据不同的要求来安排生产与加工整理。例如，我国出口钨精矿石主要根据三氧化钨和锡含量的不同分为特级、一级和二级三种，每一等级对应着不同的指标含量（见表2-1）。

表2-1 我国出口钨精矿石的等级分类

等　级	三氧化钨（Tungsten trioxide）不低于（min）	锡（Tin）不超过（max）	砷（Arsenic）不超过（max）	硫（Sulfur）不超过（max）
特级	70%	0.2%	0.2%	0.8%
一级	65%	0.2%	0.2%	0.8%
二级	60%	1.5%	0.2%	0.8%

用等级表示货物品质的方法，需要交易双方对各个等级所含规格内容理解一致。这种方法对简化交易手续、促进成交以及体现按质论价具有一定作用，常用于农副产品和矿产品的品质描述。

3. 凭标准买卖

货物标准（standard of goods）是指标准化的规格和等级。货物的标准一般由标准化组织、政府机关、行业协会以及商品交易所等机构规定并对外公布。例如，国际标准化组织（International Organization for Standardization，ISO）制定的相关标准；发达国家制定的一些标准。如英国标准协会（British Standards Institution，BSI）制定的英国标准（British Standard，BS），如 BS7799 信息安全管理标准等；经美国国家标准协会（American National Standard Institute，ANSI）认可的 220 多个标准制定机构制定的 10000 多个美国国家标准（ANS）；法国标准化协会（Association Francaise de Normalisation，AFNOR）制定的法国标准（NF）等。

世界各国制定的标准不一，有的具有法律上的约束力，凡不符合标准的货物禁止进口和出口；有的不具有法律上的约束力，仅供交易双方参考使用，交易双方洽商交易时可另行规定货物品质的具体要求。随着科学技术的发展，货物的标准不断被修改和完善，因此标准一般有不同年份的版本。在合同中援引时，必须注明标准的出处和版本年份等。例如，柠檬酸钠，纯度：不低于99%，《英国药典》⊖1993 年版（sodium citrate, purity: 99% min, in conformity with B. P. 1993）。一些农产品，如棉花、小麦、黄豆、砂糖及咖啡等的买卖，常采用凭标准买卖。

国际贸易中，对于某些品质变化较大而难以规定统一标准的农副产品，往往采用"良好平均品质"这一术语来表示其品质。所谓"良好平均品质"（fair average quality，F. A. Q.），是指一定时期内某地出口货物的平均品质水平⊖。良好平均品质表示品质的方法尽管较为笼统，有时甚至并不代表固定、具体的品质规格，但在一些农副产品的交易中经常被采用。在我国，F. A. Q. 有时称为"大路货"。采用这种方法表示货物品质，除在合同中

⊖ 《英国药典》，British Pharmacopoeia，简称 B. P. 。

⊖ 通常情况下，同业公会或检验机构从一定时期或季节、在某地装船的各批货物（多数为农副产品）中分别抽取少量实物加以混合拌制，并由该机构封存保管，以此实物所显示的平均品质水平作为该季节同类产品品质的比较标准。

注明 F. A. Q. 字样和年份外，一般还列明货物的主要规格指标。例如，中国花生仁的品质水平表示方法见表 2-2。

表 2-2　中国花生仁的品质水平

China peanuts kernel（中国花生仁）	F. A. Q. 2022
Oil content（min）（含油量 不低于）	44%
Moisture（max）（水分含量 不超过）	13%
Admixture（max）（杂质 不超过）	1.5%
Imperfect grains（max）（不完善粒 不超过）	8%

4. 凭牌名或商标买卖

货物的牌名（即品牌名称，brand name）是指生产企业或销售商为其制造或销售的产品所确立的名称；商标（trade mark）是指生产企业或销售商用来识别其所生产或销售的产品的标志，通常由一个或几个具有特色的单词、字母、数字、图案等组成。商标是牌名的图案化，是特定产品的标志。使用牌名和商标的主要目的是使之区别于其他同类产品，以利销售。国际贸易中，凭牌名或商标买卖（sale by brand name or trade mark）一般适用于一些品质稳定、信誉良好、广为人知的工业制成品或半制成品的贸易，如海尔冰箱（Haier refrigerator）、格力空调（GREE air conditioner）、华为手机（HUAWEI mobile phone）等。这些产品的品牌或商标本身就是一种品质的象征，人们在交易中可只凭品牌或商标买卖，无须对品质提出更加详细的要求。但若一个牌名同时有多种不同型号和规格的产品，为明确起见，还应在合同中订明具体规格或型号。

需要注意的是，牌名和商标属于工业产权，各国都制定了有关法律予以保护。在凭牌名或商标买卖时，生产企业或销售商应注意有关国家的相关法律规定，以免侵犯工业产权或其他知识产权。

5. 凭产地名称买卖

在国际贸易中，有些产品，尤其是农副土特产品，因其产地的自然条件、地理环境或传统加工工艺等因素的影响，在品质方面形成了自己的地方风格和独特的品质，这类产品一般可用产地名称来表示其品质。例如，以国家为标志的"法国香水"（France perfume）、"瑞士手表"（Swiss watch）；以某个国家的某一地区为标志的"中国东北大豆"（soybean in Northeast China）、"贵州茅台酒"（Kweichow Moutai）；以某个国家某一地区的某一地域为标志的"景德镇瓷器"（Jingdezhen porcelain）等。

凭产地名称买卖（sale by name of origin）涉及地理标志，实际使用中要确切了解其中的内涵。

6. 凭说明书和图样买卖

凭说明书和图样买卖（sale by description and illustration）是指在国际贸易中以产品的说明书并附以图样、照片、分析表格以及各种数据来说明货物的具体性能和结构特点。例如，合同中在货物名称后面附有"品质和技术参数符合本合同所附技术附件"（quality and technical data to be in conformity with the technical appendix attached）。

凭说明书和图样买卖适用于对材料和设计要求严格，产品结构和功能较为复杂，性能参数较多，且安装、使用、维修都有一定操作规程，仅用货物名称、规格和型号难以表述其内在品质全貌的货物。它常用于大型机械、电器和仪表等技术密集型产品的国际贸易。凭说明书和图样买卖时，卖方所交付的货物必须符合说明书所规定的各项指标，由于对这类产品的技术要求比较高，在合同中除列入说明书的具体内容外，还要订立卖方品质保证（quality guarantee）条款和技术服务（technical service）条款，明确规定卖方须在一定期限内保证其所出售的货物品质符合说明书上规定的指标，如果在保证期限内发现货物品质与说明书不符，买方有权索赔或退货等。

上述表示货物品质的各种方法，可单独运用，也可结合使用。注意：在销售某一货物时，原则上可用文字描述表示货物品质的，就不再同时用样品表示，反之亦然。

品质条款是国际货物贸易合同中的一项主要条款，是货物描述的重要组成部分，应根据不同交易货物的自身特点，灵活采用恰当的品质表示方法，同时应对订立品质条款时经常出现的问题加以注意（见本章延伸阅读2）。

案例 2-1

【案例回放】

我国某公司向英国出口一批大豆，合同规定"水分含量不超过14%，杂质不超过2.5%"。合同订立前，该公司曾向买方寄送过样品，合同签订后又电告买方大豆与样品相似。当货物运抵目的地后，买方提出货物与样品不符，并出示相应的检验证书，证明货物的质量（含油量或蛋白质含量）比样品低7%，并向我方提出索赔。

【要点分析】

由于此合同的品质条款中有"水分含量不超过14%，杂质不超过2.5%"的规定，可以认为此合同是以规格表示货物品质的，是凭规格买卖。但遗憾的是，成交前我方寄送样品时并未声明该样品为参考样品，并在签约后又电告对方"大豆与样品相似"，这样对方可以认为该交易既凭规格又凭样品买卖。根据一些国家的法律解释，凡是既凭样品又凭规格达成的交易，所交货物必须既与样品一致又符合规格方面的要求，否则买方有权拒收货物并提出索赔。

本案例告诉我们，签订品质条款时，应正确使用品质的表示方法，能用一种方法表示的，尽量不要使用两种或两种以上方法表示，以免给日后履约带来麻烦。

2.3 货物的数量

货物的数量（quantity）是指以一定度量衡表示的货物的重量、个数、长度、面积、体积、容积的量。数量条款是国际货物贸易合同的主要交易条件之一，属于合同要件。卖方交货数量必须与合同规定相符，否则买方有权提出索赔，甚至拒收货物。《公约》第35条第1款规定，卖方交付的货物必须与合同所规定的数量、质量和规格相符，并须按照合同规定的方式装箱或包装。第37条规定，如果卖方在交货日期前交付货物，他可以在原交货日期到达前，交付任何缺漏部分或补足所交付货物的不足数量，或交付用以替换所交付不符合同规定的货物，或对所交付货物中任何不符合同规定的情形做出补救，但是，此一权利的行使不得使买方遭受不合理的不便或承担不合理的开支。尽管如此，买方保留本公约所规定的要求损害赔偿的任何权利。第52条第1款规定，如果卖方在规定的日期前交付货物，买方可以收取货物，也可以拒绝收取货物。第52条第2款规定，如果卖方交付的货物数量多于合同规定的数量，买方可以收取也可以拒绝收取多交部分的货物。如果买方收取多交部分货物的全部或一部分，他必须按合同价格付款。

按照某些国家法律或惯例的规定，如果卖方交货数量与合同规定不符，买方甚至有权拒收（所有）货物。因此，买卖合同中成交数量的确定对交易双方至关重要，正确掌握成交数量、合理洽商合同中数量条款的内容，具有十分重要的意义。

2.3.1 常用的度量衡制度和货物计量单位

世界各国的度量衡制度不同，致使所使用的计量单位也存在差异，即使是同一计量单位所表示的数量，差别也很大。例如，重量的计量单位吨就有公吨（MT）、长吨（LT）和短吨（ST）的区分（1MT＝1000kg，1LT＝1016kg，1ST＝907.2kg）。因此，了解和熟悉不同的度量衡制度关系到货物的计量单位是否符合进口国有关计量单位使用习惯和法律规定等问题。

2.3.1.1 常用的度量衡制度

目前，国际贸易中使用比较广泛的度量衡制度有公制（the metric system）、英制（the British system）、美制（The U. S. system），以及在公制基础上颁布的国际单位制（the international system of units）。

其中，公制以十进位制（decimal system）为基础，"度量"（measure）和"衡"（weight）之间有着内在联系，互相之间的换算比较方便。公制度量衡制度中的面积、体积的计算单位都以长度为基础，而公制长度的基本单位是"米"（meter），所以公制又称"米制"。现在世界上大多数国家的度量衡制度都是以公制为基础的。

英制主要在英联邦国家使用，由于该制度不采用十进位制，换算很不方便，而且"度量"和"衡"之间缺乏内在联系，所以英制在国际贸易中的使用越来越少，许多原来采用英制的国家，如澳大利亚和新西兰等，也逐步向公制过渡。

美制是从英制发展而来的，因此许多计算单位的名称和英制相同，但含义有所区别，这主要体现于重量单位和容量单位。另外，美制容量单位分为"干量"（dry measure）和"液量"（liquid measure）两种。干量多用于粉状或颗粒状固形物的计量；液量多用于流体的计量。美制重量单位由短吨（short ton）、短担（short hundred weight）、磅（pound）、盎司（ounce）和打兰（dram）组成。其中，磅、盎司和打兰与英制等量并通用，而短吨、短担与英制名称不同且重量不等。美制度量衡主要在北美洲国家和地区使用。

国家间度量衡制度的不统一，给国际经济与贸易往来造成了极大不便。为了解决这一弊端，以促进国际科学技术交流和国际贸易发展，1960年在第11届国际计量大会上颁布了以公制为基础的国际单位制（SI）[⊖]，又称现代米制。目前，世界上许多国家已开始向国际单位制过渡，我国相关法律也明确规定采用国际单位制。《中华人民共和国计量法（2021年10月征求意见稿）》第十一条规定："国家实行法定计量单位制度。国际单位制计量单位和国家选定的其他计量单位，为法定计量单位。"目前，除个别特殊领域外，一般不允许使用非法定计量单位。在对外贸易出口中，除照顾对方国家的贸易习惯约定采用公制、英制或美制等计量单位外，应尽量使用我国法定计量单位。

⊖ SI，来自法文的 le Système international d'unités，意思是国际单位制。

2.3.1.2 货物计量单位

在国际贸易中,货物的计量单位有很多,具体采用哪种单位计量,主要取决于货物的种类和性质。常用的计量单位有以下几种:

(1) 重量单位(weight unit)。常用的重量计量单位有吨(ton, t)、公吨(metric ton, MT)、长吨(long ton, LT)、短吨(short ton, ST)、千克(kilogram, kg)、克(gram, g)、磅(pound, lb)、盎司(ounce, oz)、克拉(carat)㊀等。其中,克拉常用于钻石的计量。重量单位是当今国际贸易中最常用的一种计量方法,适用于大宗农副产品、矿产品及部分工业制品等的计量。

(2) 个数单位(number unit)。常用的个数计量单位有件、个、只(piece, pc)、双(pair)、套(set)、台、辆(unit)、打(dozen, doz)、罗(gross, gr)㊁、令(ream, rm)、卷(roll)、箱(case)、袋(bag)、头(head)、包(bale)、桶(barrel/drum)等。大多数工业制品,尤其是日用消费品、轻工业产品、机械产品和杂货、部分土特产品多采用个数成交。

(3) 长度单位(length unit)。常用的长度计量单位有千米(kilometer, km)、米(meter, m)、厘米(centimeter, cm)、英尺(foot, ft)、英寸(inch, in)、码(yard, yd)等。一般金属绳索、布匹、绸缎、电线电缆常采用长度单位来计量。

(4) 面积单位(area unit)。常用的面积计量单位有平方米(square meter, m^2)、平方码(square yard, yd^2)、平方英尺(square foot, ft^2)、平方英寸(square inch, in^2)等。一般木板、玻璃板、地毯、铁丝网以及皮革制品等习惯以面积作为计量单位。

(5) 体积单位(volume unit)。常用的体积计量单位有立方米(cubic metre, CBM 或 m^3)、立方英尺(cubic foot, ft^3)、立方码(cubic yard, yd^3)等。木材、天然气及化学气体的交易常采用体积单位进行计量。

(6) 容积单位(capacity)。常用的容积计量单位有立升(liter, L)、加仑(gallon, gal)、蒲式耳(bushel, bu)㊂等。部分谷物等粮食类,汽油、酒精、啤酒等液体类,以及天然气等气体的计量常采用容积单位。

2.3.2 重量的计算方法

国际贸易中,大多数货物都是按重量计量的。按照一般商业习惯,计算重量的方法通常有以下几种:

1. 按毛重计算

毛重(gross weight, G.W.)是指货物自身的重量加上包装材料的重量,后者又习惯称为"皮重"(tare)。货物毛重通常是计算运费的主要依据之一。

2. 按净重计算

净重(net weight, N.W.)是指货物自身的实际重量,即货物毛重扣除外包装重量(皮

㊀ 1lb = 0.45359237kg;1oz = 28.3495kg;1 米制克拉 = 2×10^{-4}kg。

㊁ 1 罗为 12 打,1 打为 12 个。

㊂ 立升又称作公升或升。立升和加仑主要用于酒类、油类等液体产品的计量;蒲式耳是美国用于各种谷物的容积计量单位。

重）。净重是国际贸易中最常见的计重方法，按重量计量的货物大多都以净重计价。若合同中未明确规定计重方法，按惯例以净重计。在按净重交易时，其计算方法是货物毛重减去皮重。皮重的计算方法有以下五种：

（1）实际皮重（actual tare 或 real tare）。将整批货物的包装逐件过秤后，称得的重量总和为包装总重量。这种方法计算的皮重最为精确，但也费时、费力。因此，只有对单位价值较高的货物才采用这种方法。

（2）平均皮重（average tare）。如果货物所使用的包装材料比较整齐划一、重量相差不大，就可以从整批货物中随机抽取若干件，称出各件皮重，然后求出其平均数再乘以总件数，即可求得整批货物的皮重。

（3）习惯皮重（customary tare）。某些货物因其包装方法与包装材料已比较定型，即规格化包装，其重量已被公认，形成习惯，所以计算其皮重时，无须单个过秤，只需以习惯上认定的皮重乘以总件数即可。例如，装运粮食的机制麻袋（gunny bag），每条重量公认为2.5磅，即为习惯皮重。

（4）约定皮重（computed tare）。交易双方以事先约定的单件包装重量，乘以该批货物的总件数，求得的重量作为该批货物的总皮重。

（5）装运皮重（shipping tare）。装运皮重又称卖方皮重（seller's tare），即卖方于货物装运时将过秤所得的皮重记录于商业发票（commercial invoice）上，并由买方予以承认的皮重。

3. 以毛作净

毛重和净重是许多货物都必须予以标示的，毛重通常作为计算运费的依据，净重通常作为计算价格的依据。

以毛作净（gross for net）是指以货物的毛重作为计算价格和交付货物的计量基础，一般适用于低值货物，皮重比较固定且相对于货物重量较轻。例如，用麻袋包装的粮食、大豆等农产品，每麻袋大豆重约100千克，麻袋自重2.5磅（约合1.13千克）。

需要注意的是，国际贸易中采用"以毛作净"时，不仅在规定数量条款时予以标示，在单价条款中也应表明。例如，每公吨280美元，以毛作净（USD280 per metric ton, gross for net）。

4. 其他计算重量的方法

除毛重和净重外，一些特殊货物还有着一些特殊的计量方法。

（1）按公量（conditioned weight）计重。公量是指用科学方法抽出货物中所含的水分，再加上标准含水量所求得的重量。这种计算重量的方法多用于经济价值较高而水分含量不稳定（吸水能力强、易受周边环境影响等）的货物，如棉花、生丝、羊毛等。其计算公式如下：

$$公量 = 货物干量 \times (1 + 标准回潮率)$$
$$= \frac{货物净重 \times (1 + 标准回潮率)}{1 + 实际回潮率}$$

所谓回潮率，是指水分与干量（抽掉水分后货物的重量）之比。其计算公式如下：

$$回潮率 = \frac{水分}{干量}$$

标准回潮率是指国际公认的或交易双方约定的货物中的水分与干量之比；实际回潮率是指货物中的实际水分与干量之比⊖。

（2）按理论重量（theoretical weight）计重。理论重量适用于规格固定、尺寸统一的货物。货物规格一致、体积相同，每件重量大致相同，因而可以从件数推算出总重量，如马口铁、钢板等。

（3）按法定重量（legal weight）计重。法定重量是指货物自身重量加上与货物直接接触的包装材料（内包装）的重量。法定重量是一些国家海关征收从量税（specific duty）的基础。货物本身的重量习惯上又称为"净净重"（net net weight）。例如成衣扣除衬托纸板、大头针及塑胶套等附属物（内包装）后所得的重量即为净净重；又如香皂、食用罐头等标签上标注的净含量指的便是净净重。

2.3.3 合同中数量条款的有关规定

合同中的数量条款主要包括成交货物的数量以及使用的计量单位，按重量成交的货物还需订明重量的计量方法。合同中数量条款的规定应注意以下几方面的问题：

1. 正确掌握成交货物的数量

对出口货物来说，既应根据国内货源的供应情况、国内企业的生产能力合理掌握成交数量（生产能力充足、货源充沛时可适当扩大成交量；生产能力不足、货源紧张时可适当压缩成交量，以免给日后履约带来困难），同时又要考虑国外市场的供求状况、客户的资信状况和经营能力以及国际市场的价格变动趋势等因素以合理确定成交数量。

对进口货物来说，一要考虑国内的实际需求，避免盲目进口，造成资金积压；二要考虑国内支付能力，避免浪费外汇；三要考虑市场行情变化。

2. 合理规定数量的机动幅度

国际贸易中，有些货物的数量容易确定（如按个数计量时），有些货物受自身特性、货源变化、运输条件（船舶舱位容量、装载技术）、包装等条件以及计量工具的限制，在交货时很难精确计算。如散装粮食、化肥、油类、食糖、矿砂、煤炭、钢材以及一些工业制成品等，受上述条件限制，交货数量往往难以完全符合合同约定的某一具体数量。为便于合同顺利履行，减少争议，交易双方通常都在合同中规定数量的机动幅度条款，即允许卖方的交货数量在一定范围内上下浮动。常用的数量机动幅度条款是"溢短装条款"。所谓溢短装条款（more or less clause），是指在合同中订明允许卖方实际交货的数量按一定幅度比合同中规定的数量多装或少装。

溢短装条款在实际业务中较为常见。例如，合同中规定"quantity：200MT, with 5% more or less both in amount and quantity allowed at the seller's option"（数量：200MT，卖方有权在5%的金额和数量范围内溢装或短装）。规范的溢短装条款至少应包含以下三个方面的内容：

（1）允许溢装或短装的比例。溢短装的比例要适当，不宜过高，也不宜过低，应视货物特性、行业或贸易习惯以及运输方式等因素而定，以3%~5%为宜，一般不超过10%。

⊖ 例如，国际上公认的羊毛、生丝的标准回潮率为11%。1kg生丝，经科学方法测定水分为0.2kg，干量为0.8kg，则实际回潮率为0.2/0.8 = 25%，该生丝的公量为1kg×(1 + 11%)/(1 + 25%) = 0.888kg。

（2）实际交货时由谁行使溢短装的权利。溢短装选择权的规定要合理。溢短装通常由卖方决定，因为履行交货是卖方的义务之一；有时也可由买方或船方根据船容和装载情况决定。为明确起见，对此应在合同中做出明确合理的规定。

（3）溢短装部分货物价格的计算方法。溢短装部分货物的计价要合理。一般情况下，对机动幅度范围内溢装或短装部分，一般按合同价格计价，多交多收，少交少收。多数情况下，合同中不再单独列明对溢短装部分的计价方式。但由于合同价格是固定的，而市场价格是波动的，当市场价格上涨时，卖方可能利用溢短装条款尽量少交货物，而在市场价格下跌时，卖方又想按照最高约定数量交货，买方的想法则正好相反。因此，为防止有权选择溢装或短装的一方当事人利用市场行情变动，故意多装或少装以获取额外好处，给对方带来不利，交易双方也可在合同中规定对溢短装部分按装船时或货到时的市价计算。

3. 数量条款的订立应明确、具体

为了方便合同履行，避免不必要的争议，合同中数量条款的规定应明确、具体。在规定成交货物数量时，应一并规定该货物的计量单位。对按重量计量的货物，还应规定计算重量的具体方法。例如，"中国东北大豆1000MT，麻袋装，以毛作净"。

在国际贸易中，数量的规定一般不宜采用"大约"（about）、"左右"（circa）、"近似"（approximate）等带有伸缩性的描述。这种描述意在说明合同中的数量只是一个约量，从而使卖方交货数量可以有一定范围的灵活性。各国对这类描述的解释不一，有的理解为2%的伸缩，有的理解为5%，也有的理解为10%。国际商会UCP600第30条规定，"约"或"大约"用于信用证金额或信用证规定的数量或单价时，应解释为允许有关金额或数量或单价有不超过10%的增减幅度；同时又规定，在信用证未以包装单位件数或货物自身件数的方式规定货物数量时，货物数量允许有5%的增减幅度，只要总支取金额不超过信用证金额。

案例 2-2

【案例回放】

我国某粮油进出口公司出口一批驴肉到日本。合同规定，货物数量共25MT，装1500箱，每箱净重16.6kg。如按规定装货，则总重量应为24.9MT，差额0.1MT（即100kg）可不再补交。当货物运抵日本港口后，日本海关人员在抽查该批货物时，发现每箱净重不是16.6kg，而是17kg，即每箱多装了0.4kg。后查明，该粮油公司进货时，每件恰好是17kg，为省却麻烦，直接将每件17kg装入箱内。这样一来，该批货物实际装了25.5MT。

问：卖方应按多少数量收取货款？

【要点分析】

尽管卖方实际每箱装货17kg，货物总计25.5MT，但由于在所有单据上数量都注明了24.9MT，议付货款时银行也按24.9MT议付了货款，这样卖方白送了0.6MT驴肉给客户。此外，由于货物单据上的净重与实际重量不符，日本海关还认为我方少报重量有帮助日本客户逃税的嫌疑，后经我方解释，才未深究，对多装的0.6MT驴肉，不再退还，也不补付货款。

2.4 货物的包装

包装（packing）是指按一定的技术方法，采用一定的包装容器、材料及辅料包裹或捆扎货物。包装能起到保护货物品质、保证数量完好、美化宣传产品以达到促销的目的。一般来说，按是否需要包装，出口货物可分为散装货物（bulk cargo）、裸装货物（nude cargo）和包装货物（packed cargo）三大类。散装货物是指未加任何包装，可直接交运，多为不易包装或不必包装的货物，常见的有颗粒状而自然成堆的谷物、煤炭、矿砂、原糖、水泥以及散装油类、废钢铁、废轮胎等。它一般适合数量较大而又有专门散装设备的运输工具装载的货物，且港口还需要有相应的装卸设备和存放仓库。裸装货物是指货物形态上自成件数，不易受外界条件影响，无须再加包装的货物，如钢铁、橡胶、锡块、铝锭、钢板、矿石、原木等。除散装货物和裸装货物外，绝大多数货物都需要有适当的包装。这是因为包装是保护货物在流通运输过程中品质完好和数量完整的重要措施，便于运输、装卸、搬运、储存、保管、清点和携带，防止丢失和被盗，有些货物没有包装就无法进入流通和消费环节。

包装条款是国际货物贸易合同中的主要条款之一。《公约》第35条第1款规定"**卖方交付的货物必须与合同所规定的数量、质量和规格相符，并须按照合同规定的方式装箱或包装**"。下面分别从包装的种类以及合同中包装条款的有关规定方面对货物的包装进行介绍。

2.4.1 包装的种类

按包装在流通中所起的作用不同，货物的包装可分为运输包装和销售包装两大类。

2.4.1.1 运输包装

运输包装（transport packing）又称大包装或外包装（outer packing），是将货物装入特定的容器，或以特定方式成件或成箱的包装。运输包装的作用主要是：保护货物品质完好和数量完整，减少货物损坏和盗窃风险；便于运输、装卸、储存和计数，减少配送成本，提高货物处理能力等。

(1) 运输包装的种类。运输包装的种类多样、造型各异，包装用料和质地也不尽相同，包装程度不一，因此运输包装具有多样性。一般情况下，运输包装有如下几种分类方式：

1) 按包装方式不同，可分为单件运输包装（single-piece packing）和集合运输包装（muster packing）。其中，单件运输包装是指货物在运输过程中作为一个计件单位的包装。集合运输包装是指将若干单件运输包装组合成一件大的包装，以便提高装卸效率、节省运输成本。常见的集合运输包装有集装箱、托盘、集装袋（又称吨袋（ton bag））等。

2) 按包装形状不同，可分为包（bale）、箱（case）、袋（bag）、桶（barrel/drum）等不同形状的包装。

3) 按包装材料不同，可分为纸制包装，木制包装，金属包装，塑料包装，麻制品包装，竹、柳、草制品包装，玻璃制品包装，陶瓷包装等。

4) 按包装质地划分，可分为软性包装、半硬性包装和硬性包装。

5) 按包装程度不同，可分为全部包装和局部包装等。

国际贸易中，采用何种运输包装取决于货物自身的特性、运输方式、有关国家法律和客户要求等因素。

(2) 运输包装的标志。运输包装标志简称包装标志（packing mark），是指在运输包装的外部书写、印制或刷制的简单图形、文字、数字等。其作用主要是便于识别货物，方便运输、仓储和海关查验，便于核对单证和货物是否相符，避免错发错运，便于收货人收货等。运输包装上的标志按其用途不同，可分为运输标志、指示性标志、警告性标志和其他标志。

1) 运输标志。运输标志（shipping mark）俗称"唛头"，通常由一个简单的几何图形和一些数字、字母组成，刷制在外包装明显部位，便于识别货物、核对单证且方便运输。唛头在许多单证中都有体现。为规范运输标志制作，国际标准化组织（ISO）和国际货物装卸协调协会（International Cargo Handling Coordination Association，ICHCA）研究制定了一项《标准运输标志》○，于 1979 年正式向各国推荐使用。该标准运输标志由四项内容按顺序排列而成：①收货人或买方名称简称或代号；②参考号码，如合同号、提运单号、信用证号、订单号或发票号码等；③目的地，即货物最终目的地或目的港名称（如需转运，还需加列转运港名称）；④件号，即表明货物的总件数和每一件货物的顺序号。

例如，我国某公司签订的进口合同规定的运输标志如下：

<u>2008DC - JKC01，DICASTAL</u>
<u>XINGANG PORT, CHINA</u>

这里"2008DC - JKC01"是合同号；"DICASTAL"是收货人（买方）的简称；"XINGANG PORT, CHINA"是目的港名称；即中国天津新港。

如果成交的一批货物有多个包装，则应在每件包装上刷制件数号码。如 1/100 代表本批货物有 100 件包装，这是第一件；2/100 表示第二件。以此类推，以便理货清查短损。

运输标志除了上面提及的标准运输标志外，有时还包括：①体积标志；②毛重和净重标志；③原产地标志等（见图 2-1）。如果货物需要转运，通常在运输标志中列明。例如，货物卸货港为伦敦，中途在中国香港转船，则应写明"Port of discharge：London Via Hong Kong"字样。

运输标志还有一个特殊而重要的作用。根据《公约》规定，在货物特定化之前，风险由卖方承担。所谓"货物特定化"，是指以某种方式表明该货物属于某合同项下，而货物特定化最为常见的方式是在货物的外包装上标明运输标志。

上面已经提及，运输标志在许多主要贸易单证中均有标示。这些单证包括合同、发票、

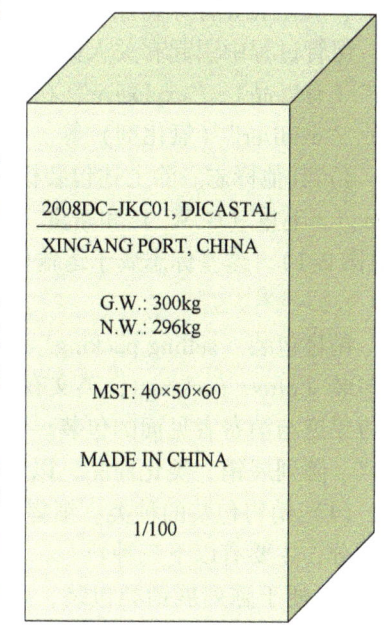

图 2-1　运输标志

○　我国据此制定了 GB/T 18131—2010《国际贸易用标准化运输标志》。

提单、保险单、信用证、检验检疫单证、进出口货物报关单等。

刷制运输标志时应注意以下几点：①运输标志上的文字和数字要简明、清晰、易于辨认；②运输标志必须刷制在货物外包装的显著位置，并使用不易褪色的颜料刷写；③运输标志上不要附加任何广告性的宣传文字或图案，以免影响对运输标志的辨识；④同一票货物所有贸易单证上的运输标志应完全相同（件号除外）。

2）指示性标志。指标性标志（indicative mark）是指针对一些易碎、易损、易变质的货物，用简单、醒目的图形和文字印制在货物外包装上，以提醒有关人员在装卸、搬运和存储过程中注意。例如，"handle with care"（小心轻放）、"this side up"（此端向上）、"keep dry"（防止受潮）、"keep cool"（保持低温）、"open here"（由此开启）、"keep flat"（注意平放）、"not to be flat"（请勿平放）、"no hooks"（勿用吊钩）等。

为了统一世界各国运输包装上指示性标志的图形与文字，一些国际组织，如国际标准化组织（ISO）、国际航空运输协会（IATA）和国际铁路货运协会（RID）分别制定了包装的指示性标志，对指示性标志的图形、文字、颜色、位置和尺寸等做了具体规定，并建议各会员采纳。目前，我国采用 GB/T 191—2008《包装储运图示标志》，所用图形与国际上通用的图形基本一致。

3）警告性标志。警告性标志（warning mark）是指对易燃、易爆、有毒、腐蚀性、放射性、氧化剂等特殊物品，在外包装上用图形或文字予以标示以示警告，以便在运输、装卸、保管过程中引起有关人员注意，保障货物和操作人员安全。常见的警告性标志有"poison"（有毒品）、"explosive"（爆炸品）、"corrosive"（腐蚀品）、"radioactive"（放射性物品）、"oxidizer"（氧化剂）等。目前，我国采用 GB 190—2009《危险货物包装标志》。

4）其他标志。除上述包装标志外，在货物的外包装上通常还需要刷制每件货物的件号（No.）、毛重（G.W.）和净重（N.W.）、包装体积尺寸（MST）以及货物的原产地等标志（见图 2-1）。这些标志属于运输标志的一部分，有时也称附属性标志。

2.4.1.2　销售包装

销售包装（selling packing）又称小包装（small packing）、内包装（inner packing）或直接包装（direct packing），英文有时还称 consumer packing，是指直接接触产品并随产品进入零售渠道与消费者见面的包装。销售包装除起到保护商品的作用外，还起到介绍产品、宣传推广、陈列展销、美化商品，以及方便消费者识别、购买、携带和使用的目的。

(1) 销售包装的种类。销售包装的种类很多，国际市场较为流行的包装按其形式和作用划分，主要有以下三种：

1）便于陈列展销类包装，包括：包装顶部和底部设有吻合部分的堆叠式包装（如听装啤酒）；带有吊带、挂孔、挂钩等装置的挂式包装；图案和货物相互衬托的展开式包装等。

2）便于识别类包装，包括：使用透明材料制成、可直观货物的透明包装或"开窗"包装；采用习惯造型、装潢设计，使消费者通过包装可直接辨别货物种类的习惯包装等。

3）便于使用类包装，包括：在包装上配备提手等的便携式包装；标有特定开启部位、易于开启的易开包装；带有自动喷出液体装置的喷雾包装；可作其他用途的复用包装；把相互关联的货物搭配成套的配套包装；专门用于馈赠所制作的礼品包装等。

(2) 设计和制作销售包装的基本要求。货物销售包装上的装潢和文字说明，起到介绍、美化宣传商品、吸引消费者等作用。良好的销售包装可以增强货物在国际市场的竞争力。在设计和制作销售包装时应符合以下基本要求：

1）销售包装外观要美观、大方。装潢造型要美观、富有吸引力；画面设计要突出货物特点，便于消费者识别以促进销售；文字说明要与包装的装潢画面相协调，文字简明扼要；商标、牌名使用应恰当。

2）销售包装要便于运输、储存、陈列展示，同时还要便于消费者选购、携带和使用。

3）注意进口国家对销售包装的要求和规定。许多国家对销售包装都有一些特殊规定，应注意了解进口国的相关要求。例如，日本政府规定，凡销往日本的药品，除必须说明成分和服用方法外，还要说明其功能，否则不准进口；瑞典政府对化纤类产品的进口要求标明使用年限。有些国家甚至对文字说明所使用的语言种类也有具体规定。例如，加拿大政府规定，销往加拿大法语区的货物，必须同时使用英、法两种文字说明；欧盟国家对进口货物，特别是食品和药品的标签内容有特殊要求等。

4）注意当地民族偏好、宗教和风俗习惯。每个国家或地区对货物包装的结构形式、颜色、图案、数字、文字等都有自己的偏好和习俗。因此，在设计和制作销售包装时，应使包装符合进口国的习惯和偏好，以达到扩大出口的目的。

5）在销售包装上印刷条码。条码（product code）是一种产品代码，由一组带有数字的黑白及粗细间隔不等的平行条纹组成，能够利用光电扫描阅读设备向计算机输入数据的特殊的代码语言（见图2-2）。

图2-2　条码

6）避免过度包装。过度包装是指商品的销售包装耗材过多、分量过重、体积过大、成本过高、装潢过于华丽，超出了必要的包装需求，既浪费材料又占用空间。根据国家市场监督管理部门发布的相关标准，食品和化妆品销售包装层数不多于3层，包装空隙率不得大于60%。

包装种类中除运输包装和销售包装外，有时还会涉及定牌、无牌和中性包装的概念（见本章延伸阅读3）。

2.4.2　合同中包装条款的有关规定

包装条款是国际货物买卖合同中的重要条款之一。合同中的包装条款主要包括包装方式、包装材料、包装费用的负担以及包装标志等内容。

（1）包装方式。货物选择何种方式进行包装，主要取决于货物的性质和运输方式。尽量避免使用"习惯包装"（customary packing）、"适合海运的包装"（seaworthy packing）或"卖方习惯包装"（seller's usual packing）等笼统字眼，以免引起争议。

例如：

1）我方从德国进口一批化工原料，合同中包装方式条款如下：

Packing: Unless otherwise specified in the contract, the supplied commodities shall be packed by exporting standard protective measures, to be suitable for ocean and inland transportation and to change of climate and well protected against moisture, shock, rust and rough handling.

The seller shall be liable for any damage, rust and loss caused by inadequate or improper packing taken by the seller.

（包装：除非合同另有规定，货物应采取标准出口保护方法予以包装，以适合海运和内陆运输，适应气候变化、防止受潮、生锈、震动并能经受野蛮装卸。

对由于卖方包装不充分或包装不当所致任何货物损坏、锈蚀以及丢失，卖方应承担责任。）

这里尽管没有明确说明货物采用何种方式进行包装，但后面有一些约束性的描述，来说明标准出口保护措施达到的效果。

2）我方出口意大利 Cofferdam（潜水箱）50 个，合同中的包装条款规定如下：

Packing: To be packed in strong wooden cases, suitable for long distance ocean freight transportation and to change of climate.

（包装：使用结实的木箱包装，以适合长途海运，适应气候变化。）

3）我方出口日本某公司 Creosote oil（杂酚油）4800 公吨，合同中包装方式的规定为：

Packing: In bulk.

（包装：散装。）

(2) 包装材料。世界各国出于本国的环保要求和风俗习惯，对包装的材料、大小、衬垫物、外观都有严格要求，作为出口方必须准确掌握，注意不同国家的特殊规定。例如，美国、加拿大、日本、新西兰等国规定，禁止使用皮棉、葡萄树枝或易于滋生害虫、寄生虫的植物性材料作为填充物。又如，古巴的蔗糖每麻袋重量规定为 133 千克，巴西每麻袋糖重量规定为 60 千克等。还有的国家规定，不允许使用玻璃和陶瓷作为包装材料等。

特别注意的是，为防止林木有害生物随进境货物使用的木质包装在国际传播蔓延，保护各国森林和生态环境，2002 年 3 月，国际植物保护公约（IPPC）组织公布了国际植物检疫措施标准第 15 号《国际贸易中的木质包装材料管理准则》，要求货物使用的木质包装应在出境前进行除害处理，并加施 IPPC 确定的专用标识。2005 年 3 月 1 日起，包括中国、欧盟、加拿大、美国、澳大利亚等几乎所有国家都开始实施这一要求。中华人民共和国海关总署规定，出境货物木质包装应当按照《出境货物木质包装除害处理方法》列明的检疫除害处理方法实施处理，并按照《出境货物木质包装除害处理标识要求》加施 IPPC 专用标识。同时，进境货物使用木质包装的，应当在输出国家或者地区政府检疫主管部门监督下按照《国际植物保护公约》的要求进行除害处理，并加施 IPPC 专用标识。

木质包装是指用于承载、包装、铺垫、支撑、加固货物的木质材料，如木板箱、木条箱、木托盘、木框、木桶（盛装酒类的橡木桶除外）、木轴、木楔、垫木、枕木、衬木等，不包括经人工合成或者经加热、加压等深度加工的包装用木质材料（如胶合板、刨花板、纤维板等）以及薄板旋切芯、锯屑、木丝、刨花等，以及厚度等于或者小于 6mm 的木质材料。

(3) 包装费用的负担。包装费用一般包含在货价内，不另计收，也不必在合同中单独列明。但有的情况下，卖方为了说明货物自身价格具有竞争力，会把货物的价格进行分解，单独列出包装费用（见第 3 章第 3.2 节相关内容）。有时如果买方对包装材料和包装方式提出特殊要求，除非事先明确包装费用包括在货价内，其超出的包装费用原则上应由买方负担,并应在合同中具体订明。经双方商定,如需买方提供包装或包装材料,合同中应明确规定对方提供包装或包装材料的时间以及逾期未到的责任等。

(4) 包装标志。包装标志一般由卖方制作,也可由买方提供。

案例 2-3

【案例回放】

我国公司 A 与国外客户 E 于 2022 年 10 月签署某产品 P1(货号为 828-12)出口合同,数量为 1000 件,计 1 个 40ft⊖集装箱。客户 E 在电子邮件中要求所有包装上不能显示货号"828"字样,因为该国海关对原产于中国的货号为"828"的产品征收很高的反倾销税。公司 A 在给国内生产商 D 下订单时仅注明了在货物的外包装上不能注明"828"字样,其他具体要求与以前的出货一致(以前订单的彩卡包装上印有"828"字样),所以造成彩卡包装生产出来都带有"828"。客户 E 在收到公司 A 寄去的货样照片时,发现彩卡上仍印有"828"字样,随即提出去掉"828"要求,由于该批货物已全部生产完成,若更换彩卡会造成 5 万元经济损失,同时交货期将会推迟 20 天。公司 A 电告客户 E 货物已全部生产完毕,若返工将造成 5 万元损失,并希望客户 E 接受带有"828"字样的彩卡。鉴于长期的合作关系,客户 E 答应愿意接受公司 A 的货物,但客户 E 支付的反倾销税约 2000 美元,由公司 A 支付。客户 E 提出的要求是否合理?

【要点分析】

《公约》规定,一方当事人有重大违约时,另一方当事人可以取消合同并要求损害赔偿。本案例中,由于我方(公司 A)疏忽,货物包装上出现了对方要求禁用的字样,给国外客户造成了额外损失,已经构成了重大违约,因此买方(客户 E)提出要求我方承担相应损失的要求是合理的。

本章延伸阅读

1. 拍卖、寄售和展卖

看货买卖一般用于拍卖、寄售和展卖业务。

(1) 拍卖(auction)。拍卖是一种传统的现货交易方式,是一种公开竞买的贸易方式。它是指专门从事拍卖业务的机构(一般指拍卖行)接受货主委托,在规定的时间和场所,按照一定的规则、章程,通过公开叫价的方式,把事先经买方看过的货物卖给出价最高的买主的一种贸易方式。采用拍卖方式交易的货物,一般其品质不易标准化,难以用科学方法对其品质进行精确检验,或者很难用文字对其品质进行准确描述,如毛皮、茶叶、香料等,或价格昂贵、难以准确定价,如古玩、名人字画等。

(2) 寄售(consignment)。寄售是一种委托代售的贸易方式,具体地说,它是一种先出运后出售货物的委托代售的贸易方式。经过协商,寄售人(consignor,又称作委托人、货主、卖方)先将准备销售的货物运往寄售地,委托当地代售人(consignee,又称作代销人、受托人,一般是从事寄售业务的公司,或委托人在国外的分支机构)按照寄售协议规定的

⊖ 1ft(英尺) = 0.3048m(米)。

条件和办法代为销售，所得货款扣除代销人的佣金和其他费用后，按协议规定方式将余款付给寄售人的交易方式。寄售是一种凭实物进行的现货交易。

（3）展卖（fairs and sales）。展卖又称作展销，是指通过展览会或博览会及其他交易会的形式展示和出售商品，是将展览与销售相结合的一种贸易方式。例如，"中国进出口商品交易会"（广交会）等就属于展卖。

2. 订立品质条款时应注意的一些问题

品质条款是合同要件之一，卖方交货的品质必须严格符合合同规定。但某些工业制成品和初级产品由于其自身特性和生产过程中存在自然损耗以及受生产技术等因素的影响，有时难以保证交货品质与合同规定的内容完全一致。对于这些产品，如果合同中的品质条款规定过严或把品质指标绝对化，必然会给卖方履约带来困难。为避免因交货品质与合同稍有不符而引起争议，交易双方订立合同时可在品质条款中做灵活规定，如在品质条款中规定品质机动幅度或品质公差，规定卖方所交货物品质只要在浮动范围内，即可认为交货品质与合同相符。

（1）品质机动幅度。对于某些品质不稳定的初级产品，尤其是农副产品，为了交易能够顺利履行，往往在规定的品质指标外加订品质机动幅度，即允许卖方所交货物的品质在一定幅度内有所波动。具体规定方法有以下几种：

1）规定范围。它是指对某项货物的主要品质指标规定允许有一定的机动幅度。例如，"全棉印花布，幅宽：35~36cm"（woven fabrics of cotton, printed, width: 35~36cm）。

2）规定极限。它是指对某些货物的品质规格规定上下限，如最大、最高、最多或不超过、不大（多）于（max），最小、最低、最少或不低于、不小（少）于（min）等。例如，籼米的品质规定见表2-3。

表2-3 籼米的品质规定

Indica rice（籼米）	
Broken grains（碎粒，不超过）	20%（max）
Admixture（杂质，不超过）	0.25%（max）
Moisture（水分含量，不超过）	15%（max）

3）规定上下差异。它是指在规定品质指标的同时，规定一定的上下变化幅度。例如，"Grey Duck's Down with down content 18%, 1% more or less allowed"（灰鸭毛，含绒量18%，允许多于或少于1%）。

（2）品质公差。品质公差（quality tolerance）是指国际上公认的产品品质的误差范围，如手表每天出现若干秒误差属于行走正常。对这种公认的误差，即使合同中没有具体约定，也不能视为违约。凡在品质公差范围内的货物，买方不得拒收或要求价格调整。

实际业务中，对国际同行业公认的品质公差，可不必在合同中明确规定。但倘若国际同行业对特定指标并无公认的品质公差或交易双方对品质公差的理解出现分歧或由于生产原因，需要扩大公差范围时，则有必要在合同中具体规定品质公差的内容。

合同中采用品质机动幅度或品质公差，只要在允许范围内，一般均按合同单价计价，不必按质量高低另行调整。但有时为了体现按质论价，有的货物经交易双方协商后，也可按比例对价格做调整。例如，中国芝麻仁的品质规定见表2-4。

表 2-4　中国芝麻仁的品质规定

China Sesame seeds	中国芝麻仁
Oil content (wet basis ethyl ether) 52% basis	含油量（湿态、乙醚浸出物）以52%为基础
Moisture (max) 8%	水分含量（不超过）8%
Admixture (max) 6%	杂质（不超过）6%

Note：Should the oil content of the goods actually shipped be 1% higher or lower, the price will be accordingly increased or decreased by 1%, and any fraction will be proportionally calculated. （注：如实际装运货物的含油量每增减1%，价格应相应增减1%，不足整数部分，按比例计算。）

3. 定牌、无牌和中性包装

在出口货物的包装上，通常标注货物的生产国别、生产厂商名称以及货物的商标和牌名等信息。但有时出于特殊需要，应进口方要求，卖方也可采用定牌、无牌和中性包装。

（1）定牌。定牌（buyer-fixed packing）是指卖方应买方要求，在出口产品及/或包装上使用买方提供的商标和牌名。世界上许多国家的超市、大型百货公司以及连锁店都喜欢在其销售的货物包装上标示自己的商标或牌名以扩大影响，而众多出口商为了利用买方的商业信誉和销售网络平台，扩大自己的产品销路，也乐于接受定牌生产。采用定牌生产时应注意以下几点：

1）要对买方提供的图案、文字内容仔细审查，以避免损害我方声誉或含有与我国对外贸易政策相抵触的内容。

2）要注意买方所指定的商标、牌名是否有可能导致侵犯工业产权或其他知识产权行为。如果一时无法判明，则应在合同中写明"若日后因此而发生工业产权或其他知识产权争议，一切责任及由此所导致的费用损失均由买方承担"。

（2）无牌。无牌（unlicensed paoking, unlabeled packing）是指卖方应买方要求在其出售的产品和包装上不标明任何商标和牌名。它适用于一些原材料、半制成品或低值产品，目的主要是减少加工生产耗费，降低成本和售价。

（3）中性包装。中性包装（neutral packing）是指在产品和/或包装上不标明生产国别、产地、生产厂商名称以及原有的商标、牌名等有可能导致识别货物来源的内容。中性包装又分为无牌中性包装和定牌中性包装两种。

1）无牌中性包装。它是指货物的包装上既无生产国别、地名、生产厂商名称，又无任何商标、牌名。这类货物一般经买方重新包装整理后再销往最终目的地。

2）定牌中性包装。它是指货物的包装上不标示生产国别、地名和生产厂商名称，但有买方指定的商标和牌名。

国际贸易中，采取中性包装的主要目的是打破进口国或地区的关税或非关税壁垒以及其他一些限制进口的歧视性措施，适应转口贸易等特殊交易方式的需要，是一种促进产品出口的手段。因此，如外方要求我方出口货物使用中性包装，只要不违反政策和原则，且对我方有利，一般均可接受。

本章主要参考文献

[1] 陈岩. 国际贸易理论与实务 [M]. 5版. 北京：清华大学出版社，2021.

[2] 布朗奇. 国际贸易实务：第五版 [M]. 孔雁，蔡荣生，译. 北京：清华大学出版社，2007.

［3］黎孝先，王健．国际贸易实务［M］．7版．北京：对外经济贸易大学出版社，2020．
［4］冷柏军．国际贸易实务［M］．3版．北京：中国人民大学出版社，2020．
［5］胡丹婷，成蓉．国际贸易实务［M］．3版．北京：机械工业出版社，2018．
［6］吴国新，毛小明．国际贸易实务［M］．3版，北京：清华大学出版社，2019．
［7］徐春祥，等．国际贸易实务［M］．2版．北京：机械工业出版社，2018．
［8］徐春祥．国际贸易实务习题与参考答案［M］．北京：机械工业出版社，2014．

本章数字资源

（1）集装箱、托盘和集装袋。
（2）合同中的货物名称、品质、数量和包装条款。

第3章

贸易术语与货物的价格

 本章阅读提示

贸易术语是在国际贸易长期实践中形成的、能够代表买卖双方在货物交接过程中各自需要履行哪些义务、承担哪些风险和费用、用三个英文字母缩写表示的一组术语。贸易术语是构成国际贸易货物价格的重要组成部分,也是国际贸易惯例的具体体现。货物价格(单价)一般由计量单位、计价货币、贸易术语和单位计价金额四部分组成。例如,USD100 Per M/T CIF Long Beach USA, *Incoterms 2020*(每公吨100美元,成本、保险费加运费,美国长滩,*Incoterms 2020*)。这里,计量单位是公吨;计价货币是美元;贸易术语是CIF(美国长滩是目的港;*Incoterms 2020*是指贸易术语适用的版本);单位计价金额是100美元。

本章内容主要包括贸易术语的含义以及货物价格的构成。其中,贸易术语是本章的重点内容,也是本课程的重点知识。学生应正确理解和熟练掌握 *Incoterms 2020* 中11个贸易术语的含义,以及各种贸易术语下买卖双方承担义务、风险和费用的划分界限。货物价格包括单价(unit price, U.P.)、总价(total price, T.P.)以及总金额或总值(total amount),是国际贸易合同的重要条款之一。

本章结构安排如下:第3.1节主要介绍 *Incoterms 2020* 中的11个贸易术语,并对常见贸易术语(如FOB、CFR、CIF等)做详细解读;第3.2节主要讲述货物价格构成以及主要贸易术语之间的价格转换。第3.3节重点介绍国际贸易合同中关于单价、总价以及总值的表示方法。佣金和折扣在一般货物贸易中并不常见,但作为专业知识在许多教材中都有体现,本书将这部分内容放置在本章延伸阅读中,供读者参考。

3.1 贸易术语

贸易术语是国际货物贸易合同中价格条款(单价)不可或缺的重要内容之一,正确理解 *Incoterms 2020* 规则下各种贸易术语的含义,以及每种贸易术语项下买卖双方各需履行的义务、承担的风险和费用有着重要意义。

3.1.1 贸易术语的含义及作用

贸易术语(trade terms)又称价格术语或价格条件,是在国际贸易长期实践中形成的、能够代表买卖双方在货物交接过程中各需履行哪些义务、承担哪些风险和费用、用三个英文字母缩写表示的一组术语。

例如，DAP No. 123, ABC Street, Importland *Incoterms 2020*。这里，"DAP"（目的地交货，是 Delivered at Place 三个英文单词首字母缩写）是贸易术语；"No. 123, ABC Street, Importland"是双方约定的交货的指定目的地；"*Incoterms 2020*"是对所选贸易术语适用的版本。

贸易术语体现了以下三个方面的内容：①买卖双方各需履行哪些义务，如哪一方来组织货物的运输或者保险，哪一方来获取装运单据和/或进出口许可证；②卖方于何时何地"交付"货物，换言之，风险从何时何地由卖方转移给买方；③买卖双方各自承担哪些费用，如运输、包装或装卸费用，以及货物查验或与安全有关的费用。

由于国际贸易当事各方处于不同国家或地区，往往相距遥远，货物由卖方运至买方需经历长时间、多环节的运输或仓储过程，其间伴随着各种手续、风险和费用。这些手续由交易双方中的哪一方办理，费用由哪一方支付，风险由哪一方承担，都需要明确划分。这种划分直接影响到货物价格的高低：卖方承担义务多、风险大时报价就高，否则报价就低。人们在长期国际贸易实践中，尽管逐渐形成了适应各种运输方式（海洋运输、航空运输、陆路运输等）的价格术语⊖，但由于各个国家的贸易习惯各异，使用过程中经常发生误解、争议，甚至导致诉讼，从而浪费时间和金钱。在这种情况下，就需要一个权威组织来统一贸易规范，国际商会（ICC）下设的贸易术语委员会（后改为 ICC 商法与惯例委员会）承担了这一角色。1936 年 6 月，具有历史意义的《国际贸易术语解释通则 1936》⊜正式发布，并先后于 1953 年、1967 年、1976 年、1980 年、1990 年、2000 年和 2010 年进行了修订和补充。最新版本即 *Incoterms 2020* 于 2019 年 9 月 10 日发布并于 2020 年 1 月 1 日生效。

使用贸易术语明确了买卖双方的义务，划清了双方各自承担的风险和费用，简化了交易内容，缩短了交易过程，节省了交易费用和谈判时间，减少了纠纷，促进了国际贸易的发展。

3.1.2 *Incoterms 2020* 规则中的 11 个贸易术语及其解释

贸易术语是国际贸易惯例的具体体现，有关贸易术语的国际贸易惯例包括《1932 年华沙-牛津规则》《1990 年美国对外贸易定义修订本》以及《国际贸易术语解释通则》（*Incoterms*）⊝。其中，*Incoterms* 对贸易术语的解释在国际贸易业务实践中影响最大、使用最广。因此，下面以 *Incoterms 2020* 规则为基础，介绍各个贸易术语。

Incoterms 2020 规则中的 11 个贸易术语按所适用的运输方式划分为两大类：第一类是适用于任一或多种运输方式的规则，包括 7 个术语规则：EXW、FCA、CPT、CIP、DAP、DPU 与 DDP。这 7 个用于货物在没有装上船（或在 FAS 下的船边交货）的地点交货，卖方在该地点将货物移交给承运人或交由承运人处置，或/和承运人在该地点将货物移交给买方或者

⊖ 参阅第 1 章第 1.2.3.1 小节"有关贸易术语的国际贸易惯例"的相关内容。
⊜ 《国际贸易术语解释通则》更为规范的译名应为《国际贸易术语规则》，是 ICC 针对国内与国际贸易术语的使用而制定的一套规则。为尊重我国商事主体长期形成的阅读和使用习惯，本书仍沿用《国际贸易术语解释通则》（*Incoterms*）这一称谓。
⊝ 详见第 1 章相关内容。

在该地点交由买方处置。第二类是适用于海运和内河运输的规则，包括 4 个术语规则：FAS、FOB、CFR 和 CIF。这 4 个用于卖方在海港或内河港口将货物装到船上（或在 FAS 下的船边交货），即卖方在此地点向买方交货。相关情况见表 3-1。

表 3-1 *Incoterms 2020* 规则中的 11 个贸易术语分类

适用于任一或多种运输方式的规则		
EXW	Ex Works	工厂交货
FCA	Free Carrier	货交承运人
CPT	Carriage Paid to	运费付至
CIP	Carriage and Insurance Paid to	运费和保险费付至
DAP	Delivered at Place	目的地交货
DPU	Delivered at Place Unloaded	目的地卸货后交货
DDP	Delivered Duty Paid	完税后交货
适用于海运和内河运输的规则		
FAS	Free alongside Ship	船边交货
FOB	Free on Board	船上交货
CFR	Cost and Freight	成本加运费
CIF	Cost Insurance and Freight	成本、保险费加运费

下面就每个贸易术语从交货与风险、运输方式等几个方面进行用户解释说明。

1. EXW

EXW，Ex Works，工厂交货。

用户解释说明：

（1）交货与风险。"工厂交货"是指卖方通过以下方式向买方完成交货[一]（the seller delivers the goods to the buyer）。

1）在指定地点（如车间，factory，或仓库，warehouse）将货物交由买方处置（at the disposal of the buyer）时。

2）并且该指定地点可以是卖方所在地（the seller's premises），也可以不是卖方所在地[二]。为完成交货，卖方不需要将货物装上任何前来接收货物的运输工具，需要清关时，卖方也无须办理出口清关手续。

（2）运输方式。本条规则可适用于所选择的任一或多种运输方式（如有）。

[一] 在贸易法律与实务中，交货（delivery）的概念有多种含义。但在 *Incoterms 2020* 规则中，它特指在指定地点，货物灭失或损坏的风险由卖方转移至买方。

[二] 在 *Incoterms 2010* 规则中，"工厂交货"在"使用说明"中被描述为：当卖方在其所在地或其他指定地点（如工厂、车间或仓库等）将货物交给买方处置时，即完成交货。卖方无须将货物装上任何前来接收货物的运输工具，需要清关时，卖方也无须办理出口清关手续。显然，*Incoterms 2020* 规则中，"工厂交货"在"用户解释说明"中关于"交货与风险"的描述与上述描述基本相同，只是 *Incoterms 2020* 规则在"呈现方式"上进行了"升级"，即由"使用说明"升级为"用户解释说明"。为原汁原味地体现 *Incoterms 2020* 规则的这一特色，本书对"交货与风险"的描述未加更改。

（3）交货地或精准的交货点。买卖双方仅需指定交货地（the place of delivery），但是也特别建议双方还应尽可能清楚地指明交货地范围内的精确交货点（precise point）。精确交货点会让双方均可清楚货物交付的时间和风险转移至买方的时间；该精确交货点还标志着买方承担费用的地点。如果双方不指定交货点，则视为留待由卖方选择"最适合卖方目的"的交货点。这意味着卖方可能会选择某个点（a point）作为交货点，而货物恰好在该点（交货后装载）之前发生了灭失或损坏，从而可能使买方承担风险。因此，买方最好选择将要交货地范围内的精确地点。

（4）对买方的提示。EXW 是对卖方规定的义务最少的 *Incoterms* 规则。

（5）装载风险。当货物置于交货地、尚未装载、由买方处置时，交货已完成，且风险随之转移。值得注意的是，由于卖方更有可能在其场所拥有必要的装载设备，或由于安全规则禁止未经授权人员进入卖方场所，货物装载很可能由卖方操作，装载操作中发生的货物灭失或损坏的风险很可能由没有实际参与货物装载的买方承担。建议在由卖方装载货物时，双方预先约定由哪方承担货物在装载过程中发生的灭失或损坏的风险。如买方希望规避在卖方场所装载货物期间的风险，则应当考虑选择 FCA 规则。

（6）清关手续。卖方没有义务办理出口清关或货物经由第三国过境的清关。

EXW 可能更适合完全无意出口货物的国内贸易。

2. FCA

FCA，Free Carrier，货交承运人。

用户解释说明：

（1）交货与风险。"货交承运人（指定地点）"是指卖方通过以下两种方式之一向买方完成交货。

首先，如指定地点是卖方所在地（the seller's premises），则货物完成交付是：

- 当货物装上了买方的运输工具之时。

其次，如指定地点是另一地点（another place），则货物完成交付是：

- 当货物已装上了卖方的运输工具（the seller's means of transport），
- 货物已抵达该指定的另一地点，并且
- 已做好从卖方的运输工具上卸载的准备，并且
- 交由买方指定的承运人或其他人处置之时（at the disposal of the carrier or of another person nominated by the buyer）。

无论选择了两者之中的哪一个地点作为交货地点，该地点即为确定风险转移给买方且买方开始承担费用的地点。

（2）运输方式。本条规则可适用于所选择的任何运输方式，也可适用于使用多种运输方式的情形。

（3）交货地或交货点。以 FCA 进行的货物销售可以仅指定交货地在卖方所在地或其他地方，而不具体说明在该指定地点内的详细交货点。尽管如此，也特别建议双方还应尽可能清楚地指明交货地范围内的详细交货点（precise point）。详细交货点让双方均可清楚货物交付的时间和风险转移至买方的时间；该详细交货点还标志了买方承担费用的地点。如果合同中未指定详细的交货点，则视为留待由卖方选择"最适合卖方目的"（that best suits its purpose）的交货点。这意味着，卖方可能会选择某个点（a point）作为交货点，而货物恰好在

该交货点之前发生了灭失或损坏，从而可能使买方承担风险。因此，买方最好选择将要交货地范围内的详细交货点。

（4）出口/进口清关。如适用，FCA 要求卖方办理货物出口清关。但是，卖方没有义务办理货物进口清关或经由第三国过境的清关、支付任何进口关税或办理任何进口海关手续。

（5）FCA 销售方式下已装船批注提单。若货物以 FCA 术语销售经海运方式运输，卖方或买方（当使用托收或信用证方式结算时，更可能是他们的银行）可能需要已装船批注提单。然而，FCA 术语下的交货在货物装船之前已经完成，无法确定卖方是否能够从承运人处获取已装船提单。因为根据运输合同，只有在货物实际装船后，承运人才可能有义务并有权签发已装船提单。为满足这种情形，Incoterms 2020 规则提供了一个附加选项：买方或卖方可以约定，买方将指示其承运人在货物装船后向卖方签发已装船提单，然后卖方有义务，通常通过银行，向买方提交该提单。下面通过一个例子来说明 FCA 销售方式下已装船批注提单。

例如，如果货物是在拉斯维加斯（Las Vegas）由买方的公路运输车接载（pick up by the buyer's road-haulier），那么期待由承运人出具在拉斯维加斯装运的已装船提单（on board B/L）是不现实的，因为拉斯维加斯不是港口，船舶无法抵达该地装运货物。

如果卖方使用"FCA Las Vegas"销售货物，在使用托收或信用证方式结算货款时，通常银行要求卖方提供"已装船批注提单"（a bill of lading with an on-board notation），该提单有必要说明货物将在洛杉矶（Los Angeles）装船的同时，在拉斯维加斯收妥待运（received for carriage）⊖。

为满足卖方用 FCA 术语销售时对已装船批注提单的可能需求，FCA Incoterms 2020 首次提供了以下可选机制：①如果双方在合同中如此约定，则买方必须指示承运人出具已装船批注提单给卖方。当然，承运人可能同意或不同意买方的请求，因为只有货物在洛杉矶装船后，承运人才有义务并且有权出具该提单。但是，如果并且在买方承担费用与风险的情况下，承运人已经向卖方出具了提单，则卖方必须将该单据提供给买方，以便买方用该提单从承运人处提取货物。②如果双方约定卖方将提交给买方一份仅声明货物已收妥待运（received for shipment）而非已装船（shipped on board）的提单，则不需要选择该方案。

3. CPT

CPT，Carriage Paid to，运费付至。

用户解释说明：

（1）交货与风险。"运费付至"是指卖方通过以下方式向买方完成交货及风险转移：

1）将货物交付给承运人。

2）该承运人已与卖方签约。

3）或者取得已经如此交付的货物。

4）卖方为此可根据所使用运输工具的合适方式和地点让承运人实际占有货物（physical

⊖ "received for carriage" 以及下文的 "received for shipment"，有时可以通用。国内一些教材也将其译为 "ready for shipment"。

possession of the goods)。

一旦货物以此种方式交付给买方，卖方并不保证货物将以良好的状态、约定的数量或是否确实到达目的地。这是因为在将货物移交给承运人完成对买方的交货时，风险即从卖方转移到买方；尽管如此，卖方必须签订从交货地运往约定目的地的货物运输合同（contract of carriage）并支付运费。例如，货物在拉斯维加斯（Las Vegas，不是港口）被移交给承运人运输至南安普敦（Southampton，港口）或温切斯特（Winchester，不是港口）。在这两种情况下，将风险转移给买方的货物交付发生在拉斯维加斯，而卖方必须签订运往南汉普顿或温切斯特的运输合同并支付运费。

（2）运输方式。本条规则可适用于所选择的任何运输方式，也可适用于使用多种运输方式的情形。

（3）交货地（或交货点）和目的地（或目的点）。在 CPT 规则中，两个地点很重要：货物的交货地或交货点（如有）（用于确定风险转移），以及约定为货物终点的目的地或目的点（作为卖方承诺签订运输合同运至的地点）。

（4）精准确定交货地或交货点。特别建议双方在销售合同中尽可能精准地确定交货地和目的地，或交货地和目的地内的具体地点。对于多个承运人各自负责自交货地到目的地之间不同运输路径的常见情形，尽可能精准地确定交货地或交货点（如有）对于满足上述情形的需要尤为重要。在这种情形下，若双方没有约定具体的交货地或交货点，则当卖方将货物交付给第一承运人时，风险发生转移。如双方希望风险的转移发生在稍晚阶段（例如，在某海港、河港或者机场），或者甚至发生在稍早阶段（例如，在某个与海港或河港有一段距离的内陆地点），则需要在销售合同中明确约定，并谨慎考虑在货物灭失或损坏时如此做法的后果。

（5）尽可能精准确定目的地。特别建议双方在销售合同中尽可能精准地确定约定目的地内的具体地点，因为该地点是卖方必须签订运输合同运至的地点，并且是卖方承担运费直到该地点为止的地点。

（6）"或取得已经如此交付的货物"（"or procuring the goods so delivered"）。此处的"取得"一词适用于交易链中的多层销售［multiple sales down a chain，又称链式销售（string sales），见本章延伸阅读2］，在大宗商品贸易中尤其常见（common in the commodity trade），尽管并非仅限于大宗商品贸易。

（7）目的地卸货费用。如果卖方在其运输合同项下承担了在指定目的地的相关卸货费用，除非双方另有约定，卖方无权另行向买方追偿该费用。

（8）出口/进口清关。如适用，CPT 要求卖方办理货物出口清关。但是，卖方没有义务办理货物进口清关或经由第三国过境的清关，或支付任何进口关税或办理任何进口海关手续。

4. CIP

CIP，Carriage and Insurance Paid to，运费和保险费付至。

用户解释说明：

（1）交货与风险。"运费和保险费付至"是指卖方通过以下方式向买方完成交货及风险转移：

1）将货物交付给承运人。
2）该承运人已与卖方签约。
3）或者取得已经如此交付的货物。
4）卖方为此可根据所采用运输工具的合适方式和地点让承运人实际占有货物。

一旦货物以此种方式交付给买方,卖方并不保证货物将以良好的状态、约定的数量或是否确实到达目的地。因为在将货物交给承运人完成对买方的交货时,风险即从卖方转移到了买方。尽管如此,卖方必须签订从交货地运往约定目的地的货物运输合同并支付运费。例如,货物在拉斯维加斯(不是港口)被移交给承运人运输至南安普敦(港口)或者温切斯特(不是港口)。在这两种情况下,将风险转移给买方的货物交付发生在拉斯维加斯,而卖方必须签订运往南安普敦或者温切斯特的运输合同并支付运费。

(2) 运输方式。本条规则可适用于所选择的任何运输方式,也可适用于使用多种运输方式的情形。

(3) 交货地(或交货点)和目的地(或目的点)。在 CIP 规则中,两个地点很重要:货物的交货地或交货点(如有)(用于确定风险转移),以及约定为货物终点的目的地或目的点(作为卖方承诺签订运输合同运至的地点)。

(4) 保险。卖方必须为买方签订从交货点(the point of delivery)起至少到目的点(the point of destination)买方的货物灭失或损坏的保险合同。如果目的地国家要求在本地购买保险,双方应考虑使用 CPT。买方还应注意,在 CIP *Incoterms 2020* 规则下,卖方需要投保符合伦敦保险协会制定的《协会货物条款》(A)款或其他类似条款下的范围广泛的险别(extensive insurance cover),而不是符合《协会货物条款》(C)款下的范围较为有限的险别(the more limit cover)。但是,双方仍然可以自行约定更低的险别。

(5) 精准确定交货地或交货点。特别建议双方在销售合同中尽可能精准地确定交货地和目的地,或交货地和目的地内的具体地点。若有多个承运人,则货交第一承运人时,风险发生转移。

(6) 尽可能精准确定目的地。特别建议双方在销售合同中尽可能精准地确定约定目的地内的地点,因为该地点是卖方必须签订运输合同运至的目的地点及签订保险合同投保覆盖的地点,也是卖方承担运费和保险费直到该地点为止的地点。

(7) "或取得已经如此交付的货物"。此处的"取得"一词适用于交易链中的多层销售(链式销售),在大宗商品贸易中尤其常见。

(8) 目的地卸货费用。如果卖方在其运输合同项下承担了在指定目的地的相关卸货费用,除非双方另有约定,卖方无权另行向买方追偿该费用。

(9) 出口/进口清关。如适用,CIP 要求卖方办理货物出口清关。但是,卖方没有义务办理货物进口清关或经由第三国过境的清关,或支付任何进口关税或办理任何进口海关手续。

5. DAP

DAP, Delivered at Place,目的地交货。

用户解释说明:

(1) 交货与风险。"目的地交货"是指卖方通过以下方式向买方完成交货及风险转移:

1）当货物已交由买方处置。
2）处于抵达的运输工具上已做好卸载准备。
3）在指定目的地。
4）或者在该指定目的地内的约定交货点，如已约定该交货点。

卖方承担将货物运送到指定目的地或该指定目的地内的约定交货点的一切风险。在本条 *Incoterms* 规则中，交货和到货的目的地是相同的。

（2）运输方式。本条规则可适用于所选择的任何运输方式，也可适用于使用多种运输方式的情形。

（3）精准确定交货地或交货点/目的地或目的点。特别建议双方尽可能清楚地约定目的地或目的点。因为，第一，货物灭失或损坏的风险在交货点/目的点转移至买方，因此买卖双方应清楚地知晓该关键转移发生的地点；第二，该交货地或交货点/目的地或目的点之前的费用由卖方承担，之后的费用则由买方承担；第三，卖方必须签订运输合同或安排货物运输到约定的交货地或交货点/目的地或目的点。如果卖方未履行此义务，卖方即违反了 *Incoterms* DAP 规则中的义务，并将对买方任何随之产生的损失承担责任。例如，卖方将负责承担承运人因额外的续运向买方收取的任何额外费用。

（4）"或取得已经如此交付的货物"。此处的"取得"一词适用于交易链中的多层销售（链式销售），在大宗商品贸易中尤其常见。

（5）卸货费用。卖方不需要将货物从抵达的运输工具上卸载。但是，如果卖方按照运输合同在交货地/目的地发生了卸货相关的费用，除非双方另有约定，卖方无权另行向买方追偿该费用。

（6）出口/进口清关。如适用，DAP 要求卖方办理出口清关。但是，卖方没有义务办理进口清关或经由第三国过境的清关，或支付任何进口关税或办理任何进口海关手续。如果买方没有安排进口清关，货物将被滞留在目的地国家的港口或内陆运输终端（inland terminal）。这种情况下，谁来承担货物因此滞留目的地国家的入境港时可能发生损失的风险？答案是买方。因为交付还没完成，有关 DAP 术语使用详细说明中，"买方的义务"第 3 条（a）款规定：在货物重新起运至指定内陆地点之前，货物灭失或损坏的风险由买方承担。如果想要避免此种情况，双方希望卖方办理货物进口清关、支付任何进口关税或税款并办理任何进口海关手续，双方可以考虑使用 DDP。

6. DPU

DPU，Delivered at Place Unloaded，目的地卸货后交货。

用户解释说明：

（1）交货与风险。"目的地卸货后交货"是指卖方通过以下方式向买方完成交货及风险转移，当货物：

1）已从抵达的运输工具上卸载。
2）已交由买方处置。
3）在指定目的地。
4）或者在该指定目的地内的约定交货点，如已约定该交货点。

卖方承担将货物送到指定目的地以及卸载货物的一切风险。在本条 *Incoterms* 规则中，交货和到达的目的地是相同的。DPU 是唯一要求卖方在目的地卸货的 *Incoterms* 规则。因此，卖方应当确保其可以在指定交货地点组织卸货。如果双方不希望卖方承担卸货的风险和费用，则不应使用 DPU 规则，而应使用 DAP 规则。

（2）运输方式。本条规则可适用于所选择的任何运输方式，也可适用于使用多种运输方式的情形。

（3）精准确定交货地或交货点/目的地或目的点。特别建议双方尽可能清楚地约定目的地或目的点。因为，第一，货物灭失或损坏的风险在交货点/目的点转移至买方，因此买卖双方应清楚地知晓该关键转移发生的地点（it is best for the seller and the buyer to be clear about the point at which that critical transfer happens）；第二，该交货地或交货点/目的地或目的点之前的费用由卖方承担，该地方或地点之后的费用则由买方承担；第三，卖方必须签订运输合同或安排货物运输到约定的交货地或交货点/目的地或目的点。如果卖方未履行此义务，卖方即违反了其在本规则下的义务，并将对买方随之产生的任何损失承担责任。例如，卖方将负责承担承运人因额外的续运而向买方收取的任何额外费用。

（4）"或取得已经如此交付的货物"。此处的"取得"一词适用于交易链中的多层销售（链式销售），在大宗商品贸易中尤其常见。

（5）出口/进口清关。如适用，DPU 要求卖方办理出口清关。但是，卖方没有义务办理进口清关或交货后经由第三国过境的清关、支付任何进口关税或办理任何进口海关手续。如果买方没有安排进口清关，货物将被滞留在目的地国家的港口或内陆运输终端。在这种情况下，由谁来承担货物因此滞留在目的地国家的入境港时可能发生的损失和风险？答案是买方。因为尽管没有清关，但货物的交付还没有完成，在货物重新起运至指定内陆地点之前，货物灭失或损坏的风险由买方承担。如果双方希望卖方办理货物进口清关、支付任何进口关税或税款并办理任何进口海关手续，双方可以考虑使用 DDP。

7. DDP

DDP，Delivered Duty Paid，完税后交货。

用户解释说明：

（1）交货与风险。"完税后交货"是指卖方通过以下方式向买方完成交货，当货物：

1）已交由买方处置。

2）已办理进口清关。

3）处于抵达的运输工具上。

4）已做好卸载准备。

5）在指定目的地或该指定目的地内的约定交货点，如已约定该交货点。

卖方承担将货物运送到指定目的地或指定目的地内约定交货点的一切风险。在本条 *Incoterms* 规则中，交货和到货目的地是相同的。

（2）运输方式。本条规则可适用于所选择的任何运输方式，也可适用于使用多种运输方式的情形。

（3）对卖方的提示：最大责任。DDP 是 11 个 *Incoterms* 术语中加诸卖方最多义务的规则。在该规则下，交货发生在目的地，并且卖方负责支付进口关税和其他应纳税款。

（4）精准确定交货地或交货点/目的地或目的点。特别建议双方尽可能清楚地约定目的地或目的点。因为,第一,货物灭失或损坏的风险在交货点/目的点转移至买方,因此买卖双方应清楚知晓该关键转移发生的地点;第二,该交货地或交货点/目的地或目的点之前的费用(包括进口清关费用)由卖方承担,该地方或地点之后的费用(进口以外的费用)则由买方承担;第三,卖方必须签订货物运输合同或安排货物运输到约定的交货地或交货点/目的地或目的点。

(5)"或取得已经如此交付的货物"。此处的"取得"一词适用于交易链中的多层销售(链式销售),在大宗商品贸易中尤其常见。

(6)卸货费用。如果卖方按照运输合同在交货地/目的地发生了卸货相关的费用,除非双方另有约定,卖方无权单独向买方追偿该费用。

(7)出口/进口清关。如适用,DDP 要求卖方办理货物的出口清关以及进口清关,并支付任何进口关税或办理任何海关手续。如果卖方无法办理进口清关,而是更希望将这些事项交由进口国的买方负责,则应考虑选择 DAP 或 DPU。

8. FAS

FAS,Free alongside Ship,船边交货。

用户解释说明:

(1)交货与风险。"船边交货"是指卖方通过以下方式向买方完成交货:

1)当货物被交到船边(例如,置于码头(a quay)或驳船上(a barge))。

2)该船舶由买方指定。

3)在指定的装运港。

4)或者当卖方取得已经如此交付的货物时。

货物灭失或损坏的风险在货物交到船边时发生转移,同时,买方承担自那时起的一切费用。

(2)运输方式。本规则仅适用于海运或内河水运运输方式下买卖双方意在将货物交到船边即完成交货的情形。因此,FAS 规则不适用于货物在交到船边之前已经移交给承运人的情形,如货物在集装箱终端(container terminal)交给承运人。在此种情况下,双方应当考虑使用 FCA 规则,而非 FAS 规则。

(3)精准确定装货点。由于卖方承担在特定地点交货前的费用和风险,而且这些费用和相关作业费可能因各港口惯例的不同而发生变化,特别建议买卖双方尽可能清楚地约定指定装运港内的装货点,货物将在此装货点从码头或驳船装上船舶。

(4)"或取得已经如此交付的货物"。卖方应将货物交到船边或取得已经如此交付运输的货物。此处的"取得"一词适用于交易链中的多层销售(链式销售),在大宗商品贸易中尤为常见。

(5)出口/进口清关。如适用,FAS 要求卖方办理货物出口清关。但是,卖方没有义务办理货物进口清关或经由第三国过境的清关、支付任何进口关税或办理任何进口海关手续。

9. FOB

FOB,Free on Board,船上交货。

用户解释说明:

（1）交货与风险。"船上交货"是指卖方通过以下方式向买方完成交货：

1）将货物装上船（on board the vessel）。

2）该船舶由买方指定。

3）在指定装运港。

4）或者取得已经如此交付的货物。

货物灭失或损坏的风险在货物交到船上时发生转移，同时，买方承担自那时起的一切费用。

（2）运输方式。本规则仅适用于海运或内河水运运输方式下，双方意在将货物交到船上即完成交货的情形。因此，FOB 规则不适用于货物在交到船上之前已经移交给承运人的情形，如货物在集装箱终端被交给承运人。此种情况下，双方应当考虑使用 FCA 规则，而非 FOB 规则。

（3）"或取得已经如此交付的货物"。此处的"取得"一词适用于交易链中的多层销售（链式销售），在大宗商品贸易中尤为常见。

（4）出口/进口清关。如适用，FOB 要求卖方办理货物出口清关。但是，卖方没有义务办理货物进口清关或经由第三国过境的清关，或支付任何进口关税或办理任何进口海关手续。

例如，我国某公司从德国进口一批化工产品，价格条款为"Unit Price：EUR 3.25 per kg FOB Hamburg port, Germany, *Incoterms 2020*"（单价：每千克 3.25 欧元，德国汉堡港船上交货，适用于 *Incoterms 2020* 规则）。

10. CFR

CFR，Cost and Freight，成本加运费。

用户解释说明：

（1）交货与风险。"成本加运费"是指卖方通过以下方式向买方完成交货：

1）将货物装上船。

2）或者取得已经如此交付的货物。

货物灭失或损坏的风险在货物交到船上时转移，这样卖方即被视为已履行了交货义务，而无论货物是否实际以良好的状态、约定的数量或是否确实到达目的地。在 CFR 规则中，卖方对买方没有购买保险的义务。因此，特别建议买方为其自身利益购买一定的保险。

（2）运输方式。本规则仅适用于海运或内河水运运输方式。如果使用多种运输方式，常见于货物在集装箱终端被交给承运人的情形，则适合使用的规则是 CPT，而非 CFR。

（3）"或取得已经如此交付的货物"。此处的"取得"一词适用于交易链中的多层销售（链式销售），在大宗商品贸易中尤其常见。

（4）交货港和目的港。在 CFR 中，两个港口很重要：货物交到船上的港口和约定为目的港的港口。当货物在装运港装上船或者以取得已经如此交付的货物的方式交付给买方时，风险即从卖方转移到买方。但是，卖方必须签订将货物从交货地运往目的地的运输合同。例如，货物在中国上海（港口）装船，运往英国南安普顿（港口）。货物在上海装到船上时交付，风险于此时即转移到买方；而卖方必须签订从上海到南安普顿的运输合同，并支付运费。

（5）必须指明装运港吗？尽管合同中总会指定一个目的港，但未必会指定装运港，而装运港是风险转移给买方的地方。如果装运港对买方具有特殊意义，例如，买方也许希望借以确定货物价格中的运费构成是否合理，那么特别建议双方在合同中尽可能清楚地指定装运港。

（6）确定卸货港的终点。特别建议双方尽可能精准地指定目的港的特定地点，因为卖方需承担将货物运往该地点的费用。卖方必须签订涵盖货物运输的一份或多份合同，包括从货物交付到运至指定港或销售合同中已约定的该港口范围内约定地点。

（7）多个承运人。海运的不同航段（different legs）可能由不同的承运人负责。例如，货物先由承运人驾驶支线船舶（a feed vessel）从香港运到上海，再由远洋船舶（ocean vessel）从上海运到南安普顿。这时，风险是在香港还是上海从卖方转移到买方：交货发生在哪里？买卖双方很可能已在销售合同中约定。但是，如果无此约定，则默认的立场是风险在货物交付给第一个承运人（the first carrier）时转移，即香港，这就延长了买方承担货物灭失或损坏风险的时间。如果买卖双方希望风险晚些转移（即此例中的上海），则他们需要在销售合同中予以明确。

（8）卸货费用。如果卖方根据运输合同产生了在目的港内指定地点与卸货相关的费用，除非双方另有约定，卖方无权另行向买方追偿该项费用。

（9）出口/进口清关。如适用，CFR 要求卖方办理货物出口清关。但是，卖方没有义务办理货物进口清关或经由第三国过境的清关、支付任何进口关税或办理任何进口海关手续。

例如，我国某汽车公司从日本进口一批冷轧钢卷（cold rolled steel sheet in coil），合同单价为 "USD966 per M/T，CFR Dalian China，*Incoterms 2020*"（每公吨 966 美元，成本加运费，中国大连，适用于 *Incoterms 2020* 规则）。这意味着日本的出口企业在日本某一港口将货物装到自己指定的船上，即完成交货，但卖方负责从装货港至中国大连港的运费。

11. CIF

CIF，Cost Insurance and Freight，成本、保险费加运费。

用户解释说明：

（1）交货与风险。"成本、保险费加运费"是指卖方通过以下方式向买方完成交货：

1）将货物装上船。

2）或者取得已经如此交付的货物。

<u>货物灭失或损坏的风险在货物交到船上时发生转移，这样卖方即被视为已履行了交货义务，而无论货物是否实际以良好的状态、约定的数量或是否确实到达目的地。</u>

（2）运输方式。本规则仅适用于海运或内河水运运输方式。如果使用多种运输方式，常见于货物在集装箱终端交给承运人的情形，则适合使用的规则是 CIP，而非 CIF。

（3）"或取得已经如此交付的货物"。此处的"取得"一词适用于交易链中的多层销售（链式销售），在大宗商品贸易中尤其常见。

（4）交货港和目的港。在 CIF 中，两个港口很重要：货物交到船上的港口和约定为目的港的港口。当货物在装运港装上船或者以取得已经如此交付的货物的方式交付给买方时，风险即从卖方转移到买方。但是，卖方必须签订将货物从交货地运往约定目的地的运输合同。例如，货物在上海（港口）装船，运往南安普顿（港口）。货物在上海装到船上时交付，风险于此时即转移给买方；而卖方必须签订从上海到南安普顿的运输合同并支付运费。

（5）必须指定装运港吗？尽管合同中总会约定一个目的港，但未必会指定装运港，而装运港是风险转移给买方的地方。如果装运港对买方具有特殊意义，例如，买方也许希望借以确定货物价格中的运费构成是否合理，那么特别建议双方在合同中尽可能清楚地指定装运港。

（6）确定卸货港的终点。特别建议双方尽可能精准地指定目的港的特定地点，因为卖方需承担将货物运往该地点的费用。卖方必须签订涵盖货物运输的一份或多份合同，包括从货物交付到运至指定港或销售合同中已约定的该港口范围内约定地点。

（7）多个承运人。海运运输的不同航段（different legs）可能由不同的承运人负责。例如，货物先由承运人驾驶支线船舶（a feed vessel）从香港运到上海，再由远洋船舶（ocean vessel）从上海运到南安普顿。此时，风险是在香港还是上海从卖方转移到买方；交货发生在哪里？分两种情况：一是买卖双方在销售合同中进行了约定；二是如无约定，则风险在货物交给第一个承运人（the first carrier）时转移，即香港，这就延长了买方承担货物灭失或损坏风险的时间。如果买卖双方希望风险晚些转移（即此例中的上海），则他们需要在销售合同中予以明确。

（8）保险合同。卖方还必须签订保险合同，以对由买方承担的从装运港至少到目的港过程中货物灭失或损坏的风险投保。如目的地国家要求在本地购买保险，则可能会造成困难。在这种情况下，双方应考虑使用 CFR。买方还应注意，在 CIF *Incoterms 2020* 规则下，卖方需要投保符合《协会货物条款》（C）款或其他类似条款下的范围有限的险别，而不是《协会货物条款》（A）款下的范围较高险别。但是，双方仍然可以约定较高的险别。

（9）卸货费用。如果卖方根据运输合同产生了在目的港内指定地点与卸货相关的费用，除非双方另有约定，卖方无权另行向买方追偿该项费用。

（10）出口/进口清关。如适用，CIF 要求卖方办理货物出口清关。但是，卖方没有义务办理货物进口清关或经由第三国过境的清关、支付任何进口关税或办理任何进口海关手续。

例如，我国大连某公司出口一批轴承至俄罗斯联邦，其中一种轴承的单价为"USD200 per piece CIF St. Petersburg, Russia, *Incoterms 2020*"（每件200美元，成本、保险费加运费俄罗斯联邦圣彼得堡，适用于 *Incoterms 2020* 规则）。这意味着卖方在中国大连港将货物装到自己指定的船上，即完成交货；但卖方负责从装货港至俄罗斯圣彼得堡港的保险费和运费。

3.1.3 常用贸易术语及其使用注意事项

从上面的介绍可以看出，*Incoterms 2020* 规则对11个贸易术语进行了"用户解释说明"，涵盖交货与风险、运输方式……出口/进口清关等。实际业务中具体使用哪个贸易术语规则，主要取决于买卖双方所处的地理位置（运输方式）和交易习惯。例如，中国和日本、韩国、欧美的交易通常采用海洋运输，因此会经常采用 FOB、CFR 或 CIF；中国和俄罗斯、缅甸等有陆路边界接壤，以及中欧班列、中亚班列沿线国家，交易经常使用 FCA、DAP、DPU 等术语规则；航空运输则经常采用 FCA、CPT、CIP 等术语规则。总体来看，由于海洋运输在整个国际货物贸易中占有重要地位，因此 FOB、CFR 和 CIF 三个贸易术语规则采用的频率更高。除了前面的"用户解释说明"外，下面分别对这三个贸易术语项下买卖双方的义务做进一步解读。

1. FOB

（1）买卖双方的义务。

A 卖方的义务	B 买方的义务
A1 一般义务	B1 一般义务
卖方必须提供符合销售合同约定的货物和商业发票，以及合同可能要求的其他与合同相符的证据。 　　卖方提供的任何单据，根据双方约定可以是纸质或电子形式，如果没有约定，则按照惯常做法提供。	买方必须按照销售合同约定支付货物价款。 　　买方提供的任何单据，根据双方约定可以是纸质或电子形式，如果没有约定，则按照惯常做法提供。
A2 交货	B2 提货
卖方必须在买方指定的装运港内的装货点（如有），以将货物置于买方指定的船上或以取得已经如此交付的货物的方式交货。 　　卖方必须按照下述要求交货： 　　1）在约定日期；或 　　2）在买方按照 B10 所通知的约定期限内的交货时间；或 　　3）如果未通知上述时间，则在约定期限届满之时；以及 　　4）按照该港口的习惯方式。如果买方未指定具体的装货点，则卖方可以在指定的装运港内选择最符合其目的的装货点。	当卖方按照 A2 完成交货时，买方必须提取货物。
A3 风险转移	B3 风险转移
除按照 B3 的灭失或损坏情况外，卖方承担按照 A2 完成交货前货物灭失或损坏的一切风险。	买方承担按照 A2 交货时起货物灭失或损坏的一切风险。 　　如果： 　　1）买方未按照 B10 发出通知；或 　　2）买方指定的船舶未准时到达，致使卖方未能遵循 A2 的规定、未接收货物，或早于 B10 通知的时间停止装货。 　　则： 　　① 自约定的日期起，或在未约定日期的情况下。 　　② 自买方根据 B10 所选择的日期起，或，如未通知该日期； 　　③ 自任何约定期限届满之时起，买方承担货物灭失或损坏的一切风险。 　　但以该货物已清楚地确定为合同项下货物为前提条件。

(续)

A 卖方的义务	B 买方的义务
A4 运输 　　卖方对买方没有订立运输合同的义务。但是，应买方要求并由其承担风险和费用，卖方必须向买方提供卖方所拥有的买方安排运输所需的任何信息，包括与运输有关的安全要求。如已约定，卖方必须按照惯常条款订立运输合同，由买方承担风险和费用。 　　卖方必须在完成交货之前遵守任何与运输有关的安全要求。	B4 运输 　　除非卖方按照 A4 的规定订立了运输合同，否则，买方必须自付费用订立自指定装运港起的货物运输合同。
A5 保险 　　卖方对买方没有订立保险合同的义务。但是，应买方要求并由其承担风险和费用，卖方必须向买方提供卖方所拥有的买方获取保险所需的信息。	B5 保险 　　买方对卖方没有订立保险合同的义务。
A6 交货/运输单据 　　卖方必须自付费用向买方提供已按照 A2 交货的通常证明。 　　除非上述证明是运输单据，否则，应买方要求并由其承担风险和费用，卖方必须协助买方获取运输单据。	B6 交货/运输单据 　　买方必须接受按照 A6 提供的交货证明。
A7 出口/进口清关 　　（a）出口清关 　　如适用，卖方必须办理出口国要求的所有出口清关手续并支付费用，例如： 　　1）出口许可证； 　　2）出口安检清关； 　　3）装运前检验；及 　　4）任何其他官方授权。 　　（b）协助出口清关 　　如适用，应买方要求并由其承担风险和费用，卖方必须协助买方获取任何过境国或进口国需要的与所有过境/进口清关手续有关的任何单据及/或信息，包括安全要求和装运前检验。	B7 出口/进口清关 　　（a）协助进口清关 　　如适用，应卖方要求并由其承担风险和费用，买方必须协助卖方获取出口国需要的与所有出口清关手续有关的任何单据及/或信息，包括安全要求和装运前检验。 　　（b）进口清关 　　如适用，买方必须办理任何过境国和进口国要求的所有手续并支付费用，例如： 　　1）进口许可证及过境所需的任何许可； 　　2）进口及任何过境安检清关； 　　3）装运前检验；及 　　4）任何其他官方授权。
A8 查验/包装/标记 　　卖方必须支付为了按照 A2 交货所需要进行的检验费用（如查验品质、丈量、计重、点数的费用）。 　　卖方必须自付费用包装货物，除非该特定贸易运输的所售货物通常无须包装。除非双方已经约定好具体的包装或标记要求，否则，卖方必须以适合该货物运输的方式对货物进行包装和标记。	B8 查验/包装/标记 　　买方对卖方没有义务。

(续)

A 卖方的义务	B 买方的义务
A9 费用划分	B9 费用划分
卖方必须支付： 1）按照 A2 完成交货之前与货物相关的所有费用，按照 B9 应由买方支付的费用除外； 2）按照 A6 向买方提供已经交货的通常证明的费用； 3）如适用，按照 A7（a）办理出口清关有关的关税、税款和任何其他费用；以及 4）买方为按照 B7（a）提供协助获取单据及信息相关的所有款项和费用。	买方必须支付： 1）按照 A2 完成交货之时起与货物相关的所有费用，按照 A9 应由卖方支付的费用除外； 2）卖方为按照 A4、A5、A6 和 A7（b）协助获取单据及信息相关的所有款项和费用； 3）如适用，按照 B7（b）办理过境或进口清关有关的关税、税款和任何其他费用； 4）由于以下原因之一发生的任何额外费用： ① 买方未按照 B10 发出通知；或 ② 买方按照 B10 指定的船舶未准时到达、未提取货物或早于 B10 通知的时间停止装货。 但以该货物已清楚地确定为合同项下货物为前提条件。
A10 通知	B10 通知
卖方必须就其已按照 A2 完成交货或船舶未在约定时间内提货，给予买方充分通知。	买方必须就任何运输相关的安全要求、船舶的名称、装货点以及约定期限内所选择的交货时间（如有），给予卖方充分通知。

（2）使用 FOB 术语时应注意的问题。

1）FOB 术语要求卖方在指定装运港将货物装载到买方指定的船上或通过取得已交付至船上货物的方式交货。"船上"的概念是船的"甲板"（on board the vessel）之上。因此，卖方承担装船的费用，但一般不包括货物装船后的整理费用，如理舱费（stowage fee）和平舱费（trimming charges）等。

此外，如果卖方安排支线船或驳船将货物运至买方雇用（指定）的船舶，交货发生于货物装上买方指定的运输工具（船舶）之时，之前的风险和费用仍然属于卖方。

2）船货衔接问题。FOB 术语要求卖方在规定的时间和地点交货，但租船订舱由买方负责，这就存在一个船货衔接问题。如果买方按时派船而卖方未按时备妥货物，则卖方应承担由此造成的空舱费（dead freight）和滞期费（demurrage）；反之，如果卖方货物已按时备妥，而买方未能按时派船接货（包括提前或延迟派船），由此造成的卖方仓储等费用以及迟收货款而造成的利息损失均由买方承担。

3）《美国对外贸易定义修订本 1990》和 *Incoterms 2020* 对 FOB 术语解释的差异。《美国对外贸易定义修订本 1990》将 FOB 术语区分为六种，其中只有"指定装运港船上交货"（Free On Board Vessel…named port of shipment）与 *Incoterms 2020* 规则解释的 FOB 术语相近。然而，《美国对外贸易定义修订本 1990》规定，只有在买方提出请求，并由买方负责费用的情况下，FOB Vessel 的卖方才有义务协助买方取得由出口国签发的为货物出口或在目的地进口所需的各种单证，且出口税和其他税款、费用也由买方承担。这些规定与 *Incoterms 2020* 规则中"卖方的义务"有着很大的不同。因此，我国外贸企业在与美国和其他美洲国家出口商按 FOB 术语洽商进口业务时，应明确指出使用的术语适用于 Incoterms 2020 规则，以确保由对方（卖方）负责办理出口国要求的所有出口清关手续并支付费用。

案例 3-1

【案例回放】

我国某公司从美国进口特种异型钢材 200 公吨，按每公吨 900 美元 FOB Vessel New York 成交，支付方式为即期信用证（L/C）并应于 2022 年 2 月 28 日前开抵受益人（卖方），装船期为 3 月份。我方于 2022 年 2 月 20 日通过中国银行开出一张 18 万美元的即期信用证。2 月 26 日美商来电称："信用证金额不足，应增加 1 万美元备用，否则有关出口税捐及各种签证费用，由你公司另行电汇。"我方接电后认为这是美方无理要求，随即回电指出："按 FOB 条件成交，卖方应负责办理出口手续并支付相关费用，这在 Incoterms 2020 规则中已有明确规定。"美方回电宣称："成交时双方未明确约定按 Incoterms 2020 规则办理，应按我（美）方商业习惯和《美国对外贸易定义修订本 1990》办理。"

双方争执期间，国际市场钢材价格上涨，我方又急需该批钢材投产，最终只好同意美方要求，将信用证金额增加至 19 万美元。

【要点分析】

本案问题出在我方业务人员对《美国对外贸易定义修订本 1990》以及 Incoterms 2020 规则中关于 FOB 术语的解释之间的差异了解不够，对两者在出口清关手续及费用负担上的区别理解不足。按前者规定，应由买方办理出口清关手续，支付出口捐税及各种签证费用。在实践中，买方如不想承担上述费用，应在合同中明确规定所采用的贸易术语按 Incoterms 2020 规则办理，如"FOB New York, USA, Incoterms 2020"（纽约港船上交货，适用于 Incoterms 2020 规则）。所幸的是，Incoterms 2020 规则中的每一个贸易术语都要求后面写明 Incoterms 2020，以明确双方使用的贸易术语适用于 Incoterms 2020。

2. CFR

（1）买卖双方的义务。

A 卖方的义务	B 买方的义务
A1 一般义务	B1 一般义务
卖方必须提供符合销售合同约定的货物和商业发票，以及合同可能要求的其他与合同相符的证据。 卖方提供的任何单据，根据双方约定可以是纸质或电子形式，如果没有约定，则按照惯常做法提供。	买方必须按照销售合同约定支付货物价款。 买方提供的任何单据，根据双方约定可以是纸质或电子形式，如果没有约定，则按照惯常做法提供。
A2 交货	B2 提货
卖方必须以将货物装上船，或者以取得已经如此交付的货物的方式交货。在这两种情况下，卖方均必须在约定日期或期限内，按照该港口的习惯方式交货。	当卖方按照 A2 交货时，买方必须提取货物，并在指定目的港自承运人处收取货物。

（续）

A 卖方的义务	B 买方的义务
A3 风险转移	B3 风险转移
除按照 B3 的灭失或损坏情况外，卖方承担按照 A2 完成交货前货物灭失或损坏的一切风险。	买方承担按照 A2 交货时起货物灭失或损坏的一切风险。 如买方未按照 B10 发出通知，则买方承担自约定交货日期或约定交货期限届满之时起的货物灭失或损坏的一切风险，但以该货物已清楚地确定为合同项下货物为前提条件。
A4 运输	B4 运输
卖方必须签订或取得运输合同，将货物自交货地内的约定交货点（如有），运送至指定目的港，或位于该港内的任何交货点（如已约定）。运输合同必须按照惯常条款订立，由卖方承担费用，经由通常航线，用通常用于运输该类所售货物的船舶运送货物。 卖方必须遵守运至目的地过程中任何与运输有关的安全要求。	买方对卖方没有订立运输合同的义务。
A5 保险	B5 保险
卖方对买方没有订立保险合同的义务。但是，应买方要求并由其承担风险和费用，卖方必须向买方提供卖方所拥有的买方获取保险所需的信息。	买方对卖方没有订立保险合同的义务。
A6 交货/运输单据	B6 交货/运输单据
卖方必须承担费用，向买方提供运至约定目的港的通常运输单据。 该运输单据必须载明合同货物，且其签发日期必须在约定的运输期限内，还必须能使买方在目的港凭此向承运人索取货物，并且除非另有约定，必须能使买方通过向其下家买方转让该单据或通知承运人来转卖在途货物。 当该运输单据以可转让形式签发并有数份正本时，全套正本必须向买方提交。	如果运输单据与合同相符，买方必须接受（卖方）按照 A6 提供的运输单据。
A7 出口/进口清关	B7 出口/进口清关
（a）出口清关 如适用，卖方必须办理出口国要求的所有出口清关手续并支付费用。诸如： 1）出口许可证； 2）出口安检清关； 3）装运前检验；及 4）任何其他官方授权。	（a）协助出口清关 如适用，应卖方要求并由其承担风险和费用，买方必须协助卖方取得出口国需要的与所有出口清关手续有关的任何单据及/或信息，包括安全要求和装运前检验。

(续)

A 卖方的义务	B 买方的义务
A7 出口/进口清关	B7 出口/进口清关
（b）协助进口清关 如适用，应买方要求并由其承担风险和费用，卖方必须协助买方获取任何过境国或进口国需要的与所有过境/进口清关手续有关的任何单据及/或信息，包括安全要求和装运前检验。	（b）进口清关 如适用，买方必须办理任何过境国和进口国要求的所有手续并支付费用。诸如： 1）进口许可证及过境所需的任何许可证； 2）进口及任何过境安检清关； 3）装运前检验；及 4）任何其他官方授权。
A8 查验/包装/标记	B8 查验/包装/标记
卖方必须支付为了按照 A2 交货所需要进行的检验费用（如查验品质、丈量、计重、点数的费用）。 卖方必须自付费用包装货物，除非该特定贸易运输的所售货物通常无须包装。除非双方已经约定好具体的包装或标记要求，否则，卖方必须以适合该货物运输的方式对货物进行包装和标记。	买方对卖方没有义务。
A9 费用划分	B9 费用划分
卖方必须支付： 1）按照 A2 完成交货之前与货物相关的所有费用，按照 B9 应由买方支付的费用除外； 2）按照 A4 所发生的运费和所有其他费用，包括货物装船费用及与运输相关的安全费用； 3）根据运输合同规定应由卖方承担的在约定卸货港产生的任何卸货费用； 4）根据运输合同应由卖方承担的过境费用； 5）按照 A6 向买方提供已经交货的通常证据的费用； 6）如适用，按照 A7（a）办理出口清关有关的关税、税款和任何其他费用；以及 7）买方为按照 B7（a）提供协助获取单据及信息相关的所有费用和开支。	买方必须支付： 1）按照 A2 完成交货之时起与货物相关的所有费用，按照 A9 应由卖方支付的费用除外； 2）过境费用，除非根据运输合同该项费用应由卖方承担； 3）包括驳运费和码头费在内的卸货费用，除非根据运输合同该项费用应由卖方承担； 4）卖方为按照 A5 及 A7（b）提供协助获取单据及信息相关的所有款项和费用； 5）如适用，按照 B7（b）办理过境或进口清关有关的关税、税款和任何其他费用；以及 6）由于未按照 B10 发出通知而产生的自约定交货日期或自约定交货期限届满之时起的任何额外费用，但以该货物已清楚地确定为合同项下货物为前提条件。
A10 通知	B10 通知
卖方必须向买方发出已按照 A2 完成交货的通知。 卖方必须向买方发出买方收取货物任何所需通知，以便买方收取货物。	无论何时根据约定，买方有权决定运输时间及/或指定目的港的收货点，买方必须给予卖方充分通知。

（2）使用 CFR 术语时应注意的问题

1）风险转移和费用划分的地点不同。CFR 术语下，货物灭失或损坏的风险在货物交到指定装运港船上时转移。"船上"的含义是船的"甲板"（on board the vessel）之上，而费用划分的界限是指定目的港的特定地点。通常情况下，买卖合同都会指定目的港，但不一定都会指定装运港，而装运港是风险转移至买方的地方。如果装运港对买方具有特殊意义，特别建议双方在合同中尽可能准确地指定装运港（port of loading）。

2）卸货费用的负担。通常情况下，卖方承担从装运港至目的港（卸货港）的运费，但不承担将货物在卸货港卸货的费用；包括驳运费和码头费在内的卸货费用应由买方支付。但如果运输合同中规定，该项卸货费用由卖方支付或已经包含在运费当中⊖，则除非买卖双方事先另有约定，卖方无权另行向买方追偿该项费用。

3）卖方负责租船或订舱。CFR 术语下，卖方必须签订或取得运输合同，将货物自交货地内的约定交货点运送至指定目的港或该港内的任何交货点。如果卖方不能及时订舱或租船，导致不能按合同规定装船交货，即构成违约。

4）装船通知。CFR 术语下，卖方负责订舱或租船，并支付运费；买方自行负责办理货物运输保险。尽管根据该术语，风险的转移界限是货物在装运港船上，但如果卖方在货物出运后没有及时发出装运通知（shipping advice），可能会导致买方无法及时办理保险，甚至出现漏保。

Incoterms 2020 规则中，有关 CFR 术语的 A10 中规定："卖方必须向买方发出已按照 A2 完成交货的通知。卖方必须向买方发出买方收取货物任何所需通知，以便买方收到货物。"（The seller must notify the buyer that the goods have been delivered in accordance with A2. The seller must give the buyer any notice required to enable the buyer to receive the goods.）

案例 3-2

【案例回放】

我国某进出口公司按 CFR 术语与法国马赛某进口商签订一批抽纱台布出口合同，货值 8 万美元。货物于 2021 年 1 月 8 日上午装"昌盛轮"完毕，当天因经办该项业务的外销员工作繁忙，等到 9 日上班时才想起给买方发出装船通知。法商收到装船通知后即向当地保险公司申请投保，但此时该保险公司获悉"昌盛轮"已于 9 日凌晨在海上遇难而拒绝承保。于是法商立即致电我国该公司，表示该批货物损失应由我方承担并同时索赔 8000 美元，且拒不付款赎单。由于该法商是该公司老客户，经我方业务人员向其申明原因并表示歉意后不再坚持额外索赔，但货物损失仍由我方承担。

【要点分析】

Incoterms 2020 规则中规定，按 CFR 条件成交，卖方在装运港将货物装上船从而完成交

⊖ 班轮运输条件下，货物装卸费用以及前述理舱费、平舱费均包含在运费当中，无须额外支付。

货义务后（见 A2），还必须向买方发出已按照 A2 完成交货的通知（见 A10）。这里的"通知"包括货物已装船的通知，以便买方有充分的时间为风险已转移至买方的货物进行投保。如卖方未尽到此义务，则应对由此产生的损失负责。此时，货物虽已完好装上船，但损失的责任仍应由卖方承担。

3. CIF

（1）买卖双方的义务。

A 卖方的义务	B 买方的义务
A1 一般义务	B1 一般义务
卖方必须提供符合销售合同约定的货物和商业发票，以及合同可能要求的其他与合同相符的证据。 　　卖方提供的任何单据，根据双方约定可以是纸质或电子形式，如果没有约定，则按照惯常做法提供。	买方必须按照销售合同约定支付货物价款。 　　买方提供的任何单据，根据双方约定可以是纸质或电子形式，如果没有约定，则按照惯常做法提供。
A2 交货	B2 收取货物
卖方必须以将货物装上船，或者以取得已经如此交付的货物的方式交货。在这两种情况下，卖方均必须在约定日期或期限内，按照该港口的习惯方式交货。	当卖方按照 A2 交货时，买方必须提取货物，并在指定目的港自承运人处收取货物。
A3 风险转移	B3 风险转移
除按照 B3 的灭失或损坏情况外，卖方承担按照 A2 完成交货前货物灭失或损坏的一切风险。	买方承担按照 A2 交货时起货物灭失或损坏的一切风险。 　　如买方未按照 B10 发出通知，则买方承担自约定交货日期或约定交货期限届满之时起的货物灭失或损坏的一切风险，但以该货物已清楚地确定为合同项下货物为前提条件。
A4 运输	B4 运输
卖方必须签订或取得运输合同，将货物自交货地内的约定交货点（如有），运送至指定目的港，或位于该港内的任何交货点（如已约定）。运输合同必须按照惯常条款订立，由卖方承担费用，经由通常航线，用通常用于运输该类所售货物的船舶运送货物。 　　卖方必须遵守运至目的地过程中任何与运输有关的安全要求。	买方对卖方没有订立运输合同的义务。

（续）

A 卖方的义务	B 买方的义务
A5 保险	B5 保险
除非另有约定或特定贸易中的习惯做法，卖方须自付费用取得货物保险。该保险需符合《协会货物条款》（Institute Cargo Clauses, LMA/IUA）条款（C）或任何适于货物运输方式的类似条款。保险应与信誉良好的承保人或保险公司订立，并应使买方或任何其他对货物具有可保利益的人有权直接向保险人索赔。 当买方要求且能够提供给卖方任何所需的信息时，卖方必须提供任何附加险，由买方承担费用，如果能够办理，诸如符合《协会战争险条款》（Institute War Clauses）及/或《协会罢工险条款》（Institute Strikes Clauses, LMA/IUA）或任何其他类似条款相符合的险别（除非该险别已经包括在前款所述的货物保险中）。 最低保险金额应是合同规定价格另加10%（即110%），并应采用合同货币。 保险范围应从货物自A2规定的交货点起，至少至指定的目的港止。 卖方必须提供给买方保险单或保险证明或其他投保证据。 此外，在应买方要求并由其承担风险和费用的情况下，卖方必须向买方提供买方取得任何额外保险所需的信息。	买方对卖方没有订立保险合同的义务。但是，应卖方要求，买方必须向卖方提供卖方按照A5要求的投保任何附加险所需的信息。
A6 交货/运输单据	B6 交货/运输单据
卖方必须承担费用，向买方提供运至约定目的港的惯常运输单据。 该运输单据必须载明合同货物，且其签发日期必须在约定的运输期限内，还必须能使买方在目的港凭此向承运人索取货物，并且除非另有约定，须能使买方通过向其下家买方转让该单据或通知承运人来转卖在途货物。 当此运输单据以可转让形式签发并有数份正本时，全套正本必须向买方提交。	如果运输单据与合同相符，买方必须接受按照A6提供的运输单据。
A7 出口/进口清关	B7 出口/进口清关
（a）出口清关 如适用，卖方必须办理出口国要求的所有出口清关手续并支付费用。例如： 1）出口许可证； 2）出口安检清关； 3）装运前检验；及 4）任何其他官方授权。	（a）协助出口清关 如适用，应卖方要求并由其承担风险和费用，买方必须协助卖方取得出口国需要的与所有出口清关手续有关的任何单据及/或信息，包括安全要求和装运前检验。

第3章 贸易术语与货物的价格

（续）

A 卖方的义务	B 买方的义务
A7 出口/进口清关 （b）协助进口清关 如适用，应买方要求并由其承担风险和费用，卖方必须协助买方获取任何过境国或进口国需要的与所有过境/进口清关手续有关的任何单据及/或信息，包括安全要求和装运前检验。	B7 出口/进口清关 （b）进口清关 如适用，买方必须办理任何过境国或进口国要求的所有手续并支付费用。例如： 1）进口许可证及过境所需的任何许可证； 2）进口及任何过境安检清关； 3）装运前检验；及 4）任何其他官方授权。
A8 查验/包装/标记 卖方必须支付为了按照A2交货所需要进行的检验费用（如查验品质、丈量、计重、点数的费用）。 卖方必须自付费用包装货物，除非该特定贸易运输的所售货物通常无须包装。除非双方已经约定好具体的包装或标记要求，否则，卖方必须以适合该货物运输的方式对货物进行包装和标记。	B8 查验/包装/标记 买方对卖方没有义务。
A9 费用划分 卖方必须支付： 1）按照A2完成交货之前与货物相关的所有费用，按照B9应由买方支付的费用除外； 2）按照A4所发生的运费和所有其他费用，包括货物装船费用及与运输相关的安全费用； 3）根据运输合同规定应由卖方承担的在约定卸货港产生的任何卸货费用； 4）根据运输合同应由卖方承担的过境费用； 5）按照A6向买方提供已经交货的通常证据的费用； 6）按照A5产生的保险费用； 7）如适用，按照A7（a）办理出口清关有关的关税、税款和任何其他费用；以及 8）买方为按照B7（a）提供协助获取单据及信息相关的所有费用和开支。	B9 费用划分 买方必须支付： 1）按照A2完成交货之时起与货物相关的所有费用，按照A9应由卖方支付的费用除外； 2）过境费用，除非根据运输合同该项费用应由卖方承担； 3）包括驳运费和码头费在内的卸货费用，除非根据运输合同该项费用应由卖方承担； 4）应买方要求，按照A5和B5投保附加险所发生的费用； 5）卖方为按照A5和A7（b）提供协助获取单据及信息相关的所有费用和开支； 6）如适用，按照B7（b）办理过境或进口清关有关的关税、税款和任何其他费用；以及 7）由于未按照B10发出通知而产生的自约定交货日期或自约定交货期限届满之时起的任何额外费用，但以该货物已清楚地确定为合同项下货物为前提条件。
A10 通知 卖方必须向买方发出已按照A2完成交货的通知。 卖方必须向买方发出买方收取货物任何所需的通知，以便使买方收取货物。	B10 通知 无论何时根据约定，买方有权决定运输时间及/或指定目的港的收货点，买方必须给予卖方充分通知。

（2）使用 CIF 术语时应注意的问题。

1）CIF 合同是"装运合同"，而不是"到达合同"。CIF 的中文名称为"成本、保险费加运费"，俗称"到岸价"。卖方必须支付将货物运送至指定目的港所需的费用和运费；同时，卖方还必须订立保险合同，并支付保险费。但 CIF 术语下，风险转移的界限是装运港船上。换句话说，按 CIF 术语成交，虽然由卖方安排货物运输并办理货运保险，但"货物灭失或损坏的风险在货物交到船上时发生转移，这样卖方即被视为已履行了交货义务，而无论货物是否实际以良好的状态、约定的数量或是否确实到达目的地"。

2）关于保险险别（险种）的选择问题。在 CIF *Incoterms 2020* 规则下，卖方需要投保符合伦敦保险协会制定的《协会货物条款》（C）款（类似于我国的"平安险"）或其他类似条款下的范围有限的险别，而不是《协会货物条款》（A）款（类似于我国的"一切险"）下的范围较高险别。

3）象征性交货。从交货方式来看，CIF 是一种典型的象征性交货贸易术语。象征性交货（symbolic delivery）是针对实际交货（physical delivery）而言的，又称凭单据交货（documentary delivery），是指卖方以表明货物所有权的单据交付买方或其代理人，以代替货物实际交付的交货方法。按象征性交货的贸易术语交易时，卖方在装运货物后，将数量完整、种类齐全的货运单据交给买方（多数情况下是通过银行交单），就算完成交货义务，并有权要求买方（或银行）支付货款。也就是说，只要卖方如期向买方提交了合同（或信用证）要求的全套合格单据，即使货物在运输途中损坏或灭失，买方（或银行）也必须履行付款义务；反之，如果卖方提交的单据不符合要求，即使货物完好无损地运达目的港，买方（或银行）仍有权拒收单据并拒付货款。

4）卖方订舱或租船的责任。使用 CIF 贸易术语，卖方负责订舱或租船，并承担运费，这些都是基于惯例进行的。根据 *Incoterms 2020*，"卖方必须签订或取得运输合同，将货物自交货地内的约定交货点，运送至指定目的港，或位于该港内的任何交货点。运输合同必须按照惯常条款订立，由卖方承担费用，经由通常航线，用通常用于运输该类所售货物的船舶运送货物。卖方必须遵守运至目的地过程中任何与运输有关的安全要求"。这期间，如果买方提出一些无理要求，如规定和限制船舶的国籍、船型、船龄、船级，以及指定装载某船或某班轮公司的船只等，卖方均有权拒绝。

5）CIF 术语下卸货费用的负担。在 CIF 术语的费用划分中，卖方不仅要承担货物在装运港的装船费用及与运输相关的安全费用，而且需要承担"根据运输合同规定，在约定卸货港产生的任何卸货费用以及过境费用"；当然，如果运输合同中没有约定，则该项费用（包括驳运费和码头费在内的卸货费用）应由买方支付。班轮运输条件下，运费中包含了装货和卸货费用，则除非买卖双方事先另有约定，卖方无权向买方要求补偿该项费用，这一点和 CFR 术语是一样的。

案例 3-3

【案例回放】

我某出口公司按"CIF Hamburg Germany，*Incoterms 2020*"条件向德国一客户出口一批草编制品。合同中规定，由我方向中国人民财产保险股份有限公司（PICC P&C）投保一切险（all risks）和战争险（war risk）[1]，并采用不可撤销即期跟单信用证方式[2]支付。我方公司在规定的期限、指定的装运港装船完毕，船公司签发了已装船清洁提单。之后，我方公司在信用证有效期内到中国银行进行了议付。三天后，我方出口公司接到德国客户来电，宣称装货海轮在海上失火，草编制品全部烧毁，并要求我方公司出面向PICC P&C提出索赔，否则要求我方公司退还全部已议付货款。在此情况下，我方公司是否答应？

【要点分析】

该德国进口商的要求属于无理要求，我方公司不能答应。

CIF合同属于象征性交货合同，卖方只需按期在约定地点完成装运，并向买方提交合同（或信用证）规定的包括物权凭证（提单）在内的有关单据，就算完成交货义务，而无须保证到货，即卖方凭单交货，买方（银行）凭单付款。换言之，只要卖方提交了合格的单据，即使货物在运输途中损坏或灭失，买方也必须履行付款义务。本案中，我方在规定的期限、指定的装运港完成装运，提交了有关单据，就算完成了交货义务。海上运输风险在货物于装货港装上指定的船舶开始，就由卖方转移给买方承担。

本案中，德国进口商应凭已经转让的保险单自行向保险责任人（PICC P&C在德国的代理人或分支机构或向承运人）索赔。

3.2 货物的价格

贸易术语是国际贸易合同中货物价格的主要内容之一，在了解了各种贸易术语下买卖双方义务、风险以及费用划分的基础上，正确合理地确定货物的价格，是达成交易和顺利履约的关键。

3.2.1 货物价格构成

货物价格一般由计量单位、计价货币、贸易术语和单位计价金额四部分组成。例如，EUR900 Per MT CFR Hamburg, Germany, *Incoterms 2020*（每公吨900欧元，成本加运费，德国汉堡港，适用于*Incoterms 2020*规则）。这里，计量单位是公吨，计价货币是欧元，贸易术语是CFR（目的港是Hamburg，适用于*Incoterms 2020*），单位计价金额是每公吨900欧元。

一般来说，货物进口和出口的价格构成是有区别的。对于进口货物而言，其价格构成主要包括进口货物的FOB价、运费、保险费、进口税费、目的港码头捐税、卸货费、检验检疫费、仓储费、国内运杂费、其他杂费、佣金[3]和预期利润等。对于出口货物来说，价格构成主要包括收购成本、包装费、国内运费、仓储费、检验检疫费、运费、出口税费、装运港码头捐税、装货费（包括驳船费）、其他杂费、佣金和预期利润等。

有时，精明的卖方为了表明货物自身的价格具有竞争力，会对货物的价格进行分解，把包装费用、运费、保险费等项目单独罗列，以显示货物自身价格并不高，之所以总价值较高

---

[1] 一切险和战争险的含义见第5章关于主险和特别附加险的内容。
[2] 信用证支付方式见第6章相关内容。
[3] 佣金的概念见本章延伸阅读4。

是因为其他几项费用加总造成的。

例如，曾经法国巴黎一出口商向我国某公司出口印刷光盘用油墨，报价见表3-2。

表 3-2 将 CIP 价分解为 EXW 和其他费用之和的情形

Code 项号	Qty 数量（kg）	Description of Goods 品名	U. P. 单价（FRF①）	T. P. 总价（FRF）
		INKS TYPE CDN/油墨型号 CDN		
01	10	primrose yellow/淡黄, ref./货号 300	195.00	1950.00
02	10	mid yellow/中黄, ref./货号 310	195.00	1950.00
03	10	golden yellow/金黄, ref./货号 320	195.00	1950.00
04	10	mandarin/橙黄, ref./货号 330	200.00	2000.00
05	10	vermilion/朱红, ref./货号 340	200.00	2000.00
06	10	dark red/深红, ref./货号 350	200.00	2000.00
07	10	pink/品红, ref./货号 360	210.00	2100.00
08	10	violet/亮紫, ref./货号 370	200.00	2000.00
09	10	primary blue/原蓝, ref./货号 380	195.00	1950.00
10	10	emerald green/翠绿, ref./货号 390	195.00	1950.00
11	35	black ink/黑墨, ref./货号 601	190.00	6650.00
12	45	white ink/白墨, ref. 货号 602	190.00	8550.00
Total ex-works unpacked/工厂交货、不含包装，总价				FRF35050.00
Packing + freight + insurance charges/包装费 + 运费 + 保险费				FRF4400.00
TOTAL CIP SHENYANG AIRPORT/运费、保险费付至中国沈阳，总价				FRF39450.00

① FRF 为法国法郎，法国加入欧元区后，法国法郎（FRF）被欧元（EUR）取代。

显然，本例中，法方在报价中将 CIP 价格拆分为工厂交货价（EXW）和其他费用（包装费用（packing charge）、运费（freight）以及保险费（insurance））两个部分，旨在说明货物自身价格具有吸引力。

对于一些大型机电设备，由于存在设备的安装、调试及售后服务等环节，因此，货物价格构成中包含了这些环节的相关费用。

3.2.2 主要贸易术语之间的价格转换

在国际贸易业务实践中，买卖双方在洽商交易时，有时会出现一方当事人以某个贸易术语报价后，另一方当事人要求其用其他术语改报，这就涉及不同贸易术语之间的价格转换问题⊖。以下是国际贸易中常见的几种贸易术语之间的换算方法。

⊖ *Incoterms 2020* 引言中特别提及，*Incoterms 2020* 规则并不禁止贸易术语之间的改变，但这样做是有危险的。为了避免任何不受欢迎的意外，当事人需要在他们签订的合同中非常清晰地明确此类修改意欲达到的效果。例如，如果合同修改了 *Incoterms 2020* 规则中的费用分摊，那么当事人也应清楚地表明他们是否同时希望改变交货和风险转移至买方的点。当然，FOB、CFR 和 CIF 三个术语之间的转换并不影响风险的划分界限，仅影响费用的分摊，但其他术语的转换可能会使风险的转移点发生变化。

第3章 贸易术语与货物的价格

1. FOB、CFR 和 CIF 三个贸易术语之间的换算

（1）FOB 价换算为其他价。

$$CFR = FOB + F$$
$$CIF = FOB + F + I$$
$$= \frac{FOB + F}{1 - (1 + 保险加成) \times 保险费率}$$

式中　F——国际运费；

　　　I——国际运输保险费。

（2）CFR 价换算为其他价。

$$FOB = CFR - F$$
$$CIF = CFR + I$$
$$= \frac{CFR}{1 - (1 + 保险加成) \times 保险费率}$$

（3）CIF 价换算为其他价。

$$FOB = CIF - I - F$$
$$= CIF \times [1 - (1 + 保险加成) \times 保险费率] - F$$
$$CFR = CIF - I$$
$$= CIF \times [1 - (1 + 保险加成) \times 保险费率]$$

2. FCA、CPT 和 CIP 三种贸易术语之间的换算

（1）FCA 价换算为其他价。

$$CPT = FCA + F$$
$$CIP = FCA + F + I$$
$$= \frac{FCA + F}{1 - (1 + 保险加成) \times 保险费率}$$

（2）CPT 价换算为其他价。

$$FCA = CPT - F$$
$$CIP = CPT + I$$
$$= \frac{CPT}{1 - (1 + 保险加成) \times 保险费率}$$

（3）CIP 价换算为其他价。

$$FCA = CIP \times [1 - (1 + 保险加成) \times 保险费率] - F$$
$$CPT = CIP \times [1 - (1 + 保险加成) \times 保险费率]$$

案例 3-4

【案例回放】

某出口公司对外报价牛肉罐头每听 2.20 美元 CIF 意大利罗马（USD2.20 per tin CIF Rome Italy，*Incoterms 2020*），按发票金额加成 10% 投保一切险，保险费率 0.3%。外商来电要求改报 CFR 价格，在保持出口净收入不变的情况下，该公司对外报价应为多少？

【要点分析】

$$CFR = CIF - I$$

$$= \text{CIF} \times [1 - (1 + 保险加成) \times 保险费率]$$
$$= 2.2 \times [1 - (1 + 10\%) \times 0.3\%] = 2.193（美元）$$

因此，对外报价应改为：USD2.193 per tin CFR Rome Italy, *Incoterms 2020*。

3.3 合同中的价格条款

价格条款是国际贸易合同的要件（conditions）之一，价格条款的内容应完整、明确、具体、准确。合同中的价格条款一般包括货物的单价（unit price, U.P.）、总价（total price, T.P.）和总值（total value）或总金额（total amount）三部分。

3.3.1 单价和总价

1. 单价

单价是单位货物的价格。国际贸易中的单价通常包括计量单位、计价货币、贸易术语和单位计价金额四部分。例如，USD100 Per MT CIF Long Beach, USA, *Incoterms 2020*（每公吨100美元，成本、保险费加运费，美国长滩，适用于 *Incoterms 2020* 规则）。这里，计量单位是公吨，计价货币是美元，贸易术语是CIF（Long Beach是目的港，适用于 *Incoterms 2020* 规则），单位计价金额是每公吨100美元。

（1）计量单位。一般说来，价格中的计量单位应与数量条款所采用的计量单位一致。例如，数量的计量单位为公吨，则单价中的计量单位也应使用公吨，不能出现一处使用公吨，另一处使用长吨或短吨或千克的情形。关于货物的计量单位请参阅本书第2章第2.3节相关内容。

（2）计价货币。不同国家（或地区）使用不同的货币，有时使用的货币名称相同或相近，但其币值不同。例如，"元"（Dollar）就有"美元"（USD）、"欧元"（EUR）、"加元"（CAD）、"澳元"（AUD）以及"港元"（HKD）等的区别。在选用计价货币时，一是必须明确是哪一个国家的货币；二是保证该货币是国际结算中经常使用的货币；三是货物的单价和总值所采用的货币必须保持一致。常见的国际结算货币及其标准代码见表3-3。

表3-3 常见的国际结算货币及其标准代码

货币名称		货币标准代码
中文	英文	
人民币	Chinese Yuan	CNY
美元	U.S. Dollar	USD
欧元	Euro	EUR
英镑	Pound	GBP
港币	Hong Kong Dollar	HKD
日元	Japanese Yen	JPY
加元	Canadian Dollar	CAD
澳元	Australian Dollar	AUD
瑞士法郎	Swiss Franc	CHF

有关结算货币中计价货币和支付货币的选择见本章延伸阅读3。

（3）贸易术语。如前所述，贸易术语代表了买卖双方在货物交接过程中所承担义务、费用和风险的划分。贸易术语一方面表明货物的价格构成，另一方面也表明合同的性质。在贸易术语的表述中，需注意各种贸易术语的后面必须填入指定地点（或指定装运港或指定目的港）等。同时需注意，由于国际上重名的港口和城市的情况不少，所以还必须加注国别或地区名称，以防误解。

贸易术语准确表述的范例如下：

① CIF Shanghai China，*Incoterms 2020*。

② FCA 38 Cours Albert，Paris，France，*Incoterms 2020*。

③ DAP No. 123，ABC Street，Importland *Incoterms 2020*。

①中，"CIF"（成本、保险费加运费）是贸易术语，"Shanghai China"是指定目的港，"*Incoterms 2020*"是 *Incoterms* 规则适用版本的说明。

②中，"FCA"（货交承运人）是贸易术语，"38 Cours Albert，Paris，France"是交货的地点或地址，"*Incoterms 2020*"是 *Incoterms* 规则适用版本的说明。

③中，"DAP"（目的地交货）是贸易术语，"No. 123，ABC Street，Importland"是指定的交货目的地，"*Incoterms 2020*"是 *Incoterms* 规则适用版本的说明。

（4）单位计价金额。单位计价金额是指用一定货币表示的每一计量单位货物的价格。应将双方协商一致的价格，正确填写在书面合同中。

2. 总价

总价是货物的单价与数量的乘积。在只有一种货物的情况下，货物的总价和总值或总金额是相等的。

3.3.2 总值

货物的总值又叫总金额，是指合同项下所有交易货物的总价之和（见表3-4）。有时总值中会包含一些费用，如包装费、运费或保险费等（见表3-2）。

表3-4 货物总值为总价之和

Item No. 项号	Commodity, Specifications 品名、规格	Quantity 数量	Unit Price 单价	Total Price 总价
01	Powder Primer/底粉 466/010091/00	2000kg	EUR3.25	EUR6500.00
02	Basecoat/底漆 308/010692/20	1960kg	EUR3.70	EUR7252.00
03	Basecoat/底漆 308/010117/00	4200kg	EUR4.94	EUR20748.00
04	Basecoat/底漆 308/010133/00	1540kg	EUR4.56	EUR7022.40
05	Basecoat/底漆 308/010008/00	2240kg	EUR5.00	EUR11200.00
06	Clear coat/清漆 006/010808/01	3570kg	EUR3.30	EUR11781.00
07	Thinner/稀释剂 001/010263/00	16600L	EUR1.43	EUR23738.00

Total Value: EUR 88241.40 FOB Hamburg Port, Germany *Incoterms 2020*
总值：88241.40 欧元，德国汉堡港船上交货，适用于 *Incoterms 2020*。

Say total EUR eighty eight thousand two hundred and forty one cents forty only
大写：捌万捌仟贰佰肆拾壹欧元肆拾欧分整

在实际的国际贸易合同条款中,总价有时也用总值或总金额来替代,而在总金额处填写"Total"。

总值或总金额除用阿拉伯数字(amount in figures)填写外,一般还用英文字母(amount in words)表示。填写金额要求认真细致,计算正确,防止差错。

本章延伸阅读

1. Incoterms 2020 和 Incoterms 2010 的主要区别

Incoterms 2020 自 2020 年 1 月 1 日起生效,在此之前 Incoterms 2010 沿用了 10 年之久,并对业内人士产生了深远影响。为了便于比较两者之间的异同,我们对 Incoterms 2020 和 Incoterms 2010 规则的差异进行了对比。其中,Incoterms 2010 规则中的 11 个贸易术语分类见表 3-5。

表 3-5 Incoterms 2010 规则中的 11 个贸易术语分类

适用于任何运输方式或多种运输方式的术语		
EXW	Ex Works	工厂交货
FCA	Free Carrier	货交承运人
CPT	Carriage Paid To	运费付至
CIP	Carriage and Insurance Paid To	运费、保险费付至
DAT	Delivered At Terminal	运输终端交货
DAP	Delivered At Place	目的地交货
DDP	Delivered Duty Paid	完税后交货
适用于海运及内河水运的术语		
FAS	Free Alongside Ship	船边交货
FOB	Free On Board	船上交货
CFR	Cost and Freight	成本加运费
CIF	Cost Insurance and Freight	成本、保险费加运费

相对于 Incoterms 2010,Incoterms 2020 规则的改变主要包括以下方面:

(1)已装船批注提单和 FCA Incoterms 规则。若货物以 FCA 术语销售经海运方式运输,卖方或买方(在使用信用证结算的情况下,更可能是他们的银行)可能需要已装船批注提单。然而,FCA 术语下的交货在货物装船之前就已经完成,无法确定卖方是否能够从承运人处获取已装船提单。根据运输合同,只有在货物实际装船后,承运人才可能有义务并有权签发已装船提单。为满足这种情形,Incoterms 2020 规则提供了一个附加选项。买方或卖方可以约定,买方将指示其承运人在货物装船后向卖方签发已装船提单,然后卖方有义务,通常通过银行向买方提交该提单。

(2)CIF 和 CIP 中保险险别的不同层级。在 Incoterms 2010 规则中,CIF 和 CIP 均强制规定卖方有义务"自付费用取得货物保险,该保险需至少符合《协会货物条款》(Institute Cargo Clauses, LMA/IUA,劳合社市场协会/伦敦国际承保人协会)条款(C)或类似的最低险别的条款"。在 Incoterms 2020 规则中,CIF Incoterms 规则和 CIP Incoterms 规则中规定了不同的最低险别。在 CIP Incoterms 2020 规则下,卖方需要投保符合《协会货物条款》(A)款或其他类似条款下的范围广泛的险别;在 CIF Incoterms 2020 规则下,卖方仅需投保符合《协会货物条款》(C) 款或其他类似条款下的范围有限的险别。

(3) 将 DAT 的三个首字母的缩写改为 DPU。在 Incoterms 2010 规则中,DAT 和 DAP 之间的唯一区别在于:在 DAT 术语下,当货物从抵达的运输工具卸载到"运输终端"时,卖方即完成交货;而在 DAP 术语下,当到达的运输工具上可供卸载的货物交由买方处置时,卖方即完成交货。Incoterms 2020 规则对 Incoterms 2010 规则做了两项修改:一是将 DAT 规则的名称改为 DPU (Delivered at Place Unloaded),强调了目的地可以是任何地方,而不仅仅是运输终端;二是将 DAP 放在了 DPU 之前,更符合新规则的排序。

除此之外,Incoterms 2020 规则还在引言中更加强调了如何正确选择不同术语规则;更加清晰地解释了销售合同与附属合同之间的区别与联系;针对每一个 Incoterms 规则,将"使用说明"升级为"用户解释说明";对核实的集装箱总重(VGM)进行了注释;对一站式费用清单,以及在 FCA、DAP、DPU、DDP 中使用卖方或买方自己的运输工具安排运输进行了说明;在运输义务和费用中加入与安全有关的要求等。具体请参阅《2020 年国际贸易术语解释通则》(Incoterms 2020)。

2. 链式销售

与特定产品的销售不同,在商品销售中,货物在运送至销售链终端的过程中有可能被多次转卖。出现此种情况时,在销售链中间的卖方不是以"实际交货"的方式,而是以"证明货物已经如此交付"的方式完成其交货义务。只要中间的卖方能够证明货物已经按约定的方式交货,则视为其已经完成了交货义务。为了澄清此问题,Incoterms 2020 规则术语中使用了"或取得已经如此交付的货物"(or procuring the goods so delivered)的描述,作为卖方可能履行其交货的方式之一。

3. 计价货币与支付货币的选择

计价货币 (money of account) 是指合同中规定的用来计算货物价格的货币。支付货币 (money of payment) 是指合同中规定的用来进行货款结算的货币。通常,在国际货物买卖中,计价货币与支付货币为同一种货币,但有时也可以不同。例如,合同中的价格是一种由当事双方约定的货币(如美元)来表示的,并且也没有规定需要以其他货币来支付,则合同中规定的货币就既是计价货币,又是支付货币;如果在计价货币以外还约定用其他货币(如欧元)进行支付,则该货币(欧元)就是支付货币。

至于币种的选择,除交易双方国家订有贸易协定和支付协定,而交易本身又属于有关协定的约束范畴,因而必须按照规定的货币进行清算外,原则上讲,无论是计价货币还是支付货币,均可以选择出口国的货币或进口国的货币以及第三国的货币,还可以是某一种记账单位。

在选择使用何种货币计价或支付时,首先要考虑该货币是不是可自由兑换的货币,其次还要考虑可自由兑换的货币币值的稳定性。使用可自由兑换的货币,有利于买卖过程中的具体运作,同时减少转移货币的汇价风险。下面就计价货币与支付货币相同或不同两种情况分别进行介绍。

(1) 计价货币与支付货币相同时货币的选择。国际货物买卖的交货期一般较长,从订约到履行合同往往需要一个较长的过程。由于世界各国的货币币值并不是一成不变的,特别是在世界许多国家普遍实行浮动汇率的条件下,合同选定的货币币值频繁波动必然直接影响进出口双方的经济利益，大大加剧国际贸易活动的汇率风险。因此，如何选择合同的计价货币（或支付货币）就成为买卖双方在确定价格时必须关注的问题。一般来说，可以遵循以下几个原则：

1) 尽量选择有利于我方的货币。即使是目前国际上经常使用的可自由兑换货币，其币值也会经常波动。在进出口业务中，通常把从成交到货款结算期间内汇率有上浮（或升值）趋势的货币称作"硬币"（hard currency），将在此期间内汇率有下浮（或贬值）趋势的货币称作"软币"（soft currency）。在洽商合同的价格条款时，应尽可能争取把未来走势对我方有利的货币作为计价货币。从理论上讲，对于我国的出口交易，应尽量争取采用硬币进行计价与货款结算更为有利；而对于进口合同，则应尽量采用软币计价并对外支付比较合算。但实际来看，精明的外商也会盘算着这一问题，因此具体采用硬币或软币还要看双方讨价还价的能力。

2) 尽量在合同中规定补救办法。在实际业务中，最终以什么货币作为计价与结算货币并不单纯取决于我方，还必须根据双方的交易习惯、经营意图以及成交价格等具体情况而定。如果为达成交易而不得不采用对我方不利的货币，则应该在合同中设法规定补救办法：①根据所选货币今后可能的变动幅度，相应调整对外报价。如在商签进口合同时使用当时视为"硬币"的货币为计价货币和支付货币，就可以在确定价格时，将该货币在我方付汇时可能上浮的幅度考虑进去，将进口价格相应压低；如在商签出口合同时使用当时视为"软币"的货币为计价和支付货币，则在确定价格时，就应将该货币在我方收汇时可能下浮的幅度考虑进去，将出口价格相应提高。②根据所选货币今后可能的变动幅度，规定价格调整方法。在合同条款的商定中，根据所使用货币币值的变动幅度，争取在合同中订立价格的调整幅度，即允许相应地调高或调低成交价格，从而抵消货币币值的变动所造成的影响。这意味着最终支付的价款金额是可以变动的。

3) 采用多种货币相结合的方法。由于汇率的频繁变动，往往会给货物买卖过程中的一方造成重大损失，因此，为回避汇率风险，可以采用多种货币相结合的形式。其具体方法主要有两种：①"软""硬"币相结合。如果合同中规定支付的价款金额是确定不变的，则可以规定一部分货款使用某种货币计价与支付，而另一部分货款使用另一种币值变动具有相反趋势的货币计价与支付。在国际金融市场上，两种货币的"软""硬"是相对而言的，而且，一种货币目前是"软币"，过一段时间可能成为"硬币"，或呈相反的情形。因此，采用这种方法时必须通过准确的预测，选择两种币值具有完全相反变化趋势的货币，并在订约时明确规定两种货币在支付时各占的百分比，如各占50%。②一揽子货币计价。这是指在进出口合同中使用两种以上的货币来计价与支付，以消除外汇汇率波动的风险。当然，采用多种货币相结合的做法在实际业务中并不多见。

(2) 计价货币与支付货币不同时货币的选择。当合同中规定用一种货币计价，而用另一种货币进行支付时，由于两种货币在国际金融市场上的地位不同，其币值的软硬程度也不相同，而且两种货币的汇率也经常发生变动。因此，究竟选择何种货币作为计价货币，何种货币作为支付货币，以及应按什么时候的汇率进行结算，关系到买卖双方利益得失，必须在合同中做出明确规定。具体来说，在出口贸易中，可以使用外汇保值条款（exchange proviso clause）来降低汇率的风险。①计价用硬币，支付用软币。支付时按付款当日计价货币与支付货币的汇率折算成相当于原硬币金额的软币进行支付，以保证出口方应收回的硬币不变，收入不减。②计价与支付均使用软币。为保值起见，在签订合同时明确规定该货币与另一货币的汇率，如果支付时这一汇率发生变化，则原货款将按这一汇率的变动幅度进行调整。这表面上看是以软币计价与支付，但实际上是以某一种硬币作为核算的依据。③计价用软币，支付用硬币。将货物单价或总金额按照计价货币与支付货币在支付当日的汇率，折合成依据计价货币（软币）所需的支付货币（硬币），按硬币进行支付。

总之，如果两种货币的汇率是按付款时的汇率计算，则不论计价和支付使用什么货币，都可以按计价货币收回货款。对卖方来说，如果计价货币是硬币，支付货币是软币，基本上不会受损失，还可起到保值作用；如果计价货币是软币，支付货币是硬币，所收入的硬币就会减少，这对卖方不利，而对买方有利。

如果计价货币和支付货币的汇率在订约已经固定，那么，在计价货币是硬币、支付货币是软币的条件下，卖方在结算时收入的软币所代表的货值往往要少于按订约日的汇率应收的软币所代表的货值，也就是说对买方有利，对卖方不利；反之，如计价货币是软币，支付货币是硬币，则对卖方有利，对买方不利。

值得强调的是，尽管理论上讲，计价货币与支付货币可以不同，但实际业务中，绝大多数业务的计价货币和支付货币为同一货币。

4. 佣金和折扣

在国际贸易货物的价格构成中，有时会涉及佣金或折扣的问题。价格条款中规定的单价，可区分为包含佣金的"含佣价"（price including commission）、包含折扣的"含折扣价"（price including discount）和不包含佣金或折扣的"净价"（net price）。灵活、正确地运用佣金和折扣，可调动中间商或代理人推销我方出口货物的积极性，从而扩大销售。

（1）佣金。佣金（commission）是中间商为促成买卖双方交易达成而提供的中介服务的报酬。中间商通常是经纪人（middleman）或代理人（agent）。实际业务中，凡为招揽生意、促成交易提供服务的企业或个人，都可能成为佣金的收受者。

1）佣金的表示方法。佣金有"明佣"和"暗佣"之分。凡在价格中明确表示出佣金所占比例或具体额度的方式，称作"明佣"。凡在价格中不标明佣金的百分比，甚至连佣金字样也不表示出来，而是将有关佣金由双方另行约定的做法称作"暗佣"。"明佣"和"暗佣"有着不同的表示方法。

① 明佣的表示方法。主要有以下三种：

a. 直接在货物价格中以文字说明，如：每公吨 400 美元 CIF 纽约包含佣金 3%（USD400 per metric ton CIF New York *Incoterms 2020* including 3 percent commission）。

b. 在贸易术语中加注佣金的英文缩写字母"C"并注明佣金的百分比来表示，如：每公吨 400 美元 CIFC3% 纽约（USD 400 per MT CIFC3% New York *Incoterms 2020*）。

c. 在货物价格中将所包含的佣金用绝对数表示，如：每公吨支付佣金 12 美元（Commission USD12 per MT）。

② 暗佣的表示方法。暗佣不直接体现在国际贸易合同中，也无法从价格条款中看出，往往是由双方就具体商定的内容再签订"付佣协议"或由"代理协议"加以规定。这种不直接在价格中表明佣金的"含佣价"，表面上与"净价"的表现形式相同。因此，为了明确说明成交的价格是"净价"，一般可在贸易术语中加注"净价"字样，如 USD25 per piece CIF New York net（每件 CIF 纽约净价 25 美元）。

2) 佣金的计算方法。根据国际贸易习惯,佣金的计算有两种方法:一种是按买卖双方交易金额(发票金额)的百分比计算,即按货物单价的百分比收取若干佣金,再与成交总量相乘即为佣金总额;另一种是按交易双方成交的数量计算,即按货物的每一单位数量收取若干佣金额,再与成交总量相乘为佣金总额。实践中,多以成交金额计算佣金。

以买卖双方成交金额为基数计算佣金时,其计算公式为

$$佣金 = 交易金额(发票金额) \times 佣金率$$

例如,成交方式为CIFC3%,发票金额为10000美元,佣金率为3%,则应付佣金为300美元;或成交方式为CFRC2%,发票金额为9800美元,佣金率为2%,则应付佣金为196美元。

上述CIFC3%(或CFRC2%)称为含佣价,因此佣金的计算公式也可以写成

$$单位货物佣金额 = 含佣价 \times 佣金率$$

$$净价 = 含佣价 - 单位货物佣金额$$

或

$$净价 = 含佣价 \times (1 - 佣金率)$$

以净价加成佣金率计算佣金。在进出口业务中,买卖双方在商定某种货物的成交价格后,进而又商定按一定百分比支付佣金。这时,就不能简单地用双方商定的价格直接求佣金,而应将不含佣金的价格变成含佣价,再求佣金。即已知净价,求含佣价。其计算公式为

$$含佣价 = \frac{净价}{1 - 佣金率}$$

$$佣金额 = 含佣价 - 净价$$

案例3-5

【案例回放】

我公司出口某货物,数量100件对外报价为每件300美元CIFC3%伦敦(USD300 per piece CIFC3% London)。现外商要求增加佣金,改报CIFC5%伦敦,我方表示同意。在保证出口净收入不变的情况下,请问:该批货物的对外报价应调整为多少?外商的佣金是多少?

【要点分析】

要计算新的对外报价,应先求出货物净价,再据之求出新的报价。

① 该货物的净价:

$$净价 = 含佣价 \times (1 - 佣金率) = 300 \times (1 - 3\%) = 291(美元)$$

② 新的对外报价:

$$含佣价CIFC5\% = 净价/(1 - 佣金率) = 291/(1 - 5\%) = 306.32(美元)$$

③ 单位货物佣金额及佣金总额:

$$单位货物佣金额 = 含佣价 \times 佣金率 = 306.32 \times 5\% = 15.32(美元)$$

$$佣金总额 = 15.32 \times 100 = 1532(美元)$$

因此,我出口公司新的对外报价应为306.32美元;外商最终获取佣金为1532美元。

3) 佣金的支付方法。买卖双方在签订合同时,应就佣金的支付方法在合同中做出明确规定。

① 明佣的支付方法。明佣的支付通常有三种方法:

a. 由中间（代理）商直接从货价中扣除。有些中间商以买方身份同卖方签订货物买卖合同，并承担履约责任。为简化手续，卖方在履行交货、开具商业发票时，在发票金额中直接扣除付给中间商的佣金，按净价向买方收取货款。

b. 在委托人结清业务（卖方收妥货款、买方收到货物）之后，再按事先约定的期限和佣金比率，另行支付给中间（代理）商。这种方法应用较为普遍。按照一般惯例，在独家代理的情况下，如委托人同约定地区的其他客户直接达成交易，即使未经独家代理商过手，也必须按独家代理协议规定的佣金比率付给其佣金。

c. 由银行从汇票金额中扣除直接汇付给中间商。这种方式一般是在信用证结算方式下，买方开来的信用证规定，议付行议付受益人汇票时，从议付金额中扣除约定比率的佣金，由议付行直接付给信用证中指定的中间商。

② 暗佣的支付方法。暗佣通常是在所有业务活动结束之后，即卖方收到货款、买方收到货物以后另行支付的。

（2）折扣。折扣（discount）是卖方按原价给予买方一定百分比的减让。折扣有数量折扣（quantity discount）、特别折扣（special discount）、季节性折扣（seasonal discount）等。

折扣直接关系到货物价格的高低，折扣率越高，则货物价格越低（注意，我们平时所说的九五折，实际上是5%的折扣，即5 percent discount）。折扣是加强对外竞销的一种重要手段。

1）折扣的表示方法。合同中的价格也可分为含折扣价与不含折扣价，后者也被称作"净价"。

① 含折扣价。价格中的折扣一般用文字表示，如每公吨900美元FOB大连，折扣2%（USD900 per M/T FOB Dalian, less 2% discount）。

② 净价。净价的表示方法，如每公吨900美元FOB大连净价（USD900 per M/T FOB Dalian net）。

2）折扣的计算与支付。折扣通常以成交额（发票金额）为基础计算。其计算公式为

$$折扣额 = 发票金额 \times 折扣率$$
$$净价 = 发票金额 - 折扣额$$
$$= 发票金额 \times (1 - 折扣率)$$

折扣一般由买方在应付货款中扣除。

案例 3-6

【案例回放】

我国某公司出口某货物500公吨，按每公吨200美元CIF新加坡的价格达成意向。因为对方是老客户，购买数量大，所以最终决定给予2.5%的折扣，对外报价随之改成按"每公吨200美元CIF新加坡，减2.5%折扣"成交。请问：该批货物的实际折扣额及公司实际收汇各是多少？

【要点分析】

该批货物实际折扣额及出口公司实际收汇如下：

$$单位货物折扣额 = 发票单价金额 \times 折扣率 = 200 \times 2.5\% = 5（美元）$$
$$折扣总额 = 500 \times 5 = 2500（美元）$$

单位货物净值 = 发票单价金额 − 折扣金额 = 200 − 5 = 195（美元）

实际收汇 = 500 × 195 = 97500（美元）

可见，该批货物的实际折扣额为 2500 美元，公司实际收汇为 97500 美元。

本章主要参考文献

[1] 中国国际商会，国际商会中国国家委员会. 国际贸易术语解释通则2020 [M]. 北京：对外经济贸易大学出版社，2020.

[2] 陈岩. 国际贸易理论与实务 [M]. 5版. 北京：清华大学出版社，2021.

[3] 黎孝先，王健. 国际贸易实务 [M]. 7版. 北京：对外经济贸易大学出版社，2020.

[4] 布朗奇. 国际贸易实务：第五版 [M]. 孔雁，蔡荣生，译. 北京：清华大学出版社，2007.

[5] 冷柏军. 国际贸易实务 [M]. 3版. 北京：中国人民大学出版社，2020.

[6] 易露霞，陈新华，尤彧聪. 国际贸易实务双语教程 [M]. 5版. 北京：清华大学出版社，2020.

[7] 帅建林. 国际贸易实务：英文版 [M]. 4版. 北京：对外经济贸易大学出版社，2020.

[8] 徐春祥，等. 国际贸易实务 [M]. 2版. 北京：机械工业出版社，2018.

[9] 徐春祥. 国际贸易实务习题与参考答案 [M]. 北京：机械工业出版社，2014.

本章数字资源

合同中的贸易术语与货物的价格实例1，2，3。

第4章

国际货物贸易运输

 本章阅读提示

运输系统包括三个要素：路线、交通工具和终点站。路线（way route），有时是自然出现的，如海洋或河流；有时是人工建造的，如铁路、运河或高速公路。交通工具（vehicle）是根据路线而设定的，如适合海洋或河流运输的船舶、适合航空运输的飞机、适合铁路运输的火车、适合公路运输的汽车等。终点站（terminal）又称运输终端，是运输链上的连接点，是一种或多种运输方式的交换汇合点，如机场、海港、集装箱堆场、货运站等。

国际贸易货物的运输是整个贸易流程的重要环节之一。国际贸易合同签订后，卖方必须通过约定的方式在约定的时间内将约定的货物交给买方或承运人。国际贸易货物运输往往要经由不同的国家或地区，使用不同的运输方式，涉及环节多、运输风险大、费用高。因此，从事国际贸易的业务人员只有熟悉和掌握有关国际货物运输的基本知识及相关的国际惯例，才能在交易磋商和履约时充分考虑运输方面的问题，正确签订运输条款。

本章内容主要包括运输方式、运输单据及合同中的装运条款。其中，运输方式和运输单据是本章重点内容，尤其是海洋运输及相关单据，应加以理解和掌握；合同中的装运条款是本章内容在实践中的应用，是本章内容的归宿。

本章结构安排如下：第4.1节主要介绍几种常见的运输方式，其中海洋运输、航空运输、集装箱运输以及国际多式联运是重点内容。第4.2节介绍相应运输方式下的运输单据，在本章数字资源附有相关单据式样。第4.3节主要介绍运输条款在合同中的具体运用，如装运港、卸货港与目的港、装运日期、分批装运和转运、装船指示和装运通知等，这是有关装运条款在合同中的具体体现。

4.1 运输方式

国际货物贸易运输方式主要包括海洋运输、航空运输、铁路运输、邮政运输、集装箱运输、国际多式联运以及管道运输、陆桥运输、托盘运输等。具体选用哪种运输方式，主要取决于货物自身的特点、买卖双方所处的地理位置、运送的地区、运费以及在途时间等因素。

4.1.1 海洋运输

海洋运输是最常见、最普遍的一种国际货物贸易运输方式。据统计，世界货物贸易量中有超过 2/3 是通过海洋运输的[1]。

4.1.1.1 海洋运输的特点

海洋运输具有以下优点：

（1）运载量大。通常海运船舶的运载量远远超过火车、汽车、飞机等运输工具的运载量。目前，油轮（oil tanker）[2]的最大载重量已接近 60 万吨，干散货[3]船的最大载重也接近 40 万吨，大型集装箱船可装载 14000 多个标准集装箱（TEU）。而通常情况下，一节火车车厢的载重约为 60 吨，汽车的载重一般不超过 55 吨，飞机的载重一般不超过 250 吨。

（2）通过能力强。地球表面约 70% 是海洋，洋面辽阔，港口多，航道四通八达，因此海洋运输没有公路或铁路运输那样多的路线约束。在偶遇突发事件时，海洋运输可根据现实情况随时调整航线以完成运输任务，通过能力强。

（3）运费低廉。海运的单位货物运输成本只相当于铁路运输的 1/20 左右，相当于航空运输的 1/30。

（4）适货能力强。远洋运输船舶的货舱容量大、承载能力强，航道水域宽阔，没有公路或铁路的路面条件限制，因此几乎所有货物都可采用海洋运输，尤其是超大、超长货物，更是首选海运。一些专业化船舶，如散货船、油轮、滚装船、冷藏船、集装箱船等的出现，更提高了船舶的适货能力。

海洋运输的缺点是易受气候和自然条件的影响，因而航期准确性较差，航行中的风险较大，航行速度也相对较慢。

4.1.1.2 海洋运输的种类

国际货物贸易运输中使用的商船类型主要分为三类：班轮、不定期货船和专用船（如油轮）[4]。具体采用哪种类型的船舶，主要取决于货物的性质和运输量。班轮主要用于一些零散货物的运输；不定期货船或杂货船主要是整装运输，适用于煤炭、谷物、木材、糖、矿石、化肥等的运输；油轮等专用船主要用于原油及成品油等的运输。

按不同标准划分，海洋运输有着不同种类。按船舶的经营方式来划分，海洋运输可分为班轮运输和租船运输两大类[5]。

---

[1] 同一运输方式在不同国家运输方式中的占比差异很大。据我国交通运输部统计，2020 年我国有 95% 的国际贸易货物是通过海洋运输的。

[2] 根据总载重量计算，油轮约占世界商船队的 1/3。总载重量超过 20 万吨的货船被称为巨型油轮（very large crude oil carrier，VLCC），总载重量超过 30 万吨的货船被称为超巨型油轮（ultra large crude oil carrier，ULCC）。

[3] 干散货主要是指矿石、煤炭和粮食等。

[4] 中远集团（COSCO）将其船队划分为集装箱船（包括超巴拿马型、巴拿马型）、干散货船（包括好望角型、巴拿马型、灵便型，主要运输矿砂、煤炭、粮食、化肥、钢材、木材、农产品等）、油轮（包括 ULCC、巴拿马型、灵便型、液化气船，主要运输石油原油、成品油、液化石油气、液化天然气等）、杂货船（包括多用途型、杂货船）以及特种船（包括重吊船、半潜船、沥青船、滚装船、木材船、多用途船、汽车专用船）五种。

[5] 按航程划分，海洋运输可分为远洋运输、近洋运输和沿海运输；按航线在运输网络中的地位划分，海洋运输可分为干线运输和支线运输等。

1. 班轮运输

班轮（regular shipping liner，简称 liner）又称定期船。班轮运输（liner transport）是指船舶在特定航线上和固定港口之间，按事先公布的船期表（sailing schedule）进行有规律的、反复的航行，以从事货物运输业务并按事先公布的运费率收取运费的一种运输方式。班轮运输的服务对象是非特定的、分散的众多货主，因此班轮公司具有公共承运人的性质。

（1）班轮运输的特点。

1）"四固定"，即沿固定的航线行驶、沿途停靠固定的港口、固定的船期和相对固定的运费率。这是班轮运输最基本的特征。

2）只要是班轮停靠的码头，不论货物数量多少，一般都可接受装卸。

3）班轮运费内包含货物装卸费用，即货物由承运人负责配载装卸，托运人和承运人之间不计算滞期费和速遣费⊖。

4）承运人与托运人之间的权利义务关系和责任豁免以承运人（船公司）签发的提单为依据，并受统一的国际公约制约，见第 1 章第 1.2.2.2 小节内容。

班轮运输适合一般货物和小额贸易货物的运输，尤其是零星成交、批次多、到港分散的工业制成品的运输。

（2）班轮运费及其计收标准。班轮运费（liner freight）由基本运费和各种附加运费构成。基本运费（basic rate）是货物从装运港到卸货港所应收取的基本费用，按照"班轮运价表"（liner's freight tariff）上规定的标准和运费率计收，对所有货物都要征收，是班轮全程运费的主要构成部分。其计收标准有以下几种：

1）按货物毛重（gross weight）计收，又称重量吨（weight ton），在运价表内用"W"表示。

2）按货物的体积/容积计收，又称尺码吨（measurement ton），在运价表内用"M"表示。1 尺码吨为 1 立方米或 40 立方英尺（约合 1.1328 立方米）。重量吨和尺码吨统称为运费吨（freight ton），又称作计费吨。

3）按货物的毛重或体积计收，由船公司择其较高者作为计费吨，在运价表内用"W/M"表示。一般 1 重量吨的货物体积超过 1 立方米的称为轻货，按体积吨收费；否则视为重货，按重量吨收费。

4）按货物价格计收，又称从价运费，在运价表内用"A.V."或"Ad. Val"（拉丁文 Ad Valorem 的缩写）表示。从价运费一般按货物 FOB 价格的一定百分比收取，主要用于船方承担责任较大而货物体积、重量不大的贵金属、精密仪器、工艺品等贵重物品的运费计收。

5）按货物毛重、体积或价格三者中最高的一种计收，在运价表中用"W/M or Ad. Val"表示。

6）按货物毛重或体积计收，再加上从价运费，即在重量吨和尺码吨两种计算标准中，按较高的一种计收，再加上一定百分比的从价运费，在运价表中用"W/M plus Ad. Val"表示。

7）按货物件数计收，如货车按辆（per unit）计收、活牲畜按头（per head）计收。

⊖ 滞期费和速遣费见下文或本章延伸阅读 8。

8）由船方和货主临时议价。有些货物，如谷物、矿石、煤炭等农、矿产品，货价低、运量大、易装卸，可以由船货双方议价。议价货物的费率一般较低。

附加运费（additional 或 surcharge）是针对一些需要特殊处理的货物，或由于突发事件或客观情况变化等原因而需另外加收的费用。

附加运费包括超重附加费（extra charges on heavy lifts）、超长附加费（extra charges on over lengths）、选卸附加费（additional on optional discharging port）、直航附加费（additional on direct）、转船附加费（transshipment additional）、港口附加费（port additional）、燃油附加费（bunker surcharges or bunker adjustment factor）、绕航附加费（deviation surcharge）及近年来收取的班轮码头作业费（terminal handling charges，THC）等。附加运费的计收方法，有的是在基本运费的基础上加收一定百分比的附加费，有的是按每运费吨加收一个绝对数值计算。

(3) 班轮运费的计算。

1）计算公式。班轮运费由基本运费和附加运费两部分构成。如果附加运费为绝对数值，则运费计算公式为

$$运费总额 = 货运量（重量或体积）\times 基本运费 + 附加运费总额$$

如果附加运费按百分比计算，则运费计算公式为

$$运费总额 = 货运量（重量或体积）\times 基本运费 \times (1 + 附加运费率)$$

2）计算步骤。班轮运费的计算步骤如下：①选择相应的船公司班轮运价表。②根据货物名称、特性、包装、重量、体积（是否超重、超长），装卸港（是否需转船、选卸港）等，在货物分级表中查出相应的运费计算标准（basic）和等级（class）。③在等级费率表中的基本费率部分找到相应的航线、启运港和目的港，按等级查出基本运价。④从附加运费部分查出所有应收（付）的附加运费项目和数额（或百分比）及货币种类。⑤根据基本运费和附加运费计算出实际运价。⑥运费总额 = 实际运价 × 运费吨。

班轮运费的支付一般有运费预付（freight prepaid）和运费到付（freight collect）两种方式。其中，运费预付是指由托运人根据船方出具的大副收据（mate's receipt）/收货单，在付清全部运费后，船公司在出具的提单上注明 "freight prepaid" 字样。运费到付是指全程运费由收货人在卸货港提货前支付，船公司在事先签发的提单上注明运费到付（freight collect）。运费预付或运费到付主要取决于交易双方采用的贸易术语：如果是 FOB，则提单上注明运费到付（freight collect）；如果是 CFR 或 CIF 等，则提单上注明运费预付（freight prepaid）。

2. 租船运输

租船运输（charter transport）又称不定期船运输（tramp transport），是指租船人（the charterer）向船主（the ship owner）租赁船舶用于国际贸易货物运输的一种运输方式。租船运输与班轮运输的不同之处在于：在租船运输中，船舶航行的时间、航线、停靠的港口及运费（包括运费中是否包含装卸费）均在装运前由租船人和船主通过协商确定。租船运输常用于成交量较大、交货期较集中，以及对方港口无直达班轮停靠的情况，主要用于运输散装货物，如煤炭、谷物、木材、矿石以及化肥等。租船运输方式下，租船人和船主之间的权利义务关系以双方签订的租船合同（charter party）为准。

(1) 租船运输分类。租船运输一般可分为定程租船、定期租船和光船租赁三种形式。

1）定程租船。定程租船（voyage charter 或 trip charter）又称程租船或航次租船，简称程租，是按航程（航次）租赁船舶。定程租船又包括单程航次租船（single trip charter）、来回程航次租船（return trip charter）、连续单程航次租船（consecutive single voyages）和连续来回程航次租船（consecutive return voyages）四种方式。租船一般通过租船代理、租船经纪人等中间人办理，由租船人和船主签署租船合同以明确双方的权利义务关系。在定程租船方式下，租船人要按规定及时备妥货物或负责装卸货物，并支付运费；船主要按合同规定的航程把货物运至目的港，并负责船舶的经营管理，承担船舶在航行过程中的一切开支（包括船员薪金、港口使用费、港口代理费、船用燃料和物料费等）。

定程租船的特点是：①船舶的经营管理及费用由船主负责。②船舶运行的航线以及装运货物的种类、名称、数量、装卸港口等在租船合同中均有明确规定。③船主除对船舶航行、驾驶、管理负责外，还对货物运输负责。④运费一般按承运货物总量计算或包干运费或包价支付。⑤租船人和船主一般在租船合同中要明确规定装卸日期或装卸率，并计算滞期费和速遣费。⑥租船人和船主之间的权利义务关系以双方签订的定程租船合同为准。

2）定期租船。定期租船（time charter）简称期租，是按一定期限租赁船舶。在租期内，租船人有权调度船舶，在合同规定的航区运载不违反合同规定的货物，按期（如每周、每月或每半年等）支付租金。租金一经议定，在租期内不变。若租船人不按时支付租金，则船主有权撤船。租期可长可短，可以是几个月，也可以是几年，甚至到船舶报废。在租期内，船舶由租船人使用，租船人可以将租赁的船舶作为班轮，也可以作为程租船经营，甚至将船舶转租给第三方使用。

定期租船的特点是：①船舶租赁期间，船的经营管理由租船人负责。②在定期租船合同中不规定航线和装卸港，只规定船舶航行区域。③船主负责船舶的维护、修理和机器设备的正常运转。④租金按租期每月每吨若干金额计算。⑤在定期租船合同中不规定装卸率、滞期费、速遣费。⑥租船人和船主之间的权利义务关系以双方签订的定期租船合同为准。

3）光船租赁。光船租赁（demise charter 或 bareboat charter）实际上是定期租船的一种衍生租船方式，所不同的是船主仅提供租用的船舶，不负责船员，租船人接船后自己配备船员并发放薪金、给养，同时负担船舶的经营管理和一切营运费用。在租期内，租船人实际上对船舶拥有支配权和占有权。光船租赁不同于前两种租船形式，而只相当于一种财产租赁。船主除收取租金外，不承担任何责任及费用。实际业务中，光船租赁并不多见。

（2）定程租船运费的计算。租船运输方式下的运费会根据不同租赁方式而有所不同。以定程租船为例，定程租船运费主要包括租船运费（从装运港至目的港的海上运费）、装卸费以及滞期费和速遣费等。

1）租船运费。定程租船运费的计算方法与支付时间由租船人与船主在定程租船合同中明确规定。其计算方式主要有两种：一种是按运费率（rate of freight）计算，即规定每单位重量或每单位体积的运费额，同时规定按装船或卸船时的货物重量或体积来计算总运费；另一种是整船包价（lump sum freight），即规定整船运费，船主保证船舶能提供的载货重量和容积，不管租船方实际装货多少，一律按整船包价支付。

2）装卸费。定程租船运输下，有关货物的装卸费用由租船人和船主协商确定后，在定程租船合同中做出具体规定。具体做法有五种：一是船方负担装卸费用（gross terms）；二是船方负责装但不负责卸（free out，F. O.）；三是船方负责卸但不负责装（free in，F. I.）；四是船方不负责装卸（free in and free out，F. I/F. O.）；五是船方不负责装卸、理舱和平舱（free in and free out，stowed and trimmed，F. I. O. S. T.）。

3）滞期费和速遣费。船主经营船舶主要出于经济目的，船舶周转越快，单位时间内赚取的利润越多。船舶所有人为了约束租船人在规定的时间内按时完成货物装卸任务，鼓励租船人提前完成装卸，通常在租船合同中规定滞期费和速遣费。所谓滞期费（demurrage），是指船主和租船人在租船合同中约定，如果货物实际装卸时间超过合同规定装卸时间，则租船人应支付给船主一定数目的补偿金，称为滞期费。所谓速遣费（dispatch money），是指如果货物实际装卸时间比合同规定的时间提前，使船主节省船舶在港费用，并获得船期利益，则租船人可以从船主那里获得一定数额的奖励金，称为速遣费。通常滞期费和速遣费按日收取，且速遣费是滞期费的50%。

4.1.2 航空运输

航空运输量约占世界货物贸易总量的1%，占世界贸易总金额的20%~30%[1]。

1. 航空运输的特点

航空运输是一种现代化的运输方式，具有以下优点：

（1）高速而便捷。航空运输是各种运输方式中最快捷的一种，适合精密仪器、贵重商品、急需的货物、鲜活易腐货物等的运输。

（2）较低的损坏和偷窃风险。航空运输管理制度严格而完善，货物破损率低，不易被偷窃，更加安全。

（3）简化的单证系统。航空运输使用一份单证——航空运单（air waybill，AWB），这份单证在国际航空运输协会（IATA）认可的航空公司之间能够互换，且各航空公司之间具有统一的责任标准。

（4）空间跨度大，不受地面条件的限制。同海洋运输一样，航空运输不受轨道和道路的限制，可四通八达。

（5）可节省包装、保险和利息等费用。由于航空运输速度快，货物在途时间短，资金周转快，存货可相应降低，从而大大节省利息费用。此外，由于航空运输货损少，包装可简化，包装费用和保险费用也可降低。

航空运输的缺点是：①航空运输的容量和可接受货物的总体尺寸、重量等有一定限制。②航空运输尽管不受道路和轨道的限制，但受到天气因素的制约，如雷电、大雾和机场道路结冰等。③运输成本相对较高等。

2. 航空运输的分类

全球航空运输市场主要分为三大类：航空快递、特殊货物和传统空运货物。

（1）航空快递（air express service）。航空快递是目前国际航空运输中最快捷的运输方式，多数国际航空快递市场的主要角色是担当代理集成商或批发商的承运人。这些集成商包括联邦快递（FedEx）、天地物流（TNT）、联合包裹（UPS）、敦豪（DHL）等。航空快递主要用于急需的药品、医疗器械、图样资料、货样及单证的传送。

---

[1] 布朗奇，国际贸易实务，孔雁、蔡荣生译，清华大学出版社，2007。

(2) 特殊货物（special commodities）。特殊货物主要是指易损产品、活动物、特大货物和危险货物。这类业务主要是面向传统的承运人、航空公司和货运代理。

(3) 传统空运货物（traditional air cargo）。传统空运货物包括正常的工业和商业货物以包裹、集装箱或托盘的形式运输。

3. 航空运输的方式

航空运输分为班机运输、包机运输和集中托运三种方式。

(1) 班机运输（scheduled airline）。班机是指有固定起飞时间、固定飞行路线、固定始发站和目的港、固定途经站的飞机。一般航空公司都使用客货混合型飞机（combination carrier），既搭载乘客，还运送少量货物。一些较大的航空公司有时采用全货班机（all cargo carrier）运输。

(2) 包机运输（chartered carrier）。包机可分为整包机和部分包机两类。整包机即包租整架飞机，是指航空公司按照与包机人事先约定的条件及费用，将整架飞机租给包机人，从一个或几个航空港装运货物至目的地，适合运输大宗货物。部分包机是指由几家航空货运代理公司或发运人联合包租整架飞机，或者由航空公司把整架飞机的舱位分别租给几家航空货运代理公司以装载货物。部分包机方式适合货量较重但不足一整架飞机运输的货物。

包机运费比班机低，但运送时间较班机长。另外，包机会受到目的站所在国政府的限制，如关于降落地点，一般要向当地政府有关单位申请批准。

(3) 集中托运（consolidation）。集中托运是指航空货运代理公司把若干票单独发运的、发往同一方向的货物集中起来作为一票货物，向航空公司办理托运，填写一份总运单，将货物发运到同一目的站的一种运输方式。集中托运方式可争取较低的运价，在航空运输中使用较为普遍。

4.1.3 铁路运输

铁路运输（rail transport）是继海洋运输、航空运输之后国际货物贸易运输的又一重要方式，即使是海洋运输的进出口货物，也经常靠铁路运输进行货物的集中和分散（后者和干港相联系，见本章延伸阅读1）。铁路运输具有运输速度较快、运载量较大、运输成本低、运输准确性和连续性强、受气候影响较小、安全可靠等一系列优点。

铁路运输涉及货物运输、旅客运输、危险货物运输、车辆使用、基础设施使用等多个领域。其中，铁路货物运输又分为国际铁路货物运输和国内铁路货物运输两种。随着"一带一路"倡议的推进，中欧班列和中亚班列成为国际铁路货物运输的重要组成部分。

4.1.3.1 国际铁路货物运输

国际铁路货物运输是指国家之间缔结条约或协定，发货人办理完托运手续后，启运国第一铁路承运人（the first rail carrier）签收货物，全程使用一份铁路运单（rail waybill, RWB）[⊖]，由铁路部门负责货物在两个或两个以上国家进行跨境运输，中途不需要收货人和发货人参与的运输方式。

亚欧国际铁路货物运输主要涉及两个公约：《国际铁路货物运输合同统一规则》（*CIM*,

⊖ 不同铁路运输组织对铁路运单的称谓有所不同，详见第4.2.3节。

国际货约的前身）和《国际铁路货物联运协定》（CMГC，国际货协），分别隶属于国际铁路运输政府间组织（OTIF）和铁路合作组织（OSJD）两个政府间铁路运输组织。

1.《国际铁路货物运输合同统一规则》

《国际铁路货物运输合同统一规则》（CIM）是由《铁路货物运输国际公约》（简称"国际货约"，法语简称 CIM）、《国际铁路运输公约》（COTIF）一步步演变而来的。

1825 年，英国人乔治·斯蒂芬森（George Stephenson）制造出近代铁路运输的第一列货运列车——蒸汽机车牵引货车之后，欧洲出现了铁路建设热潮。但各国铁路轨距不同[一]，铁路调度、信号、车辆规格规定也不一致，阻碍了铁路建设和有效运营。

经过多年的前期酝酿，1890 年 10 月 14 日，欧洲一些国家在瑞士首都伯尔尼（Berne）举行的各国铁路代表大会上制定了《铁路货物运输国际公约》[二]（英文全称 International Convention Concerning the Carriage of Goods by Rail；法语全称 Convention internationale concernant le transport des marchandises par chemins de fer，简称 CIM；中文简称国际货约，又称《伯尔尼货运公约》或《CIM-Berne 公约》）。该公约于 1893 年 1 月 1 日生效。

为推动《铁路货物运输国际公约》的实际有效执行，1902 年在奥地利维也纳成立了国际铁路运输委员会（法语全称 Comité international des transports ferroviaires，简称 CIT[三]；中文简称"铁委"），作为国际货约的执行机构。1902 年—1914 年期间，CIT 由奥地利国家铁路公司承担管理工作；1921 年由瑞士联邦铁路公司接管。

1924 年 10 月 23 日，CIM 成员国签署《铁路旅客和行李运输国际公约》（英文全称 International Convention Concerning the Carriage of Passengers and Luggage by Rail；法语全称 Convention internationale concernant le transport des voyageurs et des bagages par chemins de fer，简称 CIV；中文简称国际客约），并于 1928 年生效。

之后，CIM 和 CIV 于 1933 年、1952 年、1961 年、1970 年进行了多次修订，在两次世界大战期间分别中断，战后恢复。

1980 年 5 月 9 日，《铁路货物运输国际公约》（CIM）再次进行重大修订。这次修订从根本上改革了之前公约的结构，将机构条款（provisions）与运输合同规则（rules on the contract of carriage）区分开来，将原来的国际货物运输拓展为"技术互操作性（technical interoperability）、危险货物（dangerous goods）和铁路合同法（railway contract law）"等领域，并在"乘客和货物运输合同、运输合同的附属物（例如使用货车或基础设施的合同）、危险货物运输规则以及技术规定和机车车辆技术审批程序"等方面制定了统一的法律制度，修订后更名为《国际铁路运输公约》（英文全称 Convention Concerning International Carriage by Rail；法语全称 Convention relative aux transports internationaux ferroviaires，简称 COTIF 1980），并自 1985 年 1 月 1 日起生效。此后，COTIF/CIV-CIM 又于 1989 年 12 月、1990 年 5 月两次进行了修订。

[一] 我国和多数欧洲国家采用标准轨距（1435 毫米），俄罗斯等国采用宽轨（1520 毫米），部分亚洲国家（菲律宾、马来西亚、泰国等）和非洲国家采用窄轨。

[二] 又译为《国际铁路货物运输公约》。

[三] 根据 COTIF 1999 修订后的法规，自 2004 年 1 月 1 日起，CIT 作为瑞士法律管辖下的一个协会，是一个独立的法律实体。截至 2023 年 1 月 31 日，CIT 有会员 130 个，准会员 8 个，http：//www.cit-rail.org。

1999年6月3日，成员国签署《关于修订1980年5月9日〈国际铁路运输公约〉的议定书》，对 COTIF 1980 第9条、第27条进行了修订，修订后的 COTIF 1999 "扩大了适用范围、简化了规则、并使之适应国际市场的自由化"，名称仍然为《国际铁路运输公约》（简称 COTIF 1999），并自2006年7月1日生效至今。

目前，《国际铁路运输公约》（COTIF 1999）由国际铁路运输政府间组织（英文全称 Intergovernmental Organisation for International Carriage by Rail；法语全称 Organisation intergouvernementale pour les Transports Internationaux Ferroviaires，简称 OTIF）负责管理。

OTIF[一]最初是根据1890年《铁路货物运输国际公约》规定于1893年成立的行政工会。1985年5月1日（即 COTIF 1980 生效之日），处理 CIM/CIV 公约的法定机构进行了重组，形成了一个具有国际法法律框架（法人实体资格）的政府间组织，即 OTIF，目的是制定适用于成员国之间旅客、行李和货物的国际铁路运输的统一法律制度，同时将国际铁路运输中央办公室（OCTI[二]）作为其常设秘书处（内部机构，internal body）。

截至2024年1月，OTIF 有50个成员、1个区域经济一体化组织（欧盟）和1个准成员（约旦）。其中50个成员分别是阿富汗、阿尔巴尼亚、阿尔及利亚、亚美尼亚、奥地利、阿塞拜疆、比利时、波斯尼亚和黑塞哥维那、保加利亚、克罗地亚、捷克、丹麦、爱沙尼亚、芬兰、法国、格鲁吉亚、德国、希腊、匈牙利、伊朗、伊拉克、爱尔兰、意大利、拉脱维亚、黎巴嫩、列支敦士登、立陶宛、卢森堡、摩纳哥、黑山、摩洛哥、荷兰、北马其顿、挪威、巴基斯坦、波兰、葡萄牙、罗马尼亚、俄罗斯、塞尔维亚、斯洛伐克、斯洛文尼亚、西班牙、瑞典、瑞士、叙利亚、突尼斯、土耳其、乌克兰、英国。

OTIF 使得在三大洲的不同铁路系统之间组织国际运输成为可能，它与欧洲联盟（EU）、欧洲联盟铁路局（ERA）、国际铁路运输委员会（CIT）、国际铁路联盟（UIC）、铁路合作组织（OSJD）和联合国欧洲经济委员会（UNECE）密切合作，为国际铁路运输提供法律和技术互操作性，官方工作语言为法语、德语和英语。

《国际铁路运输公约》（COTIF 1999）是 OTIF 的基本文本，包含七个附录。其中：

附录 A 是《国际铁路旅客运输合同统一规则》（法语全称 Règles uniformes concernant le contrat de transport international ferroviaire des voyageurs et des bagages，CIV-Appendice A à la Convention；英文全称 Uniform Rules concerning the Contract of International Carriage of Passengers by Rail，简称 CIV-Appendix A to COTIF），于2006年7月1日生效。

附录 B 是《国际铁路货物运输合同统一规则》（法语全称 Règles uniformes concernant le contrat de transport international ferroviaire des marchandises，CIM-Appendice B à la Convention；英文全称 Uniform Rules Concerning the Contract for International Carriage of Goods by Rail，简称 CIM-Appendix B to COTIF），于2006年7月1日生效。可以看出，原《铁路货物运输国际公约》（国际货约，CIM）演变成了《国际铁路货物运输合同统一规则》（CIM），并成为《国

[一] OTIF 又被称为政府间国际铁路运输组织，https：//otif.org/en/。

[二] OCTI 是法语 Office central des transports internationaux ferroviaires 的缩写，即国际铁路运输中央办公室，曾经是《铁路货物运输国际公约》（CIM）的行政机构。《国际铁路运输公约》（COTIF 1980）生效后，OCTI 成为 OTIF 的常设秘书处。2006年7月1日，COTIF 1999 修订议定书生效后，秘书长承担了 OTIF 秘书处的职能，OCTI 退出历史舞台。

际铁路运输公约》（COTIF）的附录 B。

附录 C 是《国际铁路危险货物运输条例》（英文全称 Regulation Concerning the International Carriage of Dangerous Goods by Rail，简称 RID-Appendix C to COTIF 1980），于 2011 年 1 月 1 日生效。

附录 D 是《国际铁路运输车辆使用合同统一规则》（英文全称 Uniform Rules Concerning Contract of Use of Vehicles in International Rail Traffic，简称 CUV-Appendix D to COTIF），2015 年 7 月 1 日生效。

附录 E 是《国际铁路运输基础设施使用合同统一规则》（英文全称 Uniform Rules Concerning the Contract of Use of Infrastructure in International Rail Traffic，简称 CUI-Appendix E to COTIF），2015 年 7 月 1 日生效。

附录 F 是《关于技术标准验证和采用适用于国际交通（APTU）的铁路材料的统一技术规定》（英文全称 Uniform Rules concerning the Validation of Technical Standards and the Adoption of Uniform Technical Prescriptions Applicable to Railway Material Intended to be Used in International Traffic，简称 APTU-Appendix F to COTIF），2019 年 3 月 1 日生效。

附录 G 是《国际交通用铁路材料技术准入统一规则》（英文全称 Uniform Rules Concerning the Technical Admission of Railway Material Used in International Traffic，简称 ATMF-Appendix G to COTIF），2019 年 3 月 1 日生效。

我国不是 OTIF 成员国，没有加入 CIM。为推动亚欧区域铁路互联互通，促进亚欧大陆铁路国际联运发展，推动落实"一带一路"倡议，2016 年 7 月 12 日，中国国家铁路局和国际铁路运输政府间组织（OTIF）代表在瑞士伯尔尼共同签署了合作谅解备忘录，从而为中欧班列畅通运行奠定了基础。

2. 《国际铁路货物联运协定》

《国际铁路货物联运协定》（国际货协，СМГС）是由《国际铁路直达联运货物运送协定》（国际货运协定）一步步演变而来的。

为应对西欧国家签订的《铁路货物运输国际公约》（国际货约，CIM），保障国际联运客货运送，苏联、阿尔巴尼亚、保加利亚、匈牙利、民主德国、波兰、罗马尼亚、捷克斯洛伐克等 8 个国家分别在华沙（1950 年 12 月 22 日）、布拉格（1951 年 4 月 23 日）、布达佩斯（1951 年 7 月 10 日）等地举行会议，编制并商定了办理国际客、货运送的第一批基本文件，涉及《国际铁路直达联运货物运送协定（国际货运协定）及其办事细则》《国际铁路直通联运旅客及行李运送协定（国际客运协定）及其办事细则》《国际铁路直通联运旅客、行李、包裹运送运价规程》《国际铁路直达联运货物运送协定参加国铁路货物运送统一过境运价规程》《国际联运车辆互用规则（车规）》《国际客运协定和国际货运协定清算规则》等。这批文件（协定、规则和规程）自 1951 年 11 月 1 日起施行。波兰国家铁路局受托管理国际客运协定和国际货运协定事务。

1953 年和 1955 年，前述国家分别在莫斯科和柏林对上述协定、运价规程和规则文本进行了根本性修订。其中，《国际铁路直达联运货物运送协定（国际货运协定）》的名称修改为 Соглашение о Международном железнодорожном Грузовом Сообщении，俄语简称 СМГС；中文名称为《国际铁路货物联运协定》，简称国际货协。《国际铁路直通联运旅客及行李运送协定（国际客运协定）》名称修改为 Соглашение о Международном

Пассажирском Сообщении，俄语简称*СМПС*，中文名称为《国际旅客联运协定》，简称国际客协。

为适应"铁路间合作不断发展，客货运量大大提高"的新需求，促进各国铁路开展高水平合作，扩大合作范围，有效解决铁路运输领域存在的诸多问题，1956年6月28日，包括中国、苏联等10国在内的主管铁路运输部长在保加利亚首都索非亚举行会议，一致决定成立铁路合作组织（OSJD⊖）。

OSJD包括5个专门委员会和2个常设工作组，分别是运输政策和发展战略专门委员会、运输法专门委员会、货物运输专门委员会、旅客运输专门委员会、基础设施和机车车辆专门委员会，以及编码和信息技术常设工作组、财务和清算问题常设工作组。

2015年3月20日起，OSJD成为政府间国际组织，现有成员30个、观察员7个，官方语言为俄语和中文。我国于1953年加入"国际货协"。

30个成员分别是阿塞拜疆、阿尔巴尼亚、阿富汗、白俄罗斯、保加利亚、匈牙利、越南、格鲁吉亚、伊朗、哈萨克斯坦、中国、朝鲜、韩国、古巴、吉尔吉斯、老挝、拉脱维亚、立陶宛、摩尔多瓦、蒙古国、波兰、俄罗斯、罗马尼亚、斯洛伐克、塔吉克斯坦、土库曼斯坦、乌兹别克斯坦、乌克兰、捷克、爱沙尼亚。可以看出，一些OTIF的成员同时也是OSJD的成员。

与OTIF成员的运送条件相比较，OSJD成员间铁路联运具有运距长（8000~10000千米）、途经不同气候带（包括严/酷寒地区）、列车在单方向运行途中要两次变换轨距（1435毫米—1520毫米—1435毫米）等特点。

随着经济全球化发展，国际铁路运输政府间组织（OTIF）和铁路合作组织（OSJD）两个原本独立的铁路运输组织之间开展了广泛合作，目的是实现铁路运输畅通无阻、提高铁路运输效益、增强铁路竞争力、改进铁路客货运输服务等。

除OTIF和OSJD外，1922年10月成立的国际铁路联盟（简称"铁盟"，法语简称UIC）是一个非政府间组织，现有成员208个，官方语言为法语和德语。

3. 中欧班列

中欧班列（CHINA RAILWAY Express，CR Express）是指由中国国家铁路集团有限公司（国铁集团）组织，按照固定车次、线路、班期和全程运行时刻开行、运行于中国与欧洲以及"一带一路"沿线国家间的集装箱等铁路国际联运列车。

中欧班列目前有西、中、东三条运行线路：西部通道经新疆阿拉山口（或霍尔果斯）铁路口岸出境与哈萨克斯坦、俄罗斯铁路相连，途经白俄罗斯、波兰等国铁路；中部通道经内蒙古二连浩特铁路口岸出境与蒙古国、俄罗斯铁路相连，途经白俄罗斯、波兰等国铁路；东部通道经内蒙古满洲里（或黑龙江省绥芬河）铁路口岸出境与俄罗斯铁路相连，途经白俄罗斯、波兰等国铁路，即"三路线""五口岸"。

中欧班列具有以下两个方面的特征：一是"五固定"（即固定的运输价格、固定的运输路线、固定的车次、固定的到发时间、固定的装卸地点），确保列车通行不受阻碍；二是沿线国家信息互认，使贸易更为便利。

⊖ OSJD为俄语ОСЖД—Организация Сотрудничества Железных Дорог 的拉丁转写；英文为Organization for Cooperation of Railways；中文简称"铁组"，http：//zh.osjd.org/。

与海运和空运相比，中欧班列具有明显的成本优势。其运输成本仅为海运的约 1/3，空运的约 1/4。以一台 20 英寸液晶显示器的物流成本为例，海运需要 2 美元，空运需要 20 美元，中欧班列需要 5 美元，对应的运输时间依次为 40 天、4 天和 15 天左右。

2011 年 3 月 19 日，首列中欧班列（重庆—杜伊斯堡），又称"渝新欧"（重庆—新疆—欧洲）班列[一]，从重庆团结村站始发，经西安、兰州、乌鲁木齐，向西过北疆铁路，由边境口岸阿拉山口出境，途经哈萨克斯坦、俄罗斯、白俄罗斯、波兰至德国杜伊斯堡站，全程 11179 千米，运行时间 15 天。2016 年上半年，从重庆发出的中欧班列新增满洲里和霍尔果斯两个口岸。2021 年 8 月，又开通了经二连浩特口岸出境，直达乌克兰的班列。这样，从重庆发出的中欧班列就不再局限于中欧班列（重庆—杜伊斯堡）了，而改称为中欧班列（重庆）。

继重庆—德国杜伊斯堡开通中欧班列之后，成都—波兰罗兹、郑州—德国汉堡、苏州—波兰华沙、西安—波兰华沙、武汉—捷克、波兰、长沙—德国杜伊斯堡、义乌—西班牙马德里、哈尔滨—俄罗斯比克良、哈尔滨—德国汉堡、兰州—德国汉堡、保定—俄罗斯明斯克、西宁—比利时安特卫普、广州—俄罗斯莫斯科、青岛—俄罗斯莫斯科、长春—德国汉堡、南昌—俄罗斯莫斯科、唐山—比利时安特卫普、成都—奥地利维也纳、武汉—德国汉堡、内蒙古自治区—伊朗东南部城市巴姆、乌鲁木齐—德国杜伊斯堡、景德镇—俄罗斯莫斯科、郑州—比利时列日、武汉—俄罗斯伊尔库茨克、连云港—土耳其伊斯坦布尔、成都—波兰弗罗茨瓦夫、义乌—比利时列日、合肥—德国汉堡、义乌—西班牙马德里（环球义达号）、上海—德国汉堡（上海号）、乌克兰基辅—中国西安、呼和浩特—俄罗斯莫斯科、苏州—意大利米兰等中欧班列相继开通。

中欧班列沿线各国实行一次报关、一次查验、全线放行，采用统一铁路运单[二]，即只需要一张报关单，可以从起点直接到达欧洲终点，而且企业还可以灵活地选择就近的区域报关或者提货。

中国国家铁路集团有限公司（简称"中国铁路"或"国铁集团"）数据显示，截至 2023 年 6 月，我国已与 152 个国家、32 个国际组织签署了 200 多份共建"一带一路"合作文件。中欧班列累计开行数量超过 7.3 万列，运送货物 690 万标准箱，已有 82 条线路开通运行，通达欧洲 25 个国家、216 个城市。

4. 中亚班列

中亚班列是指往来于中国与中亚五国（哈萨克斯坦、乌兹别克斯坦、吉尔吉斯斯坦、塔吉克斯坦、土库曼斯坦），以及西亚、南亚国家的快速集装箱国际铁路联运班列。

目前中亚班列口岸有 5 个，分别是连接中亚、西亚的新疆阿拉山口、霍尔果斯口岸，连接蒙古国的内蒙古二连浩特口岸，以及连接南亚的云南山腰、广西凭祥口岸。

中亚班列遵循"统一品牌标志、统一运输组织、统一全程价格、统一服务标准、统一经营团队、统一协调平台"的"六统一"原则。

[一] 2016 年 6 月 8 日，中国铁路总公司（2019 年改制为中国国家铁路集团有限公司）启用"中欧班列"统一品牌。"渝新欧"更名为"中欧班列（重庆）"；"蓉欧快铁"改为"中欧班列（成都）"等。2020 年，成渝地区双城经济圈建设启动，川渝两省市联合打造中欧班列（成渝）品牌，于 2021 年 1 月 1 日同时首发。

[二] 详见第 4.2.3 小节相关内容。

中亚班列货物主要分为两类：一类是中国的进出口货物，另一类是日本、韩国、东南亚等国过境中国的过境货物。

中亚班列主要线路开行情况如下：

（1）中亚班列（连云港—塔什干）。从连云港港口站始发，由霍尔果斯出境，途经哈萨克斯坦，至乌兹别克斯坦塔什干等3站，运行时间约7天。

（2）中亚班列（西安—阿拉木图）。从西安新筑站始发，由阿拉山口出境，至哈萨克斯坦阿拉木图站，运行时间约8天。

2013年11月28日，西安—哈萨克斯坦阿拉木图的中亚班列"长安号"开行，从西安新筑车站出发，经宝鸡、天水、兰州、乌鲁木齐，从阿拉山口出境，一路向西最终到达哈萨克斯坦最大城市阿拉木图，运行时间6~8天。之后，连云港—乌兹别克斯坦塔什干（经新疆霍尔果斯换轨）、厦门—土库曼斯坦（经新疆阿拉山口）、包头—哈萨克斯坦首都阿斯塔纳（经新疆阿拉山口）、南通—阿富汗海拉顿（经新疆阿拉山口）等中亚班列相继开通。

中欧、中亚班列的开行，推动了亚欧大陆之间、亚洲国家和地区之间区域铁路互连互通，搭建了国际货运班列"大动脉"，让"中国制造"走出国门，也让海外产品走进中国千家万户。随着"一带一路"倡议的推进，我国越来越多的城市将会开通中欧班列和中亚班列。

4.1.3.2 国内铁路货物运输

国内铁路货物运输是指仅在一国范围内按铁路货物运输相关规程办理的货物运输。在我国，出口货物经铁路运至港口装船或进口货物卸船后经铁路运往各地，均属国内铁路运输的范畴。

供应香港、澳门地区的物资经铁路运往香港（含九龙）、澳门等地，也属于国内铁路运输的范畴。

4.1.4 邮政运输

邮政运输（parcel post transport 或 postal delivery）是指通过邮局来寄交国际贸易货物的一种运输方式。这种运输方式手续简便，但对邮件的大小和重量有一定限制，一般规定长度不得超过1米，重量不得超过20千克，比较适用于样品、药品、设备零配件等重量较轻、体积较小的物品的运输。

采用这种运输方式时，卖方只需按照合同规定的条件，将货物交给邮局，支付邮费并取得邮包收据（parcel post receipt），就算完成交货义务。

4.1.5 集装箱运输

集装箱（container）是一种密闭的用来装运货物的可以作为一个运输单元反复装卸的长方形箱体。集装箱运输（container transport 或 containerization）是一种组合式的货物运送方式，它将铁路运输、公路运输、内河运输以及海洋运输结合在一起，以集装箱为载体，采用一种或多种运输工具完成货物的运输。

1. 集装箱运输的特点

集装箱运输的特点可简单归结如下：

（1）可提供"门到门"（door to door）[①]服务。集装箱运输可将货物由工厂生产地点运送到零售商的商店，还可采取整箱货或拼箱货方式进行运输。

（2）无须货物转运点（如铁路、公路中转站或海港）的处理，从而节省了费用。

（3）货物损毁和被偷窃的危险性较低。集装箱结构坚固、密封性好，对货物具有很好的保护作用，由于途中无须处理，所以货物损毁和被偷窃的概率较小。

（4）对包装的要求较少。

（5）装卸效率高、装卸快速。集装箱运输便于机械操作，在转装到另一种运输工具的过程中，也不需要开箱移动货物，因此大大提高了装卸效率。

（6）简化货运手续，缩短货运时间。货物从发货人的工厂或仓库装入箱内，验关铅封后，运输途中都不用再开箱检验，即一票到底，简化了货运手续，加快了货运速度。

（7）加速运输周转，降低营运成本。集装箱运输提高了装卸效率，减少了营运成本。

2. 集装箱的类型

集装箱通常由钢铁或铝制的模件制成。目前，世界上使用的集装箱多数是按照国际标准化组织的规格制作的，以方便这些集装箱在世界范围内使用。

普通集装箱的尺寸：一种是20尺普柜（20GP，GP是General Purpose的缩写），其模件尺寸（长、宽、高）有两种，分别是6.10米（20英尺）×2.45米（8英尺）×2.60米（8英尺6英寸）和6.10米（20英尺）×2.45米（8英尺）×2.45米（8英尺），最大载重约为17.5吨，容积约为31立方米；另一种是40尺普柜（40GP），其模件尺寸（长、宽、高）也有两种，分别是12.20米（40英尺）×2.45米（8英尺）×2.60米（8英尺6英寸）和12.20米（40英尺）×2.45米（8英尺）×2.45米（8英尺），最大载重约为22吨，容积约为68.1立方米。

此外，经常使用的集装箱还有40尺高柜（40HC，HC是High Cube的缩写，有时也称40HQ），其模件尺寸（长、宽、高）分别是12.20米（40英尺）×2.438米（8英尺）×2.90米（9英尺6英寸），最大载重约为22吨，容积约为68立方米。

集装箱还有其他的分类：按所装载货物种类划分，有干货集装箱、散装集装箱、液体货集装箱、冷藏集装箱等；按制造材料划分，有木制集装箱、钢制集装箱、铝合金制集装箱、玻璃钢制集装箱、不锈钢制集装箱等；按结构划分，有折叠式集装箱、固定式集装箱等，其中固定式集装箱还可分为密闭集装箱、开顶集装箱、框架集装箱等。

为了便于统计集装箱运输的货运量，目前国际上以6.10米（20英尺）×2.45米（8英尺）×2.45米（8英尺）标准集装箱作为计算衡量单位，用"TEU"（twenty-foot equivalent unit，20英尺等量单位）表示。在统计不同型号的集装箱时，将集装箱的长度换算成TEU加以计算。

3. 集装箱货物的装箱方式

集装箱货物根据装箱的货量和方式不同，可分为整箱货和拼箱货两种。

（1）整箱货。整箱货（full container load，FCL）是指集装箱内的货物装载量达到其容积的3/4以上或者重量达到其负荷量的95%以上的货物。整箱货可由货主直接送往集装箱堆场（container yard，CY）等候装船或从船上卸下后送往CY等候拨交。

[①] "门"（door）多数情况下是指发货人或收货人的工厂或仓库。

（2）拼箱货。拼箱货（less than container load，LCL）是指集装箱内的货物装载量达不到上述整箱货的容积或重量标准的货物。拼箱货通常由货主送往集装箱货运站（container freight station，CFS）或内陆转运站拼装成箱⊖。

集装箱货物的交接方式见本章延伸阅读2。

4.1.6　国际多式运输

1. 多式运输和国际多式运输

（1）多式运输。多式运输（multimodal transport）是相对于单一方式运输（unimodal transport）而言的，包括两种及以上不同的运输方式，在整个运输过程中使用一份运输合同（多式运输合同），由一个多式运输经营人对货物运输的全程负责，为托运人提供"门到门"或"仓至仓"服务的过程。

在欧洲，多式运输包括两种常见的运输方式：intermodal transport 和 combined transport，都是联合运输的意思⊖。其中，intermodal transport 强调货物全程由一种标准化的运输单元（standardized cargo units）或道路车辆（road vehicle）装载，通过两种及以上运输方式无缝衔接，整个运输过程中不发生货物操作（如载货集装箱通过公路运输至港口装船，到达目的港卸船后不被打开而直接装上运输车辆，货物自始至终被存放在同一个运输单元内）。这种运输方式通常指集装箱或道路车辆运输。传统的 intermodal transport 运输使用多份运输合同（several contract of carriage），而目前 intermodal transport 统一使用一份运输合同（single contract of carriage），但每个承运人仅对自己的运输区段负责，从这一点来看，intermodal transport 并非传统意义上的多式运输。combined transport 则强调运输方式中海运（或内河水运）或铁路运输占据了全程的绝大部分，初始或最后一小段公路运输占比要尽可能小（initial and/or final leg carried out by road are as short as possible）。combined transport 全程使用一份运输合同，由一个多式运输经营人对货物运输的全程负责。

在我国，multimodal transport（多式运输）是指两种及以上不同运输方式的连续运输，运输方式可以包括，也可以不包括海运。combined transport（多式联运）是指运输方式包括海运（或内河水运），但第一程运输不一定就是海运。显然，multimodal transport 包括了 combined transport。我国在使用 multimodal transport 或 combined transport 时，更强调一个承运人（多式运输经营人）负责全程运输这一特点。

（2）国际多式运输。《联合国国际货物多式联运公约》对国际多式运输的定义是：国际多式运输是指多式运输经营人按照多式运输合同，以至少两种不同的运输方式，将货物从一国境内接管地点运到另一国境内指定交货地点（International multimodal transport means the carriage of goods by at least two different modes of transport on the basis of a multimodal transport contract from a place in one country at which the goods are taken in charge by the multimodal transport operator to a place designated for delivery situated in a different country）。国际多式运输强调

⊖ 除集装箱外，使用货车（truckload，TL）运输时，还涉及 FTL（full truckload）、LTL（less-than truckload）、PTL（partial truckload）等。

⊖ 需要注意的是，欧洲委员会、OECD、ASEAN、UNECE、UNESCAP 等不同组织对 multimodal transport、intermodal transport 以及 combined transport 的定义和概念解释存在差异。

多式运输发生在国际而不是在一国国内，而且这些运输方式可以包括，也可以不包括海运。

例如，载货集装箱在欧洲大陆通过火车被运送到荷兰鹿特丹（Rotterdam）港，然后装船运往坦桑尼亚达累斯萨拉姆（Dar Es Salaam）港，再利用货车运往坦桑尼亚内陆地区。

2. 国际多式运输的特征

（1）必须是至少两种不同运输方式的连续运输，运输方式可以包括，也可以不包括海运。

（2）必须是国际的货物运输。这不仅区别于国内货物运输，主要涉及国际运输法规的适用问题。

（3）它是在无船公共承运人或无船承运人⊖协议下运作的。

（4）它能在可接受的运输时间内提供定期的、可靠的、具有竞争力价格和高质量的门到门服务。多式运输通常采用包括电子数据交换的完全计算化操作，这样运营人就能在整个运输过程对货物进行监控。

（5）运营人和托运人之间有一份多式运输合同。多式运输合同是多式运输经营人与托运人之间权利、义务、责任关系和运输性质的法律文书，也是区别多式运输与一般货物运输方式的主要依据。

（6）全程使用一份多式运输单据（multimodal transport document，MTD）⊖。该单据应满足不同运输方式的需要，并按单一运费率计收全程运费。

（7）由一个多式运输经营人（MTO）对货物运输的全程负责。该多式运输经营人不仅是订立多式运输合同的当事人，也是多式运输单证（如 multimodal transport bill of lading）的签发人。当然，在多式运输经营人履行多式运输合同所规定的运输责任的同时，可将全部或部分运输委托他人（分承运人）完成，并订立分运合同，但分运合同的承运人与原托运人之间不存在任何合同关系。

3. 国际多式运输经营人及责任起讫

国际多式运输经营人（multimodal transport operator，MTO）简称运营人，是指本人或通过其代表与托运人（发货人）订立多式运输合同的任何人。国际多式运输通常不是由一个运营人承担全部运输，而是在接受托运人的委托后，运营人自己办理一部分运输工作，而将其余各段的运输工作再委托给其他的承运人运输。这些接受运营人委托负责第二程或后续运程的承运人，只是依照运输合同关系对运营人负责，与托运人不发生任何业务关系。因此，国际多式运输经营人可以是实际承运人，也可是无船承运人。

国际多式运输经营人是多式运输的当事人，是一个独立的法律实体。对托运人来说，国际多式运输经营人是货物的承运人；对各区段分承运人来说，其又是货物的托运人。因此，国际多式运输经营人一方面同托运人订立多式联运合同，另一方面又与分承运人以托运人的

⊖ 无船公共承运人（non-vessel operating common carrier，NVOCC），有时也称无船承运人（non-vessel operator carrier，NVOC）是指承运人为货物的运输签发提单，然而他并不拥有船只也不运营船只，他以承运人身份接受货主（托运人）的委托，同时以托运人身份委托班轮公司完成国际贸易货物的海上运输。

⊖ 此处的"多式运输单据"即指上文的"多式运输合同"。

身份签订各区段运输合同。国际多式运输经营人(第一承运人)的责任从接管货物之时起到向收货人交付货物之时止。在此期间,第一承运人对全程运输负责,而不管之后有几个分承运人。

除海洋运输、航空运输、铁路运输、邮政运输、集装箱运输、国际多式运输等运输方式外,国际贸易货物运输还涉及公路运输、内河运输、管道运输、陆桥运输等,见本章延伸阅读3。

案例 4-1

【案例回放】

我国甲公司与美国乙公司于2016年5月签署一份货物买卖合同,双方约定甲公司出售一批衣料给乙公司。履约方式为:甲公司应于7月份将该批衣料自辽宁省铁岭市交铁路部门发运至大连港装船运至美国纽约,乙公司支付了相应的对价。由于特殊原因,7月份甲公司未能履约。8月1日,乙公司通知甲公司,该批衣料最迟应在8月20日前发运。8月10日,甲公司将该批衣料交铁路部门运至大连港并装上指定船只。后来该批衣料在自大连运往纽约的途中发生海难,损失近80%。由于双方对货物灭失的风险约定不明,遂发生争议。乙公司认为,甲公司未能于7月份交货违约在先,应承担损害赔偿责任。合同因甲公司未按时履行而终止,故货物损失的风险理应由甲公司承担。而甲公司则认为,自己虽延迟交货,但未构成违约。请问:谁应该对损失承担责任?

【要点分析】

本案例中,首先应确定卖方(甲公司)延迟交货有没有构成违约。甲公司未能在7月份按时交货确已构成违约,此时买方(乙公司)有权终止合同,要求损害赔偿,也可以催促甲公司继续履约交货。既然买方没有宣布合同无效而是限定卖方于8月20日前交货,卖方也在买方限定的日期内于8月10日履行了交货义务,所以卖方并没有违约。其次,在卖方没有违约的前提下,货物损失的风险由谁来承担呢?根据我国《合同法》第六十一条规定,合同生效后,当事人没有对交货地点明确约定的可以协议补充,不能达成协议的,按合同有关条款或交易习惯确定。本案例中双方对交货地点没有明确规定,所以适用于《合同法》第一百四十一条:标的物需要运输的,出卖人应当将标的物交付给第一承运人以交运给买受人。本案例中卖方将货物交给了第一承运人(铁路部门),这时风险即由卖方转移给了买方,所以本案例中买方无权要求卖方承担货损责任。

4.2 运输单据

运输单据(shipping documents)是指承运人签发给托运人的、证明单据项下的货物已经收妥或被接管的书面文件。运输单据通常表明托运人与承运人之间的权利义务关系,是出口结汇不可缺少的单证之一。国际贸易实务中,尽管运输单据的出具系承运人或其代理人所为,但了解各种运输单据的内容,从而进一步理解国际货物贸易运输的相关知识,是国际贸易从业人员所应具备的。

不同运输方式涉及不同的运输单据,如海洋运输涉及提单、提货单,航空运输涉及航空运单,铁路运输涉及铁路运单和运单副本,邮政运输涉及邮包收据等。

4.2.1 提单和提货单

海运提单（bill of lading，B/L）简称提单，是证明海洋运输合同成立和货物由承运人接管或装船，以及承运人据以在卸货港/目的港（目的地）保证交付货物的凭证。（Bill of lading, which is a transport document used in international trade, is an authentic receipt delivered by a carrier, confirming that the goods therein specified (markings, types of goods, number of packages, etc.) have been loaded or taken in charge for loading on a designated vessel for carriage to a specified port）。

货物装船后，托运人从班轮公司处取得提单（提单的签发程序见本章延伸阅读4）；在卸货港，收货人凭提单交付运费（运费到付的情况），并从班轮公司处换取提货单后提货。

4.2.1.1 提单的性质和作用

提单是海洋运输最重要的单证之一，具有以下性质和作用：

（1）提单是证明货物已由承运人接管或已装船的货物收据（authentic receipt）。提单是承运人或其代理应托运人的要求签发的货物收据，表明承运人收到了提单项下的货物⊖。按国际贸易惯例，货物装上船就意味着卖方完成了交货义务，卖方可凭船公司签发的提单等单证办理结汇。

（2）提单是证明承运人保证凭以交付货物的物权凭证（document of title to goods）。货物抵达目的港（卸货港）后，提单的合法持有人可凭正本提单要求承运人交付提单项下的货物，而承运人也必须按照提单所载内容向提单的合法持有人交付货物。提单的合法持有人也可凭正本提单向银行办理抵押或转让。

（3）提单是海上货物运输契约的证明（evidence of the contract of carriage）。正本提单的背面一般都订有承运人和托运人（或提单持有人）之间的权利与义务、责任与豁免等条款，当承运人与托运人之间发生争议时，这些条款是解决其争议的主要依据。

4.2.1.2 海运提单的格式和内容

提单分为正本提单和副本提单两种，其中正本提单有正面记载事项和提单背面印就运输条款。

1. 提单的正面内容

提单是国际贸易货物运输最具特色的运输单据之一，了解提单的主要内容，对于提高单证认知能力、巩固相关知识具有重要意义。提单正面通常记载下列内容：

（1）B/L No.（提单号码）。提单上除印有承运人的名称及徽标（logo）等信息外，通常在提单的右上角标有提单号码，以便核查。提单号码在装船通知、申报通关等很多环节均需要。

（2）Shipper（托运人）。托运人有时也称发货人（Consignor），通常是出口商。

（3）Consignee（收货人）。"收货人"一栏可以填上具体的收货人名称，也可以填上"To order"或空白。具体含义见提单的分类。

（4）Notify Party（被通知方）的名称和地址。被通知方是指货物到达目的港（或卸货

⊖《中华人民共和国海商法》第七十二条规定："货物由承运人接收或者装船后，应托运人的要求，承运人应当签发提单。提单可以由承运人授权的人签发。提单由载货船舶的船长签发的，视为代表承运人签发。"

港）时，船公司通知其前来提货的人。由于有时提单的收货人是真正的收货人（记名提单），有时提单是凭银行或托运人指示收货（指示提单），有时提单什么也不写（不记名提单），因此，船公司要弄清楚货物抵港后该通知谁来办理提货手续。

（5）Ocean Vessel（承运船舶名称）及 Voy. No.（航次）。

（6）Port of Loading（装货港）。

（7）Port of Discharge（卸货港）。卸货港有时是目的港（port of destination），有时两者不相一致。通常情况下，提单上不必列明目的港，而印有 "Final destination（for the Merchant's/Shipper's reference only）" 字样。

如货物需在中途转运，则应在卸货港名称之后加注转运港名称，如"卸货港曼谷，在香港转船"（Port of Discharge：Bangkok via Hong Kong）。

（8）Container No.（集装箱号）和 Seal No.（封号）。集装箱号是在每个集装箱箱体两侧标示的全球唯一的编号，便于查询或跟踪集装箱的位置。集装箱封号也是独一无二的，客户拿到的集装箱封号和提单上所列号码一致，说明集装箱中途未被开箱。

（9）Marks & Numbers（运输标记和唛码）。

（10）No. of containers or packages，有时是 No. of packages（pkgs）or shipping units（集装箱个数、包装或运输单元总件数，通常用阿拉伯数字、小写字母表示）。

（11）Kind of packages；Description of goods（包装种类与货物描述）。

（12）Gross weight（货物毛重）。毛重一般以千克（KGS）计。

（13）Measurement（货物体积）。体积一般以立方米（Cubic Meter，CBM）计。

（14）Total number of Containers or packages（in words）（集装箱或包装总数量，用大写字母表示）。

（15）Freight Prepaid（运费预付）或 Freight Collect（运费到付）。运费预付还是到付取决于使用的贸易术语。

（16）Place and date of issue（提单签发地点和日期）。

（17）No. of original B（s）/L（正本提单份数）。通常正本提单一式三份，其中一份提货后，其余两份自动失效。

除此之外，提单上有时还标记下列内容：

（18）Shipped on board（已装船）。后面加注装船的实际日期。

（19）SHIPPER's LOAD, COUNT AND SEAL（托运人装载、计数与封箱）。通常情况下，承运人在接管货物并装载时，仅检查货物外包装状况是否良好，而不会打开每一个包装检查其中的货物质量是否符合要求或数量是否完整。因此，提单上标记 "SHIPPER's LOAD, COUNT AND SEAL" 意味着货物由托运人装载、计数与封箱，承运人只对表面上货物的数量或外包装负责，不对包装内部的货物质量或数量负责。

（20）ORIGINAL（正本）或 COPY NON-NEGOTIABLE（副本，不可议付）。正本和副本提单的相关内容见下一小节"海运提单的分类"。

（21）Received by…as…（承运人或其代理的签章）。"as carrier" 是承运人签发的提单；"as agent for the carrier" 是承运人代理签发的提单。

2. 提单的背面条款

正本提单背面一般印有格式的运输条款（Bill of Lading—Terms and Conditions），以明确承运人与托运人之间、承运人与收货人以及提单合法持有人之间的权利义务关系。下面以中远集团（COSCO）为例，介绍这些条款的主要内容。

（1）Definitions（定义）。它主要对承运人、托运人、收货人、提单持有人以及货物等加以界定。

（2）Carrier's tariff（承运人运价表、运价本）。

（3）Sub-contracting, indemnity and certain defenses, exemptions and limitations（分立契约、赔偿与抗辩、免除事项与责任限制）。

（4）Carrier's responsibility（承运人的责任）。

（5）Notice of claim and time bar（索赔通知及时效）。

（6）Loss or damage（灭失或损坏）。

（7）Limitation of liability（责任限额）。

（8）Fire（火灾）。

（9）Carrier's containers（承运人集装箱）。

（10）Merchant-stuffed container（货方装箱的集装箱）。

（11）Merchant's description（货方描述）。

（12）Merchant's responsibility（货方责任）。

（13）Freight and charges（运费及费用）。

（14）Inspection of the goods（货物的检验）。

（15）Carriage affected by condition of the goods（货物条件对运输的影响）。

（16）Liens（货物置留权）。

（17）Deck cargo, animals and plants（舱面货物、牲畜与植物）。

（18）Methods and routes of carriage（运输方式与路线）。

（19）Matters affecting performance（影响履约的事项）。

（20）Dangerous goods（危险货物）。

（21）Special, refrigerated or heated containers（特殊、冷藏或加热集装箱）。

（22）Notification and delivery（通知与交付）。

（23）General average and salvage（共同海损与救助）。

（24）Both-to-blame collision（船舶互撞责任条款）。

（25）Non-vessel-operating common carriers（无船公共承运人）。

（26）Law and jurisdiction（法律及管辖权）。

（27）Variation of the contract（运输契约的变更）。

（28）New Jason clause（新杰森条款）。

感兴趣的读者可找到更为详细的内容阅读和了解。

4.2.1.3 海运提单的分类

根据不同的划分标准，海运提单有着不同的分类。

1. 根据提单签发时货物是否已装船划分

根据签发时货物是否已经装船划分，提单可分为已装船提单和收货待运提单两种。

（1）已装船提单（on board B/L）。它是指提单上列明的货物已全部装上指定船舶，并由承运人或其代理人签发的提单。此时提单上标记已装船并注明装船日期，即提单上标有

"on board"字样以及具体的装船日期。通常情况下,提单的签发日期即为装船日期。

(2)收货待运提单(received for shipment B/L)。它又称收妥待运提单或备运提单,是指承运人收到托运货物等待装船期间签发的提单。这种提单上一般没有具体的装船日期,也不注明具体的运输工具名称。由于收货待运提单的出单日期早于货物实际装船日期,将来货物能否装运,何时装运等都存在一定的不确定性,因此买方一般不愿接受这种提单。根据UCP600规定,在信用证没有特殊规定的情况下,银行只接受已装船提单,而不接受收货待运提单。

2. 根据提单上对货物外表状况有无不良批注划分

根据是否载有对货物外表状况的不良批注划分,提单可分为清洁提单和不清洁提单两种。

(1)清洁提单(clean B/L)。它是指货物装船时外包装状况良好、数量完整,承运人在签发提单时未加任何货损、包装不良或者其他有碍结汇批注的提单。

(2)不清洁提单(unclean B/L)。它是指承运人收到货物后,发现货物存在缺失、包装破裂或松动、水渍、污损、锈蚀等缺陷,并在签发提单时将这些不良批注转注到提单上。

承运人通过批注,声明货物在装船前即存在缺陷,在卸货港交货时,如货物的损坏可归因于这些批注范围,可减轻或免除自己的赔偿责任。除非有相关保函,否则银行拒绝接受不清洁提单办理结汇。

3. 根据"收货人"一栏记载内容划分

提单"收货人"(consignee)一栏可具体署名收货人或空白或凭指定,相应地,提单可分为记名提单、不记名提单和指示提单三种。

(1)记名提单(straight B/L)。它是指在提单"收货人"栏内具体写明收货人名称的提单。这种提单只能由收货人提货,而不能通过背书转让给第三方。记名提单避免了提单转让过程中可能带来的风险,但也失去了流通性。

(2)不记名提单(open B/L或blank B/L)。它是指在"收货人"栏内不写明具体的收货人名称,有时只写明"来人"(bearer),甚至什么也不写,即"收货人"一栏是空白的。这种提单不需要任何背书手续即可转让或提取货物,流通性极强,但对买卖双方来说风险很大,在国际贸易中极少使用。

(3)指示提单(to order B/L)。它是指在"收货人"栏内只填写"凭指示"(to order)或"凭××指示"(to order of ××)字样的提单。这种提单可经过背书进行转让,故其在国际贸易中使用最广。

为什么要把"收货人"一栏填写成"凭指示"呢?原因是不同的货款结算方式下,买卖双方承担的风险是不同的。如果采用电汇(T/T)方式预付货款,则通常采用记名提单或凭托运人(发货人)指示(to order of the shipper);如果采用信用证(L/C)方式进行结算,则银行须承担第一付款责任,因此银行要掌握货物的所有权,此时,"收货人"一栏就会缮制成"to order of Bank of ××"。倘若收货人(买方)拒不付款,银行可对提单项下的货物进行处置。

需要注意的是,记名提单不可背书转让;不记名提单无须背书即可转让,但流动性过

㊀ 如"to order of the shipper"(凭托运人指示)、"to order of Bank of China"(凭中国银行指示)等。

强、风险大；指示提单在国际贸易业务中使用较多。关于提单的背书请参阅本章延伸阅读5。

4. 根据运输方式不同划分

根据运输方式不同划分，提单可分为直达提单、转船提单和联运提单三种。

(1) 直达提单（direct B/L）。它是指货物装船后中途不经过转船而直接驶往卸货港（或目的港）卸货，船公司据此签发的提单。

(2) 转船提单（transshipment B/L）。它是转运提单的一种，是指货物在装运港装船后，需在中途换装另一船舶驶往卸货港（或目的港），第一承运人在装运港签发包括全程的提单。这种提单上一般要注明"在××港转船"（for transshipment via ×× port）字样。

货物中途转船增加了船舶的费用和风险，并可能影响到货时间，因此，如果货物不必转船即可到达，则合同或信用证中一般规定不允许转船（transshipment：not allowed）。但有时某些港口直达船少或没有直达船，则可规定允许转船。

(3) 联运提单（through B/L）。它是指由海运和其他运输方式（如海陆、海空、海河、海海等，第一程是海运）联合运输时，由海运承运人签发的（issued by the sea carrier）、声明其根据运输合同仅对自己运输的一段负责的提单。可以看出，尽管从运输方式来看，联运是两种及以上运输方式的组合，但每一运段的承运人只对自己运输的一段负责。从这个角度来看，联运提单并非传统意义上的多式运输单据，而且联运提单在实际业务中并不常见。

转船提单是在海海运输方式下签发的提单，是联运提单的特殊形式。换句话说，联运提单包含了转船提单，但反之并不成立。

联运提单（through B/L）与多式联运提单（combined transport B/L）之间的辨析，请参阅多式运输单据（见第4.2.5小节）以及本章延伸阅读6。

5. 根据提单签发人划分

根据签发人划分，提单可分为船公司提单和货代提单两种。

(1) 船公司提单（master bill of lading, MBL）。它是作为承运人的船公司自己签发的提单。这种提单是托运人和承运人之间的运输合同，一般是货物装船完毕后签发的，是已装船提单。

(2) 货代提单（house bill of lading, HBL）。它是货运代理（freight forwarder）或无船承运人（non-vessel operating common carrier, NVOCC）收到托运人货物后立即签发的提单。显然，货代提单多数情况下是收货待运提单，需要在目的港指定代理或分公司处换取船公司提单后方可提货。货代提单的签发有三个前提：一是提单上的收货人是货物的实际收货人；二是托运人是出口商；三是被通知方可以是进口商，也可以是提单里提及的其他人。

6. 根据提单内容的繁简程度划分

根据内容的繁简程度划分，提单可分为全式提单和简式提单两种。

(1) 全式提单（long form B/L）。它是指除提单正面内容外，在提单背面详细列有承运人与托运人、收货人等权利与义务条款的提单。

(2) 简式提单（short form B/L）。它又称略式提单，是指仅有提单正面必须记载的事项而无背面条款的提单。简式提单多用于租船合同下的货物运输，除非信用证另有约定，银行一般不接受简式提单。

7. 根据船舶经营方式划分

根据船舶经营方式划分，提单可分为班轮提单和租船提单两种。

（1）班轮提单（liner B/L）。它是指由班轮公司承运货物后签发给托运人的提单。

（2）租船提单（charter party B/L）。它是指承运人根据租船合同签发的提单。这种提单受租船合同的约束，银行或买方接受这种提单时，通常要求卖方提供租船合同副本。

8. 根据提单使用效力划分

根据使用效力划分，提单可分为正本提单和副本提单两种。

（1）正本提单（original B/L）。它是指提单上标记有"ORIGINAL"字样，可用来提货的提单。通常所说的物权凭证的提单，即指正本提单。

（2）副本提单（copy B/L）。它是指提单上标记有"COPY NON-NEGOTIABLE"（副本不可议付）字样的提单。副本提单仅供工作上参考或申报通关使用。

通常情况下，信用证要求提交的正本提单一式三份⊖，分别标记"first original""second original""third original"或"original""duplicate""triplicate"，其中一份用来提货，其他两份自动失效；副本提单亦一式三份，副本提单均不可议付。

9. 根据其他标准划分

除上面几种划分方式外，提单还有电放提单、舱面提单、过期提单、预借提单、倒签提单等类型。

（1）电放提单（telex release B/L 或 surrendered B/L）。它是指船公司或其代理人签发的标注有"surrendered"或"telex release"字样的提单或提单副本。

传统的提单是承运人在卸货港（目的港）据以交付货物的凭证，承运人交货时"认单不认人"，无单放货须承担相应法律责任。电放是电报（或电传、电子邮件）放货的简称，是由托运人向船公司提出申请并提供相应保函后，要求船公司将某票货物在没有正本提单的情况下，凭电放提单放货给收货人。船公司接到托运人电放申请后，一方面签发电放提单给托运人，另一方面通知卸货港（目的港）代理，托运人指定的收货人可凭身份证明或托运人传真给收货人的、加盖收货人公章的电放提单传真件换取提货单提货。

如果船公司已经签发了提单，则申请电放前，托运人须将全套提单交回船公司；如果船公司尚未签发提单，则申请电放后，托运人便放弃了要求船公司签发提单的权利。

电放提单在实际业务中经常使用，那么什么情况下使用电放提单呢？有时，由于航程较短，提单还没来得及签出，或由于其他种种原因迟迟没有签出，货物就已经到港了，为避免货物在目的港产生滞港、仓储等费用，收货人往往要求托运人申请船公司电放。

（2）舱面提单（on deck B/L）。它又称甲板货提单，是指对装载在甲板上的承运货物所签发的提单。有些货物，如易燃、易爆、剧毒、体积较大的货物以及活牲畜等一般装载在甲板上。由于货物装载在甲板上风险较大，故托运人一般都向保险公司投保甲板险。承运人在签发提单时加注"货装甲板"（on deck）字样。

《海牙规则》规定，承运人对舱面货的损坏或灭失不负责任。因此，买方和银行一般都不接受舱面提单。在货物必须装载在甲板上的情况下，合同和信用证中应明确规定"允许货装甲板"的条款，这样的舱面提单方可结汇。但采用集装箱运输时，根据《汉堡规则》的

⊖ 无论正本提单还是副本提单，通常均标有"number of original B（s）/L：three"字样。

规定和国际航运的一般解释，装于舱面的集装箱是"船舱的延伸"，与舱内货物处于同等地位。

（3）过期提单（stale B/L）。过期提单是指由于航线较短或银行转递提单较慢或卖方延迟交单，致使船舶到达目的港时，收货人尚未收到的提单。

UCP600 第 14 条规定："受益人或其代表在不迟于本惯例所指的发运日之后的 21 个日历内交单，但是任何情况下都不得迟于信用证的截止日（有效期）。"因此，晚于提单签发日期 21 天后提交的提单，视为过期提单。除非信用证另有规定，银行不接受过期提单。为避免出现过期提单，经常采用提单的电放。

（4）预借提单（advanced B/L）。它是指信用证规定的最迟装运日期（the latest date of shipment）即将来临，而货物尚未装船或尚未装船完毕，为取得与信用证规定相符的提单，托运人要求承运人提前签发的已装船提单。预借提单是一种不合法的提单。

（5）倒签提单（antedated B/L）。它是指货物实际装船日期晚于信用证规定的最迟装运日期，但仍在信用证有效期内，若按实际装船日期签发提单，会造成单证不符从而无法正常结汇。承运人应托运人要求，在货物装船完毕后，按信用证规定的装运日期签发提单。这种提单称为倒签提单。倒签提单同样是一种不合法的提单。

注意：预借提单下货物实际上没有装船或没有装船完毕，而倒签提单下货物已经装船，只是日期提前到信用证规定的装运日期内。

4.2.2 航空运单

航空运单（air waybill，AWB）是作为承运人的航空公司或其代理人签发的运输单据，是承运人与托运人之间的运输契约，也是承运人收到货物后出具的货物收据。航空运单可作为核收运费的凭证以及海关查验放行的基本单据，同时还可作为保险凭证和承运人内部业务凭证。但航空运单不是物权凭证，不可转让。货物抵达目的地后，承运人或其代理人向航空运单上的记名收货人发出"到货通知"，收货人凭"到货通知"及身份证明提货。

航空运单正本（original）一式三份，副本（copy）一式六份，额外副本（extra copy）三份，共计 12 份。三份正本中，一份交发货人作为收货凭证；一份由承运人留存作为记账凭证；一份随货同行，在货物交付收货人时作为核发货物的依据。

航空运单分为两类：航空主运单和航空分运单。航空主运单（master air waybill，MAWB）是由航空公司签发的航空运单；航空分运单（house air waybill，HAWB）是集中托运人在办理集中托运业务时签发的航空运单。

4.2.3 铁路运输单据

铁路运输单据（rail transport document）是铁路承运人（rail carrier）与发货人（consignor）之间签署的一份运输合同（a contract of carriage），是证明承运人收到或接管了单据项下的货物并承诺按相关条款将货物运送到指定目的地并交付给收货人（consignee）的书面或电子文件。

铁路运输单据主要包括货物名称、包装件数及重量、收发货人的名称和地址等信息。它是运输合同，但不是物权凭证，也不是议付单据。这意味着铁路承运人不必凭正本铁路运输单据就可以直接把货物交给收货人。

国际铁路货物运输和国内铁路货物运输使用不同的铁路运输单据。国际铁路运输政府间组织（OTIF）管理下的《国际铁路货物运输合同统一规则》（原国际货约，*CIM*）和铁路合作组织（OSJD）管理下的《国际铁路货物联运协定》（国际货协，*СМГС*）使用的铁路运输单据也各不相同。

1. **OTIF 成员国铁路货物运输单据/国际货约运单**

国际铁路运输政府间组织（OTIF）成员国之间铁路货物运输，按《国际铁路货物运输合同统一规则》（*CIM*）办理，使用的运输单据，法语名称为 Lettre de voiture CIM，德语名称为 Frachtbrief CIM，英语名称为 CIM consignment note，中文名称为国际货约运单。运单有统一的格式，每一批货物对应一张单独的运单，每张运单对应的货物不多于一个车皮（厢）。运单须由发货人和承运人共同签章。

国际货约运单主要记载下列事项：①运单的签发地和签发日期；②发货人（consignor）名称和地址；③承运人（carrier）名称和地址，承运人负责草拟运输合同（the contract of carriage）；④收货人（consignee）名称、地址，收货人仅限于一个自然人或法人；⑤终到站名称或交货地点；⑥货物名称、包装方式，若属于危险货物，则适用于 RID 运单；⑦包装件数和包装标志，适用于货物不满一车皮（less than full wagon loads）时便于识别；⑧整车皮（厢）装载时，车皮（厢）的个数；⑨自有车厢（机车）的数量、皮重，适用于发货人自行装载的情形；⑩货物毛重或用其他方式表述的货物重量；⑪海关或其他行政部门要求提交的随附单证清单；⑫声明运单适用 CIM 条款。

国际货约运单上须印有 2～3 种语言，其中至少一种为 OTIF 官方工作语言（法语、德语或英语）。运单包括一式 5 联（five printouts）：

1）运单正本（original），随货物至到站交给收货人。

2）发票联（invoice）⊖，给缔约承运人；发票补充联，给中间接续承运人⊜。

3）货物到达通知单/海关（arrival note/customs），随货物至到站，交给目的地海关和目的地承运人（即最后将货物交付给收货人的承运人）。

4）运单副本（duplicate）和补充联，在运输合同缔结后，交给发货人（sender 或 consignor）。

5）发票副本（duplicate invoice），交给中间接续承运人。

2. **OSJD 成员国铁路货物运输单据/国际货协运单**

铁路合作组织（OSJD）成员国之间铁路货物运输，按《国际铁路货物联运协定》（*СМГС*）办理，使用统一式样的运输单据，俄语名称为 Накладная СМГС；中文名称为国际货协运单，英文名称为 SMGS consignment note⊜或 SMGS waybill。

国际货协运单通常记载下列事项：①发货人名称和地址；②收货人名称和地址；③承运人名称；④发站名称；⑤到站名称；⑥国境口岸站名称；⑦货物名称及代码；⑧批号；⑨包装种类；⑩件数；⑪重量（公斤）；⑫车辆（集装箱）号码，运送货物的车辆由何方提供

⊖ 相当于国际货协运单中的运行报单。

⊜ 国际铁路货物运输过程中，可能涉及多个承运人；与发货人缔结运输合同的承运人（缔约承运人）、将货物交付给收货人的承运人以及中间的接续承运人等。

⊜ SMGS 为俄语 СМГС 的拉丁转写；同样，SMPS 是俄语 СМПС 的拉丁转写。

（发货人或承运人）；⑬发货人附在运单上的随附文件清单；⑭运送费用的支付；⑮封印（数量、记号）；⑯确定货物重量的方法；⑰缔结运输合同的日期等。

必要时，运单还记载下列事项：①接续承运人名称；②发货人有关货物的声明；③港口附近的铁路车站和移交水运的港口；④《货物运送规则》所规定的其他信息。

国际货协运单通常包括一式六联（带编号），以及必要份数的运行报单（补充联，无编号）。其中：

1）运单正本。随同货物至到站交给收货人。运单正本既是铁路承运货物的凭证，也是交接货物、核收运杂费及处理索赔与理赔的依据。

2）运行报单。随同货物至到站，将货物交付收货人的承运人。

3）货物交付单。随同货物至到站，将货物交付收货人的承运人。

4）运单副本。运输合同缔结后，交给发货人。

5）货物接收单。缔约承运人留存。

6）货物到达通知单。随同货物至到站，交收货人。

7）运行报单（补充联）。给货物运送途中的承运人（接续承运人，将货物交付收货人的承运人除外），其份数由缔约承运人根据实际参与运输的承运人确定。

3. 国际货约/国际货协运单

国际货约运单（CIM consignment note）主要在国际铁路运输政府间组织（OTIF）成员国之间使用，官方工作语言为法语、德语和英语；国际货协运单（SMGS consignment note）主要在铁路合作组织（OSJD）成员国之间使用，官方工作语言为俄语和中文。

国际货约和国际货协属于不同的法律体系，两者在运送条件、运价、海关手续、车辆互用规则、铁路间财务清算等方面存在很多差异。

例如，我国是 OSJD 成员国，但不是 OTIF 成员国；德国是 OTIF 成员国，但不是 OSJD 成员国。我国的货物通过铁路（如中欧班列）运输到德国，该怎么办呢？

有两种办法：第一种是换单，即班列在进入欧洲（多数班列都是经波兰马拉舍维奇）时，办理转关手续，把国际货协运单（SMGS consignment note）换成国际货约运单（CIM consignment note），再开往目的地。回程班列同样，先在出欧边境站申报转关，将 CIM 运单换成 SMGS 运单，再驶向中国。第二种是使用国际货约/国际货协运单（简称 CIM-SMGS 运单或统一运单）。显然，第一种办法中频繁换单会导致费用增加、运输时间延长、单据（翻译等）错误风险增加、失窃风险增加，大大影响班列的运行效率。为解决换单问题、简化口岸联检手续、压缩作业时间，国际铁路运输政府间组织（OTIF）和铁路合作组织（OSJD）成立了联合工作组，制定了国际货约/国际货协运单，并于 2006 年 7 月首先在乌克兰试行，之后白俄罗斯、德国、捷克、乌克兰、波兰、俄罗斯等国与采用国际货约国家间办理铁路货物运输时，均采用国际货约/国际货协运单。

据测算，采用统一运单，每车皮（厢）可节省费用约 40 欧元，班列可减少停留时间 16 小时以上。

2012 年 10 月 31 日，中欧班列（重庆—杜伊斯堡）首次采用了国际货约/国际货协运单，并于 11 月 16 日抵达德国杜伊斯堡，中途没有进行换单，一票到底，试验取得了圆满成功。为推动国际货约/国际货协运单应用，简化中欧班列国际铁路联运手续，2017 年 9 月 7 日，中国国家铁路局（后改制为"国铁集团"）公布了《国际货约/国际货协运单指导手册》。

国际货约/国际货协运单由 6 张连续编号的 A4 纸组成（见表 4-1）。

表 4-1 国际货约/国际货协运单名称及领收人

运单各张		运单各张领收人
顺序号	名称	
1	运单正本	收货人
2	运行报单	向收货人交付收货人的承运人
国际货约 3 国际货协 3	运单副本	运输合同缔结后，交给发货人
4	货物交付单	国际货约－国际货协联运：向交付收货人的承运人 国际货协－国际货约联运：不使用
国际货约 5 国际货协 5	货物到达通知单/海关	国际货约－国际货协联运：收货人/海关 国际货协－国际货约联运：到达承运人/海关
6	货物发送通知单	国际货约－国际货协联运：发送承运人 国际货协－国际货约联运：不使用

资料来源：《国际货约/国际货协运单指导手册》。

从适用国际货协的国家发送货物时，发货人应编制补充运行报单，即国际货协缔约承运人两份，国际货协每个接续承运人各一份；从适用国际货约统一法律规定的国家发送货物时，补充运行报单由换装/换轮地的国际货协承运人编制，即使用运行报单复印件并加盖日期戳证明。

国际货约/国际货协运单的填写除可以使用中文、俄语外，还可以使用法语、德语和英语当中的一种。目前，我国印制的国际货约/国际货协运单，各栏名称使用中文、俄语和德语三种文字。

前面提及，一部分国际货约的成员国同时也是国际货协的成员国，我国发往这些国家的货物（班列）一般只使用国际货协运单，而不使用国际货约/国际货协运单（统一运单）。

4. 国内铁路运输——货物运单

出口货物经铁路运至港口装船或进口货物卸船后经铁路运往各地，属国内铁路运输范畴⊖，使用的运输单据为货物运单。货物运单是铁路运输企业（承运人）与托运人（发货人）之间订立的铁路运输合同（或运输合同的组成部分），通常载明下列内容：①托运人、收货人名称及其详细地址；②发站、到站及到站的主管铁路局；③货物名称；④货物包装、标志；⑤件数和重量（包括货物包装重量）；⑥承运日期；⑦运到期限；⑧运输费用；⑨货车类型和车号；⑩施封货车和集装箱的施封号码；⑪双方商定的其他事项。铁路运输企业（承运人），实行准入制度。

货物运单由承运人印制。托运人托运货物时，应填写规定格式的货物运单。货物运单一

⊖ 不同贸易术语项下，国内铁路运输环节有着不同的含义。如果出口货物采用 FOB 术语，卖方将货物以铁路运输方式运至港口装船，风险和费用在装船前由卖方负责，则国内铁路运输这个环节纯属卖方责任；如果出口采用 FCA 术语，卖方将货物交给铁路承运人就算完成交货义务，那么之后的国内铁路运输就作为国际货物贸易运输的环节之一，货物由铁路运输至港口装船，其间的风险由买方负责。

律以目的地收货人作记名抬头，至少一式两份。运单正本随货物同行，到目的地交收货人作为提货通知；运单副本交托运人作为收到托运货物的收据。在货物尚未到达目的地之前，托运人可凭运单副本指示承运人停运，或将货物运给另一个收货人。

按一批托运的货物，不能逐一将品名在运单内填记时，须另填物品清单一式三份，一份由发站存查，一份随同运输票据递交到站，一份退还托运人⊖。

4.2.4 邮包收据

邮政包裹收据（parcel post receipt）是邮政运输的主要单据。它是邮局收到托运人的邮包（货物）并由托运人付清邮费后所签发的凭证，也是收件人凭以提取货物（邮包）的凭证。当邮包发生损坏或丢失时，还可作为索赔和理赔的依据。

邮包收据仅仅是货物收据和运输合同证明，不是物权凭证。邮包收据一律记名抬头，由经办邮局盖戳后成为有效凭证。

4.2.5 多式运输单据

国际多式运输使用多式运输单据。多式运输单据（multimodal transport document，MTD 或 MMTD）是指按照多式运输合同，使用两种及以上不同运输方式，由多式运输经营人（multimodal transport operator，MTO）将货物从启运地运往目的地，承运人（多式运输经营人）向托运人签发的、声明对全程运输负责的单据。

多式运输单据因运输方式的不同而不同。通常情况下，多式运输中会包含海运（或内河运输），且海运在全程运输中占主导地位（main carriage）。在这种情况下，多式运输单据就成为多式运输提单（multimodal transport bill of lading）或者多式联运提单（combined transport bill of lading）⊖。

国际货物贸易运输是否构成多式运输或多式联运，与使用的贸易术语有关。下面通过一个例子来说明。

载货集装箱在中国沈阳（内陆城市）用集装箱车辆运送到大连港装船，运往韩国仁川（Incheon）港卸货，再通过火车运往目的地京畿道（Gyeonggi-Do，内陆城市），即第一程为公路运输（pre-carriage），第二程为海洋运输（main carriage），第三程为铁路运输（on-carriage）。

第一种情况，如果贸易术语采用 FCA Shenyang China，则买方负责全程运输，卖方在位于沈阳约定的交货点（假定为沈阳的某个集装箱堆场）将货物交给买方指定的承运人，该承运人向买方收取全程运费，负责全程运输。在这种情况下，承运人签发收货待运提单（received for shipment B/L）给卖方，或者应买方指示，承运人签发已装船批注提单（bill of lading with an on-board notation）给卖方（见第 3 章中关于对 FAC 贸易术语解释的相关内容）。无论是收货待运提单还是已装船批注提单，既可以是多式运输提单（multimodal transport B/L），也可以是多式联运提单（combined transport B/L）。

第二种情况，如果贸易术语采用 CPT（CIP）Gyeonggi-Do Korea，则与卖方签署运输合

⊖ http://www.95306.cn/.
⊖ 前面提及，严格意义上讲，联运提单（through bill of lading）不是一种多式运输单据。

同的第一承运人在约定的交货点（仍假定为上述的集装箱堆场）收到货物后，向卖方收取全程运费，负责全程运输，并向托运人签发多式运输提单（multimodal transport B/L）或者多式联运提单（combined transport B/L）。

第三种情况，如果贸易术语采用 FOB Dalian China，则第一程（沈阳至大连港段）由卖方负责，属于国内公路运输的范畴；或者采用 CFR（CIF）Incheon Korea，卖方承担第二程（大连港至仁川港段）的运费，海运承运人收取第二程运费后，签发多式联运提单（combined transport B/L）或港到港海运提单（port to port B/L）或联运提单（through B/L），仅对第二程（大连港至仁川港段）运输负责。因此，第三种情况都不属于多式运输的范畴。

国际多式运输中有时不包含海洋运输。例如，中国沈阳（内陆城市）的货物先用集装箱货车运往内蒙古边境城市满洲里（Manzhouli）（第一程），通过陆路口岸到达俄罗斯边境城市后贝加尔斯克（Zabaikalsk），之后通过铁路运输至卡雷斯克亚（Karymskoje）（第二程）。如果货物在沈阳交货（at the seller's premises），采用的贸易术语为 FCA Shenyang China，则第一程（沈阳至满洲里段）承运人收货后签发多式运输单据，收取全程运费，负责全程运输。如果贸易术语采用 FCA Manzhouli China，即货物在满洲里交给俄方承运人，直接装运到火车上，运往卡雷斯克亚（Karymskoje）（第二程），这种情况则不属于多式运输的范畴。

4.2.6 其他运输单据

根据联合国《国际公路货物运输合同公约》（Convention on the Contract for the International Carriage of Goods by Road），包括俄罗斯、德国在内的 44 个成员国之间国际公路货物运输采用 CMR consignment note，即 CMR 运单。CMR 是英文 Carriage of Merchandise by Road 的首字母缩写，有时又称为 ICN（International Consignment Note）。我国不是《国际公路货物运输合同公约》成员国。

为推进"一带一路"建设，我国于 2016 年 7 月 5 日正式加入联合国《国际公路运输公约》（简称《TIR》公约），成为《TIR 公约》第 70 个缔约国（截至 2024 年 1 月，共有 77 个缔约国）。TIR 是一个建立在联合国公约基础上的国际跨境货物运输领域的全球性海关便利通关系统，旨在通过简化通关程序和提高通关效率，促进全球贸易便利化水平，提升国际道路运输安全性，国际道路运输联盟（IRU）经联合国授权在全球管理 TIR 系统。在 TIR 系统中，运输企业只需向海关一次性提交相关运输数据，便可以完成直至目的地的全过程运输，全程不换车、不倒装、所有沿途海关无特殊情况无须对货物进行开箱检查，能够帮助企业平均节省 80% 左右的通关时间。以从广东深圳出发、经新疆都拉塔口岸出境，前往哈拉克斯坦首都阿拉木图的 TIR 运输车辆为例，全程 5200 多公里，仅需 6~8 天。

内河运输通常是海洋运输的延伸。货物出口前由内河运送，再经海洋运输到其他海港或内河；进口货物经海洋运输后进入内河继续前行，直到目的地。内河运输单据是指以出具提单、运单或其他任何内河运输贸易中使用的单据形式，证明内河运输合同和货物已经由承运人接管或者装船的运输单据。除以提单形式出具的内河运输单据外，其他运输单据一般不是物权凭证，不可流通转让。

案例 4-2

【案例回放】

2021年7月，我国海南省某贸易公司（以下简称 A 公司）与新加坡某私人有限公司（以下简称 B 公司）签署了一份购货合同，欲购进马来西亚产铁樟木 5000 立方米，单价为每立方米 230 美元 CFR 中国秀英港〇（USD230 per CBM CFR Xiuying port, China *Incoterms 2020*），总货值 115 万美元。合同规定采用不可撤销即期信用证付款，2021 年 9 月 15 日前装运，装货港为马来西亚槟城港（Penang, Malaysia），卸货港为中国海南秀英港。

A 公司按合同约定向我国有关部门申领了进口许可证，并按时通过中国银行海口分行（开证行）开立了以 B 公司为受益人的不可撤销即期信用证，信用证规定的最迟装运日期为 2021 年 9 月 15 日，信用证有效期为 2021 年 9 月 30 日。B 公司接到信用证通知后，未能按时交货，并以种种借口多次要求修改信用证的装运期和有效期。第一次，以货源不足为由要求 A 公司将信用证最迟装运日期延展至 2021 年 10 月 15 日，同时将有效期延展至 10 月 31 日；第二次，以下雨为由要求 A 公司再次将信用证最迟装运日期延展至 2021 年 11 月 5 日，有效期延展至 11 月 20 日；第三次，以木材未装完为由要求 A 公司再次延展信用证最迟装运期和有效期分别至 2021 年 12 月 15 日和 12 月 31 日，并加上"允许接受第三方单据"的条款。

A 公司急于想做成该笔交易，无奈之下一次又一次同意了 B 公司的改证要求。12 月 12 日，B 公司来电称拟将 5000 立方米铁樟木在马来西亚槟城港装"南汇"轮；12 月 14 日，B 公司再次发传真给 A 公司，说由于业务人员疏忽，船名"南汇"轮应为 M/V "ANANGEL GLORY" 轮，并声称 5000 立方米铁樟木已装船完毕，同时将提单（提单上标明装船日期为 12 月 13 日）、发票、重量单、装箱单、原产地证书、熏蒸证书等有关单据传真给 A 公司，并告知 A 公司上述装货的 M/V "ANANGEL GLORY" 轮预计 12 月 21 日抵达中国海南秀英港。A 公司随即将这批木材转卖给海南省某木材加工企业（以下简称 C 公司），并负责协助 C 公司办理货物清关手续。

根据 B 公司快递过来的有关单据，C 公司于 2021 年 12 月 21 日到海南秀英港迎船接货，但一连三天未见船货踪影，也没有收到有关该船将要抵达的消息。于是 C 公司和 A 公司以及其他外贸专业人士一起审核单据，通过仔细审核，发现了三大疑点：一是 B 公司提供的提单是在租船合同下签发的租船提单，而 5000 立方米铁樟木通常会采用班轮运输，提单应该是班轮提单；二是发票上的装船日期为 "about December 13, 2021"，装船日期应具体、明确，一般不能用 "about" 字样；三是装船速度令人生疑，12 月 12 日还是拟装载"南汇"轮，13 日就已装上了 M/V "ANANGEL GLORY" 轮。

A 公司立即委托中国银行新加坡分行通过国际海事局核实 B 公司提供的单据真伪。第二天得到答复：M/V "ANANGEL GLORY" 轮其间的确在马来西亚槟城港装货，但未装木材去中国海南省，而是装钢材去了泰国。至此真相大白，原来 B 公司提供的单据属于伪造，这是一起精心策划的诈骗案。A 公司立即通知中国银行海口分行停止对外付款，此时 B 公司已经从中国银行新加坡分行议付到货款，后者行使追索权，最终索回了已付的货款。

〇 中国海南省一港口名称。

【要点分析】

本案例系卖方伪造单据进行诈骗。由于信用证付款的特点是只要卖方提交的单据符合信用证要求，则银行必须付款。实际业务中，买方对卖方租船或订舱情况不了解，如果卖方恶意欺诈，而船公司又积极配合，很可能导致买方货款两空。

从本案例中，可以得到两点启示：一是要认真审核各种单据，善于鉴别单据的真伪。进口商一般有2~3天审核单据的时间，要与通知行一起仔细审核单证后再行付款。审核单据时，如发现任何可疑之处，都要提出质疑。本案中卖方多次展延信用证装运日期和有效期、载货船名含混不定、装船日期不能明确具体、装货速度超出预期等，都应引起买方注意。二是选用恰当的贸易术语以降低风险。

4.3 合同中的装运条款

国际货物买卖合同中涉及的装运条款主要包括装运日期、装货港（收货地）、卸货港和/或目的港（交货地）、分批装运和转运、装船指示和装船通知等内容。

4.3.1 装运日期

装运日期（date of shipment）又称装运时间（time of shipment）或交货期（date of delivery），是指卖方将合同规定的货物装上运输工具或交给承运人接管的期限。装运日期在信用证中被描述为"最迟装运日期"（latest date of shipment）。

装运日期是国际贸易合同中的一项重要交易条款。卖方能否按合同规定如期装运，直接关系到买方能否及时收到货物，以满足其生产、消费或转售需要。如卖方未按合同规定时间交货，除非不可抗力免责外，买方有权撤销合同，并要求卖方赔偿其损失。

1. 装运日期的规定方法

国际贸易合同中，对装运日期的规定一般有以下四种：

（1）明确规定具体装运日期。这种方法通常是在合同中订明具体的装运年份和月份。例如，装运日期：2022年5月（date of shipment: during May 2022）。

（2）规定在某月底或某日前装运。例如，装运日期：2022年7月底以前装运（date of shipment: before the end of July 2022）；2022年7月15日以前装运（date of shipment: before the July 15th 2022）⊖。

（3）规定跨月装运。例如，装运日期：2022年1/2月份装运（date of shipment: during Jan./Feb. 2022）。

（4）规定收到预付货款或信用证后若干天内装运。例如，装运日期：收到信用证后30天内装运（date of shipment: within 30 days after receipt of L/C）。在这种情况下，通常对信用证开立的日期要做明确约定。

2. 规定装运日期应注意的问题

（1）装运日期的规定要明确具体、可操作性强，对装运期限长短规定应适度，应根据不同货物租船或订舱的实际情况而定。装运期过短，会给船货安排带来困难；装运期过长也

⊖ 这里的装运应理解为合同项下的货物全部装上运输工具的时间或交由承运人监管的时间。

不合适,特别是采用卖方收到信用证若干天内装运的情况,会造成买方资金积压,影响资金周转。

(2) 应充分考虑货源和船源的实际情况,使船货衔接。如果货源尚不充足,盲目成交,交货期短,就可能出现届时不能按时交货,造成被动。如果对船源没有把握而盲目成交,有可能出现届时租不到船或订不到舱的被动局面。对这种有船无货、有货无船的情况,只有经过周密安排才可避免。

(3) 要根据不同货物和不同市场需求,合理规定交货期。例如,除非有妥善的装载工具和设备,易腐、易潮、易溶货物一般不宜在夏季、雨季出运。

4.3.2 装货港(收货地)、卸货港和目的港(交货地)

装货港(port of loading,POL)又称装运港(port of shipment),是指合同项下的货物装船的港口。

卸货港(port of discharge,POD)是指合同项下的货物卸离船舶的港口。

目的港(port of destination)是指运输货物的船舶最终停靠的港口。

卸货港和目的港有时是同一港口,有时不同。例如,进口贸易中,运输船舶将合同项下的货物在大连港卸下,但该船舶的最终目的港是上海港,因此卸货港为大连港,目的港为上海港;同样,出口贸易中,如果合同项下的货物在天津港装船,但船舶又驶往青岛港装运其他货物后出境,则装货港应为天津港。

1. 装货港和卸货港的规定方法

(1) 通常情况下,合同中应分别明确、具体地规定一个装货港和卸货港。例如,装货港:中国大连;卸货港:日本东京(port of loading:Dalian, China; port of discharge:Tokyo, Japan)。

(2) 不明确规定具体的港口名称。有时为了特殊需要,磋商交易时买卖双方都有可能不使用具体的港口名称。如果卖方在交易磋商时货源尚不充足或货源较为分散,装货港就不确定。例如,装货港:欧洲主要港口(port of loading:European main port)⊖。买方也会出现磋商交易时具体的消费用户尚不确定,从而卸货港待定的情况。例如,卸货港:加拿大任意港口(port of discharge:any port in Canada)等。这种情况在实际业务中经常出现。

(3) 规定两个或两个以上的装货港或卸货港。有时根据实际业务需要,双方在合同中规定两个或以上的装货港或卸货港。例如,装货港:大连/天津/青岛(port of loading:Dalian/Tianjin/Qingdao);卸货港:伦敦/利物浦/曼彻斯特(port of discharge:London/Liverpool/Manchester)。相对于上述两种规定方法,选择港的使用较少。

2. 确定装货港和卸货港的注意事项

(1) 依据我国对外政策的相关规定,出口时选择政策允许往来的港口作为国外的装卸港。

(2) 对国外装卸港的规定应力求具体明确。尽管实际业务中,不明确规定具体港口名称的做法比较普遍,但提倡尽量具体明确国外装卸港。因为各港距离远近不一、条件各异,基本运费和附加运费相差很大。

⊖ European main port 通常缩写为 EMP。

(3) 必须注意国外装卸港口的具体运输和装卸条件。例如，有无直达班轮，是否是基本港，港口装卸条件，以及运费、附加费的标准等。

(4) 应特别注意国外港口有无重名的情况。世界各国港口重名的现象很多，如仅名称为维多利亚（Victoria）的港口世界上就有包括喀麦隆、加拿大、智利、马耳他等多个国家拥有，多达十几个。为防止误解，引起不必要的纠纷，应在合同中订明港口所在的国家或地区，如"悉尼港，澳大利亚（Sydney port，Australia）"或"悉尼港，加拿大（Sydney port，Canada）"。

除海洋运输涉及装货港、卸货港、目的港外，其他运输方式下涉及收货地（place of receipt）和交货地（place of delivery）。

4.3.3 分批装运和转运

分批装运和转运直接关系到交易双方的利益，它不仅是国际贸易合同中运输条款的重要内容，同时也是信用证的重要条款之一。

1. 分批装运

分批装运（partial shipment）是指一笔成交的货物先后分若干批或若干期装运。在大宗货物或成交数量较大的交易中，买卖双方根据货源情况、运输条件以及市场销售情况在合同中规定分批装运条款。合同中分批装运条款的规定方法主要有以下两种：

(1) 只规定允许或不允许分批装运，而对允许分批装运的具体批次、时间和每批装运数量均不做具体规定。例如，"分批装运：允许/不允许"（Partial shipment: allowed/not allowed⊖）。

(2) 具体规定分批装运的时间和数量。例如，"3~6月分四批，每月平均装运"（shipment during March to June in four equal monthly lots）。

关于分批装运，UCP600 第31条规定"如无相反约定，则允许分批装运"；又规定"使用同一运输工具，并经由同次航程运输的数套运输单据在同一次提交时，只要显示相同目的地，将不视为分批装运，即使运输单据上表明的装运日期不同或装货港、接管地或装运地点不同。如果交单由数套运输单据构成，其中最晚的一个装运日将被视为装运日"；还规定"含有一套或数套运输单据的交单，如果表明在同一种运输方式下经由数个运输工具运输，即使运输工具在同一天出发运往同一目的地，仍将被视为分批装运"。同时，根据国际贸易惯例，凡国际贸易合同中未明确规定不允许分批装运的，则视为允许分批装运。

2. 转运

转运（transshipment）在海运方式下称为转船，是指货物从装运港（装运地）至卸货港（卸货地）的运输过程中从某一运输工具上卸下并换装上另一运输工具的行为，而不管换装前运输方式如何。换句话说，转运既可以在相同的运输方式下进行，如从一艘轮船转至另一艘轮船；也可以在不同的运输方式下进行，如从轮船上卸下，换装到一辆汽车上等。

一般来说，转运对卖方较为方便，但会增加费用支出。货物需要转运的主要原因通常有：装货港至卸货港无直达船舶；卸货港是非基本港，在运价表中没有规定定期挂靠；有中

⊖ "not allowed"（不允许）在信用证中也经常用"prohibited"（禁止）来表述。

间商参与的国际货物买卖或属于多式运输或联运货物等。

合同中的转运条款和分批装运条款类似，通常仅规定允许或不允许。例如，"转运：允许/不允许"（transshipment：allowed/not allowed）。

关于转运，UCP600 第 19 条规定，即使信用证禁止转运，银行对"注明将要或可能发生的转运的运输单据仍可接受"。

4.3.4 装船指示和装运通知

装船指示是买方或卖方向承运人提供的，包含装载货物详细信息及装载、运输要求，并指示承运人按要求装载货物的文件，是承运人起草提单（B/L）的重要依据。装运通知通常是在买方自己办理保险的情况下，货物装船后由卖方向买方发出的、表明货物已装载完毕的通知，便于买方及时投保。

1. 装船指示

装船指示又分为两类。一类是由买方（收货人）提供给承运人的，称为装船指示（shipping instruction, SI, 又称装载指示）（a shipping instruction is a document, provided by a customer to the carrier, containing details of the cargo to be shipped and the requirements for its physical transportation）。在 FOB 或 FAS 术语项下，买方负责订舱（或租船），而班轮运输条件下货物装卸实际由船公司（承运人）来完成，因此买方会将货物的具体信息以及装载运输要求发送给船公司（承运人），以便船公司根据货物的实际情况和配载要求进行装载。

另一类是托运人提供给承运人的。在 CFR 或 CIF 术语项下，卖方负责订舱（又称订船）和备货，船公司（承运人）负责装船，在这种情况下需要卖方（或托运人）把货物的相关信息及装载要求填写好，并提供给承运人。这类装船指示称为托运人装船指示（shipper's letter of instruction, SLI）（The shipper's letter of instruction is a document that the shipper (person or company that is sending the goods) provides to the freight forwarder (the company who transports the goods) where are stated the characteristics and requirements of the cargo, the contact person for any questions concerning the cargo or the export itself and the reason for the export.）。

无论是买方提供给承运人的装船指示，还是卖方提供给承运人的托运人装船指示，其主要内容包括订单号或提单号码（booking number or B/L number）、提单的当事方（包括托运人、收货人和被通知方）（B/L parties including shipper, consignee, and notify party）、船名及/或航次（vessel or voyage or both）、收货点（place of receipt）、装货港（port of loading）、卸货港（port of discharge）、最终目的地（final destination）、集装箱号码（container number）、封箱号（seal number）、运输标志（shipping mark）、货物描述（cargo description）、数量（quantity）、重量和体积（weight and measurement）、提单类型（B/L type）、运费预付或运费到付（payment terms/freight prepaid or collect）、货代提单号码和信息（house bill of lading (HBL) number and information）等。

根据不同的划分依据，装船指示又可分为拆分装船指示（split shipping instructions）、合并装船指示（merge shipping instructions）、货代提单装船指示（house bill of lading shipping instructions）以及部分装载装船指示（part-load shipping instructions）等。

有时，买方在向船公司（承运人）发出装船指示的同时，也会通知卖方配合做好船、货衔接工作。示例如下：

August 25th, 2022

Dear Sirs,

Re: Your Sales Confirmation No. C215 covering 4,000 Dozen Shirts

We have for acknowledgement your letter dated 19th August in connection with the above subject.

In reply, we have the pleasure of informing you that the confirmed, irrevocable Letter of Credit No. 7654, amounting to €3,500 has been opened this morning through the District Bank, Ltd., Manchester. Upon receipt of the same, please arrange shipment of the goods booked by us without the least delay. We are informed by the local shipping company that S/S "Browick" is due to sail from the loading port above to our port or about the September 10th and, if possible, please try your best to ship by that steamer.

Should this trial order prove satisfactory to our customers, we can assure you that repeat orders in increased quantity will be placed.

Your close cooperation in this respect will be highly appreciated. In the meantime, we await your **shipping advice** by fax.

Yours truly,

2022 年 8 月 25 日

您好！

事由：关于第 C215 号销售确认书项下的 4000 打衬衫

贵公司 8 月 19 日有关上述交易来函收悉。

作为答复，我们很荣幸通知贵公司，保兑的、不可撤销的、编号 7654、金额为 3500 欧元的信用证，已于今天上午由曼彻斯特 District 银行开出。收到信用证后，请尽快安排装运我方订购的货物。当地一家船公司通知我方，"Browick"号轮船将于 9 月 10 日左右从上述装货港驶往我方港口，如可能，请尽量安排货装该船。

倘若我方客户对本次试订单感到满意，可以保证，在接下来的续订单中会增加订购数量。

感谢您的密切合作！同时，期待收到贵公司通过传真发来的**装运通知**。

顺祝商祺！

2. 装运通知

装运通知又称装船通知（shipping advice/declaration of shipment），是指卖方在合同项下的货物装船完毕后，向买方发出的有关货物业已装妥的通知，目的主要是便于买方及时对货物进行保险并做好接货准备。装运通知一般包括下列内容：装载货物的名称、数量、船名、航次、运输唛头、装运港、卸货港和目的港、预计离港时间（estimated time of departure, ETD）、预计到达时间（estimated time of arrival, ETA）等。

在 FOB 和 CFR 条件下，货物装船后，卖方应及时向买方发出装运通知，以便买方及时办理货物运输保险。如果由于卖方未能及时通知而使买方漏保，造成的损失由卖方承担。

合同中装运通知的规定示例如下：

Shipping advice: The Seller shall, within 2 working days after shipment, advise the Buyer by fax (E-mail) of the Contract no., commodity, quantity, invoiced value, gross weight, name of vessel, date of B/L and B/L number, estimated time of departure (ETD), estimated time of arrival (ETA) etc.

（装运通知：货物装船后2个工作日内，卖方应以传真（或电子邮件）方式通知买方合同号码、货物名称、数量、发票金额、毛重、船名、提单签发日期及提单号码、预计开航日期、预计到达时间等相关信息。）

本章延伸阅读

1. 干港

干港（dry ports）又称陆港，是靠近海港的铁路或公路运输终端（terminal），可以与一个或多个集装箱港口有直接的铁路或公路连接，提供专业集装箱火车/货车运送出口/进口货物，并且由干港的海关负责结关，相当于集装箱货运站（CFS）或集装箱堆场（CY）。干港负责处理拼装和整装货物，拥有海港所能提供的所有设施和物流服务。

2. 集装箱货物的交接方式

（1）从货运量的角度，集装箱货物的交接方式可以分为：

1) 整箱交/整箱接（FCL/FCL）。该方式是指发货人整箱交货，收货人整箱接货。
2) 拼箱交/拆箱接（LCL/LCL）。该方式是指发货人拼箱交货，收货人拆箱接货。
3) 整箱交/拆箱接（FCL/LCL）。该方式是指发货人整箱交货，收货人拆箱接货。
4) 拼箱交/整箱接（LCL/FCL）。该方式是指发货人拼箱交货，收货人整箱接货。

（2）按买卖双方对交接地点的安排，集装箱货物的交接方式可以分为：

1) "门到门"（door to door）交接方式⊖。该方式是指运输经营人由发货人的工厂或仓库接收货物，负责将货物运至收货人的工厂或仓库交付。在这种交接方式下，货物的交接形态都是整箱交接。

2) "门到场"（door to CY）交接方式。该方式是指运输经营人在发货人的工厂或仓库接收货物，并负责将货物运至卸货港码头堆场或其内陆堆场，在堆场向收货人交付。在这种交接方式下，货物也都是整箱交接。

3) "门到站"（door to CFS）交接方式。该方式是指运输经营人在发货人的工厂或仓库接收货物，并负责将货物运至卸货港码头的集装箱货运站，或其在内陆地区的货运站，经拆箱后向各收货人交付。在这种交接方式下，运输经营人一般以整箱形态接受货物，以拼箱形态交付货物。

4) "场到门"（CY to door）交接方式。该方式是指运输经营人在码头堆场或其内陆堆场接收发货人的货物（整箱），并负责把货物运至收货人的工厂或仓库，向收货人交付。

5) "场到场"（CY to CY）交接方式。该方式是指运输经营人在装货港的码头堆场或其内陆堆场接受货物（整箱），并负责运至卸货港码头堆场或其内陆堆场，在堆场向收货人交付（整箱）。

⊖ "门"是指发货人或收货人的工厂或仓库；"站"是指集装箱货运站（CFS）；"场"是指集装箱堆场（CY）。参见本书第4.1.5小节相关内容。

6)"场到站"(CY to CFS)交接方式。该方式是指运输经营人在装货港的码头堆场或其内陆堆场接受货物（整箱），并负责运至卸货港码头集装箱货运站，或其在内陆地区的集装箱货运站，一般经拆箱后向收货人交付。

7)"站到门"(CFS to door)交接方式。该方式是指运输经营人在装货港码头的集装箱货运站或其在内陆的集装箱货运站接收货物（经拼箱后），负责运至收货人的工厂或仓库交付。在这种交接方式下，运输经营人一般以拼箱形态接收货物，以整箱形态交付货物。

8)"站到场"(CFS to CY)交接方式。该方式是指运输经营人在装货港码头集装箱货运站，或其在内陆地区的集装箱货运站接收货物（经拼箱后），负责运至卸货港码头或其在内陆地区的堆场交付。在这种方式下，货物的交接形态同"站到门"交接方式。

9)"站到站"(CFS to CFS)交接方式。该方式是指运输经营人在装货港码头的集装箱货运站，或其在内陆地区的集装箱货运站接收货物（经拼箱后），负责运至卸货港码头集装箱货运站，或其内陆地区的集装箱货运站，经拆箱后向收货人交付。在这种方式下，货物的交接形态一般都是拼箱交接。

以上交接方式中，除装货港码头堆场（或装货港码头的集装箱货运站）到卸货港码头堆场（或卸货港码头的集装箱货运站）的交接方式适用于单一海运方式（包括海上转运）外，其他交接方式都是集装箱货物多式联运下的交接方式。

3. 其他运输方式

除海洋运输、航空运输、铁路运输、邮政运输、集装箱运输、国际多式联运等运输方式外，国际贸易货物运输还涉及公路运输、内河运输、管道运输、陆桥运输等。

(1) 公路运输。公路运输（road transport）又称陆路运输，是国际货物贸易中的基本运输方式，具有操作灵活、简捷方便的特点。对于少量的日用商品和一些散装货物，公路运输是理想的选择。公路运输既是一个独立的运输体系，也是车站、港口和机场集散货物的重要手段。有时，公路运输是连接铁路、水路、航空等运输方式不可缺少的条件，"门到门"运输服务的提供就离不开公路运输。

我国和尼泊尔、缅甸之间的货物运输通常采用公路运输。如果公路运输用于国内，则是指用于内地集散各种进出口货物，如出口货物从沈阳经高速公路运至大连港，再装船运往目的港等。

(2) 内河运输。内河有的是人工运河，有的是天然河道，后者又称为内陆水路。内河运输（inland water-way transport）是水上运输的组成部分，具有投资少、成本低、风险小的特点，其运量要看河流的大小。内河运输是连接内陆腹地和沿海地区的纽带，也是边疆地区与邻国边境河流的连接线。内河运输在国际贸易货物运输中同样起着比较重要的作用，如我国沿长江流域的国际贸易货物运输通常经由长江运送，这样既节省成本，又节约时间。

(3) 管道运输。管道运输（pipeline transport 或 tubing transport）是一种特殊的运输方式。与普通货物的运输方式完全不同，普通货物是随着运输工具的移动被送达目的地，而管道运输的运输工具就是管道本身，是固定不动的，它是运输工具和运输通道合二为一的运输方式。管道运输主要适用于输送液体和气体货物。现代管道的管径和气压泵功率都有了很大增加和提高，不仅可以输送原油、成品油、天然气和气体物品，还可以输送矿砂、碎煤浆等货物。

管道运输的优点是输送成本低，24小时可用且维护费用低，不产生噪声或有害气体，与其他运输方式相比更加环保；缺点是建设管道系统的成本较高，输送货物的种类受限制。

管道运输在美国的作用尤其突出，约占全部货物运输比例的8%。此外，管道运输作为一种低成本货运方式，在石油和天然气领域作用显著。欧洲和石油输出国组织（OPEC）的石油、天然气主要依赖管道运输。同样，在俄罗斯、乌克兰、白俄罗斯、匈牙利、斯洛伐克、捷克、波兰，石油和天然气的运输也主要依靠管道。截至2021年年底，全球在役管道总里程约202万千米，其中天然气管道约135万千米，原油管道约40万千米，成品油管道约27万千米。截至2022年年底，我国长输油气管网总里程约18万千米，其中原油管道约2.8万千米，成品油管道约3.2万千米，天然气管道约12万千米。不少油田的管道与海港相通，我国从俄罗斯进口石油、天然气以及向朝鲜出口石油主要就是通过管道运输完成的。

（4）陆桥运输。陆桥（land-bridge）是指以陆地作为桥梁，将海洋连接起来，以实现"海—陆—海"或"海—陆""陆—海"的连贯运输方式。陆桥运输又分为大陆桥运输、小陆桥运输以及微型陆桥运输等。

1）大陆桥运输。大陆桥运输（land-bridge transport）是指以横贯大陆的铁路和公路运输系统作为中间桥梁，把大陆两端的海洋运输连接起来的连贯运输方式。从形式上看，它是"海—陆—海"的连贯运输。采用集装箱运输是开展大陆桥运输的最佳形式。

世界上的大陆桥主要有三条：北美大陆桥、西伯利亚大陆桥和新亚欧大陆桥。

① 北美大陆桥（North American Land-bridge）是世界上第一条大陆桥，包括美国大陆桥和加拿大大陆桥。目前，北美大陆桥已经基本上处于停用状态。

② 西伯利亚大陆桥（Siberian Land-bridge，SLB）是世界上最著名的国际集装箱联运线路之一，通过苏联西伯利亚铁路，把远东（Far East）、东南亚和澳大利亚与欧洲、中东地区连接起来，因此又称第一亚欧大陆桥。西伯利亚大陆桥于1971年由全苏对外贸易运输公司正式确立。目前使用这条大陆桥运输线的经营者主要是日本、中国和欧洲各国的货运代理公司。其中，日本出口欧洲杂货的约1/3、欧洲出口亚洲杂货的约1/5是通过这条大陆桥运输的。

③ 新亚欧大陆桥，又称第二亚欧大陆桥，是指东起太平洋西岸连云港、日照等我国东部沿海港口，途经山东、江苏、安徽、河南、陕西、甘肃、青海、新疆8个省、自治区，65个地、市、州的430多个县、市，至新疆阿拉山口出境，最终抵达大西洋东岸荷兰的鹿特丹（Rotterdam）、比利时的安特卫普（Antwerp）等港口，全场10900余千米。其中，我国国内部分为陇海（江苏连云港至甘肃兰州）、兰新（甘肃兰州至新疆乌鲁木齐）线。1990年，随着我国新疆阿拉山口至哈萨克斯坦阿拉木图的铁路贯通后，第二亚欧大陆桥全线贯通并投入使用。

2）小陆桥运输。小陆桥（mini-land-bridge，MLB）运输是相对大陆桥运输而言的。将大陆桥运输的"海—陆—海"缩短一段海上运输，成为"海—陆"或"陆—海"运输方式，这便构成了小陆桥运输。例如，货物从远东（Far East）地区经海运运至美国西海岸港口，再以铁路或公路运至美国东部大西洋口岸或美国南部的墨西哥湾口岸。这相当于以陆地（铁路或公路）作为桥梁，把远东地区同美国东海岸或墨西哥湾连接起来。又如，日本出口北美的货物也往往从日本港口经海运至美国、加拿大西部港口卸下，再换装铁路集装箱专列或汽车运至北美东海岸和加勒比海区域。

小陆桥运输的优点在于缩短运输时间、节省运输费用，同时可以享受集装箱专用列车优惠价格，从而进一步降低运输成本。

3）微型陆桥运输。微型陆桥（micro-land-bridge）比小陆桥更短，它不通过整条陆桥，而只利用了陆桥的一部分，故又称为半陆桥（semi-land-bridge）运输。例如，从远东地区去往美国中东部内陆城市的货物，便可采用微型陆桥运输，使用联运提单，经美国西海岸港口，利用集装箱货车或铁路运输方式将货物运至美国内陆城市。这对位于中东部内陆城市的收货人特别方便，他们无须派人去西部港口办理报关、提货及办理国内运输的托运手续，而只要在当地办理海关手续即可提货。所以，微型陆桥运输比小陆桥运输更具灵活性，节约了运输时间，节省了运费。

(5) OCP 运输。OCP 是"overland common points"的缩写，意为"内陆公共点"或"内陆共同点"，是一种特殊的运输方式。其中，"内陆"是以美国落基山脉为界，除界西紧临太平洋的美国西部九个州外，界东（包括北达科他州、南达科他州、内布拉斯加州、科罗拉多州、新墨西哥州及其以东）的广大地区划为内陆地区，适用 OCP 运输。所有经美国西海岸运往这些地区（或反向）的货物，称 OCP 货物，并享有 OCP 运输的优惠费率。

OCP 运输只适用于美国和加拿大东部区域，因此货物的最终目的地必须属于 OCP 地区范围。

例如，我国出口货物从大连港装船，经美国西海岸主要港口，如长滩（Long Beach）至东部俄亥俄州，则应在合同中注明：装货港：中国大连；目的港：美国长滩；目的地：俄亥俄州（port of loading：Dalian, China; port of destination：Long Beach, USA; OCP Ohio）。

4. 提单的签发

货物装船后，托运人从承运人（船公司或货代）那里得到提单，之后持提单去银行办理结汇；在卸货港，收货人用提单从承运人那里换取提货单，凭以提货。那么，提单是如何签发出来的呢？

(1) 承运人每月都会发布出口船期表（export vessel schedule），表内有航线、船名、抵港日期，截止收单期以及挂靠的港口等信息。

(2) 托运人填制订舱委托书（booking note），连同要求的商业发票、装箱单等必要单据，在截止收单期前交承运人，作为订舱依据。承运人根据实际情况，如接受订舱委托则在托运单上填写船名、航次，并签名，表示已经确认托运人的订舱委托。同时，将配舱回单、装货单等与托运人有关的单据退还给托运人。

(3) 承运人签发装货单（shipping order, S/O）。装货单又称场站收据（dock receipt, D/R）。

(4) 托运人持承运人签发的装货单，填制出口货物报关单，并连同商业发票、装箱单等海关要求的其他单证一起办理货物出口通关手续。

(5) 海关根据有关规定对出口货物进行查验，如同意出口，则在装货单上签盖放行章，并将装货单退还给托运人。

(6) 船舶抵达装货港后，托运人持海关盖章的装货单，要求承运人装货。

(7) 货物装船完毕，承运人签发"大副收据"（mate's receipt, M/R）（又称收货单）交给托运人。

(8) 托运人凭大副收据向承运人缴付运费后换取正式提单（bill of lading, B/L）；如果是运费到付，则货到后，由收货人持提单缴付运费后换取提货单提货。

5. 提单的背书

提单背书是指在提单背面记载有关事项以转让提单权利。它通常有两种方式：空白背书和记名背书。空白背书是指背书人在提单背面签章，而不注明被背书人的名称；记名背书是指背书人除在提单背面签章外，还须注明被背书人的名称。记名背书的提单如需再转让，必须再加背书。实际业务中使用最多的是收货人一栏为"to order"（凭指示），且为空白背书的提单。这种提单习惯上称为"空白抬头、空白背书"提单。

6. 多式联运提单和联运提单

多式联运提单和联运提单具有相同之处，但也有本质区别，主要表现在以下几个方面：

（1）性质不同。根据多式运输单据的定义，"多式运输单据（multimodal transport document）是指按照多式运输合同，使用两种及以上不同运输方式，由多式运输经营人（multimodal transport operator，MTO）将货物从启运地运往目的地，承运人（多式运输经营人）向托运人签发的、声明对全程运输负责的单据"。多式联运提单（combined transport bill of lading）是多式运输单据的一种，而联运提单由于签发提单的承运人仅对自己运输的一段负责，因而不属于多式运输单据的范畴。

（2）运输方式不同。两者都是两种及以上不同运输方式，同时包含了海运（或内河水运）。但多式联运提单强调运输过程包含了海运（或内河水运），且海运（或内河水运）在全程运输中占主导地位（main carriage），初始或最后一小段公路运输占次要地位；联运提单强调运输方式是海运和其他运输的组合，且第一程必须为海运，如海—海、海—空、海—陆等。

（3）提单签发人不同。多式联运提单的签发人是多式运输经营人（MTO）或其授权人（包括shipping lines，freight forwarders，NVOCC等）。多式运输经营人可以是实际承运人，也可是无船承运人，而联运提单由承运人或其代理人签发。

（4）提单签发人的责任不同。多式联运提单下，多式运输经营人（第一承运人）收取全程运费，签发包括全程运输的提单，全程无须托运人参与，其责任从接管货物时起到向收货人交付货物时止。在此期间，第一承运人对全程运输负责，而不管之后有几个分承运人。联运提单的签发人往往是海运承运人（the sea carrier），且其在运输合同中声明其仅对自己运输的一段负责。

（5）签发提单的种类可能不同。多式联运提单可以是已装船提单（或已装船批注提单），也可以是收货待运提单（举例见第4.2.5小节）。而联运提单通常是货物装船后，由第一承运人签发的包括全程运输的提单（但对自己运输的一段负责），属于已装船提单。

实际业务中，国际多式运输常常包含海洋（或内河）运输，且海运在全程运输中占主导地位。在这种情况下，多式运输提单（multimodal transport bill of lading）就成为多式联运提单（combined transport bill of lading），而联运提单（through bill of lading）比较少见。常见海运提单的标记如下：bill of lading, multimodal transport bill of lading, for multimodal transport or port to port shipment, combined transport bill of lading; port to port or combined transport bill of lading 等。

7. 海运单

（1）海运单的定义、性质及作用。海运单（sea waybill，SWB）是证明海上货物运输合同成立和货物由承运人接管或装船，以及承运人保证据以将货物交给指定收货人的不可转让的单证。

英国1992年《海上货物运输法》第1条第3款对海运单定义如下：海运单是指不属于海运提单的任何单证，是一种包含或证明海上货物运输合同的货物收据，而且载明承运人是根据该项运输合同向收货人交付货物的人。

海运单与海运提单（bill of lading，B/L）最大的区别在于，海运单不是货物所有权凭证，因而不能背书转让。美国相关法律明确指出，海运单是一份记名的海运提单。由于收货人已事先确定，海运单无法再进行转让，收货人提货凭证也不再是海运单，而是到货通知或其身份证明。

海运单的作用表现为：①海运单是承运人接收货物或装船的收据。②海运单是海上运输合同或证明。

（2）海运单的产生背景。早在16世纪，海运提单（bill of lading，B/L）就已开始应用，长期以来，其作为运输契约、收货凭证和物权凭证的三大职能得到了广泛认可。运单（waybill）则是适应铁路、公路和航空运输而在提单之后逐一出现的。运单的作用不及提单，它不是物权凭证。

海运提单操作比较复杂，特别是其作为结汇单据在银行间的流转时间较长，而在运输和装卸效率大为提高的今天，因货到而提单未到，致使收货人不能及时提货的情况时有发生。有时在收货人的强烈要求下，承运人不得不在其提供保函的情况下无单（提单）放货。前者使货主无法受益于现代运输提供的快速服务，后者则给承运人带来了额外风险。鉴于上述原因，在一些协会的倡导下，20世纪70年代后期，欧洲、北美等地开始试行以海运单替代海运提单作为结汇的附属票据。

海运单特别适用于不涉及支付的货物运输、收货人是托运人的国外分支机构或联营公司或代理人的情况，以及各种非信用证贸易的情况。随着国际贸易形式的多样化，货主要求在选择使用海运提单或海运单方面具有更大的自主权。

（3）海运单的形式与内容。在形式上，海运单也是一种书面凭证，由承运人签发，分正面内容和背面条款。通常海运单只签发一份正本，但经托运人请求，也可签发两份及以上正本。在内容上，海运单的所有条款均属承运人和托运人双方共同的意思表示，其正面通常标明"non-negotiable"（不可流通）字样。海运单的正面内容与海运提单基本一致，只是"收货人"一栏是记名的，不能做成指示性抬头。海运单的背面条款与提单的背面条款类似。但有些海运单背面条款中没有关于承运人责任、义务与免责的规定，只是载明一个参照某种运输条件或提单的条款。

（4）海运单的优点。海运单仅涉及托运人、承运人和收货人三方，程序简单、操作方便。海运单是一种安全凭证，它不具备流通、转让性，可避免单据遗失或伪造提单产生的后果。海运单不是物权凭证，扩大海运单的使用，可以为推行电子提单提供借鉴。

8. 装卸时间、装卸率、滞期费和速遣费

由于装卸时间长短直接关系到船舶所有人的经营效益，在租船运输的条件下，货物的装卸由租船人负责，船舶所有人对装卸货物的时间通常要做出明确具体的规定。若租船人未能在约定的装卸时间内装卸完毕，需要延长船舶在港停靠时间，既影响船舶周转，又增加港口费用；若租船人提前完成装卸任务，将缩短船舶在港停泊时间，加快船舶周转，减少费用支出，对船舶所有人来说是有利的。而班轮运输条件下，货物的装卸由承运人负责，因此不存在装卸时间、装卸率、滞期费和速遣费的问题。

（1）装卸时间。装卸时间是指针对某一具体货物的装卸所规定的时间。有关装卸时间的规定主要有下列几种：①日（days）或连续日（running days 或 consecutive days）。"日"或"连续日"是指不扣除周末和节假日，每天 24 小时。②工作日（working days）或晴天工作日（weather working days）。"工作日"是指每周扣除周末和节假日，每个工作日按 8 小时计算。"晴天工作日"则还要扣除不适宜装卸的刮风下雨等的"坏天气"。③累计 24 小时工作日（working days of 24 hours）。即不管港口作业几小时，均以累计达 24 小时才算一个工作日。④连续 24 小时晴天工作日。这种方法国际上使用最多，是指在天气适宜装卸的情况下，每累计工作 24 小时算一个工作日。

（2）装卸率。装卸率即每日装卸货物的数量。装卸率的具体规定一般应按港口习惯确定。装卸率规定过高，租船人就要承担滞期费的损失；规定过低，装卸速度慢，船舶在港时间长，就会增加费用。因此，装卸率的规定应适当。

（3）滞期费和速遣费。滞期费（demurrage）是指在规定的装卸期限内，租船人未完成装卸作业，给船舶所有人造成经济损失，由租船人向船舶所有人支付的罚金。速遣费（dispatch money）是指在规定的装卸期限内，租船人提前完成装卸作业，使船舶所有人节省了船舶在港的费用开支，船舶所有人向租船人支付的奖金。按惯例，速遣费一般为滞期费的一半。

本章主要参考文献

[1] 李贺．国际货物运输与保险：应用　技能　案例　实训［M］．3 版．上海：上海财经大学出版社，2019.

[2] 栗丽．国际货物运输与保险［M］．6 版．北京：中国人民大学出版社，2020.

[3] 徐景霖，李勤昌．国际贸易实务［M］．11 版．大连：东北财经大学出版社，2020.

[4] 陈岩．国际贸易理论与实务［M］．5 版．北京：清华大学出版社，2021.

[5] 布朗奇．国际贸易实务：第五版［M］．孔雁，蔡荣生，译．北京：清华大学出版社，2007.

[6] 冷柏军．国际贸易实务［M］．3 版．北京：中国人民大学出版社，2020.

[7] 徐春祥，等．国际贸易实务［M］．2 版．北京：机械工业出版社，2018.

[8] 徐春祥．国际贸易实务习题与参考答案［M］．北京：机械工业出版社，2014.

本章数字资源

依次为班轮船期表、订舱委托书、装货单、场站收据、大副收据/收货单、海运提单（正本提单 1、正本提单 2、副本提单）、多式运输提单、联运提单、提货单、电放提单、电放保函、航空主运单、航空分运单、运单（国际货约运单正本、国际货协运单正本、国际货约/国际货协运单（正本））、装船指示、装运通知。

第5章

国际货物贸易运输保险

 本章阅读提示

不论是国际贸易货物还是国内贸易货物,都需要一个运输过程才会从卖方交到买方手中。在运输过程中,货物有可能遇到自然灾害或意外事故从而导致损失。货物运输保险是以运输途中的货物作为保险标的、保险人对因自然灾害和/或意外事故造成的货物损失负赔偿责任的保险。货物运输保险属于财产保险范畴。

国际货物运输保险是以国际贸易货物为保险标的,由被保险人(the insured)向保险人(the insurer)按一定的投保金额,投保一定的险别,并支付一定的保险费,保险人承诺保险后,如果被保险货物在运输过程中发生了承保责任范围内的损失或费用时,保险人就按有关规定给予被保险人经济补偿的保险。

几乎所有理性的商人都意识到,充分的保险对于保障运输过程中货物所有人的预期收益至关重要。货物保险在对外贸易融资中也常常起到关键作用。

在国际贸易实务中,投保人只需要按保险人的要求填写一份"货物运输保险投保单"(式样见第10章第10.1.4小节),并根据要求缴纳相应的保险费,保险人根据投保单制作"货物运输保险保险单"(式样见本章第5.4.2小节),投保过程即告结束。但作为专业要求,必须对有关货物运输保险知识进行较为全面的学习和理解。

本章结构安排如下:第5.1节主要介绍海洋运输货物保险的保障范围,由于国际贸易货物大量通过海洋进行运输,因此,海洋运输货物保险就成为货物运输各类险别中最主要的一种。第5.2节主要介绍我国对海运货物保险的基本做法,这是本章的重点内容;伦敦保险协会制定的《协会货物条款》(ICC)对世界各国保险业产生了重大影响,在我国保险业务中也大量采用,这部分内容放在了"本章延伸阅读"中,供学习时参考。第5.3节简要介绍航空运输、陆上运输、邮政包裹运输以及冷藏运输货物等不同运输方式的保险。第5.4节主要介绍买卖合同中保险条款的有关规定,这是本章内容的归宿。

5.1 海洋运输货物保险的保障范围

货物保险的种类取决于货物的运输方式。海洋运输货物投保海洋运输货物险,航空运输货物投保航空运输货物险,以此类推。

据统计,国际货物贸易量中有超过2/3通过海洋运送,因此,海洋运输货物保险在整个国际货物运输保险中具有举足轻重的地位。

海洋运输货物保险的保障范围包括保障的危险、保障的损失和承担的费用三个方面。

5.1.1 保障的危险

保障的危险分类如图 5-1 所示。

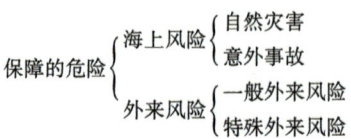

图 5-1　保障的危险分类

1. 海上风险

海上风险（perils of the sea）又称海难，是指运载货物的船只在海上航行过程中所遇到的风险，包括海上发生的自然灾害和意外事故。

（1）自然灾害。自然灾害（natural calamities 或 natural disaster）是指由于自然界的变化引起的破坏力量所造成的灾害。例如，恶劣气候、洪水、雷电、流冰、地震、海啸等人力不可抗拒的灾害。

（2）意外事故。意外事故（fortuitous accidents 或 fortuitous event）是指由于不属意料中的原因或不可抗拒的原因所造成的事故。在海洋运输保险中，意外事故特指运输工具搁浅、触礁、沉没、倾覆、船和船之间相撞、船舶与流冰或礁石相撞，以及船舶失踪、失火、航行过程中发生爆炸等造成的事故。

需要补充说明的是，海上风险并不仅仅局限于海上运输过程中发生的风险，而是同时包括与海上运输相联系的内陆、内河等运输过程中发生的一些自然灾害和意外事故。

2. 外来风险

外来风险（extraneous risk）是指由于外来原因引起的风险。外来原因是指导致上述海上自然灾害或意外事故发生之外的原因。外来风险又分为一般外来风险和特殊外来风险两类。

（1）一般外来风险。一般外来风险（general extraneous risk）是指被保险的货物在运输途中由于偷窃、雨淋、短量、玷污、渗漏、破碎、钩损、受潮、受热、霉变、串味、失火等一般外来原因所造成的风险和损失。

（2）特殊外来风险。特殊外来风险（special extraneous risk）是指由于一国的政策、法令、行政命令等政府行为，以及军事政变、罢工等其他非政府行为等所造成的运输货物的损失。

5.1.2 保障的损失

被保险货物因遭受海洋运输中的各种风险（海上风险或外来风险）从而导致损失，对这些损失，有些是保险人予以保障（补偿）的，而有些则是不予保障（补偿）的。

保障的损失是指保险人（保险公司）能够补偿的损失的性质和范围。由于本节主要介绍海洋运输货物的保险，因此保险人保障的损失属于海上损失。海上损失又简称海损（average）。按货物损失的程度划分，海上损失分为全部损失和部分损失，全部损失又分为实际全损和推定全损；按货物损失的性质划分，部分损失分为共同海损和单独海损。

5.1.2.1 全部损失

全部损失（total loss）简称全损，是指运输过程中的整批货物或不可分割的一批货物全部损失。全损又分为实际全损和推定全损。

1. 实际全损

实际全损（actual total loss）可分为如下四种情况：

1）被保险的货物完全灭失。例如，船舶遭遇海难后沉没，货物随之沉入海底。

2）被保险货物的丧失已不可避免。例如，船只被海盗劫持，货物被敌方扣押等，虽然货物本身并未受到损失，但货物已无法复归于被保险人。

3）被保险货物已丧失商业价值或失去原有用途。例如，茶叶经海水或雨水浸泡而无法饮用，水泥被水浸泡后失去效用，货物虽没有灭失，但已失去了其商业价值或用途。

4）载货船舶失踪达到一定时期。例如，船舶失踪超过半年仍杳无音讯，则可视为全损。

2. 推定全损

推定全损（constructive total loss）可分为如下四种情况：

1）被保险货物受损后，修理费用预计将超过修复后货物的价值。

2）被保险货物受损后，整理和续运至目的地的费用估计将超过货物到达目的地的价值。

3）被保险货物实际全损已经无法避免，或者为了避免实际全损需要花费的施救费用将超过货物获救后的价值。

4）被保险货物遭遇保险责任范围内的事故，使被保险人失去货物所有权，而收回这一所有权所花的费用将超过收回后货物的价值。

在发生推定全损的情况下，被保险人有两种选择：一种选择是要求保险人按全部损失赔偿，这时被保险人必须向保险人转让被保险货物的全部权利，即办理"委付"（abandonment）（见本章延伸阅读1）；另一种选择是被保险人保留对受损货物的所有权，并要求按部分损失赔偿。实际保险业务中，保险人对部分损失的赔偿有相关规定。

全损中除了实际全损和推定全损外，还会涉及一个部分全损（total loss of part）的概念（见本章延伸阅读2），部分全损是全损的一种扩展。

5.1.2.2 部分损失

海洋运输货物损失中除全损（实际全损或推定全损）外，其余为部分损失（partial loss）。部分损失又分为共同海损和单独海损两种。

1. 共同海损

（1）共同海损的定义。共同海损（general average，GA）是指运载货物的船只在海上遭遇危难，威胁到船、货等各方的共同安全和利益，为了消除这种威胁以维护船、货的共同安全，或者使航程得以继续完成，由船方有意识地采取某些合理的救助措施，由此造成的特殊损失或者支付的特殊额外费用称为共同海损。

共同海损包括两部分：特殊损失（extraordinary sacrifice）和特殊额外费用（extraordinary expenditure）。例如，船舶在航行过程中遭遇搁浅，为使船、货脱险，船长下令将部分货物抛弃（抛货），船舶浮起，转危为安，抛货的损失即为特殊损失；若船舶搁浅后，为使船、货脱险，船长雇用拖驳实施援救，拖驳船舶及人员花费的费用支出即为特殊额外费用。

（2）共同海损的成立条件。根据共同海损的定义，其成立必须具备以下几个条件：

1）共同海损的风险必须是实际存在的，或者是不可避免的，而不是主观臆测的。因为不是所有的海上灾难或事故都会导致共同海损。

2）共同海损的牺牲必须是自愿的和有意识的行为，其费用支出必须是额外的。例如，航行中的船舶突遇风浪，将船甲板上一侧的货物卷入海中（浪击落海），船身出现倾斜，这时如不把甲板上另一侧较重的货物抛入海中，将会导致整船（连同剩余的货物及人员）倾入海中而沉没，于是船长下令将这部分货物抛入海中（抛货），以保持船身平衡。这些行为便是有意识的和自愿的。

3）共同海损的牺牲和费用支出必须是为共同安全而采取的谨慎的合理的措施。例如，上面述及的抛货，抛入海中的货物应该是相对重量较重、价值较低的货物才是合理的。

4）共同海损所做出的牺牲或费用支出必须是属于非常（abnormal）性质的。例如，船只搁浅后，为把船只拉出来，超常规使用轮机，进而导致轮机损坏。这便属于共同海损的范畴。

5）共同海损的风险必须是共同的。如果风险还没有威胁到船、货等各方的共同安全，即使做出了某些合理的牺牲或付出了一些特殊的费用，也不能构成共同海损。也就是说，出现的风险一定是危及多方利益的，否则不能视为共同海损，费用也不能由各方共同承担。

（3）共同海损的费用分摊。由于共同海损的牺牲和费用支出是为了船、货等各方共同利益而做出的特殊的损失或费用，因此，共同海损的费用分摊（general average contribution）应该由所有涉及利益的各方来承担，如船方、货方以及承运方，各方所分摊的比例通常是依据自身的利益大小来确定的，而且损失会小于整体利益。因此，共同海损属于部分损失。

被保险人所分摊的共同海损的费用，原则上保险人是予以赔偿的。

2. 单独海损

单独海损（particular average）是指保险标的遭受保险责任范围内的事故造成特定利益方的损失，这种损失仅仅属于特定方面的特定利益方，并不涉及其他货主或船方，不属于共同海损的一种部分损失。同时，损失仅指保险标的本身的损失，不包括由此而引起的费用。

3. 共同海损和单独海损的区别

共同海损和单独海损都属于部分损失，两者的主要区别如下：

1）造成海损的原因不同。单独海损一般是由海上风险直接造成的损失；共同海损不是承保风险所直接导致的损失，而是为了船、货的共同安全而发生的人为的故意的损失。

2）损失的承担方不同。单独海损由受损方自行承担；共同海损是由各受益方依据获救财产价值的大小，按比例共同分摊⊖。

5.1.3 承担的费用

被保险货物遭受保险责任范围内的灾害或事故，除会使货物本身受到损失外，还会产生一些相应的费用。保险人除对保障风险范围内的损失给予赔偿外，还会对被保险货物在遭受

⊖ "自行承担"的含义是在货物投保的前提下，由受损方单方面向保险人索赔；"按比例分摊"是指在保险人理赔的基础上，各受益方按获救财产比例分摊损失或分配理赔额。

损失时产生的相关费用予以承担（补偿）。

海上运输风险所造成的海上费用主要有两种：施救费用和救助费用。此外，续运费用和额外费用也属于承担的费用范围。

1. 施救费用和救助费用

（1）施救费用。施救费用（sue and labor charges）是指当被保险货物遭受了保险责任范围内的灾害或事故时，由被保险人或其代理人、其雇用人员或其他利益相关人员采取措施，对货物进行施救，以避免或减少货物损失，由此所造成的费用支出。保险人对这种施救费用负责赔偿。例如，存放货物的装运港码头或仓库发生了火灾，被保险人雇用人员扑救灭火，不管货物是否保住，相关费用已支出，这些支出的费用属于施救费用，保险人负责赔偿。

（2）救助费用。救助费用（salvage charges）是指当被保险货物遭受了保险责任范围内的灾害或事故时，被保险人和保险人以外的第三方对货物采取了救助措施并获成功，由被救的一方向救助的第三方支付的报酬和费用。这些救助费用由保险人负责赔偿。

（3）施救费用和救助费用的区别。

1）采取行为的主体不同。施救是被保险人或其代理人自身采取的行动，而救助是被保险人和保险人以外的第三方采取的行动。

2）支付报酬的原则不同。施救费用无论有无效果，保险人均予赔偿；而救助费用的赔偿原则是"无效果则无报酬"。

3）保险人的赔偿责任不同。施救费用独立于保险货物的保额以外；而保险人对救助费用的赔偿责任以不超过获救财产的价值为限，即救助费用与保险货物本身损失的金额之和不得超过货物的价值。

2. 续运费用和额外费用

（1）续运费用。续运费用（forwarding charges）是指当运输工具在海上遭遇海难后，在中途港或避难港修整后继续运送货物产生的费用。

（2）额外费用。额外费用（extra charges）是指为了证明损失、索赔成立而支付的费用，如检验费用、查勘费用、海损理算师费用等。

被保险货物在保险期限内产生的续运费用和额外费用，通常情况下，保险人是予以赔偿的。

5.2 我国海洋运输货物保险的有关条款

我国保险业务起步较晚。1949年10月1日，中国人民保险公司（PICC）成立，成为新中国保险事业的开拓者和奠基人。货物运输险属于财产保险的范畴。中国保险行业协会数据显示，包括中国人民财产保险股份有限公司（PICC P&C）在内的86家保险公司（含外资保险机构）承担着财产保险业务[一]。

[一] 截至2023年4月25日，保险业协会共有会员347家，其中保险集团（控股）公司13家，财产保险公司86家，人身保险公司93家，再保险公司14家，资产管理公司18家，保险中介机构69家，地方保险协会（含中介协会）43家，保险相关机构11家。中国保险行业协会网址http：//www.iachina.cn/。

根据我国保险业务实际情况，参照国际保险市场惯例，区分不同运输方式分别制定了《海洋运输货物保险条款》《航空运输货物保险条款》《陆上运输货物保险条款》《铁路运输货物保险条款》《邮包险条款》等，此外，根据某些货物特殊运输要求制定了《海洋运输冷藏货物保险条款》《陆上运输冷藏货物保险条款》《海洋运输散装桐油保险条款》《活牲畜、家禽的海上、陆上、航空运输保险条款》等条款，总称为《中国保险条款》（China Insurance Clause，CIC）。

由于海洋运输在我国国际贸易货物运输中的特殊地位，本节主要介绍我国海运货物保险的具体做法，将从承保责任范围、保险责任起讫、除外责任、被保险人的义务以及赔偿处理五个方面阐述我国海洋运输货物保险的有关条款。

5.2.1 承保责任范围

我国海洋货物运输保险险别（险种）按能否单独投保，可分为主险和附加险两类。

5.2.1.1 主险条款

主险又称基本险，是指可以独立投保的险别。按中国人民财产保险股份有限公司2009年修订的《海洋运输货物保险条款》[一]的有关规定，海洋运输货物保险的主险又分为平安险、水渍险和一切险三种。

1. 平安险

平安险（free from particular average，F.P.A.）。平安险从英文的原意看是"单独海损（particular average）不负责赔偿"。因为单独海损是指部分损失，所以平安险最初的含义是只负责赔偿全部损失，不负责赔偿（由于自然灾害导致的）部分损失。

平安险承保的责任范围如下：

1）恶劣气候、雷电、海啸、地震、洪水（等自然灾害）造成整批[二]被保险货物的全部损失，包括实际全损和推定全损。

2）水上运输工具遭受搁浅、触礁、沉没、与水以外的任何外部物体碰撞或触碰（等意外事故）造成被保险货物的全部损失或部分损失[三]。

3）陆上运输工具遭受碰撞、倾覆或出轨造成被保险货物的全部损失或部分损失[四]。

4）火灾、爆炸造成被保险货物的全部损失或部分损失。

5）在船舶或驳船装卸时，任何整件被保险货物落海或跌落造成该货物的全部损失或部分损失。

6）保险事故发生后，被保险人为防止或减少被保险货物的损失而支付的必要的合理的费用，但以不超过该批被救货物的保险金额为限[五]。

7）水上运输工具遭遇天灾、海上或者其他可航水域的危险或者意外事故，致使运输或

[一] 在此之前我国适用的《海洋运输货物保险条款》（1981版）是在1963版《协会货物条款》的基础上修订完成的。《海洋运输货物保险条款》（2009版）的修订参考了1982版和2009版《协会货物条款》。

[二] 被保险货物用驳船运往或运离海轮的，每一驳船所装的货物可视作一个整批。

[三] 第1）条和第2）条是海上风险的两种表现形式。前面已经讲过，海上风险分为海上发生的自然灾害和意外事故。

[四] 这里是指与海运相联系的陆上运输，见责任起讫的相关内容。

[五] 施救费用和救助费用，保险人均予承担。

运输合同在保险单载明的目的地以外的港口或地点终止,由于卸货、存仓及运送被保险货物至本保险单载明的目的地所产生的必要的合理的额外费用[1]。

8) 共同海损牺牲、分摊和救助费用。

9) 运输合同订有"双方互有过失碰撞"条款(见本章延伸阅读4),保险事故发生后,根据该条款规定应由货方偿还承运人的损失。

2. 水渍险

水渍险(with particular average,W. P. A.)。水渍险的英文原意是"单独海损负责赔偿"。

水渍险的责任范围除包括上列平安险的责任范围外,还负责被保险货物由于恶劣气候、雷电、海啸、地震、洪水等自然灾害所造成的部分损失。

3. 一切险

一切险(all risks,A. R.)的责任范围,除包括上列平安险和水渍险的责任范围外,还负责被保险货物由于外来原因[2]所导致的全部或部分损失。一切险实际上是平安险、水渍险和一般附加险责任的总和。

一般情况下,被保险人可以从平安险、水渍险和一切险这三种主险险别中选择一种投保,而不需要两种或三种全选,因为后一种险别的责任范围均涵盖了前一种。

案例 5-1

【案例回放】

某外贸公司按 CIF 术语出口一批货物,装运前已向保险公司按发票总值的110%投保了平安险,货物装妥顺利开航,但载货船舶在海上遭遇暴风雨,致使一部分货物受到水渍,损失价值为2200美元。数日后,该轮又突然触礁,致使该批货物又遭到部分损坏,损失价值为8000美元。保险公司对该批货物的损失是否应予赔偿?为什么?

【要点分析】

根据《海洋运输货物保险条款》(1981版)中平安险条款的承保责任范围第1条,2200美元损失属于自然灾害造成的部分损失,原则上不予赔偿;根据第2条,8000美元损失属于意外事故造成的部分损失,保险人应予以赔偿。另外,根据第3条,在运输工具已经遭遇搁浅、触礁、沉没、焚毁等意外事故的情况下,货物在此前或此后又在海上遭受恶劣气候、雷电、海啸等自然灾害所造成的部分损失,予以赔偿。因此,按照《海洋运输货物保险条款》(1981版)中的平安险条款,两次损失保险人均应赔偿。

但是,根据《海洋运输货物保险条款》(2009版)中的平安险条款,2200美元损失属于自然灾害造成的部分损失,保险人不承担赔偿责任;8000美元损失属于意外事故造成的部分损失,保险人应予以赔偿。

5.2.1.2 附加险条款

附加险(additional risks)是不能独立投保的险别,只有在投保了主险(基本险)的基础上,才可以加保附加险。

前面已经讲过,外来风险包括一般外来风险和特殊外来风险两种,与此相对应,附加险

---

[1] 前面已经讲过,无论是续运费用还是额外费用,保险人均予以承担。

[2] 一般外来原因。

也分为一般附加险和特别附加险两种。

1. 一般附加险

一般附加险（general additional risks）是由于一般外来原因所导致的风险和损失。根据中国人民财产保险股份有限公司 2009 年修订的《货物运输保险附加条款》，一般附加险共包括下述 11 种险别：

1）偷窃、提货不着险（theft, pilferage and non-delivery, T. P. N. D.）。对被保险货物因偷窃行为造成的损失，以及运输工具抵达本保险单载明的目的地由于不明原因所造成的整件提货不着，负责赔偿。

2）淡水雨淋险（fresh water and/or rain damage, F. W. R. D.）。对被保险货物因直接遭受淡水、雨淋所造成的损失负责赔偿，但包装外部应有淡水或雨水痕迹或有其他适当的证明。

3）短量险（risk of shortage）。对被保险货物因外包装破裂或散装货物发生数量、重量短差的损失负责赔偿，但正常途耗除外。

4）混杂、玷污险（risk of intermixture and contamination）。对被保险货物因混杂、玷污所造成的损失，负责赔偿。

5）渗漏险（risk of leakage）。对被保险货物因容器损坏而引起的渗漏损失，或用液体储藏的货物因液体的渗漏所造成的货物腐败等损失，负责赔偿。

6）碰损、破碎险（risk of clash and breakage）。对被保险货物因震动、碰撞、受压所造成的破碎和碰撞（变形）损失，负责赔偿。

7）串味险（risk of odor）。对被保险货物，如食用品、中药材、化妆品原料、茶叶等因受其他物品的影响而引起的串味损失，负责赔偿。

8）受潮受热险（damage caused by sweating and heating）。对被保险货物因气温异常变化或由于船上通风设备失灵致使船舱内水汽凝结、发潮或发热所造成的损失，负责赔偿。

9）钩损险（hook damage）。对被保险货物在装卸过程中因遭受钩损而引起的损失，以及对包装进行修补或调换所支付的费用，负责赔偿。

10）包装破裂险（loss for damage caused by breakage of packing）。对被保险货物在运输过程中，因搬运或装卸不慎，包装破裂所造成的损失，以及为继续运输安全所需要对包装进行修补或调换所支付的费用，负责赔偿。

11）锈损险（risk of rust）。对被保险货物在运输过程中发生的锈损，负责赔偿。

这里要强调的是，这 11 种一般附加险都是不能独立投保的，只能在投保了平安险或水渍险的基础上才可以加保。但是，如果投保了一切险，则这 11 种一般附加险就不用再加保了，因为一切险包括了由于一般外来原因所造成的全部或部分损失。换句话说，一切险涵盖了这 11 种一般附加险。

2. 特别附加险

特别附加险（special additional risk）是指由于军事、政治、国家政策法令以及行政措施等特殊外来原因所引起的风险与损失。特别附加险不属于一切险的责任范畴，不能单独投保。海洋货物运输保险涉及的特别附加险包括：

1）战争险（war risk）。海洋运输货物战争险负责赔偿：①直接由于战争、内战、革命、叛乱或由此引起的内乱、敌对行为、武装冲突或海盗行为所造成的被保险货物的损失。②由于上述第①款引起的捕获、拘留、扣留、禁制、扣押、没收所造成的被保险货物的损失。③各种常规武器，包括水雷、鱼雷、炸弹所造成的被保险货物的损失。④本保险责任范围引起的共同海损的牺牲、分摊和救助费用。

2）罢工险（cargo strikes risk）。货物运输罢工险的责任范围是：①由于罢工者、被迫停工工人或参加工潮、暴动、民众斗争的人员的行动所造成的被保险货物的直接损失。②恐怖主义行为或任何人出于政治、宗教或意识形态动机的行为造成被保险货物的直接损失。③上述行动或行为所引起的共同海损的牺牲、分摊和救助费用⊖。

3）交货不到险（failure to delivery risk）。交货不到险的责任范围自被保险货物装上运输工具时开始生效，不论由于任何原因（但投保人、被保险人或发货人的故意行为或过失除外），如运输工具在预定抵达保险单载明目的地的日期起六个月以上仍未抵达上述目的地，造成货物不能交付，保险人同意按全损予以赔付，但该货物的全部权益应转移给保险人。被保险人保证已获得一切必需的有效的许可证或特许证。

4）拒收险（rejection risk）。拒收险的责任范围是：①对被保险货物由于在进口港被进口国的政府或有关当局拒绝进口或没收所造成的损失，负责赔偿。②在被保险货物启运后，进口国宣布实行任何禁运或禁止，本保险仅负责赔偿运回到出口国或转口到其他目的地而增加的运费，但最多不得超过该批货物的保险金额。③本保险至发生下列任一情况时终止：被保险货物卸离海轮存入卸货港的仓库；被保险货物已被进口国的政府或有关当局允许进口；被保险货物在目的港卸离海轮满 30 天。④被保险人保证：被保险货物的生产、质量、包装和商品检验必须符合出口国和进口国的有关规定；在货物启运前，被保险货物备有一切必需的有效的进口特许证或许可证。⑤本保险对下列原因所造成的任何损失，不负赔偿责任：违反上述第④条中的任何一款；行市变化；被保险货物记载的错误、商标或标记的错误、贸易合同或其他文件发生的错误或遗漏；违反出口国政府或有关当局关于出口货物的有关规定；在被保险货物启运前，进口国已经宣布实行禁运或禁止。⑥在发生本保险承保的损失时，被保险人应立即通知保险人，并按照保险人的要求采取一切可能的措施。保险人与被保险人对被拒绝进口或没收货物采取的一切措施都不应视为接受赔偿或放弃索赔的表示。

5）舱面货物险（on deck risk）。对放置在舱面的被保险货物因本保险单约定承保的风险所造成的损失，包括抛弃和浪击落海，负责赔偿。

6）进口关税险（import duty risk）。进口关税险的责任范围是：①当被保险货物遭受本保险单责任范围内的损失，而被保险人仍须按完好货物完税时，本保险对该项货物损失部分的进口关税负赔偿责任。②如果关税保额高于被保险货物在完好到达本保险单载明目的港（地）的情况下应完税的金额，本保险的赔偿责任以实际关税损失为限。③如果关税保额低于在前述情况下应完税的金额，保险人按关税保额与应完税金额之差赔偿实际关税损失。④当被保险货物在完税前发生全损时，如果保险人有明确指示，被保险人应将货物交与海关当局以避免缴纳关税。对因此而被减免的关税税额，保险人在赔付时将予以扣除。

7）黄曲霉素险（aflatoxin risk）。对被保险货物在进口港或进口地经当地卫生当局检验

⊖ 有时将战争险和罢工险称为特殊附加险，将交货不到险、拒收险、舱面货物险、进口关税险、黄曲霉素险等称为特别附加险。

证明，因含有黄曲霉毒素，并且超过了进口国对该毒素的限制标准所造成货物的直接损失，以及由此引起的必要的合理的熏蒸费或其他费用，负责赔偿。

被保险货物在启运前必须经当地有资格的检验检疫部门检验检疫并证明品质合格。

8）卖方利益险（seller's interest risk）。卖方利益险负责赔偿货物在遭受本保险单载明承保险别的条款责任范围内的卖方损失。但本保险仅在买方不支付该项受损货物部分的损失时才予赔偿。被保险人应将其向买方或第三方追偿的权利转移给保险人。

9）出口货物到香港（包括九龙在内）或澳门存仓火险责任扩展条款（fire risk extension clause for storage of cargo at destination Hongkong, including Kowloon or Macao）。它主要包括：①所保货物经运抵目的地香港（包括九龙在内）或澳门，卸离运输工具后，如直接存放于本保险单载明的过户银行所指定的仓库时，则本保险单对存仓火险的责任自运输责任终止时开始，特予继续负责，直至上述银行收回押款解除对货物的权益终止为止，或自运输险责任终止时起计满 30 天为止，如被保险人在期满前用书面申请延长并缴付所需的保险费后，得予继续延长。上述两种情况应以其中首先发生者为准。②如所保货物卸离运输工具后，不存入上述第①条所载的仓库，而存入其他仓库时，则本保险单责任终止的期限，概按保险人运输条款的规定办理。

这一保险险别是为了保障过户银行的利益。通过银行办理押汇（见第 6 章延伸阅读 8）业务，在货主未向银行归还货款以前，货物的权益属于银行。因此，保险单上必须注明过户给放款银行。在此阶段，货物即使到达目的港，收货人也无权提货。货物存放于过户银行指定的仓库中，如存放期间发生火险，保险人负责赔偿。

10）海运进口货物国内转运期间保险责任扩展条款。它主要包括：①被保险货物运至海运提单载明的我国卸货港后，如需转运至国内其他地区，保险公司按《海洋货物运输保险条款》规定的保险险别（战争险除外），继续负责转运期间的保险责任，直至所保货物运至卸货港货物转运单据上载明的国内最后目的地，经收货单位提货后运抵其仓库时终止，或自货物进入承运人仓库或堆场当日零时起算满 30 天终止。以上两种情况以首先发生的一项为准。卸货港等待转运期间的保险责任，以货物全部卸离海轮当日零时起算满 60 天终止。如货物不能在 60 天内转运，收货或接货单位可在 60 天期满前开列不能转运的货物清单，申请展延保险期间。保险人可根据具体情况决定是否同意展延和确定展延的日期。如同意展延，展延期限最长不能超过 60 天。在期限届满 120 天之后，如仍要求继续展延，经保险人同意后，每 30 天为一期按保险公司规定加费。转运货物在卸货港存放满 60 天或经展延保险期间届满而未继续办理保险责任展延申请的，收货或接货单位应在港口进行检验。如发现货物有短缺或残损，应在保险责任终止之日起 10 天内通知保险人港口机构进行联合检验。保险人仅对在港口检验确定的货物损失负保险责任。②保险人对所有散装货物（如散装油类、粮、糖、矿石、矿砂、废钢铁、废轮胎等）以及化肥、古巴糖、活牲畜、新鲜果菜所负的保险责任，一律按《海洋货物运输保险条款》的规定在卸货港终止，不负责国内转运期间的保险责任。

11）进口集装箱货物运输保险特别条款。它主要包括：①进口集装箱货物运输保险责任按原运输保险单责任范围负责，但保险责任至原保险单载明的目的港收货人仓库终止。②集装箱货物运抵目的港，原箱未经启封而转运内地的，其保险责任至转运目的地收货人仓库终止。③如集装箱货物运抵目的港或目的港集装箱转运站，一经启封开箱，全部或部分箱内货物仍需继续转运内地时，被保险人或其代理人必须征得目的港保险人同意，按原保险条件和保险金额办理加批加费手续后，保险责任可至转运单上标明的目的地收货人仓库终止。④集装箱在目的港转运站、收货人仓库或经转运至目的地收货人仓库，被发现箱体有明显损坏或铅封被损坏或灭失，或铅封号码与提单、发票所列的号码不符时，被保险人或其代理人或收货人应保留现场，保存原铅封，并立即通知当地保险人进行联合检验。⑤凡集装箱箱体无明显损坏，铅封完整，经启封开箱后，发现内装货物数量规格等与合同规定不符，或因积载或配载不当所致的残损，不属保险责任。⑥进口集装箱货物残损或短缺涉及承运人或第三方责任的，被保险人有义务先向有关承运人或第三方取证，进行索偿和保留追索权。⑦装运货物的集装箱必须具有合格的检验证书，如因集装箱不适货而造成的货物残损或短少，不属保险责任。

12）易腐货物条款（perishable goods clause）。对所保货物因市场变动所致的损失或由于延迟（不论是否由于所保危险或其他原因所致）而引起的损失或腐败，概不负责。

3. 附加条款

除上述一般附加险和特别附加险外，2009年修订的《货物运输保险附加条款》中还单独列出了两种货物运输险条款的附加条款，分别是：

1）海关检验条款（survey in customs clause）。本保险承保的偷窃、短少损失，以被保险货物到达_____地的海关内为止。如在上述地点发现损失，必须立即向本保险单所指定的检验、理赔代理人申请检验、确定损失。保险人对上述检验之后发生的偷窃、短少所造成的损失不负赔偿责任。

2）码头检验条款（survey at jetty clause）。本保险承保的偷窃、短少损失，以被保险货物到达最后卸货港卸至码头货棚时为止。如在上述地点发现损失，必须立即向本保险单所指定的检验、理赔代理人申请检验、确定损失。保险人对上述检验之后发生的偷窃、短少所造成的损失不负赔偿责任。

5.2.2 保险责任起讫

保险责任起讫（duration）是指保险人所承保的货物的保险期限。主险和附加险的保险责任起讫是不同的，下面分别予以介绍。

1. 主险的保险责任起讫

我国《海洋运输货物保险条款》（2009版）对主险的保险责任起讫规定如下：

（1）本保险（主险）负"仓至仓"（warehouse to warehouse，W/W）⊖责任，保险责任自被保险货物在本保险单载明的启运地仓库或储存处所向运输工具装载时开始，包括正常的运输过程，直至发生下列任一情况时终止：①货物抵达本保险单载明的目的地的最后收货仓

⊖ "保险单载明的启运地仓库"以及"目的地仓库"，不应简单地理解为发货人仓库至收货人的仓库。一般情况下，保险单上载明的启运地仓库/目的地仓库是指货物已经装箱并存放在码头海关的监管仓库或船公司的仓库，而不是指内地某一发货人/收货人的仓库。当然，如果是内地发货人的仓库，如沈阳发往大连的货物，在大连港装船出运，则通常有两种做法：一种是沈阳至大连的一段投保国内货物运输险；另一种是将沈阳至大连一段看作整个国际运输的一段，货物在沈阳发货人仓库封箱后直至大连装船，中途不能开箱，如果货物在中途开箱，则保险责任即告终止。进口货物也是如此，从大连港卸货至沈阳收货人仓库，如果中途没有开箱，则可视沈阳收货人仓库为目的地仓库；如果中途开箱，则保险责任即告中止。

库或处所并从运输工具卸载完毕。②货物抵达本保险单载明的目的地或之前的，由被保险人用作分配、分派的其他储存处所或非正常运输的其他处所并从运输工具卸载完毕。③运输行程终止后，被保险人或其雇员使用最后的运输工具用于货物存储时。④货物在最后卸载港全部卸离海轮后满60天；如在上述60天期限内，被保险货物需转运到非本保险单载明的目的地，则至该货物开始转运时，保险责任终止。

（2）由于被保险人无法控制的运输延迟、绕道、被迫卸货、重行装载、转载或承运人运用运输合同赋予的权限所做的任何航海上的变更期间，本保险继续有效，但须受上述第（1）条和下述第（3）条规定的制约。

（3）由于被保险人无法控制的情况，致使运输或运输合同在保险单载明的目的地以外的港口或地点终止时，保险责任终止。但在被保险人立即将获知的情况通知保险人，并提出继续承保要求，经保险人同意且另行商定保险费和保险条件后，本保险可继续有效，直至发生下列任一情况时终止：①货物如在该港口或地点交付给收货人或其代理人、受托人，则至货物抵达收货人或其代理人、受托人的仓库或其他储存处所并从运输工具卸载完毕。②货物如在该港口或地点出售，则至货物开始交付之时。③货物在抵达该港口或地点满60天；货物如在上述60天期限内继续运往本保险单载明的目的地或其他目的地，则保险责任仍按上述第（1）条的约定终止。

（4）保险责任开始后，被保险人需变更目的地，应立即通知保险人并经保险人同意且另行商定保险费和保险条件，本保险才继续有效。

2. 附加险的保险责任起讫

附加险种类较多，且每种附加险的保险责任起讫各不相同。下面以战争险为例介绍附加险的保险责任起讫。

战争险的保险责任起讫与平安险、水渍险和一切险三种主险的保险责任起讫不同，它不采用"仓至仓"条款，而是以水上责任为限。换句话说，战争险的责任起讫仅限于水上危险或海运货物运输工具上的危险。

战争险的责任起讫如下：

（1）自被保险货物装上保险单所载明启运港的海轮时开始，到卸离保险单所载明目的港的海轮时为止。如果被保险货物不卸离海轮，本保险责任的最长期限以海轮到达目的港的当日午夜起算满15天为止。海轮到达上述目的港是指海轮在该港区内一个泊位或地点抛锚、停泊或系缆；如果没有这种泊位或地点，则指海轮在原卸货港或地点或附近第一次抛锚、停泊或系缆。

（2）如在中途港、避难港转船，不论货物在当地卸载与否，保险责任以海轮到达该港或卸货地点的当日午夜起算满15天为止。被保险货物如在上述15天期限内继续运往保险单所载原目的港时，保险责任仍按上述第（1）条的规定终止。

（3）如运输合同的航程在本保险单所载明目的港以外的港口或地点终止时，该港口或地点即视为本保险的目的港，保险责任参照上述第（1）条的规定终止。被保险货物如在上述保险责任终止前需运往原目的港或其他目的地，在被保险人于续运前通知保险人，并提出继续承保要求，经保险人同意和另行商定保险费和保险条件后，本保险责任可自货物装上续运的海轮时重新开始。

（4）如运输发生绕道，或承运人运用运输合同赋予的权限所做的任何航海上的变更，在被保险人立即将获知情况通知保险人，并提出继续承保要求，经保险人同意且另行商定保险费和条件后，本保险可继续有效。

5.2.3 除外责任

除外责任（exclusion）是指保险人在保险条款中明确规定不予承担的损失和费用。其目的主要是划清保险人与被保险人、发货人以及承运人等有关各方对损失应负的责任界限，以使保险人的责任更加明确。

1. 主险的除外责任

我国《海洋运输货物保险条款》（2009版）对主险的除外责任规定如下。

本保险对下列原因造成的损失和费用不负赔偿责任：

1）被保险人及其代理人或发货人的故意行为或过失。

2）货物的自然损耗、本身缺陷、自然特性、包装或准备不当，以及在保险责任开始前被保险货物已存在的品质不良、数量短差。

3）行市变化、航行延迟或交货延迟，即使该延迟是由于保险事故所引起的。

4）船舶、驳船不适航，或船舶、运输工具、集装箱不适合被保险货物的安全运输，但以投保人或被保险人或其雇员在装载时知道或应当知道该情况为限；集装箱内积载不当，但以保险责任开始前积载已完成或该积载是由投保人或被保险人或其雇员所进行的为限。

5）被保险货物放置在舱面，但集装箱船所载普通封闭式集装箱货物或经保险人同意承保并在保险合同中载明的其他舱面货物不在此限。

6）承运人无正本提单交付货物，或水上运输工具未抵达本保险单载明的目的地，但由于发生保险事故导致水上运输工具未抵达目的地的不在此限。

7）船舶所有人、管理人、租船人或经营人破产或不履行债务。

8）政府或有关当局行为，以及保险合同中载明的海洋货物运输战争险条款、货物运输罢工险条款、交货不到险条款、拒收险条款、舱面货物险条款、进口关税险条款、黄曲霉素险条款约定的责任范围和除外责任。

2. 战争险的除外责任

1）由于直接或间接使用原子或核裂变或聚变或其类似反应或放射性力量或物质所制造的武器或装置所造成的损失和费用。

2）由于政府或有关当局或其他武装集团的捕获、拘留、扣留、禁制、扣押、没收造成的承保航程的丧失和挫折而提出的任何索赔。

保险人对上述（主险或战争险）除外责任范围内的损失和费用均不负赔偿责任。

5.2.4 被保险人的义务

除法律规定的义务外，被保险人还应履行下列义务：

1）当被保险货物运抵本保险单载明的目的港（地）以后，被保险人应及时提货，当发现被保险货物遭受任何损失时，应立即通知保险人或保险单上所载明的检验、理赔代理人。如保险单未指定检验、理赔代理人，或指定的检验、理赔代理人发生变化，则应向当地有资格的检验机构申请检验。当发现被保险货物遭受损失，或货物包装或集装箱体有明显残损痕迹，或集装箱铅封损坏、灭失或号码与运输合同所载不一致时，应立即向承运人、受托人或有关当局（海关、港务当局等）索取货损货差证明及其他证明材料。如货损货差是由于承运人等第三方的责任造成的，则应以书面形式向其提出索赔，同时采取有效措施，确保向承运人等第三方责任人要求赔偿的权利和时效。

被保险人未经保险人同意放弃向第三方责任人要求赔偿的权利，或者由于过失致使保险人不能行使追偿权利的，保险人可以相应扣减保险赔偿。

2）发生保险事故后，被保险人应迅速采取必要的合理的措施，防止或减少损失。

对由于被保险人未履行上述义务而造成的扩大的损失，保险人不负赔偿责任。

被保险人或保险人为施救、保护或恢复被保险货物所采取的措施，不应视为放弃或接受委付（委付的概念见本章延伸阅读1）的表示，或损害任何一方的权益。

3）如发现因非保险人的原因致使保险单所载明的货物、船名或航程有遗漏或错误时，被保险人应在获悉后立即通知保险人，并经保险人同意且另行商定保险费和条件后，本保险才继续有效。

5.2.5 赔偿处理

1）在发生损失时，被保险人必须对被保险货物具有保险利益，才能获得本保险单责任范围内的赔偿。

2）本保险单可以由被保险人背书或者以其他方式转让⊖，合同的权利和义务随之转移。合同转让时尚未支付保险费的，被保险人和合同受让人负连带支付责任。

3）被保险货物发生推定全损，被保险人要求保险人按照全部损失赔偿的，应当向保险人委付被保险货物。

保险人可以接受委付，也可以不接受委付。保险人接受委付的，被保险人对委付货物的全部权利和义务转移给保险人。

4）在向保险人索赔时，应提供下列正本单证：保险单、运输单证、发票、装箱单、磅码单、货损货差证明、检验报告、索赔清单、向承运人等第三方责任人索赔的有关文件（如涉及）以及其他与确认保险事故性质和损失程度有关的必要证明或资料。

5）保险人收到被保险人的前述赔偿请求后，应当及时就是否属于保险责任做出核定，并将核定结果通知被保险人。情形复杂的，保险人在收到被保险人的赔偿请求后30日内未能核定保险责任的，保险人与被保险人根据实际情形商议合理期间，保险人在商定的期间内做出核定结果并通知被保险人。

6）被保险人依本保险合同向保险人要求保险赔偿的请求权，时效期限为两年，自保险事故发生之日起计算。

5.3 空、陆、邮、冷藏货物运输保险

在我国国际贸易保险业务中，除了海洋运输货物需要保险外，航空运输、陆上运输以及邮政包裹运输等不同运输方式同样需要办理保险。这些运输方式下的货物保险基本源于海洋运输货物保险。另外，针对冷藏货物的特殊性质，专门规定了冷藏货物保险条款。中国人民

⊖ 关于保险单的背书与转让，见本章延伸阅读5。

财产保险股份有限公司 2009 年修订并实施了新的《航空运输货物保险条款》《陆上运输货物保险条款》《邮包险条款》以及《海洋运输冷藏货物保险条款》，下面分别予以简述。

5.3.1 航空运输货物保险

航空运输在国际贸易货物运输中占有重要地位，主要运送体积相对较小、价值相对较高的急需货物，见第 4 章第 4.1.2 小节内容。

1. 责任范围

航空运输货物保险（air transportation cargo insurance）分为航空运输险和航空运输一切险两种。被保险货物遭受损失时，本保险按保险单上订明承保险别的条款负赔偿责任。

（1）航空运输险（air transportation risk）。航空运输险负责赔偿：

1）被保险货物在运输途中遭受雷电、火灾或爆炸，或由于飞机遭受恶劣气候或其他危难事故而被抛弃，或由于飞机遭受碰撞、倾覆、坠落或失踪等意外事故所造成的全部或部分损失。

2）被保险人对遭受承保责任内危险的货物采取抢救，防止或减少货损的措施而支付的合理费用，但以不超过该批被救货物的保险金额为限。

（2）航空运输一切险（air transportation all risks）。除包括上列航空运输险的责任外，航空运输一切险还负责被保险货物由于外来原因所致的全部或部分损失。

当然，航空运输货物也可根据需要在投保了上述航空运输险或航空运输一切险的基础上，加保航空运输货物战争险或航空运输货物罢工险。

2. 保险责任起讫

（1）航空运输货物保险负"仓至仓"责任，自被保险货物运离保险单所载明的启运地仓库或储存处所开始运输时生效，包括正常运输过程中的运输工具在内，直到该项货物运达保险单所载明目的地收货人的最后仓库或储存处所，或被保险人用作分配、分派或非正常运输的其他储存处所为止。如未运抵上述仓库或储存处所，则以被保险货物在最后卸载地卸离飞机后满 30 天为止。如在上述 30 天期限内，被保险的货物需转送到非保险单所载明的目的地，则以该项货物开始转运时终止。

（2）由于被保险人无法控制的运输延迟、绕道、被迫卸货、重新装载、转载或承运人运用运输契约赋予的权限所做的任何航行上的变更或终止运输契约，致使被保险货物运到非保险单所载目的地，在被保险人及时将获知的情况通知保险人，并在必要时加缴保险费的情况下，本保险才继续有效。保险责任按下述规定终止：

1）被保险货物如在非保险单所载目的地出售，保险责任至交货时为止，但不论任何情况，保险责任均以被保险的货物在卸载地卸离飞机后满 30 天为止。

2）被保险货物在上述 30 天期限内继续运往保险单所载原目的地或其他目的地，保险责任仍按上述第 1）款的规定终止。

3. 除外责任

航空运输货物保险对下列损失不负赔偿责任：

（1）被保险人的故意行为或过失所造成的损失。

（2）属于发货人责任所引起的损失。

（3）保险责任开始前，被保险货物已存在的品质不良或数量短差所造成的损失。

（4）被保险货物的自然损耗、本质缺陷、特性，以及市价跌落、运输延迟所引起的损失或费用。

（5）《航空运输货物战争险条款》和《货物运输罢工险条款》规定的责任范围和除外责任。

4. 被保险人的义务

（1）当被保险货物运抵保险单所载目的地以后，被保险人应及时提货。如发现被保险货物遭受任何损失，应即向保险单上所载明的检验、理赔代理人申请检验。如发现被保险货物整件短少或有明显残损痕迹，应即向承运人、受托人或有关当局索取货损货差证明。如果货损货差是由于承运人、受托人或其他有关方面的责任所造成的，应以书面方式向其提出索赔，必要时还须取得延长时效的认证。

（2）对遭受承保责任内危险的货物，应迅速采取合理的抢救措施，防止或减少货物损失。

（3）在向保险人索赔时，必须提供下列单证：保险单正本、提单、发票、装箱单、磅码单、货损货差证明、检验报告及索赔清单，如涉及第三方责任，还须提供向责任方追偿的有关函电及其他必要单证或文件。

5. 索赔期限

索赔期限又称索赔时效（the time of validity of claim），是指被保险人在被保险货物发生损失时向保险公司提出索赔的有效期限。

航空运输货物的索赔时效自被保险货物在最后卸载地卸离飞机之日起，最多不超过两年。

5.3.2 陆上运输货物保险

陆上运输货物仅限铁路运输和公路运输两种。根据中国人民财产保险股份有限公司2009年修订的《陆上运输货物保险条款》的有关规定，陆上运输货物保险的责任范围、保险责任起讫、除外责任、被保险人的义务以及索赔期限分别如下。

1. 责任范围

陆上运输货物保险分为陆运险和陆运一切险两种。被保险货物遭受损失时，本保险按保险单上订明承保险别的条款规定，负赔偿责任。

（1）陆运险（overland transportation risk）。陆运险负责赔偿：

1）被保险货物在运输途中遭受暴风、雷电、洪水、地震等自然灾害，或由于运输工具遭受碰撞、倾覆、出轨，或在驳运过程中因驳运工具遭受搁浅、触礁、沉没、碰撞，或由于遭受隧道坍塌、崖崩，或失火、爆炸等意外事故所造成的全部或部分损失。

2）被保险人对遭受承保责任内危险的货物采取抢救，防止或减少货损的措施而支付的合理费用，但以不超过该批被救货物的保险金额为限。

（2）陆运一切险（overland transportation all risks）。除包括上述陆运险的责任外，陆运一切险还负责被保险货物在运输途中由于外来原因所致的全部或部分损失。

陆运险和陆运一切险的责任范围均适用于火车和汽车运输，并以此为限。

2. 保险责任起讫

陆上运输货物保险负"仓至仓"责任，自被保险货物运离保险单所载明的启运地仓库或储存处所开始运输时生效，包括正常运输过程中的陆上和与其有关的水上驳运在内，直至该项货物运达保险单所载目的地收货人的最后仓库或储存处所，或被保险人用作分配、分派的其他储存处所为止。如未运抵上述仓库或储存处所，则以被保险货物运抵最后卸载的车站满 60 天为止。

3. 除外责任

陆上运输货物保险对下列损失不负赔偿责任：

（1）被保险人的故意行为或过失所造成的损失。

（2）属于发货人责任所引起的损失。

（3）在保险责任开始前，被保险货物已存在的品质不良或数量短差所造成的损失。

（4）被保险货物的自然损耗、本质缺陷、特性，以及市价跌落、运输延迟所引起的损失或费用。

（5）本公司《陆上运输货物战争险条款》和《货物运输罢工险条款》规定的责任范围和除外责任。

4. 被保险人的义务

（1）当被保险货物运抵保险单所载目的地以后，被保险人应及时提货。如发现被保险货物遭受任何损失，应即向保险单上所载明的检验、理赔代理人申请检验。如发现被保险货物整件短少或有明显残损痕迹，应即向承运人、受托人或有关当局索取货损货差证明。如果货损货差是由于承运人、受托人或其他有关方面的责任所造成的，应以书面方式向其提出索赔，必要时还须取得延长时效的认证。

（2）对遭受承保责任内危险的货物，应迅速采取合理的抢救措施，防止或减少货物损失。

（3）在向保险人索赔时，必须提供下列单证：保险单正本、提单、发票、装箱单、磅码单、货损货差证明、检验报告及索赔清单。如涉及第三方责任，还须提供向责任方追偿的有关函电及其他必要单证或文件。

5. 索赔期限

陆上运输货物保险的索赔时效自被保险货物在最后目的地车站全部卸离车辆后计算，最多不超过两年。

5.3.3 邮包险

1. 责任范围

邮包险条款（parcel post insurance）分为邮包险和邮包一切险两种。被保险货物遭受损失时，本保险按保险单上订明承保险别的条款规定，负赔偿责任。

（1）邮包险（parcel post insurance risk）。邮包险负责赔偿：

1）被保险邮包在运输途中由于恶劣气候、雷电、海啸、地震、洪水等自然灾害，或由于运输工具遭受搁浅、触礁、沉没、碰撞、倾覆、出轨、坠落、失踪，或由于失火、爆炸等意外事故所造成的全部或部分损失。

2）被保险人对遭受承保责任内危险的货物采取抢救，防止或减少货损的措施而支付的合理费用，但以不超过该批被救货物的保险金额为限。

（2）邮包一切险（parcel post insurance all risks）。除包括上述邮包险的各项责任外，邮包一切险还负责被保险邮包在运输途中由于外来原因所致的全部或部分损失。

2. 保险责任起讫

邮包险责任自被保险邮包离开保险单所载启运地点寄件人的处所运往邮局时开始生效，直至该项邮包运达本保险单所载目的地邮局，自邮局签发到货通知书当日午夜起算满 15 天终止。但在此期限内，邮包一经递交至收件人的处所，保险责任即行终止。

3. 除外责任

邮包险对下列损失不负赔偿责任：

（1）被保险人的故意行为或过失所造成的损失。

（2）属于发货人责任所引起的损失。

（3）在保险责任开始前，被保险邮包已存在的品质不良或数量短差所造成的损失。

（4）被保险邮包的自然损耗、本质缺陷、特性，以及市价跌落、运输延迟所引起的损失或费用。

（5）《邮包战争险条款》和《货物运输罢工险条款》规定的责任范围和除外责任。

4. 被保险人的义务

（1）当被保险邮包运抵保险单所载明的目的地以后，被保险人应及时提取包裹。如发现被保险邮包遭受任何损失，应即向保险单上所载明的检验、理赔代理人申请检验。如发现被保险邮包整件短少或有明显残损痕迹，应即向邮局索取邮包短、残证明，并应以书面方式向其提出索赔，必要时还须取得延长时效的认证。

（2）对遭受承保责任内危险的邮包，应迅速采取合理的抢救措施，防止或减少邮包的损失。被保险人采取此项措施，不应视为放弃委付的表示；本公司采取此项措施，也不得视为接受委付的表示。

（3）在向保险人索赔时，必须提供下列单证：保险单正本、邮包收据、发票、装箱单、磅码单、货损货差证明、检验报告及索赔清单。如涉及第三方责任，还须提供向责任方追偿的有关函电及其他必要单证或文件。

5. 索赔期限

邮包险索赔时效自被保险邮包递交收件人时起算，最多不超过两年。

5.3.4 海洋运输冷藏货物保险

1. 责任范围

海洋运输冷藏货物险分为冷藏险和冷藏一切险两种。被保险货物遭受损失时，本保险按照保险单上订明承保险别的条款规定，负赔偿责任。

（1）冷藏险（risk for frozen products）。冷藏险负责赔偿：

1）被保险货物在运输途中由于恶劣气候、雷电、海啸、地震、洪水等自然灾害，或由于运输工具遭受搁浅、触礁、沉没、互撞、与流冰或其他物体碰撞，以及失火、爆炸等意外事故，或由于冷藏机器停止工作连续达 24 小时以上所造成的货物腐败或损失。

2）在装卸或转运时由于一件或数件整件货物落海所造成的全部或部分损失。

3）被保险人对遭受承保责任内危险的货物采取抢救，防止或减少货损的措施而支付的合理费用，但以不超过该批被救货物的保险金额为限。

4）运输工具遭遇海难后，在避难港由于卸货所引起的损失，以及在中途港、避难港由于卸货、存仓及运送货物所产生的特别费用。

5）共同海损的牺牲、分摊和救助费用。

6）运输契约订有"双方互有过失碰撞"条款，根据该条款规定，应由货方偿还船方的损失。

（2）冷藏一切险（all risks for frozen products）。除包括上列冷藏险的各项责任外，冷藏一切险还负责被保险货物在运输途中由于外来原因所致的腐败或损失。

2. 保险责任起讫

（1）本保险责任自被保险货物运离保险单所载启运地点的冷藏仓库装入运送工具开始运输时生效，包括正常运输过程中的海上、陆上、内河和驳船运输在内，直至该项货物到达保险单所载明的最后卸载港 30 天内卸离海轮，并将货物存入岸上冷藏仓库后继续有效。但以货物全部卸离海轮时起算满 10 天为限。在上述期限内，货物一经移出冷藏仓库，责任即行终止；如卸离海轮后不存入冷藏仓库，则至卸离海轮时终止。

（2）由于被保险人无法控制的运输延迟、绕道、被迫卸货、重行装载、转载，或承运人运用运输契约赋予的权限所做的任何航海上的变更或终止运输契约，致使被保险货物运到非保险单所载明目的地，在被保险人及时将获知的情况通知保险人，并在必要时加缴保险费的情况下，本保险才继续有效。保险责任按下列规定终止：

1）在货物到达卸载港 30 天内卸离海轮并将货物存入岸上冷藏仓库后继续有效，但以货物全部卸离海轮后时起算满 10 天终止。在上述期限内，被保险货物如在非保险单所载明目的地出售，保险责任至交货时为止。

2）被保险货物如在上述 10 天期限内继续运往保险单所载原目的地或其他目的地，保险责任仍按上述第 1）款的规定终止。

3. 除外责任

冷藏货物运输保险对下列损失不负赔偿责任：

（1）被保险人的故意行为或过失造成的损失。

（2）属于发货人责任所引起的损失。

（3）被保险货物在运输过程中的任何阶段因未存放在有冷藏设备的仓库或运输工具中，或辅助运输工具没有隔温设备所造成的货物腐败。

（4）被保险货物在保险责任开始时因未保持良好状态，包括整理加工和包扎不妥、冷冻上的不合规定及骨头变质所引起的货物腐败和损失。

（5）被保险货物的自然损耗、本质缺陷、特性，以及市价跌落、运输延迟所引起的损失和费用。

（6）《海洋运输货物战争险条款》和《货物运输罢工险条款》规定的责任范围和除外责任。

4. 被保险人的义务

（1）当被保险货物运抵保险单所载目的港以后，被保险人应及时提货。如发现被保险货物任何部分有腐败或损失，应即向保险单上所载明的检验、理赔代理人申请检验，由其在本保险责任终止前确定腐败件数或损失程度。如发现被保险货物整件短少或有明显残损痕迹，应即向承运人、受托人或有关当局（海关、港务当局等）索取货损货差证明。如果货损货差是由于承运人、受托人或其他有关方面的责任所造成的，应以书面方式向其提出索赔，必要时还须取得延长时效的认证。

（2）对遭受承保责任内危险的货物，应迅速采取合理的抢救措施，防止或减少货物的损失。被保险人采取此项措施，不应视为放弃委付的表示；本公司采取此项措施，也不得视为接受委付的表示。

（3）如遇航程变更或发现保险单所载明的货物、船名或航程有遗漏或错误，被保险人应在获悉后立即通知保险人，并在必要时加缴保险费，本保险才继续有效。

（4）在向保险人索赔时，必须提供下列单证：保险单正本、提单、发票、装箱单、磅码单、货损货差证明、检验报告及索赔清单。如涉及第三方责任，还须提供向责任方追偿的有关函电及其他必要单证或文件。

（5）在获悉有关运输契约中"双方互有过失碰撞"条款的实际责任后，应及时通知保险人。

5. 赔款的处理

（1）本保险对同一标记和同一价值的或不同标记但是同一价值的各种包、件、扎、块，除非另有规定，均视作同一重量和同一保险价值计算处理赔偿。

（2）本保险的索赔时效从被保险货物在最后卸载港全部卸离海轮后起计算，最多不超过两年。

5.4　合同中的保险条款

一般地说，国际货物贸易买卖合同中的保险条款涉及的内容主要包括谁负责投保、投保什么样的险种、保险金额、保险费、保险单证和保险适用条款等。这些内容买卖双方均应在合同中加以明确。

5.4.1　合同中的保险条款示例

签订出口合同时，如果按 FOB 或 CFR（CPT）条件成交，则保险应由买方负责办理。买卖合同中只要写明"Insurance: To be effected by the Buyers"（保险：由买方负责办理）即可。

为什么订立如此简单的保险条款？因为 FOB 和 CFR（CPT）条件下，货物运输保险由买方负责办理，风险在装运港船上㊀即发生转移。换句话说，货物自装运港上船以后的风险和费用由买方承担。保险利益（见本章延伸阅读6）是买方的，保险也由买方自己办理，至于投保什么样的险别，买方可以自己决定，并自行缴付相应的保险费。

如果按 CIF（CIP）条件成交，则保险由卖方负责㊁。例如，销售合同中可能写明"由卖方按发票金额的 110% 投保一切险和战争险"，同时还写明"按中国人民财产保险股份有限公司海洋货物运输保险条款办理"㊂。如：

Insurance: To be covered by the Seller for 110% of the invoice value against All Risks

---

㊀　CPT 条件下风险划分界限为货交承运人。
㊁　事实上应该理解为由卖方代买方办理，详见本章延伸阅读6。
㊂　具体的投保业务流程见第 10 章第 10.1.4 小节的内容。

and War Risk as per Ocean Marine Cargo Clauses of the PICC Property and Casualty Company Limited.

签订进口合同时，如果买方办理运输保险，则应在合同中订明：

Insurance: To be covered by the Buyers.

如果是国外卖方办理保险，则可参照上述条款订明。不同的是，国外投保通常按伦敦保险协会制定的《协会货物条款》（Institute Cargo Clause，ICC）（见本章延伸阅读3）进行投保。如：

Insurance: To be effected by the Seller for 110% of the invoice value covering Institute Cargo Clauses (C) and Institute War Clauses-Cargo.

（保险：由卖方按发票金额的110%投保《协会货物条款》（C）和协会战争险。）

5.4.2 保险单

保险单证是指保险人（保险公司）和被保险人之间订立的保险合同[一]，是保险人出具的承保凭证，规定了保险人和被保险人之间的权利和义务，同时还是货物所有人凭以向保险人索赔以及保险人进行理赔的重要依据。

实际国际货物贸易保险涉及的保险单证主要是指保险单。除此之外，可能还涉及批单、预约保险单、保险凭证、联合凭证、保险通知书等。这些单证在我国实际保险业务中多数已经不再使用，其内容放置在本章延伸阅读中，仅供参考。

保险单（insurance policy）全称是货物运输保险保险单（cargo transportation insurance policy），是使用最为广泛的一种正式保险单证，俗称"大保单"[二]，是保险人和被保险人之间订立的正式保险合同的书面凭证。下面以中国人民财产保险股份有限公司"货物运输保险保险单"为例介绍其具体内容，如图5-2所示。保险单分正面内容和背面内容。

1. 正面内容

正面内容主要包括[三]：

（1）保险单号（Policy No.）、印刷号（Printed No.）和单证识别码（Policy ID Code）。其中印刷号和单证识别码是保险公司内部编号，对被保险人来说，只需关注保险单号即可。

（2）发票号（Invoice No.）、合同号（Contract No.）、信用证号（L/C No.）和提单号（B/L No.）。保险单上列明发票号、合同号、信用证号和提单号的主要目的是准确界定被保险货物。

（3）被保险人（Insured）。被保险人可以是发货人、收货人、中间商、银行或指定的人。

保险单上还标记：

中国人民财产保险股份有限公司（以下简称本公司）根据被保险人要求，以被保险人向本公司缴付约定的保险费为对价，按照本保险单列明条款承保下述货物运输保险，特订立本保险单。

[一] 尽管货物运输保险投保单是由投保人填写并缴付保费，但保险单是保险人和被保险人之间的合同。
[二] 保险凭证俗称"小保单"，但保险凭证在我国保险业务中已经不再使用。
[三] 以中国人民财产保险股份有限公司货物运输保险保险单为例。

国际贸易实务 第3版

PICC 中国人民财产保险股份有限公司
PICC Property and Casualty Company Limited

总公司设于北京　　　　　一九四九年创立
Head Office Beijing　　　Established in 1949

货物运输保险 保险单 CARGO TRANSPORTATION INSURANCE POLICY

发票号(Invoice No.)　　　　　　　　　印刷号(Printed No.)
合同号(Contract No.)　　　　　　　　　单证识别码(Policy ID Code)
信用证号(L/C No.)　　　　　　　　　　保险单号(Policy No.)
提单号(B/L No.)
被保险人(Insured):

中国人民财产保险股份有限公司(以下简称本公司)根据被保险人要求,以被保险人向本公司缴付约定的保险费为对价,按照本保险单列明条款承保下述货物运输保险,特订立本保险单。

THIS POLICY OF INSURANCE WITNESSES THAT PICC PROPERTY AND CASUALTY COMPANY LIMITED (HEREINAFTER CALLED "THE COMPANY") AT THE REQUEST OF THE INSURED AND IN CONSIDERATION OF THE AGREED PREMIUM PAID TO THE COMPANY BY THE INSURED, UNDERTAKES TO INSURE THE UNDERMENTIONED GOODS IN TRANSPORTATION SUBJECT TO THE CONDITIONS OF THIS POLICY AS PER THE CLAUSES PRINTED BELOW.

标记(MARKS & NOS.)	包装及数量(PACKAGE & QUANTITY)	保险货物项目(GOODS)

保险金额:_____
Amount Insured:_____
保费(Premium):_____　　　　　启运日期(Date of Commencement):_____
装载运输工具(Per Conveyance):_____
自(From):_____　　　经(Via):_____　　　至(To):_____
承保险别(Conditions):_____

所保货物如发生保险单项下可能引起索赔的损失,应立即通知本公司或下述代理人查勘,如有索赔,应向本公司提交正本保险单(本保险单共有____份正本)及有关文件。如一份正本已用于索赔,其余正本自动失效。

IN THE EVENT OF LOSS OR DAMAGE WHICH MAY RESULT IN A CLAIM UNDER THIS POLICY IMMEDIATE NOTICE MUST BE GIVEN TO THE COMPANY OR AGENT AS MENTIONED. CLAIMS, IF ANY. ONE OF THE ORIGINAL POLICY WHICH HAS BEEN ISSUED IN ____ ORIGINAL(S) TOGETHER WITH THE RELEVANT DOCUMENTS SHALL BE SURRENDERED TO THE COMPANY IF ONE OF THE ORIGINAL POLICY HAS BEEN ACCOMPLISHED, THE OTHERS TO BE VOID.

保险人:
Underwriter:
电话(TEL):
传真(FAX):
地址(ADD):

赔款偿付地点(Claim Payable at)_____
签单日期(Issuing Date)_____

授权人签字:
Authorized Signature:

网址:www.piccnet.com.cn

图 5-2　保险单式样

THIS POLICY OF INSURANCE WITNESSES THAT PICC PROPERTY AND CASUALTY COMPANY LIMITED (HEREINAFTER CALLED "THIS COMPANY") AT THE REQUEST OF THE INSURED AND IN CONSIDERATION OF THE AGREED PREMIUM PAID TO THE COMPANY BY THE INSURED, UNDERTAKES TO INSURE THE UNDERMENTIONED GOODS IN TRANSPORTATION SUBJECT TO THE CONDITIONS OF THIS POLICY AS PER THE CLAUSES PRINTED BELOW.

(4) 标记（MARKS & NOS.），是指运输标志（shipping mark）和包装件号。

(5) 包装及数量（PACKAGE & QUANTITY），如100 CARTONS（100 箱，CARTONS 有时缩写为CTNS）、30PCS（30 件）等。

(6) 保险货物项目（GOODS），是指被保险货物的名称，相当于"description of goods"。

(7) 保险金额（Amount Insured）。保险金额通常按货物 CIF（或 CIP）的110%来计算，详见下文。

(8) 保费（Premium）。保费是保险金额乘以保险费率，实际业务中通常填写"as arranged"。

(9) 启运日期（Date of Commencement 或 Departure Date，Sailing Date）。启运日期通常填写"as per B/L"，意思是与提单上列明的日期一致。

(10) 装载运输工具（Per Conveyance），如船名及航次。

(11) 自（From）、经（Via）、至（To），标示装货港（地）、途经港（地）、卸货港（地）或目的港（地）等。

(12) 承保险别（Conditions）。

承保险别示例1：

Conditions: Covering All Risks for 110 percent of invoice value, from warehouse supplier to warehouse Alicante.

（承保险别：按发票金额的110%承保一切险，自发货人仓库至亚里坎特①港口仓库。）

承保险别示例2：

Conditions: Covering ocean transportation All Risks, War Risk with claims payable at destination in currency of the L/C.

（承保险别：承保海洋运输一切险和战争险，赔款偿付地点在目的地，以信用证货币赔付。）

保险单上还标记：

所保货物如发生保险单项下可能引起索赔的损失，应立即通知本公司或下述代理人查勘，如有索赔，应向本公司提交正本保险单（本保险单共有____份正本②）及有关文件。如一份正本已用于索赔，其余正本自动失效。

IN THE EVENT OF LOSS OR DAMAGE WHICH MAY RESULT IN A CLAIM UNDER THIS

---

① 西班牙东南部港口。
② 通常情况下，保险公司签发三份正本保险单和三份副本保险单。其中，交被保险人两份正本和两份副本，保险公司留存一份正本和一份副本。但有时信用证要求受益人提交三份正本保险单，这时保险公司往往会留存两份副本保险单，而将三份正本及一份副本保险单交被保险人。

POLICY, IMMEDIATE NOTICE MUST BE GIVEN TO THE COMPANY OR AGENT AS MENTIONED. CLAIMS, IF ANY, ONE OF THE ORIGINAL POLICIES WHICH HAS BEEN ISSUED IN ____ORIGINAL(S) TOGETHER WITH THE RELEVANT DOCUMENTS SHALL BE SURRENDERED TO THE COMPANY IF ONE OF THE ORIGINAL POLICY HAS BEEN ACCOMPLISHED, THE OTHERS TO BE VOID.

（13）保险人（Underwriter）、电话（TEL）、传真（FAX）、地址（ADD）。

（14）赔款偿付地点（Claim Payable at）。一般选择在目的地所在国家，有时只写"Destination"，同时还要写明赔付货币，如"Destination in USD"。

（15）签单日期（Issuing Date）。

（16）授权人签字（Authorized Signature）等。

2. 背面内容

背面内容主要包括保险人的责任范围、除外责任，以及保险人和被保险人之间的权利、义务条款。

保险单经背书或其他方式可进行转让，而且转让没有次数限制。保险单的转让无须取得保险人的同意，也无须通知保险人。即使在保险标的发生损失之后，保险单仍可有效转让。

关于保险单的背书和转让见本章延伸阅读5。

5.4.3 保险金额、保险费率和保险费

保险金额、保险费率和保险费是国际贸易保险实务中的主要内容。

1. 保险金额

保险金额（insured amount）是指保险人同意承保的总金额，也是索赔可支付的最大金额。同时，保险金额还是计算保险费时采用的数值，保险人据此收取保险费。保险金额代表了所购买的保险数额，货物一旦受损，被保险人所得到的赔偿额不会超过其所投保的保险金额。

与保险金额关联的术语是保险价值。保险价值是指货物的价格加上运输中所涉及的运输费用、杂项费用以及全部海运过程中的保险费用。货物的价格体现为货物成本加卖方的利润百分比。

为使保险标的能够充分获保，保险金额和保险价值必须是相同的金额。如果保险金额少于保险价值，将意味着由于某些原因，存在保险不足或被保险人选择自己承担一定比例的风险。例如，保险价值为100万美元的货物的保险金额是80万美元，表明被保险人承担20%的风险。换句话说，在货物出现损失后，被保险人自己将承担20%的损失，索赔时他将只能从保险人那里获得80%的赔偿；同样，他相应节省了20%的保险费。

国际上通常的做法是，按货物的CIF（CIP）价格总值加上一定百分比的保险加成（也可理解为预期利润，通常为10%）作为保险金额。按 *Incoterms 2020* 以及 *UCP600* 第28条f款相关规定，卖方有义务按CIF或CIP价格总值加10%作为保险金额。

保险金额的计算公式为

$$保险金额 = CIF（CIP）价 \times (1 + 保险加成)$$

如果已知CFR（FOB）价，则应先把CFR（FOB）价格转化为CIF价，再计算保险金额。计算公式为

$$\text{保险金额} = \frac{\text{CFR}}{1-(1+\text{保险加成})\times\text{保险费率}}\times(1+\text{保险加成})$$

$$= \frac{\text{FOB}+F}{1-(1+\text{保险加成})\times\text{保险费率}}\times(1+\text{保险加成})$$

2. 保险费率

保险费率是保险公司根据一定时期货物的损失率（赔付率）、不同险别的责任范围、目的港的远近、可能遭受风险的大小等因素确定的被保险货物适合的费率。不同货物、不同目的地、不同险别的保险费率是不同的。保险费率通常由下述因素决定：

（1）承运船舶。船舶的使用年限、类型、国籍、所有权和船舶管理层都是重要的考虑因素。

（2）所使用的包装性质。这一点与运输方式有关，并且看其是否采用合适的货物保护方式。空运和海上集装箱运输通常使用较少的包装。

（3）被运输货物的类型。有些货物比其他货物更容易损坏。所保险别应与货物类型相结合，并且应该吸取运输相关货物的经验。

（4）运输时间和运输方式。一般来说，运输时间越短，货物受到损坏或盗窃的可能性越小。所使用的运输方式也会影响保险费的费率，如海上集装箱运输被广泛应用于贸易中以降低货物被盗窃的风险。

（5）以往的经验。如果货物易于发生严重的损坏或被盗窃，保险费率可能较高。

（6）所需保险的类型。这一点是关键，所需要的保险范围越广，保险费率就越高。

（7）货物的数量。出口货物的数量越大，就越容易获得更为优惠的保险费率。

3. 保险费

保险费（premium）是被保险人为被保险货物向保险人缴付的费用。

保险费的计算公式为

$$\text{保险费} = \text{保险金额} \times \text{保险费率}$$

因此，以 CIF（CIP）条件成交的被保险货物的保险费，计算公式为

$$\text{保险费} = \text{CIF}（\text{CIP}）\times(1+\text{保险加成})\times\text{保险费率}$$

以 CFR（CPT）条件成交的被保险货物的保险费，计算公式为

$$\text{保险费} = \frac{\text{CFR}（\text{CPT}）}{1-(1+\text{保险加成})\times\text{保险费率}}\times(1+\text{保险加成})\times\text{保险费率}$$

以 FOB 条件成交的被保险货物的保险费应按下式计算：

$$\text{保险费} = \frac{\text{FOB}+F}{1-(1+\text{保险加成})\times\text{保险费率}}\times(1+\text{保险加成})\times\text{保险费率}$$

5.4.4 保险索赔

保险索赔（claim）是指被保险货物发生属于保险责任范围内的损失，由被保险人向保险人提出赔偿（file a claim）。保险索赔涉及索赔对象和程序、必要的索赔单据、索赔时效以及被保险人在索赔时应履行的义务等方面的内容。

1. 索赔对象和程序

中国人民财产保险股份有限公司承保的出口货物抵达国外目的地后，如果发现货物受损，收货人或其代理人一般都按保险单规定，委托保险人指定的检验机构对货损程度进行勘

验并出具检验报告，由国外收货人或其代理人凭检验报告连同有关权益证明书、保险单正本直接向保险公司或保险单载明的中国人民财产保险股份有限公司的国外理赔代理人索赔。

中国人民财产保险股份有限公司承保的进口货物运抵国内后，如果发现残损或短缺，在港口的收货人应立即通知当地的保险公司，在内地的收货人则应立即通知当地的保险公司或中国人民银行，并会同有关部门联合检验，出具联合检验报告。申请联合检验的期限，一般最迟不得超过保险责任终止日期前10天，收货人应根据残损货物联合检验报告的损失金额或程度，向卸货港的保险公司索赔。

2. 必要的索赔单据

索赔时通常需要提供以下正本单据：

（1）保险单[一]。
（2）海运提单或运单，以证明货物的承运情况。
（3）发票，作为理赔金额的依据。
（4）装箱单或磅码单，以核对损失数量。
（5）检验报告，以确定保险责任和应赔付的金额。
（6）承运人签发的货损货差证明，作为索赔的证明和向承运方追偿的依据。
（7）索赔清单，主要列明索赔金额及计算依据，以及有关费用的项目和用途。
（8）向承运人等第三责任方要求赔偿的函电及其他文件。
（9）保险人要求的其他单据。

3. 索赔时效

索赔时效（期限）一般为两年，逾期索赔，保险人一般不再受理。

4. 被保险人应履行的义务

（1）被保险人获悉被保险货物遭受损失后，应立即通知保险人，并及时申请检验。
（2）被保险人或其代理人应及时向承运人等有关责任方进行追偿，维护保险人代位追偿权的行使。
（3）货物受损后，被保险人要对货物采取必要的施救、救助、整理措施，防止损失扩大。
（4）被保险人索赔时应向保险人提交正本保险单、货损货差证明、检验报告等必要的索赔单据。

案例 5-2

【案例回放】

我国某企业以 CFR 贸易条件与国外某出口商签订了一笔进口合同，经核算货物的保险价值为 500 万美元。买方接到卖方装运通知后，立即向国内某保险公司投保，但买方只投保了 400 万美元，即保险金额仅为 400 万美元。后来因船方不可免责的过失导致该批货物全部损失。保险公司根据保险单中的保险金额，赔偿了货主 400 万美元的损失。之后，保险公司依据代位追偿权，向有过失责任的船方追回了 400 万美元。买方获悉后，要求享有该追偿额（400 万美元）的 100/500，即 80 万美元；而保险公司则主张，在代位追偿权之下，保险公

[一] 如卖方代买方办理保险，被保险人为卖方，则应先办理背书。

司有权享有400万美元的全部，从而拒绝了买方的请求。试分析保险公司的主张是否合理。

【要点分析】

这是一个典型的不足额保险中的代位追偿问题。所谓不足额保险，是指投保人或被保险人投保时，只将保险标的的实际价值或保险价值的一部分而非全部投保，即保险金额低于保险价值的一种保险。

对此，不同的国家做法不同。一是保险人有权享有第三责任方的全部损害赔偿金额；二是第三责任方的损害赔偿金额应先补偿被保险人；三是保险人与被保险人按比例分享第三责任方的损害赔偿金额。我国与多数国家一样，采用第三种做法，即保险公司应分享其中400/500，即320万美元；而货主则应分享其中100/500，即80万美元。

因此，保险公司的主张不合理。

本章延伸阅读

1. 推定全损时的委付

委付（abandonment）是指被保险人在保险标的处于推定全损状态时，向保险人声明愿意将被保险货物的一切权益（包括财产权及一切由此而产生的权利与义务）转让给保险人，而要求保险人按全部损失给予补偿的一种行为。若被保险人不办理委付而保留对残余货物的所有权，则保险人将按部分损失予以赔偿。

各国保险法对推定全损中的委付都有严格规定。总体而言，构成委付必须符合下列条件：

1）委付通知必须及时发出。
2）委付时必须将受损的被保险货物全部进行委付。
3）委付必须是无条件的。
4）委付必须经保险人承诺方可生效。保险人应当在合理时间内将接受或不接受委付的决定通知被保险人。委付一经保险人接受，不得撤回。

2. 部分全损

除了全部损失（实际全损或推定全损）以及部分损失（共同海损或单独海损）外，在海运货物保险业务中，还存在一个部分全损的情况。部分全损（total loss of part）是全部损失的一种扩展，并非只有整张保险单所列货物全部损失才构成全损。对于分组计算的被保险货物的整组灭失或在装卸过程中的整件灭失，以及在使用驳船驳运货物过程中整条驳船货物的灭失，均可视为部分全损。

3. 伦敦保险协会海运货物保险条款

本章第5.2节介绍了我国海运货物保险条款。如果保险环节由外商办理，外商通常会投保伦敦保险协会（Institute of London Underwriters，ILU）制定的《协会货物条款》（Institute Cargo Clause，ICC）。目前世界上许多国家在海运保险业务中直接采用这一条款，中国人民财产保险股份有限公司制定相关运输险条款时也参考了ICC的相关内容。因此，作为本章延伸阅读内容之一，这里简要介绍伦敦保险协会海运货物保险条款。

（1）伦敦保险协会修订的海运货物保险条款的种类。伦敦保险协会的《协会货物条款》最早制定于1912年，后经多次修订。其中，1982年修订的《协会货物条款》（ICC 1982

版）中，取消了"平安险（FPA）""水渍险（WPA）"和"一切险（AR）"的名称，而代之以"协会货物条款（A）"（ICC（A））、"协会货物条款（B）"（ICC（B））和"协会货物条款（C）"（ICC（C））。2009年，ICC又一次进行修订，修订后的《协会货物条款》共包括六种险别：

1）协会货物条款（A）（Institute Cargo Clauses（A），ICC（A））。
2）协会货物条款（B）（Institute Cargo Clauses（B），ICC（B））。
3）协会货物条款（C）（Institute Cargo Clauses（C），ICC（C））。
4）协会战争险条款（货物）（Institute War Clauses-Cargo）。
5）协会罢工险条款（货物）（Institute Strikes Clauses-Cargo）。
6）恶意损害险条款（Malicious Damage Clauses）。

在以上六种险别中，ICC（A）、ICC（B）、ICC（C）都可以单独投保，类似我国的主险（基本险）；战争险条款和罢工险条款由于具有独立完整的结构，对承保风险和除外责任均具有明确的规定，如征得保险人同意，必要时也可以作为独立的险别投保；而恶意损害险仅属于附加险条款，不可独立投保。

（2）承保风险与除外责任。

1）ICC（A）的承保风险与除外责任。ICC（A）的承保风险采用一切风险减除外责任的方式予以明确，即除了"除外责任"项下的风险保险人不予负责外，对其他风险均予负责。

ICC（A）的除外责任有以下四类：①一般除外责任。归因于下列行为的，保险人不予赔偿：被保险人故意的不法行为造成的损失或费用；自然渗漏、自然损耗、自然磨损所造成的损失或费用；包装不充分或不当所造成的损失或费用；保险标的内在缺陷或特性所造成的损失或费用；直接由于延迟所引起的损失或费用；由于船舶所有人、租船人经营破产或不履行债务所造成的损失或费用；由于使用任何原子或核武器所造成的损失或费用。②不适航、不适货除外责任。所谓不适航、不适货除外责任，是指保险标的在装船时，如被保险人或其他受雇人员已经知道船舶不适航，以及船舶、装运工具、集装箱等不适货。③战争除外责任。如：由于战争、内战、敌对行为等造成的损失或费用；由于捕获、拘留、扣留（海盗除外）等所造成的损失或费用；由于河流水雷、鱼雷等造成的损失或费用。④罢工除外责任。罢工者、被迫停工工人造成的损失或费用，以及由于罢工、被迫停工所造成的损失或费用；任何恐怖主义或出于政治动机而行动的人所致的损失或费用。

2）ICC（B）的承保风险与除外责任。ICC（B）和ICC（C）险的承保风险采用"列明风险"的方法，即在条款的首部把保险人所承保的风险一一列出。灭失或损害合理归因于下列任何原因之一者，保险人予以赔偿：①火灾、爆炸。②船舶或驳船触礁、搁浅、沉没或倾覆。③陆上运输工具倾覆或出轨。④船舶、驳船或运输工具同水以外的外界物体碰撞。⑤在避难港卸货。⑥地震、火山爆发、雷电。⑦共同海损牺牲。⑧抛货。⑨浪击落海。⑩海水、湖水或河水进入船舶、驳船、运输工具、集装箱、大型海运箱或储存处所以及货物在装卸时落海或摔落造成整体的全损。

ICC（B）除外责任除对"海盗行为"和恶意损害险的责任不负责外，其余均与ICC（A）的除外责任相同。

3）ICC（C）的承保风险与除外责任。ICC（C）只承保"重大意外事故"而不承保

"自然灾害及非重大意外事故"。ICC（C）的承保风险比 ICC（A）、ICC（B）要小得多。其具体承保风险为：①火灾、爆炸。②船舶或驳船触礁、搁浅、沉没或倾覆。③陆上运输工具倾覆或出轨。④在避难港卸货。⑤共同海损牺牲。⑥抛货。

ICC（C）的除外责任与 ICC（B）的除外责任完全相同。

通过比较可以发现，ICC（A）的承保范围类似我国的一切险；ICC（B）的承保范围类似我国的水渍险；ICC（C）的承保范围类似我国的平安险，但比平安险的责任要小些。

4）协会战争险的承保风险与除外责任。协会战争险的承保范围包括：①战争、内战、革命、叛乱、造反或由此引起的内乱，或交战国或针对交战国的任何敌对行为。②捕获、拘留、扣留、禁止或扣押，以及这些行为的后果或这方面的企图。③遗弃的水雷、鱼雷、炸弹或其他遗弃的战争武器。

协会战争险的除外责任与 ICC（A）的"一般除外责任"以及"不适航、不适货除外责任"大致相同。

协会战争险的承保风险与我国现行的海运战争险条款相似，但在除外责任方面不同。ICC 规定保险人对由于非敌对行为（如使用核武器等）所造成的灭失或损害必须负责。

5）协会罢工险的承保风险与除外责任。协会罢工险承保的主要风险包括：①罢工者、被迫停工的工人或参与工潮、暴动或民变的人员造成的损失或费用。②罢工、被迫停工、工潮、暴动或民变造成的损失或费用。③任何恐怖主义或任何出于政治目的采取的行动所造成的损失或费用。

协会罢工险的承保风险范围与除外责任与我国现行的海运货物保险条款中的罢工险基本类似。但在"一般除外责任"中增加了"航程挫折"条款，目的在于限制被保险人对由于罢工而造成的额外费用（如存仓费或重新装船费等）提出赔偿要求。

6）恶意损害险的承保风险。恶意损害险属于附加险条款，它所承保的是被保险人以外的其他人（如船员等）的恶意破坏行动所致被保险货物的损害或灭失的风险。这种风险仅在 ICC（A）中被列为承保风险的范畴，而在 ICC（B）和 ICC（C）中均被列为除外责任。因此，如果被保险人想对该风险取得保障利益，应在投保 ICC（B）和 ICC（C）的同时加保恶意损害险。

（3）保险期限。保险期限也称保险人承担保险责任的期限。ICC（A）、ICC（B）、ICC（C）条款与我国海运货物保险条款中基本险的规定大致相同，也采用"仓至仓"条款，但比我国保险条款规定得更加详尽。战争险的保险期限与前述我国现行海运战争险条款一样，也根据承保"水上危险"的原则，而不使用"仓至仓"条款。

4."双方互有过失碰撞"条款

"双方互有过失碰撞"条款（both to blame collision clause）又称船舶互撞责任条款，是指《协会货物条款》中的一条有关海洋货物运输保险赔款的规定。双方互有过失碰撞条款规定，如提单订有"双方互有过失碰撞"条款，则当必须由被保险人负比例责任时，保险人可以赔偿。但根据美国法律规定，碰撞船舶双方互有过失，各负对半责任。货主可以就承运货物因船舶互撞所导致的损失，向任何一方或双方船舶索赔。由于一般提单均订有承运人对船长、船员在航行或管理船舶上的行为或疏忽的免责条款，货主不能向其承运人索赔，促使货主向对方船主索取百分之百的赔偿。对方船主在赔付货主百分之百的损失后，按《1910 年统一船舶碰撞若干法律规定的国际公约》的规定，船舶碰撞互有责任时，两船上的货物损失由过失船舶各按过失程度比例赔偿，对方船向承运船摊回一部分损失金额。承运人为了维护自身的利益，在提单中加进了船舶互撞责任条款，规定货主应向承运人退还他从对方船主获得承运过失比例的赔款。伦敦保险协会保险单的这一条款规定，对于货物所有人（被保险人）应该向承运人退回的损失，可由保险人负责赔偿。我国《海洋运输货物保险条款》中的平安险第9条也将此条款作为一项责任范围。

5. 保险单的背书与转让

货物运输保险单经背书后可进行转让，而且转让没有次数限制。保险单的转让无须取得保险人的同意，也无须通知保险人。即使在保险标的发生损失之后，保险单仍可有效转让。

以CIF贸易条件成交、以信用证方式结算货款的出口合同，卖方代买方办理货物的运输保险，假设合同或信用证中没有明确要求谁是被保险人，则通常投保人和被保险人均为发货人，即出口商或卖方。卖方取得保险单后，应立即背书，并连同信用证要求的其他货运单据交银行议付。这样，收货人（买方）拿到的保险单才是有用的保险单，即货物的保险利益经卖方背书转让给买方。当然，有时合同中明确规定被保险人为收货人，则应按合同办理。这时，投保人和被保险人可能不是同一个人。

以FOB、CFR等贸易条件成交的出口合同，由于买方自行办理运输保险，被保险人通常填写买方自己，与卖方不发生任何关系。在这种情况下，保险单就不存在背书转让的问题。

6. 保险利益

保险利益（insurable interest）又称可保利益，是指投保人（或被保险人）对保险标的具有的为法律所承认的经济利益。这种利益体现在两个方面：一是如果保险事故发生，则投保人（或被保险人）因保险标的遭受损失而利益受到侵害；二是如果保险事故没有发生，则投保人（或被保险人）因保险标的安全而受益。保险利益既包括货物本身的价值，又包括预期利润。通常情况下，以FOB或CFR条件成交的货物，货物的运输保险和保险利益是一致的，投保人（或被保险人）投保什么样的险别取决于保险利益方的意愿；但以CIF或CIP条件成交的货物，由于货物运输保险由卖方办理，而保险利益是买方的，因此这种情况下的保险属于卖方代买方投保。需要注意的是，在CIP Incoterms 2020规则下，卖方需要投保符合伦敦保险协会《协会货物条款》（A）款或其他类似条款下的范围广泛的险别；在CIF Incoterms 2020规则下，卖方需要投保符合《协会货物条款》（C）款或其他类似条款下的范围有限的险别。但是，双方仍然可以自行约定更低的险别，详见第3章第3.1.2小节的相关内容。

7. 预约保险

预约保险是由保险人与投保人双方订立一个预约保险协议，规定总的保险范围，包括被保险货物种类、总保险限额、航程区域、运输方式、保险条款、保险费率、保险费、双方责任、保险期限等。在预约保险协议中会事先规定，双方中的一方若要取消该保险协议，需要事先（提前15天或30天）通知对方。

由于一般货物运输保险需要在保险标的启运前办理，但签订预约保险协议后，可以不受这个限制。被保险人要在保险标的启运前填制启运通知，通知保险人承保；但若由于被保险人的疏忽或遗忘，在保险标的启运后才办理，同样生效。

通常在预约保险协议中，双方会订立一个固定时间内的保险金额，并缴付相应的保险费；在保险期限结束后，双方会根据实际的承保情况结算保险费，多退少补。

预约保险在实际操作中会存在被保险人道德风险的问题，即被保险人可能故意不投保或当风险出现后再去投保的情况。因此，通常情况下保险人对预约保险的签订较谨慎。

预约保险同货物运输保险的主要区别在于，预约保险的保险责任只要在协议范围内，保险人均予负责。预约保险会涉及预约保险单，见本章延伸阅读8。

8. 其他几种形式的保险单据

除保险单外，还有以下几种形式的保险单据：

（1）批单。批单（endorsement）是在保险单出具后，因保险内容有所变更，保险人应投保人（或被保险人）要求而签发的批（修）改保险内容的凭证，它具有补充、变更原保险单内容的作用。保险单一经批改，保险人须按批改后的内容承担责任。批改的内容如涉及增加保险金额、扩大承保范围，须经保险人同意，投保人方可办理申请批改手续。被批准的批单一般被粘贴在保险单上并加盖骑缝章，作为保险单不可分割的组成部分。

20世纪90年代以前，批单是一种很常见的保险单证，但目前在实际业务中，由于银行对粘贴有批单的保险单一般不愿接受，因此投保人往往要求保险人根据批单和原保险单内容出具一份新的保险单。

（2）预约保险单。预约保险单又称作开口保单（open policy），是保险人承保投保人在一定时期内分批装运的货物所出具的保险单据。预约保险单上面通常载明被保险货物的名称、险别、保险费率，每批运输货物的最高保险金额，以及保险费的结算方法等。凡属预约保险范围内进出口货物，一经启运，即自动按预约保险单所列条款保险，保险人可不再签发每批货物的保险单。但被保险人应在获悉每批货物启运时立即以启运通知书或其他书面形式将该批货物的名称、数量、保险金额、运输工具的种类和名称、航程起讫地点、开航日期等情况通知保险人。目前在实际保险业务中，预约保险单的使用已经越来越少，为防止道德风险，保险人往往更愿意使用"一批一单"制来代替预约保险单。

（3）保险凭证。保险凭证（insurance certificate）是一种简化的保险合同，俗称"小保单"，是保险人签发给被保险人的、证明货物已经投保和保险合同已经生效的文件。保险凭证只有正面内容，无背面内容（相关的保险人责任范围、除外责任以及保险人和被保险人之间的权利义务关系以保险单背面内容为准）。

理论上讲，保险凭证具有与保险单同等的法律效力。但需要注意的是，如果信用证内规定应提供保险单，一般不能用保险凭证来替代。而且，目前国内多数保险公司在实际业务中很少再签发保险凭证，而是以保险单取而代之。

（4）联合凭证。联合凭证（combined certificate）是一种更为简化的保险凭证。我国保险机构（保险公司或其他参与保险的机构）在外贸企业的商业发票上加注保险编号、保险险别、保险金额，并加盖保险机构印章，即作为承保凭证，其余项目以发票所列为准。联合凭证一般不能转让，目前这种联合凭证仅适用于我国香港地区一些中资银行由华商开来的信用证。换句话说，银行接受这种特殊的保险单据。

（5）保险通知书。保险通知书（insurance declaration）也称保险声明书，在FOB、FCA、CFR等条件的出口交易中，由买方自行办理保险。但有些进口商与国外保险公司订有预约保险合同，因此他们常在信用证中要求卖方在发运货物时，向进口商指定的外国保险公司发出保险通知书，列明所运货物名称、数量或重量、金额、运输工具、运输日期、进口商名称、预约保险合同编号等。保险通知书是卖方为买方提供的装运后服务，其副本被列为银行议付单据之一，必须在装运前备妥。

需要注意的是，保险凭证、联合凭证和保险通知书在我国实际保险业务中基本已经停止使用了。

9. 再保险

再保险（reinsurance）也称作分保，是指保险人将其承担的保险业务以承保形式部分转移给其他保险人。保险人为了减轻自身承担的保险责任而将其不愿意承担或超过自己承保能力的部分保险责任转嫁给其他保险人，这种办理保险业务的方法具有再一次进行保险的性质，故称"再保险"。再保险可以使保险人避免危险过于集中，不致因一次巨大事故的发生而无法履行支付赔款义务，对经营保险业务起到稳定作用。

本章主要参考文献

［1］黄海东，孙玉红．国际货物运输保险［M］．4版．北京：清华大学出版社，2021．
［2］应世昌．新编国际货物运输与保险［M］．5版．北京：首都经济贸易大学出版社，2020．
［3］李贺．国际货物运输与保险：应用　技能　案例　实训［M］．3版．上海：上海财经大学出版社，2021．
［4］栗丽．国际货物运输与保险［M］．6版．北京：中国人民大学出版社，2020．
［5］徐景霖，李勤昌．国际贸易实务［M］．11版．大连：东北财经大学出版社，2020．
［6］陈岩．国际贸易理论与实务［M］．5版．北京：清华大学出版社，2021．
［7］布朗奇．国际贸易实务：第五版［M］．孔雁，蔡荣生，译．北京：清华大学出版社，2007．
［8］冷柏军．国际贸易实务［M］．3版．北京：中国人民大学出版社，2020．
［9］徐春祥，等．国际贸易实务［M］．2版．北京：机械工业出版社，2018．
［10］徐春祥．国际贸易实务习题与参考答案［M］．北京：机械工业出版社，2014．

本章数字资源

海洋运输货物保险单（实例1.2）。

第6章

国际货物贸易货款结算

 本章阅读提示

国际货物贸易货款结算又称国际货物贸易货款收付，包括收汇、结汇、售汇和付汇四个环节，涉及采用何种货币、何种结算方式、具体结算时间、结算地点等内容，是国际贸易交易各方磋商的主要内容之一，直接关系到买卖各方的切身利益，也是国际贸易合同的重要组成部分。因此，买卖双方在交易磋商时，应根据国际贸易法律和惯例，就付款时间、地点以及结算方式等内容进行认真洽商，并在合同中做出明确规定。

本章主要内容包括结算工具、结算方式以及合同中的结算条款。其中，结算工具属于基础性知识；结算方式是本章重点内容，也是理解合同中结算条款的前提，应加以理解掌握。国际货物贸易中的其他一些结算方式作为本专业了解内容，读者可在本章延伸阅读中看到，以开阔专业视野。

本章结构安排如下：第6.1节重点介绍汇票的含义及其使用方法，其他两种结算工具由于实际业务中使用较少，仅供了解。第6.2节重点介绍电汇（汇款方式之一）、托收和信用证的主要内容与操作流程。其他结算方式如银行保函、备用信用证以及保理业务等放在本章延伸阅读中，供读者参考。第6.3节主要介绍各种结算方式在合同中的具体应用，这是本章的落脚点。

6.1 结算工具

国际货物贸易中的结算工具主要是票据和货币。其中，票据作为主要货款结算工具，包括汇票、本票和支票三种；而货币（现金）结算仅限于少量款项、杂费的支付。

国际货物贸易货款结算采用的主要票据是汇票。

6.1.1 汇票

1. 汇票的含义

汇票是协议付款的一种常见方式。国际货物贸易货款结算时，出口商往往开出汇票，连同运输单据一起交给出口商所在地银行，银行再将其寄送给海外代收的银行（即进口商所在地银行）。海外代收行通知进口商（代表货物的）单据已经收到，并在以下两个条件满足之一的情况下将单据交给进口商：第一，如果汇票是（见票即付的）"即期汇票"，买方全额支付汇票金额；第二，如果汇票是（以特定天数之后支付的）"远期汇票"，买方承兑票据，即买方在汇票背面签章同意在规定日期全额支付货款。那么，什么是汇票呢？

英国《票据法》对汇票定义如下：汇票（bill of exchange/draft/exchange）是一人[一]签发给另一人的无条件的书面支付命令，（这个命令）要求受票人在见票时或于未来某一规定的或可以确定的时间，将一定金额的款项支付给某一特定的人或其指定的人或持票人（A bill of exchange is an unconditional order in writing addressed by one person to another, signed by the person giving it, requiring the person to whom it is addressed to pay, on demand, or at a fixed or determinable future time, a sum certain in money to or to the order of a specified person or bearer）。

我国《票据法》（2004年8月28日修正）第十九条对汇票定义如下：汇票是出票人签发的，委托付款人在见票时或者在指定日期无条件支付确定的金额给收款人或者持票人的票据。汇票式样如图6-1所示。

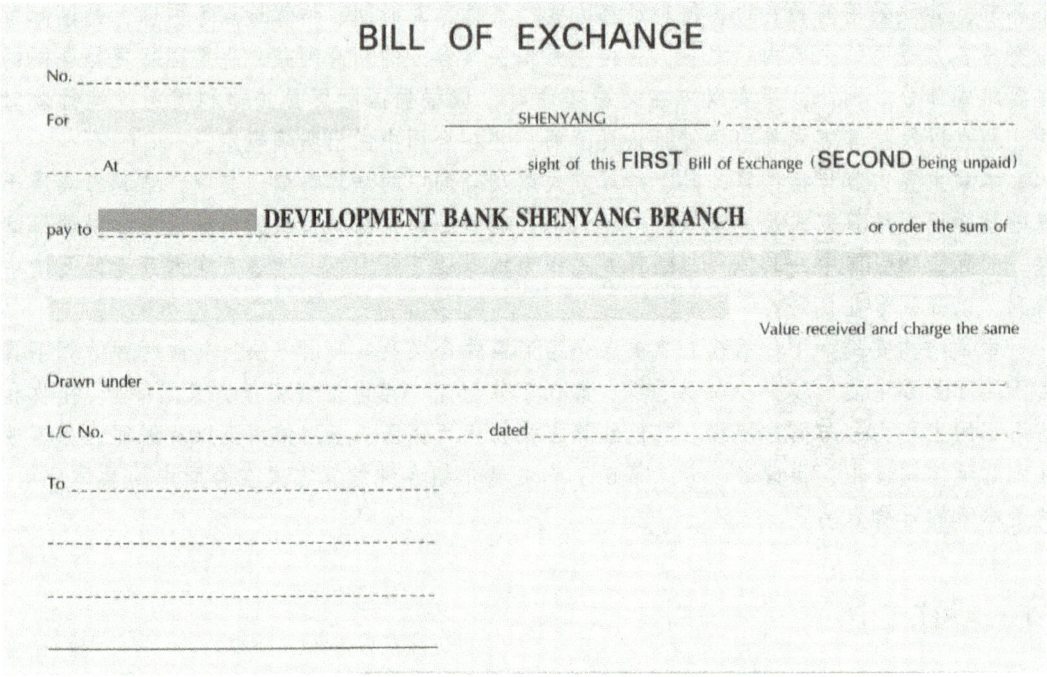

图6-1 汇票式样

2. 汇票的基本内容

汇票是国际货物贸易货款结算中经常使用的票据，了解汇票的基本内容、掌握汇票的填写方法至关重要。汇票通常包括如下基本内容：

1）标明"汇票"字样，即票面上具有"BILL OF EXCHANGE"或"DRAFT"或"BILL"或"EXCHANGE"字样（大小写不限），便于识别。

2）汇票号码（No.）。

3）出票依据（Drawn under）。信用证支付方式下，出票依据主要包括开证行名称、信用证号码以及开证日期。

㊀ 自然人或法人。

4）确定的金额（a sum certain in money）。汇票上的金额是确定的，其大、小写金额应完全一致。信用证支付方式下，所填写的货币名称应与信用证规定的货币名称完全一致，且汇票金额不得超过信用证金额。

5）无条件支付的委托（unconditional order in writing）。"无条件"是指这种支付委托不能附带其他任何条件，而且是一次性支付，不能分期支付。

6）出票人（drawer）。出票人即签发汇票的人，通常是信用证受益人（出口商）或其指定的银行○。出票人须在汇票上签章，签章的位置在汇票右下角空白处。

7）受票人（drawee）。受票人即汇票的付款人（payer）。信用证支付方式下，汇票的受票人（付款人）应为开证行或指定的付款行。若信用证未规定，应为开证行，不应以申请人为付款人。通常票面上"To"后面的空白处填写受票人，要求完整填写具体名称和地址。

8）收款人（payee）。收款人即汇票票面金额的受益人。收款人通常为议付银行。汇票票面上"pay to the order of"后面的空白处填写收款人的具体名称，一般不要求写地址。

汇票收款人通常称为抬头，根据汇票的定义，抬头有三种规定方法：①限制性抬头。汇票的"收款人"一栏中填写"限付给×××"（pay to…only）或"限付给×××，不得转让"（pay to…only, not transferable）。这种汇票只有唯一的收款人，不能流通转让。②指示性抬头。在"收款人"一栏中填写"付给××公司或其指定人"（pay to…Co. or order），或"付给××人的指定人"（pay to the order of…）。指示性抬头的汇票经持票人背书后方可转让。③来人抬头。在"收款人"一栏中填写"付给来人"（pay to the bearer）或"付给持票人"（pay holder）。"来人抬头"汇票无须持票人背书，只要交付即可转让。

9）出票日期和地点（date and place of issue）。出票日期是指签发汇票的日期。信用证支付方式下，汇票的出票日期一般不能早于提单和发票日期，但必须在信用证有效期内；托收支付方式下，出票日期填写托收行寄单日期。汇票上未记载出票地点的，出票人的营业场所、住所或者经常居住地为出票地点。出票地点的重要性在于出具汇票的时间、有效期均按出票地点所在国家或地区的时间计算，并按当地法律法规进行解读。

10）付款期限（tenor）。付款期限是指付款人履行付款义务的日期，汇票的付款期限应与信用证规定相符，有即期和远期之分。即期汇票在"汇票付款期限"栏中填写"at sight"。也就是说，如果是即期付款的汇票，汇票上的"at"和"sight"之间用"×××"来表示○。远期汇票的付款期限有如下五种表示方法：①在某一确定日期（at a fixed date）；②见票后若干天付款（at…days after sight）；③出票后若干天付款（at…days after date of issue）；④提单签发日后若干天付款（at…days after date of Bill of Lading）；⑤货物到达后若干天付款（within…days after arrival of goods）等。

11）付款地点（place of payment）。付款地点是指持票人提示票据请求付款的地点。汇票上一般不特意注明付款地点，通常付款人后面的地址就是付款地点。付款地点的重要性在于在付款地发生的"付款""承兑"以及"到期日"的计算方法等行为均适用于付款地法律。

○ 多数情况下是议付行。

○ 有的在"at"和"sight"之间再填写一次"at sight"。

我国《票据法》规定，汇票必须记载以下七个事项，否则该汇票无效。它们是：①表明"汇票"的字样；②无条件支付的委托；③确定的金额；④付款人名称；⑤收款人名称；⑥出票日期；⑦出票人签章。

3. 汇票的种类

按不同的划分标准，汇票有着不同的种类。

(1) 按出票人不同，汇票分为商业汇票和银行汇票。

1) 商业汇票（commercial draft）。商业汇票是指出票人是企业（出口商）或个人，而付款人可以是企业（进口商）或个人，也可以是银行的汇票。我国对商业汇票的使用和管理较为严格，只有在银行开立存款账户的企业法人及其他组织之间才能使用商业汇票，而个人不能使用商业汇票。商业汇票在国际货物贸易货款结算中经常使用。

2) 银行汇票（banker's draft）。银行汇票是指出票人是银行、受票人也是银行的汇票，是一家银行向另一家银行发出的书面支付命令。

换句话说，一张汇票，如果出票人是企业或个人，就称为商业汇票；如果出票人是银行，则称为银行汇票，而不是在汇票上注明商业汇票或银行汇票的字样。

(2) 按在流转过程中是否附有运输单据，汇票分为跟单汇票和光票。

1) 跟单汇票（documentary bill）。跟单汇票是指附有运输单据的汇票。运输单据包括提单、发票、装箱单、保险单、原产地证书等。商业汇票多为跟单汇票，国际贸易中使用的汇票大多是商业跟单汇票。

2) 光票（clean bill）。光票是指出票人开立的不附有任何单据的汇票。光票只用于少量货款或一些杂费的支付。光票在国际货物贸易货款结算中使用较少。银行汇票多为光票。

(3) 按付款时间划分，汇票分为即期汇票和远期汇票。

1) 即期汇票（sight bill）。即期汇票是指持票人向付款人提示后，后者立即付款的汇票，在国际贸易业务中称"见票即付"（pay at sight）。

2) 远期汇票（time bill/usance bill）。远期汇票是指在出票一定期限（通常是受票人见汇票的 180 天内或在汇票日期的 180 天内，如 30 天、60 天、90 天等）或特定日期付款的汇票。远期汇票多数属于商业汇票。

(4) 按承兑人不同，汇票可分为商业承兑汇票和银行承兑汇票。

即期汇票无须承兑。远期汇票根据承兑人的不同，通常分为商业承兑汇票和银行承兑汇票两种。承兑是指承诺到期对该汇票予以兑付，或承担汇票到期付款的责任。

1) 商业承兑汇票（commercial acceptance bill）。商业承兑汇票是企业（或个人）承兑的远期汇票。这种汇票以商业信用为基础。

2) 银行承兑汇票（banker's acceptance bill）。银行承兑汇票是银行承兑的远期汇票。远期汇票经银行承兑后，银行成为该汇票的主债务人，原出票人成为次债务人。银行承兑远期汇票以银行信用为基础。

需要说明的是，一张汇票可同时具备多种性质，如一张商业汇票可以同时是即期的跟单汇票；一张远期的商业跟单汇票也可以同时是银行承兑汇票（由企业出具的远期汇票由银行予以承诺兑付）等。

4. 汇票的使用

汇票的使用通常包括出票、提示、承兑、付款四个环节。即期汇票不需要承兑。远期汇票不仅需要承兑，而且在转让的情况下，需要经过背书（见本章延伸阅读1）。当汇票在提示付款或承兑时遭到拒付（见本章延伸阅读2），还会涉及其他问题。

（1）出票。出票（to draw/issue）是指出票人在汇票上填写付款人、付款金额、付款日期和地点、收款人等项目，并签章后交给受票人的行为。可见，出票包括两个环节：一是出票人填制汇票；二是出票人将汇票交付给受票人。

银行汇票通常一式一份。商业汇票通常一式两份，第一份标注有"FIRST"字样，第二份标注有"SECOND"字样。两份汇票具有同等法律效力，其中一份付款或承兑，另一份自动失效。因此，第一份汇票上标注"SECOND being unpaid"，第二份汇票上标注"FIRST being unpaid"，即"付一不付二"或"付二不付一"。汇票先到先付，后到无效。

（2）提示。提示（presentation）是持票人将汇票提交付款人，要求其付款或承兑的行为。付款人见到汇票称为"见票"（sight）。提示分为付款提示和承兑提示。付款提示是指汇票持票人向付款人（或远期汇票承兑人）出示汇票要求其付款的行为；承兑提示是指汇票持票人将远期汇票提交付款人要求其承兑的行为。

（3）承兑。承兑（acceptance）是指汇票付款人对远期汇票表示承担到期付款责任的行为。具体做法是由付款人在远期汇票正面写上"承兑"（accepted）或"本公司承诺到期对该汇票项下的金额进行付款"字样，注明承兑日期并签名或盖章（预留印鉴），然后交还持票人。付款人承兑汇票后成为承兑人（acceptor），承担汇票到期付款的责任。

（4）付款。付款（payment）是指汇票付款人向持票人按汇票金额支付票款的行为。对即期汇票，付款人在持票人提示后应立即付款；对远期汇票，付款人经过承兑后，在汇票到期日付款。付款后，汇票上的一切债权债务关系即告结束。

6.1.2 本票

1. 本票的含义

本票（promissory note）是出票人（债务人）对收款人（债权人）保证无条件支付一定金额的承诺。

英国《票据法》对本票定义如下：本票是一项书面的无条件的支付承诺，由一人作成，并交给另一人，经出票人签名承诺即期或定期或在可以确定的将来时间，支付一定数目的金钱给一个特定的人或其指定人或来人。

我国《票据法》第七十三条规定，本票是出票人签发的，承诺自己在见票时无条件支付确定的金额给收款人或持票人的票据。

2. 本票的主要内容

不同国家票据法对本票内容的规定各异。我国《票据法》规定，本票必须记载下列事项：①表明"本票"（promissory note）的字样；②无条件支付的承诺；③确定的金额；④收款人名称；⑤出票日期；⑥出票人签章。

本票出票人未规定上述事项之一者，属无效本票。

3. 本票的分类

本票分为商业本票和银行本票两种㊀。

㊀ 我国《票据法》中的本票，特指银行本票。

商业本票又称作一般本票，由工商企业或个人签发，包括即期本票和远期本票两种。本票没有承兑人，本票出票后，出票人就是主债务人，承担无条件的、绝对的、最终的票据责任。因此，远期本票无须办理承兑手续。银行本票由银行签发，且都是即期本票。国际货物贸易货款结算中使用的本票一般是银行本票。我国《票据法》对本票规定如下：①本票只能由中国人民银行审定的银行或其他金融机构签发；②本票出票人必须具有支付本票金额的可靠资金来源；③本票自出票日起，付款期限最长不超过两个月；④本票的持票人未按规定期限提示见票的，丧失对出票人以外的前手的追索权。

在国际货物贸易货款结算中，本票使用较少。

6.1.3　支票

1. 支票的含义

英国《票据法》规定，支票是以银行为付款人的即期汇票（A check is a bill of exchange drawn on a bank payable on demand）。或者说，支票是存款人向其开立账户的银行签发的、无条件支付一定金额的委托或命令。出票人在支票上签发一定的金额，要求受票的银行于见票时立即支付一定金额给特定人或持票人（A check is an unconditional order in writing addressed by the customer to a bank signed by that customer authorizing the bank to pay on demand a sum certain in money to or to the order of a specified person or to bearer）。

我国《票据法》第八十一条规定，支票（check/cheque）是出票人签发的，委托办理支票存款业务的银行或者其他金融机构在见票时无条件支付确定的金额给收款人或者持票人的票据。

出票人在签发支票后，应负票据上的责任和法律上的责任。即出票人签发支票时，不仅要对收款人担保支票的付款，而且应在付款银行存有不低于票面金额的存款。如果存款不足，支票的持票人在向付款银行提示支票要求付款时会遭到拒付，这种支票被称为空头支票。签发空头支票的出票人要负法律责任。

2. 支票的主要内容

我国《票据法》第八十四条规定，支票必须记载下列事项：①表明"支票"的字样；②无条件支付的委托；③确定的金额；④付款人名称；⑤出票日期；⑥出票人签章。支票上未记载上述规定事项之一的，支票无效。

需要加以说明的是，在国际货物贸易货款结算中，支票使用较少，偶尔会遇到旅行支票；但在国际服务贸易结算中，支票的使用相对较多。在我国国内货款结算中，支票使用相当广泛。下面予以简单介绍。

3. 我国支票的分类和使用

（1）支票分类。按用途划分，支票可分为现金支票和转账支票两种。现金支票只能用于支取现金；转账支票只能用于通过银行或其他金融机构转账结算。

支票还有其他划分标准。

1）记名支票。记名支票是指在支票的"收款人"一栏写明具体收款人名称的支票。现金支票出票时一般须记名。

2）不记名支票。不记名支票又称空白支票，即支票上不记载收款人名称。转账支票出票时一般无须填写收款人名称，便于支票转让。

3）画线支票。画线支票是指在支票正面画两条平行线的支票。支票画线的作用主要是为减少支票遗失、被窃后的风险，如被他人冒领，还有可能通过银行代收的线索追回票款。画线支票和普通支票是有区别的：画线支票只通过银行代收票款入账；而普通支票既可通过银行收款入账，也可由持票人自行提取现款。

4）保付支票。保付支票是指由付款银行在支票上加盖"保付"戳记并签章的支票。支票一经保付，付款银行就负有绝对付款的义务。保付支票信誉高，便于流通。

（2）支票的使用。不同种类的支票，其使用方法也有差别。

1）无论是现金支票还是转账支票，都应有出票日期，且出票日期的年、月、日均应大写。如2017年2月11日，则出票日期应填写：贰零壹柒年零贰月壹拾壹日。

2）现金支票出票时应填写收款人、用途等内容；转账支票出票时只填写用途，不必填写收款人，但通过银行转账（入账）时必须在"收款人"处填写具体的名称，同时填写入账通知单。

3）现金支票出票时应在正面加盖银行预留印鉴（财务专用章和法人章），加盖骑缝章（财务专用章），填写对应的支票密码，背面应加盖财务专用章和法人章；转账支票出票时只需在正面加盖财务专用章和法人章、骑缝章，以及填写对应的支票密码即可，持票人去银行结算（入账）时才加盖持票人财务专用章和法人章。出票人可以在支票上记载自己为收款人，换句话说，转账支票的收款人也可以是出票人。

4）我国《票据法》规定，支票（现金支票或转账支票）的持票人应当自出票日起十日内提示付款；异地使用的支票，其提示付款的期限由中国人民银行另行规定。超过付款期限的，付款人可以不予付款；付款人不予付款的，出票人仍应当对持票人承担票据责任。

6.2 结算方式

目前国际货物贸易中经常使用的结算方式主要有三种：汇款、托收和信用证。其中，汇款、托收均是由交易双方根据买卖合同互相提供信用，属于商业信用，而信用证属于银行信用。

此外，银行保函、备用信用证以及保付代理等结算方式在本章延伸阅读中予以介绍，供有兴趣的读者阅读。

6.2.1 汇款

1. 汇款的含义

汇款（remittance）又称汇付，是指付款人（债务人）通过银行或其他途径主动将货款汇给收款人（债权人）的一种结算方式。国际货物贸易货款的结算如果采用汇款，通常是进口商按合同约定的条件和时间（预付货款或收到单据或货物后付款等），将货款通过银行汇给出口商。汇款业务流程见图6-2。

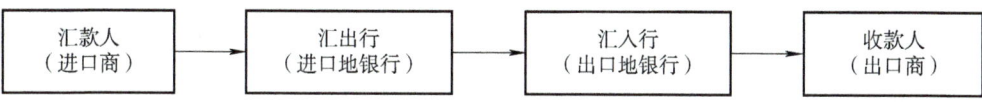

图6-2　汇款业务流程

在汇款方式中，付款人是否按约定的条件和时间汇付货款，完全取决于其商业信用，所以汇款属于商业信用范畴，而且汇款中运输单据由出口商自行寄交进口商，银行并不经手，称为单纯支付。

2. 汇款的当事人

从汇款的含义以及流程可以看出，汇款的当事人通常有以下四个：

（1）汇款人（remitter）。汇款人即付款人，在国际贸易中通常是进口商。

（2）汇出行（remitting bank）。汇出行是指接受汇款人的委托汇出货款的银行，通常是进口地银行。

（3）汇入行（paying bank）。汇入行是指接受汇出行的委托，将货款解付给收款人的银行，又称解付行（解付的概念见本章延伸阅读4）。汇入行通常是出口商所在地的银行，也是汇出行的往来行或代理行。

（4）收款人（payee）。收款人通常是出口商。

我国办理汇款业务时，汇款人按汇出行要求填写"境外汇款申请书"，该申请书同时也是汇款人和汇出行之间的一种契约。汇出行一经接受汇款申请，就有义务按照"境外汇款申请书"的指示通知汇入行。汇出行与汇入行之间通常事先订有代理合同，在代理合同规定的范围内，汇入行对汇出行承担解付汇款的义务。

3. 电汇

一般来讲，根据汇出行向汇入行传递指示方式的不同，汇款可分为三种方式：电汇、信汇和票汇。20世纪80年代后，后两种汇款方式随着通信技术的发展而逐渐被淘汰。

电汇（telegraphic transfer，T/T）是汇款人（进口商）将货款交给当地银行（汇出行），请求银行以SWIFT⊖或其他电信方式，委托其在卖方所在地的分行、支行或代理行（汇入行）将货款解付给收款人（出口商）的汇款方式。

电汇结算业务流程如图6-3所示。

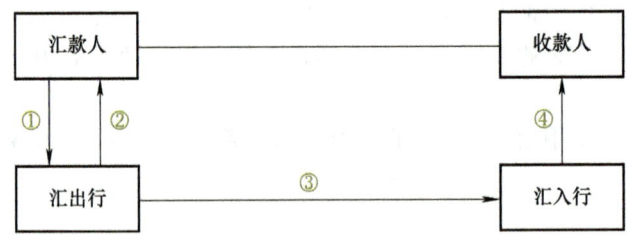

图6-3 电汇结算业务流程

注：①汇款人填写"境外汇款申请书"，并将货款交付汇出行。⊖
②汇出行将"境外汇款申请书"的"申报主体留存联"⊖退还汇款人。
③汇出行以SWIFT或其他电信方式通知汇入行。
④入账通知。

⊖ SWIFT是"环球银行金融电信协会"（Society for Worldwide Inter-bank Financial Telecommunication）的英文缩写，见本章延伸阅读9。

⊖ 多数情况下，直接从汇款人账户中扣减。

⊖ "境外汇款申请书"通常包括"银行留存联""外汇局留存联""申报主体留存联"等。

4. 国际贸易中汇款（电汇）方式的运用

国际贸易中，汇款（电汇）方式通常用于预付货款（包括预付比例货款或全部货款）和货到付款（包括交货付款、赊销业务）等情况。

（1）预付货款。预付货款（payment in advance/downpayment/deposit）有两种情况：一是在合同签订后一段时间（如7天）内，进口商先将一定比例（如10%～30%）的货款汇付给出口商作为订金（见第7章本章延伸阅读2），其余货款采用汇款或其他方式一次性或分段结算；二是合同签订后一段时间内，进口商将全额货款汇付给出口商，出口商收到货款后再发货。订货汇款（cash with order，又称作订单付现）或交货前付款是较为典型的预付货款的做法。

预付货款对出口商非常有利，相当于在货物生产或出运前获得了进口商的资金融通；对进口商而言则风险较大，要过早垫付资金，承担出口商延迟交货或不交货的风险。

（2）货到付款。货到付款（payment after arrival of the goods）是指出口商在没有收到货款以前，先交出单据或货物，进口商收到货物后或之后的一段时间内，利用汇款方式将货款汇给出口商。典型的做法是交货付款（cash on delivery，COD）或赊销业务（open account transaction）。其中，赊销业务是指进口商以赊账的方式取得货物，等约定到期时再以汇款（电汇）方式支付货款。

货到付款对进口商非常有利。出口商在货物出运后能否按时顺利收回货款，取决于进口商的信誉。如果进口商拒不履行或拖延履行付款义务，出口商就会承担货款两空的损失或迟收货款的风险。所以对出口商来说，应慎用货到付款的结算方式。

6.2.2 托收

1. 托收的含义

托收是委托收款的简称，它是国际货物贸易中一种常见的结算方式。托收（collection）是指出口商在货物装运后，根据发票金额开具以进口商为付款人的汇票（金融单据），连同合同中要求的有关商业单据（包括提单、发票、装箱单、保险单、原产地证书等）一起交给本地银行（托收行），委托其通过在进口商所在国的往来行（分行或代理行）（代收行）向进口商收取货款的一种结算方式。

国际商会制定的《托收统一规则》（the Uniform Rules for Collections, 1995 Revision, ICC Publication No. 522，即URC522，见本章延伸阅读5）对托收定义如下：托收是指银行根据所收到的指示，处理金融单据或商业单据，以便：①取得货款和/或承兑；②凭付款和/或承兑交出单据；③凭其他条款交出单据。这里，金融单据（financial documents）主要指汇票、本票、支票、付款收据或其他类似用于取得付款的凭证；商业单据（commercial documents）主要指发票、运输单据、物权单据或其他类似单据，或除金融单据以外的其他单据（"Collection" means the handling by banks of documents (financial documents and/or commercial documents), in accordance with instructions received, in order to: i. obtain payment and/or acceptance, or ii. deliver documents against payment and/or against acceptance, or iii. deliver documents on other terms and conditions）。

托收通常通过银行办理，因此，托收又称银行托收。银行托收的一般做法是：出口商（委托人）根据合同出运货物，之后开立以进口商为付款人的汇票，连同商业单据（光票托收时只开立汇票）向出口商所在地银行（托收行）提出托收申请，委托托收行通过其在进口地的往来行（代收行）向进口商（付款人）收取货款。

2. 托收涉及的当事人

从托收的定义可以看出，托收结算方式涉及的基本当事人有四个：委托人、托收行、代收行和付款人。

（1）委托人。委托人（principal）是在托收业务中委托银行向进口商收取货款的人，一般是出口商。委托人又是汇票的出票人。

（2）托收行。托收行（remitting bank）是接受委托人委托代为收款的出口地银行。托收行与委托人之间是一种委托代理关系，托收行按委托人的指示办事，对单据的正确性不负责任。

（3）代收行。代收行（collecting bank）是接受托收行的委托代向进口商（付款人）收取货款的进口地银行，通常是托收行的国外分行或代理行。代收行应按托收行的指示尽快向付款人提示汇票，要求付款人付款或承兑，这时代收行又起到提示行（presenting bank）的作用。付款人付款或承兑后，代收行应毫不延迟地通知托收行。

（4）付款人。付款人（drawee）一般是进口商，也是托收业务中汇票的受票人（drawee）。

委托人在办理托收委托时，通常要填写托收申请书（collection order）。该申请书是委托人和托收行之间权利义务关系的法律文件，委托人应在委托书中详细说明自己的要求，因为银行只根据托收申请书所给予的指示办理托收事宜。

3. 托收的种类及流程

根据委托人开立的汇票是否附有商业单据，托收分为光票托收和跟单托收两种。其中，光票托收（clean collection）使用的汇票不附任何商业单据。在国际贸易业务中，光票托收用于收取货款的尾数、佣金、样品费以及其他贸易从属费用等小额款项，使用较少。跟单托收（documentary collection）使用的汇票附有商业单据，在国际贸易业务中使用较多。因此，这里仅介绍跟单托收。根据交单条件的不同，跟单托收又分为付款交单和承兑交单两种。

（1）付款交单。付款交单（documents against payment，D/P）是指出口商交单以进口商付款为条件，即出口商发货后，取得全套商业单据，开出汇票（即期付款交单项下出口商可不必开立即期汇票）委托银行办理托收，指示银行只有在进口商付清货款后，才能交出商业单据。所附的单据上通常标注"Release Documents Against Payment"（付款交单）。

理论上讲，付款交单按付款时间不同，分为即期付款交单（D/P at sight）和远期付款交单（D/P after sight）两种。但远期付款交单由于在实际业务中不便于操作，现已基本被淘汰，在 *URC522* 中也少被提及。

1）即期付款交单（D/P at sight）。即期付款交单是指出口商装货后取得运输单据，通过银行向进口商提示商业单据，进口商见单后填写"对外付款/承兑通知书"（一式四联，第一联为到单通知银行/客户留存联；第二联为银行留存联；第三联为外汇局留存联；第四联为申报主体留存联），并在付清货款后领取商业单据提货。即期付款交单业务流程如图6-4所示。

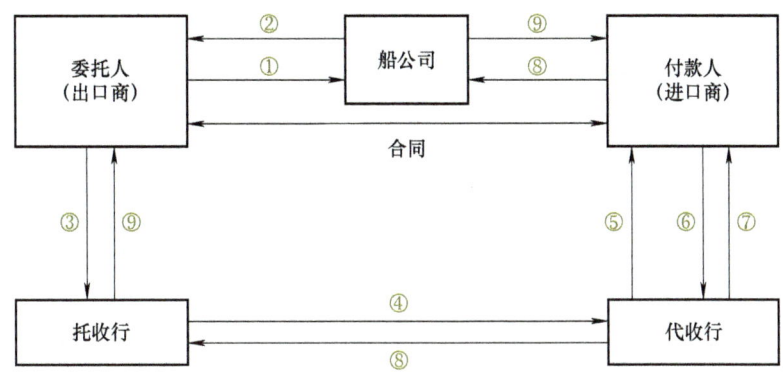

图 6-4　即期付款交单业务流程

注：①买卖合同中约定采用 D/P at sight 付款，出口商按合同规定装运货物。
②取得运输单据。
③托收申请。填制"托收申请书"，连同商业单据一起交托收行，委托代收货款。
④托收行接受委托人委托，缮制"托收委托书"，连同商业单据一起寄代收行。
⑤代收行收到托收委托书及商业单据，向付款人（进口商）提示付款。
⑥进口商填写"对外付款/承兑通知书"各项内容，并付清货款。
⑦代收行交单。
⑧进口商持单提货；代收行通知托收行款已收妥，并办理转账（贷记）。
⑨船公司交货；托收行扣除相关费用后向出口商转交货款。

2）远期付款交单（D/P after sight）。远期付款交单是指出口商出运货物后取得运输单据，开立远期汇票，通过银行向进口商提示汇票和商业单据，进口商审核无误后即承兑汇票，并于汇票到期日付清货款，领取商业单据提货。国际货物贸易货款结算中，采用远期付款交单的意义并不大。远期付款交单业务流程图略。

无论是即期付款交单还是远期付款交单，都是在进口商付清货款后方可取得商业单据，提取或转售货物。

（2）承兑交单。承兑交单（documents against acceptance，D/A）是指出口商的交单以进口商的承兑为条件，即出口商发货后，取得运输单据，开出远期汇票，连同要求的商业单据一起交托收行委托办理托收，指示银行只要进口商在远期汇票上予以承兑并填写"对外付款/承兑通知书"（式样见本章附录）各项内容，代收行即可将商业单据交给进口商用于提货，后者于汇票到期时，再履行付款义务。所附的单据上通常标注"Release Documents Against Acceptance"（承兑交单）。承兑交单业务流程如图 6-5 所示。

由于承兑交单结算方式下，进口商承兑汇票后有可能到期拒付货款，对出口商来说，就会货款两空，因此承兑交单对卖方风险较大。

4. 托收的特点

作为国际货物贸易结算方式之一，托收最为显著的特点是属于商业信用。银行尽管参与了托收业务，但其办理托收业务时，只凭委托人的指示办事，没有检查单据的义务，也不承担付款人必须到期付款的义务。

在进口商拒不付款赎单的情况下，除非事先约定，银行没有义务代为保管货物。如果货物已经抵达，还要发生在进口地办理提货、缴纳进口关税、存仓、保险、转售甚至被低价拍卖或被退运回国等费用和损失。特别是承兑交单项下，出口商的利益就更难以保障，因此托收的风险防范就显得至关重要。

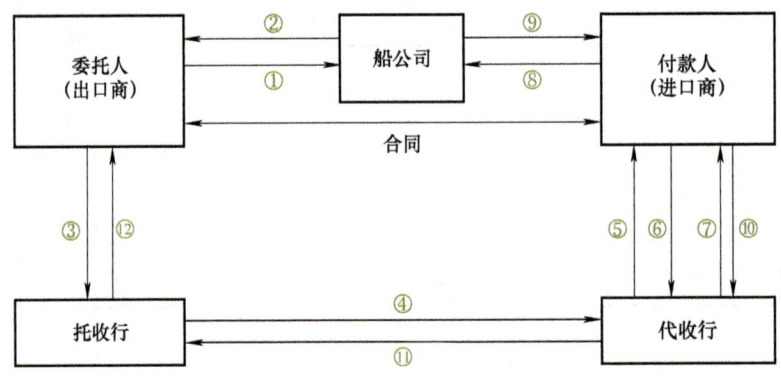

图 6-5 承兑交单（D/A）业务流程

注：①买卖合同中约定采用 D/A 付款，出口商按合同规定装运货物。
②取得运输单据。
③托收申请。填制"托收申请书"，开立远期汇票，连同商业单据一起交托收行，委托代收货款。
④托收行接受委托人委托，缮制"托收委托书"，连同汇票、商业单据寄代收行。
⑤代收行收到托收委托书、汇票及商业单据，向付款人（进口商）提示承兑。
⑥进口商承兑汇票并填写"对外付款/承兑通知书"。
⑦代收行交单。
⑧进口商持单提货。
⑨船公司交货。
⑩进口商于汇票到期日付款。
⑪代收行通知托收行款已收悉，并办理转账。
⑫托收行扣除相关费用后向委托人转交货款。

5. 托收风险防范

托收在我国对外货物贸易结算中也具有较为重要的地位，针对托收存在的一些风险，应注意以下几个方面的问题：

（1）深入调查进口商的资信状况和经营作风。在签订买卖合同前，要对进口商的支付能力、商业信誉等进行全面了解（第 9 章询价中的"status enquiry"将对此进行介绍），妥善掌握成交金额，最好不要超过其信用额度。

（2）对贸易管制和外汇管理较严的国家，不宜采用托收结算方式。

（3）选择信誉较好的托收行和代收行。

（4）了解进口国的商业习惯。

（5）提单中收货人最好制成"凭托运人指示"（To order of shipper）。

（6）保险选择上，最好投保卖方利益险（见第 5 章第 5.2.1.2 小节的内容）等。

6.2.3 信用证

信用证（letter of credit，L/C）是国际货物贸易货款结算中最为重要的结算方式之一。前面介绍的两种结算方式（汇款和托收），银行仅提供结算服务，但没有提供任何信用，货物与货款能否如期实现对流，完全取决于买卖双方的商业信用。在买卖双方彼此缺乏信任和了解的情况下，一些结算方式就难以达成。在此情况下，非常需要一个买卖双方认可的第三方参与货款的结算，以解决买卖双方之间互不了解、互不信任的矛盾，这个第三方便是银行。银行通过开立信用证向卖方提供银行信用，把进口商履行付款的义务转变为由银行（开证行或付款行）来履行，从而保证了出口商安全收汇、进口商按时收到商业单据。

信用证使用非常广泛。国际商会于1930年拟订了一套完整的管理跟单信用证的统一规范，即《跟单信用证统一惯例》，并前后多次修订和完善（见第1章相关内容），最新的一次修订始于2005年，形成了《跟单信用证统一惯例》国际商会第600号出版物（即UCP600），并于2007年7月1日生效实施至今。

6.2.3.1 信用证的含义和特点

（1）信用证的含义。UCP600第2条对信用证定义如下，"信用证是一项不可撤销的安排，无论其名称或描述如何，该项安排构成开证行对相符交单予以承付的确定承诺"（Credit means any arrangement, however named or described, that is irrevocable and thereby constitutes a definite undertaking of the issuing bank to honor a complying presentation）。其中，"开证行"是指应（开证）申请人要求或者代表自己开出信用证的银行。"相符交单"是指与信用证条款、本惯例的相关适用条款以及国际标准银行实务一致的交单。"承付"是指如果信用证为即期付款信用证，则即期付款；如果信用证为延期付款信用证，则承诺延期付款并在承诺到期日付款；如果信用证为承兑信用证，则承兑受益人开出的汇票并在汇票到期日付款。

简单地说，信用证是指银行（开证行）应开证申请人（进口商）的申请，开立给受益人（出口商）的有条件的承诺付款的书面文件。有时开证行可以不经客户申请，而根据自身业务需要，直接向受益人开立信用证。这种情况主要是银行为了向他人融资或购买物品时开立的备用信用证（见本章延伸阅读10）。

（2）信用证的特点。从UCP600关于信用证的定义（第2条）以及第4条和第5条中，可以总结出跟单信用证结算具有以下几个特点：

1）信用证是一种银行信用。信用证结算方式下，开证行承担第一（首要）付款责任。信用证是开证银行做出的有条件付款的要约，这个条件是受益人提交符合信用证规定的商业单据（提单、商业发票、装箱单、原产地证书或其他单据）和金融单据（汇票），一旦受益人接受该条件，双方的契约关系即告成立。开证行以自己的信用做出付款保证，开证行对受益人付款后，即使开证申请人拒付货款，开证银行也不能以此向受益人追回已付的货款。

2）信用证是一种独立文件。UCP600第4条规定："就其性质而言，信用证与可能作为其开立基础的销售合同或其他合同是相互独立的交易，即使信用证中含有对此类合同的任何援引，银行也与该合同无关，且不受其约束。"换句话说，信用证的开立以双方签订的合同为依据，但信用证一经开立，就成为独立于销售合同之外的另一种契约，不受销售合同的约束。开证行和参与信用证业务的其他银行只按信用证的规定办理有关业务。

3）信用证业务是一种单据业务。UCP600第5条规定："银行处理的是单据，而不是单据可能涉及的货物、服务或履约行为。"这就意味着，银行在处理信用证业务时，只凭单据而不问货物。采用信用证方式结算时，只要出口商提交的单据符合信用证的要求，银行就必须付款；反过来说，如果出口商提交的单据和信用证的要求不相符，即使所交付的货物严格符合合同，银行也可能拒付货款。因此，信用证业务中，要求出口商向银行提交单、证时，应保证"单证一致、单单相符"。

信用证的上述特点保证了受益人所得到的银行信用是充分、可靠、不受第三方干扰的，也保证了银行不会卷入可能的商业纠纷，从而使信用证业务具有良好的可操作性。

6.2.3.2 信用证涉及的当事人

信用证结算方式涉及的当事人是指参与信用证交易的有关各方。其中最基本的当事人是开证申请人（进口商）、开证行和受益人（出口商）。此外，信用证业务还会涉及一些当事人，如通知行、议付行、付款行等。总之，信用证结算方式涉及的主要当事人如下：

（1）开证申请人。开证申请人又称作申请人（applicant），是指向银行提出申请开立信用证的人，一般是进口商。

（2）开证行。开证行（issuing bank）是指接受开证申请人的委托，向受益人开立信用证的银行，一般是进口商所在地的银行。开证行对开出的信用证负有第一付款责任。

（3）通知行。通知行（notifying bank or advising bank）是指接受开证行的委托，将信用证转交给受益人的银行。通知行一般是出口商所在地的银行，同时又是开证行的代理行或分支机构。通知行仅负责将开证行开来的信用证通知并转交给受益人，以及审核信用证表面真实性，无须承担其他义务。

（4）受益人。受益人（beneficiary）是指信用证上所指定的有权使用该信用证的人，一般是出口商。受益人通常是汇票的出票人。

（5）议付行。议付行（negotiating bank）又称押汇银行，是指根据开证行的授权买入受益人开立的汇票以及受益人提交的符合信用证规定的单据的银行。议付行在扣除必要的费用后，将货款垫付给受益人。议付行一般是出口商所在地的银行，通常是通知行，也可能是其他银行。与开证行不同，议付行向付款行索汇不成，对受益人有追索权。

（6）付款行。付款行（paying bank）是指开证行在信用证中指定的、授权其在单据相符时对受益人的汇票进行付款的银行。付款行多数情况下就是开证行，当然也可以是其他银行。付款行付款后对受益人没有追索权。

此外，信用证还可能涉及其他三个当事人：

（7）偿付行。偿付行（reimbursing bank）是指信用证中指定的替开证行向议付行、承兑行或付款行付款的银行。偿付行不接受、不审核单据，若偿付行未能偿付，开证行不能解除自身的付款责任。

（8）保兑行。保兑行（confirming bank）是指应开证行的请求在信用证上加具保兑的银行。一般是出口地的通知行对信用证加以保兑。信用证一经保兑，保兑行就要对信用证负责，如果付款行不付款，则保兑行就要承担付款责任。

（9）承兑行。承兑行（accepting bank）是指开证行在承兑信用证中指定的对信用证项下的汇票加以承兑的银行。远期信用证项下，承兑行可以是开证行本身，也可以是开证行指定的另外一家银行。

信用证结算中各当事人的权利与义务见本章延伸阅读6。

6.2.3.3 信用证的种类

信用证按性质、形式、付款期限、用途等标准有不同的分类。了解信用证的种类对全面地理解信用证结算方式以及正确填写开证申请书很有帮助。信用证可分为以下几种类型：

（1）不可撤销信用证和可撤销信用证。按开证行对所开立的信用证所负的保证付款责任性质来划分，信用证可分为不可撤销信用证和可撤销信用证两种。

1）不可撤销信用证。不可撤销信用证（irrevocable L/C）是指信用证一经开立，在有效期内未经受益人及有关当事人同意，开证行不得片面修改或撤销的信用证。只要受益人提交的单据符合信用证的规定和要求，开证行就必须履行付款义务。这种信用证在国际贸易中经常被采用。

2）可撤销信用证。可撤销信用证（revocable L/C）是指信用证开立后，开证行不经受益人同意，也不必事先通知受益人，在议付行议付之前，可随时修改信用证内容或撤销的信用证。这种信用证对受益人没有保障，很少被使用。

UCP600 第 3 条规定："信用证是不可撤销的，即使未如此表明。"意思是按 UCP600 规定开立的信用证都是不可撤销的信用证，因此可撤销信用证实际上已经不再使用。

(2) 跟单信用证和光票信用证。按信用证项下的汇票是否附有商业单据，信用证可分为跟单信用证和光票信用证两种。

1) 跟单信用证。跟单信用证（documentary credit，或 commercial letter of credit）是指凭汇票和商业单据（提单、保险单、装箱单、发票以及原产地证书等）付款、承兑或议付的信用证。国际货物贸易货款结算中广泛使用跟单信用证。

2) 光票信用证。光票信用证（clean credit）是指开证行仅凭受益人开具的汇票而不需附上商业单据就予以付款的信用证。在采用信用证方式预付货款时，通常采用光票信用证。

(3) 即期信用证和远期信用证。按付款时间不同划分，信用证可分为即期信用证和远期信用证。

1) 即期信用证。即期信用证（sight L/C）是指开证行或付款行在收到符合信用证要求的汇票和单据时，立即付款的信用证。即期信用证下，受益人可凭即期汇票和全套单据收取货款。

2) 远期信用证。远期信用证（usance L/C，或 time L/C）是指开证行或付款行收到符合信用证条款的远期汇票或单据后，在规定的期限内履行付款义务的信用证。远期信用证下，受益人可凭远期汇票和单据收取货款。

(4) 即期付款信用证、延期付款信用证、承兑信用证和议付信用证。按信用证付款方式的不同划分，信用证可分为即期付款信用证、延期付款信用证、承兑信用证和议付信用证。

1) 即期付款信用证。即期付款信用证（sight payment L/C）是指付款行（通常是开证行）收到与信用证条款相符的单据后立即履行付款义务的信用证。即期付款信用证项下，商业单据能单独作为付款凭单，但在付款时通常要求即期信用证。换句话说，即期付款信用证一般不要求受益人开具汇票，而仅凭受益人提交的单据付款。因此，即期付款信用证和即期信用证还是有一定区别的。而在实际业务操作中，银行经常把即期付款信用证当作即期信用证来处理。

2) 延期付款信用证。延期付款信用证（deferred payment L/C）是指开证行在信用证中规定货物装运后若干天付款，或开证行收单（受益人提交单据）后若干天付款的信用证。这种类型的信用证不要求提交汇票，不做承兑，受益人无法将汇票进行贴现。当受益人（出口商）"按规定"出示单据时，银行不承兑汇票，而是给受益人一份担保书，通知受益人何时能收到货款。因此，延期付款信用证和远期信用证也是有区别的。

3) 承兑信用证。承兑信用证（acceptance L/C）是指当受益人向指定银行开具远期汇票并提示时，指定银行即行承兑，并于汇票到期日履行付款的信用证。承兑信用证一般用于远期付款的交易。

4) 议付信用证。议付信用证（negotiation L/C）是指开证行允许受益人向某一指定银行或任何银行交单议付的信用证。其中，前者称为限制议付信用证，后者称为自由（或公开）议付信用证。

(5) 保兑信用证和不保兑信用证。按信用证有无另一家银行加具保证兑付进行划分，信用证可分为保兑信用证和不保兑信用证。

1）保兑信用证。保兑信用证（confirmed L/C）是应信用证受益人的要求，开证行请求另一家银行对开立的信用证加以保证兑付，经过另一家银行保证兑付的信用证便是保兑信用证。对信用证加以保兑的银行称保兑行（confirming bank）。保兑行和开证行一样，承担第一（首要）付款责任。国际贸易结算业务中，保兑信用证通常是相对不可撤销信用证而言的，且保兑行通常由通知行担任，保兑费用由受益人支付。

2）不保兑信用证。不保兑信用证（unconfirmed L/C）是指未经保兑的信用证。这种信用证由开证行负第一付款责任。当开证行信誉良好且成交金额较小时，一般不必使用保兑信用证。

（6）可转让信用证和不可转让信用证。按受益人对信用证项下的权利是否可转让划分，信用证可分为可转让信用证和不可转让信用证。

1）可转让信用证。可转让信用证（transferable L/C）是指信用证的受益人有权把信用证的全部或部分金额转让给另一个人（第二受益人）使用的信用证。可转让信用证必须注明"可转让"（transferable）字样，信用证需按原证所规定条款进行转让，但信用证金额、单价可以降低，装运期、有效期可以缩短，转让一次为限（可转让信用证只能由第一受益人转让给第二受益人，第二受益人不能再要求转让给第三受益人，但可再转让回第一受益人），但不是必须转让。

UCP600 第 38 条 d 款规定："只要信用证允许部分支取货款或部分（分批）发运，信用证可以部分地转让给数名第二受益人。"此时信用证成为可分割信用证（divisible L/C）。在国际贸易业务结算中，要求开立可转让信用证的第一受益人通常是中间商。

2）不可转让信用证。不可转让信用证（non-transferable L/C）是指受益人不能将信用证的权利转让给他人的信用证。凡是信用证中没有注明"可转让"（transferable）的，视为不可转让。

（7）循环信用证。循环信用证（revolving L/C）是指受益人全部或部分地使用了信用证金额后，能够重新恢复到原金额再度使用，直到规定次数或累计总金额用完为止的信用证。循环信用证通常用于合同需分批履约的情况，进口商可节省逐笔开证的手续和费用。

（8）背对背信用证。背对背信用证（back to back L/C）又称转开信用证，是指信用证受益人要求原信用证的通知行或其他银行以原证为基础，另开一张内容相似的新的信用证。背对背信用证的内容除开证申请人、受益人、金额、单价、装运期限、有效期限等有所变动外，其他条款一般与原信用证相同。

背对背信用证通常是在中间商转售他人货物时使用。以出口为例，国外进口商开证给作为第一受益人的中间商，中间商以此为抵押，要求信用证的通知行向第二受益人（供货商或出口商）开立一张内容近似的信用证，这张信用证就称为背对背信用证。第一张信用证的通知行是第二张信用证的开证行。

开立背对背信用证需注意两点：①第一张信用证的金额通常大于第二张信用证的金额，因为第二张信用证的开立是以第一张信用证做抵押的；②第二张信用证的交货期和信用证的有效期要早于第一张信用证。

（9）对开信用证。对开信用证（reciprocal L/C）是指两份信用证的开证申请人互以对方为受益人而开立的信用证。第一张信用证先开，但不生效，必须等到对方开来第二张信用证并经受益人认可后，第一张信用证才生效。对开信用证常用于补偿贸易、易货贸易和来料加工业务。近年来对开信用证已经很少使用。

（10）预支信用证。预支信用证（anticipatory L/C）又称作打包放款信用证（packing credit），是指受益人在没有装运前，即未取得运输单据前，即取得部分或全部货款的信用证（打包放款的概念见本章延伸阅读8）。通常情况下，按 L/C 规定，受益人必须将货物装船取得货运单据，然后交单议付。如果开证行授权议付行或通知行，把货款提前支付给受益人，则称预支信用证。这实际上是开证行给予受益人的一种资金融通。预支信用证在目前的实际业务中也很少使用。

6.2.3.4　不可撤销即期跟单信用证的操作流程

国际货物贸易结算中采用的信用证大多是不可撤销跟单信用证，这种信用证又有即期和远期之分。下面以不可撤销即期跟单信用证为例介绍其操作流程，如图 6-6 所示。

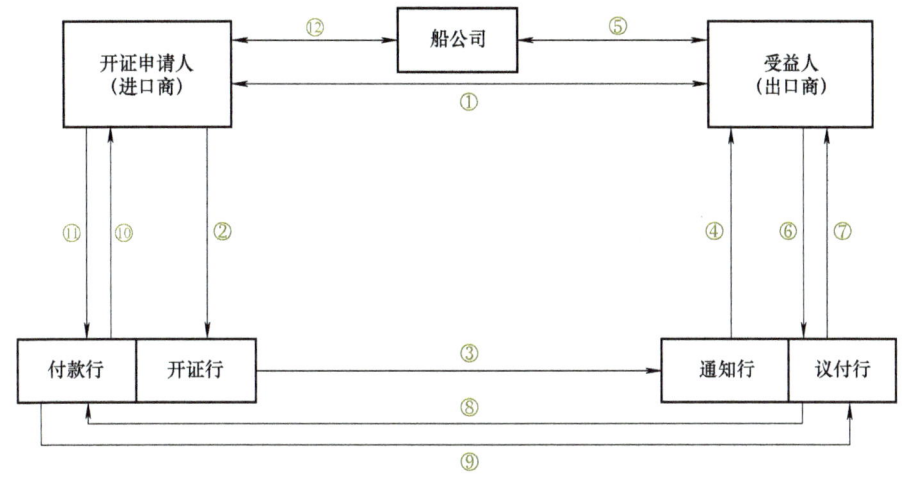

图 6-6　不可撤销即期跟单信用证的操作流程

注：①买卖双方达成交易，合同中规定采用不可撤销即期跟单信用证结算货款。
　　②申请开证。进口商按开证行要求填写"不可撤销跟单信用证开证申请书"，根据开证行授信交纳押金或其他担保，指示开证行开立以出口商为受益人的跟单信用证。
　　③开立信用证。开证行开出信用证，并请求出口商所在地银行（通知行）通知（需要的话加以保兑）信用证。
　　④通知信用证。通知行（或保兑行）向受益人通知信用证。
　　⑤出口商核对信用证无误后，装运货物，取得运输单据（提单）。如果受益人（出口商）发现信用证条款不符合同，应及时通知申请人进行修改。申请人应向开证行提出修改申请，填写"信用证修改申请书"，并缴纳相应的改证费用。
　　⑥交单。受益人向议付行（通知行或保兑行或其他指定银行）提交信用证要求的全套商业单据，开立以开证行为受票人（付款人）的即期汇票，并填写"出口信用证交单申请书"。
　　⑦议付。议付银行审核单证无误，按跟单信用证的条款扣除相关费用后向受益人付款。
　　⑧寄单索偿。议付行（通知行或保兑行或其他指定银行）将商业单据转交给付款行（通常是开证行）索偿。
　　⑨偿付。付款行（开证行）审核单据无误后，将货款支付给议付行（通知行）。
　　⑩通知付款。付款行（开证行）向申请人出示"信用证单据通知书"，并要求申请人填写"进口信用证付汇/承兑通知"，在开证行规定的日期内付款或承兑。
　　⑪付款赎单。开证申请人付款赎单。
　　⑫开证申请人（进口商）凭单向船公司提货。

当然，当受益人交单议付时，有时议付行不是直接给予议付，而是将汇票和全套商业单据一起寄付款行，付款行审核单据无误后支付货款，议付行收到货款后才会对受益人的汇票进行议付。

6.2.3.5 开证申请书的填写方法及信用证的主要内容

信用证是开证行应开证申请人的请求开出的。开证申请人在申请开立信用证时，通常向开证行出示卖方出具的形式发票（pro-forma invoice），填写“不可撤销跟单信用证开证申请书”，并仔细阅读“信用证开证申请人承诺书”。这两者可作为开证申请人和开证行之间的法律契约。下面以中国建设银行“不可撤销跟单信用证开证申请书”为例（见图6-7）介绍其填写方法。

中国建设银行 China Construction Bank

APPLICATION FOR DOCUMENTARY CREDIT跟单信用证开立申请书

TO致：CHINA CONSTRUCTION BANK CORPORATION中国建设银行股份有限公司

____________ BRANCH分（支）行

Date of this application申请日期：

for bank's use only, L/C No.

Please issue a documentary credit according to our instructions stated in this application form. The credit should subject to ICC Uniform Customs and Practice for Documentary Credits(UCP) latest revision effective on the date of issuance.

请根据我公司在本申请中的指示开出不可撤销跟单信用证，并适用在开证之日有效的国际商会《跟单信用证统一惯例》最新修订本。

Please mark "×" in ☐ where appropriate请于恰当处在☐内画“×”

Contact Person联系人 ____________ Tel No. ____________	**Expiry Date** 到期日 / **Place of expiry**到期地点
Applicant申请人(full name and address，全称及地址)	**Amount**金额(currency and figures，币种及金额小写) ☐Tolerance on amount金额浮动范围： +__% −__% ☐Tolerance on goods quantity货物数量浮动范围：+__% −__%
Beneficiary受益人(full name and address，全称及地址)	**Advising Bank**通知行(if blank, any bank at your option，如空白，请贵行自行选择)
☐Place of taking in charge/dispatch from.../place of receipt货物接管地/发运地/收货地 ____________ ☐Port of loading/Airport of departure装货港/起飞机场 ____________ ☐Port of discharge/Airport of destination卸货港/目的地机场 ____________ ☐Place of final destination/for transportation to.../place of delivery最终目的地/运至/交货地 ____________ **Latest date of shipment**最迟装运日： ____________	Partial Shipment分批装运 ☐ allowed允许 ☐ not allowed不允许 Transhipment转运 ☐ allowed允许 ☐ not allowed不允许

Credit available by信用证类型 ☐sight payment即期付款 ☐acceptance承兑 ☐deferred payment延期付款 ☐negotiation议付 **with**指定银行 ____________

If not chosen by us, it is at your choice.如果我公司未选，请贵行自行决定信用证类型及指定银行。

Description of Goods货物描述：(**Brief description without excessive detail**，请简要描述，勿加入过多细节)

Price term价格条款：☐EXW ☐FCA ☐FOB ☐CFR ☐CIF ☐ ____________ ☐Incoterms2020

☐Draft(s) drawn on issuing bank for ______% invoice value at ☐sight or ☐Term: ______ days after ____________.

Documents required需提交的单据：

☐ Signed Commercial Invoice in [ ] originals [ ] copies indicating this L/C No., Contract No. and ____________.

☐ Signed Packing List in [ ] originals [ ] copies.

☐ Full set☐ __ /3 set of clean shipped on board Ocean Bill of Lading marked "☐Freight Prepaid ☐Freight Collect" made out to order of ____________, notifying ☐applicant ☐ ____________.

☐ Clean Air Waybills showing "☐Freight Prepaid ☐Freight Collect" and consigned to ____________ notifying ☐applicant ☐ ____________.

☐ Rail Waybills showing "☐Freight Prepaid ☐Freight Collect" and consigned to ____________.

☐ Insurance Policy/Certificate in duplicate blank endorsed for 110 % of the invoice value, showing claims payable at destination in currency of the draft, covering All Risks and War Risks and ____________.

☐ Certificate of Origin in [ ] originals and [ ] copies issued by ____________.

☐ Beneficiary's Certificate certifying that a whole set of document copies had been sent to the applicant and ____________

☐ **Other documents required**其他需提交的单据：

Additional conditions附加条款：

☒ All banking charges outside the Issuing Bank including reimbursing charges are for account of beneficiary.

☒ All documents should be issued in English and indicating ____________

☐ Documents must be presented within ______ days after the date of shipment but within the validity of this credit.

☐ Documents issued earlier than the L/C issuing date not acceptable.

☐ **Other terms and conditions if any**其他条款，如有：

☐ 本申请书及其后的任何修改（如有）为以下法律性文件（及其任何修改、补充和变更）不可分割的组成部分，并受其约束：

☐ 编号为 ____________ 的☐《贸易融资额度合同》☐《信用证开证合同》☐ ____________

☐ 在信用证开立前按贵行要求存入开证保证金，作为本笔业务的一种担保，保证金比例为开证金额（含溢装金额）的____%。

☐ To be continued on separate continuation sheet(s) 其他内容见附件。

Stamp of Applicant（申请人签章）

图6-7 不可撤销跟单信用证开证申请书式样

1. "不可撤销跟单信用证开证申请书"的填写方法

Please mark "×" in □ where appropriate. 请于恰当处在□中画"×"。

（1）**Date of this application**（申请日期）。

填写申请开立信用证的日期。

（2）**L/C No.**（信用证号码）(for bank's use only)。

由开证银行给定，无须开证申请人填写。

（3）**Please issue a documentary credit according to our instructions stated in this application form. The credit should subject to ICC Uniform Customs and Practice for Documentary Credit s（UCP）latest revision effective on the date of issuance.**（请根据我公司在本申请中的指示开出不可撤销跟单信用证，并适用在开证之日有效的国际商会《跟单信用证统一惯例》最新修订本。）

（4）**Contact Person，Tel No.**（联系人及电话号码）。

填写该笔业务的联系人及电话号码。

（5）**Expiry Date**（到期日）。

信用证的到期日又称作信用证的有效期，是指受益人向银行提交单据的最后日期。受益人应当在有效期限内向银行提交信用证项下的单据。在国际贸易业务结算中，信用证的有效期一般规定在最迟装运日期后 15 天。

信用证中除规定到期日外，通常还规定信用证的交单期。所谓信用证交单期（date of presentation of documents），是全套运输单据（包括提单、发票、装箱单、保险单以及原产地证书等信用证要求的所有单据）出具后，必须向信用证指定的银行提交单据要求付款、承兑或议付的特定期限。如果信用证没有规定交单期，按惯例银行拒绝接受提单签发日期 21 天后提交的单据。但即使在提单签发 21 天内交单，也必须在信用证的有效期内提交。

信用证中还会涉及"双到期"。所谓"双到期"，是指信用证的最迟装运日期和议付到期日（信用证的有效期）为同一天。

（6）**Place of expiry**（到期地点）。

信用证的到期地点是指受益人在信用证的有效期内向银行提交单据的地点。这涉及如何计算信用证到期日的问题。信用证的到期地点一般是在出口地银行（受益人）所在的国家或地区。

（7）**Applicant**（申请人）(full name and address，全称及地址)。

信用证的申请人一般是进口商，要写明其全称及地址。

（8）**Beneficiary**（受益人）(full name and address，全称及地址)。

信用证的受益人一般是出口商，要写明其全称及地址。

（9）**Amount**（金额）(currency and figures，币种及金额小写)。

信用证金额是开证行保证向受益人支付的款项数额，包括货款及一些手续费。"金额"一栏应填写币种及小写金额，如 USD 12300.00。

□Tolerance on amount（金额浮动范围）：+____% －____%

□Tolerance on goods quantity（货物数量浮动范围）：+____% －____%

货物数量浮动范围是指合同中的"溢短装条款"（见第 2 章内容）；金额的浮动范围也做相应调整。

（10）**Advising Bank**（通知行）（if blank, any bank at your option，如空白，请贵行自行选择）。

通知行多数是开证行的业务往来银行，对开证申请人来说，一般不了解通知行的具体情况，因此实际业务中通常选择空白，即由开证行指定通知行。

（11）

☐Place of taking in charge/dispatch from…/place of receipt（货物接管地/发运地/收货地）。

☐Port of loading/Airport of departure（装货港/起飞机场）。

☐Port of discharge/Airport of destination（卸货港/目的机场）。

☐Place of final destination/for transportation to…/place of delivery（最终目的地/运至/交货地）。

latest date of shipment（最迟装运日期）。

本栏前面4项是选择项，根据合同中不同的贸易术语选择填写；最后面一项是必填项，应根据合同要求填写。

（12）**Partial Shipment**（分批装运）。

☐allowed（允许）　　☐not allowed（不允许）

本栏按合同中的有关规定填写。

（13）**Transshipment**（转运）。

☐allowed（允许）　　☐not allowed（不允许）

本栏按合同中的有关规定填写。"not allowed"有时写作"prohibited"，含义相同。

（14）**Credit available by**（信用证类型）。

☐sight payment（即期付款）

☐acceptance（承兑）

☐deferred payment（延期付款）

☐negotiation（议付）

with（指定银行）_____

If not chosen by us, it is at your choice.（如果我公司未选，请贵行自行决定信用证类型及指定银行。）

通常情况下，信用证的类型是由买卖双方在合同中订明的，各选项的具体含义见第6.2.3.3小节信用证的种类部分。

"with"后填写议付行/承兑行/（即期/延期）付款行名称。

国际贸易实际结算业务中，往往填写"by negotiation with any bank"，即受益人可向任何银行交单议付。

（15）**Description of Goods**（货物描述）（Brief description without excessive detail，请简要描述，勿加入过多细节）。

本栏填写合同中有关货物的名称、型号、规格、数量、包装、唛头等内容。

Price term（价格条款）：☐EXW　☐FCA　☐FOB　☐CFR　☐CIF____　☐Incoterms 2020

价格条款的选择按合同中有关规定填写。

（16）

☐Drafts drawn on issuing bank for _____% of invoice value at ☐ sight or ☐Term;

_____ days after _____。

（开给开证行的汇票（即期或××天远期汇票），汇票金额为发票金额的××%）。

前面提及，信用证支付方式下汇票的受票人（付款人）应为开证行或指定的付款行。

有时合同中约定一定比例（如30%）的预付货款采用T/T，其余货款（70%）采用信用证结算，这时此处就应该填写 70 %。

1) **Documents required**（需提交的单据）：

□Signed Commercial Invoice in [ ] originals [ ] copies indicating this L/C No., Contract No. and _____

（经签章的商业发票正本××份，副本××份，标明信用证号码、合同号码以及……）

UCP600 第18条规定：商业发票上的货物、服务或履约行为的描述应该与信用证中的描述一致；商业发票无须签名。

□Signed Packing List in [ ] originals [ ] copies.

（经签章的装箱单正本××份，副本××份。）

□Full set □ ____/3 set of clean shipped on board Ocean Bill of Lading marked "□Fright Prepaid □Fright Collect" made out to order of _____ notifying □applicant □_____

（全套已装船清洁海运提单标注"□运费已付 □运费到付"，"提单收货人"一栏制成凭_____指定，通知□申请人□____。）

□Clean Air Waybills showing "□Freight Prepaid □Freight Collect" and consigned to ____ notifying □applicant □_____

（清洁航空运单表明"□运费已付 □运费到付"，"收货人"一栏为___，通知□申请人□____。）

□Rail Waybills showing "□Freight Prepaid □Freight Collect" and consigned to ____

（铁路运单表明"□运费已付 □运费到付"，"收货人"一栏为____。）

□Insurance Policy/Certificate in duplicate blank endorsed for 110% of the invoice value, showing claims payable at destination in currency of the draft, covering All Risks and War Risks and _____

（保险单/保险凭证一式两份，空白背书，按发票金额的110%投保一切险和战争险以及_____险，标明在目的地以汇票货币理赔。）

□Certificate of Origin in [ ] originals and [ ] copies issued by _____

（由____签发的原产地证书正本××份，副本××份。）

□Beneficiary's Certificate certifying that a whole set of document copies had been sent to the applicant and _____

（受益人寄单证明证实全套单据副本寄给开证申请人和____。）

需要强调的是，"需提交的单据"是信用证中非常重要的单证。信用证要求"单证一致、单单相符"，这不但要求单证相互之间内容必须保持一致，而且数量也应符合要求。通常情况下，经签章的发票、装箱单等是必要单证，份数以3~5份为宜；海运提单、航空运单或铁路运单要看具体采用的运输方式，份数以3套正本和3套不可议付的副本为宜；只要保险是由卖方办理，则保险单是必备单证；原产地证书视合同要求选择；上述单证中的一套副本通常要求受益人在装运后3天内以快递方式寄给开证申请人。

2）**Other documents required**（其他需要提交的单据:）。

开证申请人除了在"需提交的单据"中选择列出的项目外，还可以填写双方在合同中约定的其他需要出口商提交的单据。例如：

☐Certificate of quantity/weight in [ ] copies issued by the manufacturer indicating the actual surveyed quantity/weight of shipped goods as well as the packing condition.

（制造商签发的数量/重量证书一式 [ ] 份，标注实测的装运货物的数量/重量及包装条件。）

☐Certificate of quality in [ ] copies issued by the beneficiary.

（受益人签发的品质证书一式 [ ] 份。）

☐Original certificate of fumigation in [ ] copies issued by the Animal and Plant Health Inspection Service.

（动植物卫生检验局签发的熏蒸证书正本 [ ] 份。）

☐Certificate of Non-wooden packing materials in [ ] copies.

（非木质包装材料证书一式 [ ] 份。）

出口商（受益人）需提交的单据的种类一般视双方交易的具体货物而定。

（17）**Additional conditions**（附加条款）。

☒All banking charges outside the Issuing Bank including reimbursing charges are for account of beneficiary.

（除开证行外其他所有银行费用，包括偿付费用，均由受益人承担。）

☒All documents should be issued in English and indicating ____.

（所有单证必须使用英文签发，并且标注____。）

☐Documents must be presented within ____ days after the date of shipment but within the validity of this credit.

（信用证要求的所有单证必须在装运日期后 ____ 天（但必须在信用证有效期）内向议付行提示（包括付款提示或承兑提示）。）

☐Documents issued earlier than the L/C issuing date not acceptable.

（在信用证开证日期前出具的单证是无效的。）

☐Other terms and conditions if any（其他条款，如有）：

附加条款中的前两项通常是必选项目。

（18）

☐本申请书及其后的任何修改（如有）为以下法律性文件（及其任何修改、补充和变更）不可分割的组成部分，并受其约束：

☐编号为____的☐《贸易融资额度合同》☐《信用证开证合同》☐____。

☐在信用证开立前按贵行要求存入开证保证金，作为本笔业务的一种担保，保证金比例为开证金额（含溢装金额）的_____%。

（19）

☐To be continued on separate continuation sheet（s）. 其他内容见附件。

（20）**Stamp of Applicant**（申请人签章）。

开证申请人签盖银行预留印鉴。

2. 信用证的主要内容

开证行接受开证申请人的申请，根据开证申请书上的指示内容，开出相应的信用证。因此，除了开证行的格式化的一些条款外，信用证的内容和开证申请书中的指示必须是一致的。

除汇款、托收和信用证三种主要结算方式外，还有许多其他结算方式，如银行保函、备用信用证、保付代理等。其中，银行保函在某些业务中使用较广泛，其他结算方式在国际货物贸易结算业务中使用相对较少。相关介绍安排在本章延伸阅读中，供有兴趣的读者参考。

6.3 合同中的结算条款

汇款、托收和信用证是国际货物贸易的三种主要结算方式，具体采用哪种方式结算货款，取决于交易各方的资信状况、信誉，以及谈判能力和磋商结果。

6.3.1 合同中的汇款条款

国际货物贸易合同中的汇款条款主要体现在预付货款中的第一种情况，即合同签订后一段时间，买方以汇款（电汇）方式预付一定比例的货款。例如：

付款方式：合同签字生效后7天内，买方以电汇方式预付全部货款的30%，计18000美元整，其余70%货款计42000美元整，以不可撤销即期信用证支付，信用证须于合同签字生效后15天内开至卖方。

(Terms of Payment: Within 7 days after validity of the contract, the Buyer shall pay 30 percent of the total value of the contract in advance by T/T, i.e. US Dollar eighteen thousand only. The other 70 percent of the total value of the contract, i.e. US Dollar forty two thousand, should pay by irrevocable sight Letter of Credit which may reach the beneficiary (the Seller) 15 days after conclusion of the contract.)

其他预付货款和货到付款的方式也可在合同中订明如下：

1）付款方式：买方应于合同签字生效后15天内将全部货款以电汇方式汇交卖方，卖方收悉货款后××天内装运。

(Terms of Payment: The Buyer shall pay the total value of the contract to the Seller by T/T within 15 days after conclusion of the contract, the shipment will be effected within ×× days by the Seller upon receipt of it.)

2）付款方式：买方必须在收到卖方装运单据后××天内以电汇方式将全部货款汇交给卖方。

(Terms of Payment: The Buyer shall pay, by T/T, the total value of the contract within ×× days upon receipt of the shipping documents.)

6.3.2 合同中的托收条款

合同中有关托收条款的规定举例如下：

（1）即期付款交单（D/P at sight）。买方凭卖方开具的即期跟单汇票，于第一次见票时立即付款，付款后交单。

(Upon first presentation, the Buyers shall pay against documentary draft drawn by the Sellers at sight. The shipping documents are to be delivered against payment only.)

（2）远期付款交单（D/P after sight）。买方对卖方开具的见票后××天付款的远期跟单汇票，于第一次提示时即予以承兑，并应于汇票到期日予以付款，付款后交单。

（The Buyers shall duly accept the documentary draft drawn by the Sellers at ×× days sight upon first presentation and make payment on its maturity. The shipping documents are to be delivered against payment only.)

（3）承兑交单（D/A）。买方对卖方开具的见票后××天付款的远期跟单汇票，于第一次提示时即予以承兑，承兑后交单并于汇票到期日予以付款。

（The Buyers shall duly accept the documentary draft drawn by the Sellers at ×× days sight upon first presentation and make payment on its maturity. The shipping documents are to be delivered against acceptance.)

6.3.3　合同中的信用证条款

信用证作为国际货物贸易最为重要的结算方式之一，在国际贸易实务操作中使用非常广泛。信用证种类较多，不同种类的信用证在合同中的条款各异。下面是合同中采用信用证结算条款的两个实例。

1. 即期信用证结算条款

买方应于装运日期前××天通过卖方可接受（同意）的银行开立不可撤销即期信用证，并送达卖方。信用证有效期至装运日期后××天在中国议付有效。

（The Buyers shall open through a bank, acceptable to the Seller, an irrevocable letter of credit to reach the Sellers ×× days before the date of shipment, valid for negotiation in China until ×× days after the date of shipment.)

2. 远期信用证结算条款

买方应于××年××月××日前（或接到卖方通知后××天内或合同签订后××天内）通过××银行开立以卖方为受益人的不可撤销（可转让）的见票后××天（或装船日期后××天）付款的银行承兑信用证。信用证议付有效期至上述装运日期后××天在中国到期。

（The Buyers shall open, through Bank of ××, an irrevocable (transferable) bank's acceptance letter of credit in favor of the Sellers before… (or within ×× days after receipt of the Sellers' advice or within ×× days after conclusion of the contract) . The said letter of credit shall be available by draft at ×× days sight (or within ×× days after date of shipment) and remain valid for negotiation in China until ×× days after the date of shipment.)

6.3.4　各种结算方式的综合运用

国际货物贸易货款结算中，一笔交易的货款结算可能仅使用一种结算方式，也可根据实际情况将两种及以上的结算方式结合使用。下面是几种结算方式结合使用的实例。

1. 汇款与信用证相结合

汇款与信用证结合使用通常有两种情况：一种是采用汇款（常见是电汇）方式预付部分货款，其他货款采用信用证方式结算；另一种是主要部分采用信用证方式结算，余款（质量保证金）采用汇款（电汇）方式结算。

（1）实例 1。

付款方式：合同签字生效后 7 天内，买方以电汇方式预付全部货款的 10% 作为订金，余款（90%）采用不可撤销即期跟单信用证支付。信用证须于装运日期前 15 天内通过卖方接受（同意）的银行开出，并送达卖方。信用证有效期至装运日期后 15 天在中国议付有效。

(Terms of payment: The Buyers shall pay 10% of the total value of the contract as deposit within 7 days after conclusion of the contract. The other payment, that is 90% of the total value of the contract, shall pay by irrevocable documentary sight letter of credit. The above L/C shall be opened by the Buyers through a bank, acceptable to the Seller, and shall be reached the Sellers 15 days before the date of shipment, valid for negotiation in China until 15 days after the date of shipment.)

（2）实例 2。

付款方式：合同签字生效后 15 天内，买方按发票金额（合同总金额）的 85% 开出不可撤销即期跟单信用证，该信用证有效期至装运日期后××天在中国议付有效。其他 15% 货款在买方收到货物后，15 天内以电汇方式付至卖方指定账户。

(Terms of payment: The Buyer shall open an irrevocable documentary sight letter of credit covering 85% of the invoice value (or of total value of the contract) within 15 days after conclusion of the contract. The above L/C shall be valid for negotiation in China until 15 days after the date of shipment. Other payment, i.e. 15% of the invoice value, shall be paid by the Buyer by T/T to the Seller's account 15 days after arrival of the goods.)

2. 托收与信用证相结合

托收与信用证相结合即一笔交易货款大部分采用信用证支付，余款采用托收方式结算。通常做法是信用证规定受益人（出口商）开立两张汇票，属于信用证项下的部分货款凭光票支付，而其余货款则采用跟单托收方式结算。在这种情况下，需订明信用证的种类、支付金额以及托收的种类等，而且通常订有"在全部付清发票金额货款后方可交单"这样的条款。实例如下：

付款方式：买方通过卖方可接受的银行于装运月份前 30 天开立并送达卖方不可撤销的即期信用证，规定发票金额的 70% 凭即期光票支付，其余 30% 用托收方式即期付款交单。发票金额 100% 的全套货运单据随附托收项下，于买方付清全部发票金额后交付。如买方未付清全部发票金额，则货运单据须由开证行掌握凭卖方指示处理。

(Terms of payment: The Buyer shall open, through a bank acceptable to the Seller, an irrevocable sight letter of credit to reach the Seller 30 days before the month of shipment, stipulating that 70% of the invoice value available against clean bill at sight, while the remaining 30% payment on documents against payment at sight (D/P at sight) on collection basis. The full set of the shipping documents of 100% of invoice value shall accompany with the collection draft and shall only be released after full payment of the invoice value. If the Buyer fail to pay the full invoice value, the shipping documents shall be held by the issuing bank at the Seller's disposal.)

3. 跟单托收和备用信用证相结合

备用信用证是一种特殊的信用证（见本章延伸阅读 10）。采用跟单托收和备用信用证相结合的结算方式,目的是防止跟单托收项下的货款一旦遭到进口商拒付,出口商可依据备用信用证凭汇票和进口商拒付证书(protest)向开证行索偿,以追回货款。实例如下:

付款方式:采用即期付款交单(D/P at sight),并以卖方为受益人的总金额为××的备用信用证付款。备用信用证应承担的责任条款:如果××编号合同项下跟单托收的汇票付款人未能在约定日期付款,受益人有权凭本信用证开立汇票连同一份列明××编号合同项下款项已被拒付的证书的要求付款。

(Terms of payment:Payment available by D/P at sight with a stand-by L/C in favor of the Seller for the amount of ×× as undertaking. The stand-by L/C should bear the clause, in case of the Drawee of the documentary collection under the sales contract No…fails to honor the payment upon due date, the Beneficiary has the right to draw this L/C by their draft with a protest stating that the payment on the sales contract No…was dishonored.)

 本章延伸阅读

1. 汇票的背书

背书是汇票转让时的手续之一。一张远期汇票持有人欲在汇票到期日前取得票款,即对汇票进行贴现(discount),则必须对汇票进行背书。所谓背书(endorsement),是汇票持票人(这里也称背书人,endorser)在汇票背面签章,并把汇票交给受让人(被背书人,通常是银行或贴现公司)的行为。被背书人在受让远期汇票时,要按汇票的票面金额扣除从转让日到汇票到期付款日的利息后将票款垫付给背书人,这种行为称作"贴现"。汇票在到期日前,可以有多次背书转让。对于汇票的被背书人来说,所有在他以前的背书人和出票人都是其"前手";而对于背书人来说,所有在他以后的被背书人都是其"后手"。"前手"对"后手"负有保证汇票一定会被承兑或付款的责任。

背书有三种形式:记名背书、空白背书和限制性背书。

(1)记名背书。记名背书(special endorsement)是指汇票持有人(背书人)在汇票上签章(背书)的同时,将"被背书人"一栏的具体名称填好。经过记名背书的汇票,被背书人可以再做背书转让给他人。再背书时可以是记名背书,也可以是空白背书。

(2)空白背书。空白背书(blank endorsement)是指汇票持有人(背书人)在汇票背面上签章,但"被背书人"一栏不填写具体的名称。汇票经空白背书后,被背书人可以不须背书,仅凭交付汇票即可继续转让汇票。

(3)限制性背书。限制性背书(restrictive endorsement)是指汇票持有人(背书人)在背书时加注限制性汇票继续流通的文字,如"仅付A银行"(pay to bank A only)等。

国际贸易货款结算时,限制性背书使用较少。我国《票据法》规定,持票人转让汇票时应当背书并交付汇票。

2. 汇票的拒付

拒付(dishonor)是指当汇票在提示时,遭到付款人拒绝付款(dishonor by non-payment)或拒绝承兑(dishonor by non-acceptance)。此外,付款人不见汇票或死亡或宣告破产,以致付款事实上已不可能时,也称为拒付。

一张合法的汇票在合理的时间内提示承兑或付款遭到拒付时,则持票人立即对"前手"

产生追索权，即持票人有权向其"前手"追索票款。

从法律角度来说，付款人之所以履行付款义务，并不是因为出票人对他开立了汇票，而是由于出票前他们之间存在着债权、债务关系，并约定采用汇票结算。所以，发生拒付时，出票人应根据买卖合同而不是根据拒付的汇票进行交涉。

3. 追索权、拒付证书

追索权（right of recourse）是指汇票遭到拒付时，持票人对其"前手"（出票人或背书人）有请求其偿还汇票金额及相关费用的权利。

拒付证书（protest）是由付款地的法定公证人或其他依法有权做出证书的机构，如法院、银行、同业公会等做出的证明拒付事实的文件，是持票人凭以向背书人、出票人以及汇票的其他债务人行使追索权的法律依据。如果拒付的汇票已经承兑，出票人可凭以向法院起诉，要求承兑汇票的承兑人付款。因此，汇票的出票人、背书人、承兑人和保证人对持票人承担连带责任。

4. 解付

解付在实际业务中又称作"入账"，是指银行将本行或其他银行的金融票据（即期或远期）兑换成现金（本币或外币）入账的过程。例如，企业 A 收到一张由企业 B 开立的中国银行的转账支票，存入自己中国工商银行账户，约两天后，转账支票由中国工商银行解付为现金（本币）存入企业 A 的账户。又如，企业 C 收到国外某公司的通过其银行电汇来的货款，企业 C 所在地银行将这笔货款（本币或外币）入账。

5. 国际商会《托收统一规则》（URC522）

作为对托收业务的指导性惯例，URC522 共 26 条，主要内容如下：

（1）凡在托收申请书（委托书）中注明按 URC522 行事的托收业务，除非另有明文规定，本规则对有关当事人均具有约束力。

（2）银行（托收行或代收行）应当善意而谨慎从事。银行的义务是严格按托收申请书内容与 URC522 办理。

（3）除非事先已经征得银行同意，货物不应直接运交银行，也不得以银行或其指定人为收货人。否则，此项货物的风险和责任由发货方承担。

（4）银行必须确定所收到的单据与托收申请书所列内容完全一致，当单据缺少或发现与托收申请书中所列的单据不一致时，必须毫不延迟地用电信或其他快捷方式通知发出托收申请书的一方。除此之外，银行没有进一步审核单据的义务。

（5）托收如被拒绝付款或拒绝承兑，提示行（代收行）必须毫不延迟地向发出托收指示书的银行（托收行）送交拒绝付款或拒绝承兑的通知。托收银行在收到此通知后，必须在合理时间内对代收银行做出进一步处理有关单据的指示。提示行如在送出拒付通知 60 天内仍未接到该项指示，可将单据退回托收行而不负任何责任。

（6）托收不应含有凭付款交付商业单据指示的远期汇票。如果托收含有远期付款的汇票，该托收申请书中应注明商业单据是凭承兑交单（D/A）还是凭付款交单（D/P）。如果无此注明，商业单据仅能凭付款交单，代收行对因此迟交单据而造成的任何后果不负责任。

此外，URC522 还对托收费用、部分付款、拒付证明、托收情况的通知等问题做了具体规定。

URC522 是一项国际惯例，不具有强制性，只有当事人事先在托收申请书中约定以该规则为准时,才会受其约束。我国银行在进出口业务中,使用托收方式结算时,也参照 URC522 的相关解释办理。

6. 信用证当事人的权利与义务

信用证结算涉及开证申请人、开证行、受益人、通知行、议付行、保兑行、偿付行、承兑行等多个当事人,了解信用证不同当事人的权利与义务,对进一步理解信用证结算方式具有现实意义。

(1) 开证申请人的权利与义务如下:

1) 开证申请人有权在出口方未提供规定的履约保证金时不开立信用证。

2) 开证申请人有权在出口方未按信用证装船、交单时,没收其保证金。

3) 开证申请人有权检验单据,若单证不符,有权拒绝赎取不符合信用证条款的单据,并拒绝付款。

4) 开证申请人履行付款后,有权检验货物。但开证申请人在提取货物后,如果发现货物规格、数量等与单据不符,不能向开证行追究责任和索还货款,只能根据过失责任,向有关方面(承运人、出口商或保险公司等)索赔。

5) 开证申请人应严格遵守合同条款,在合同规定期限内,通过银行开出与合同条款内容相一致的信用证,并交付押金,但不能以超出合同条款的内容对受益人(出口商)做额外要求。

6) 在信用证与合同不符的情况下,在接到受益人符合合同规定的修改通知时,开证申请人应修改信用证。

7) 信用证如系不可撤销的,则一经开出,除非得到受益人同意,开证申请人不得擅自要求开证行修改或撤销。

8) 在开证行履行付款责任后,开证申请人应根据申请书的规定,在接到开证行的付款赎单通知书后,及时将货款付给开证行,赎取单据。即使银行由于种种原因(如倒闭)不能向受益人付款,开证申请人仍有偿付卖方货款的责任。

(2) 开证行的权利与义务如下:

1) 开证行具有开立信用证的义务。开证申请人通过提交开证申请书,与开证行之间确立合同关系,开证行必须严格按照申请书的指示开立信用证。

2) 开证行在开立了信用证后,若对符合信用证规定的单据进行了付款,则开证行有权从申请人处获得偿付。但若开证行所开立的信用证背离了开证申请书,或开证行错误地兑付了单证不符的单据,申请人有权拒绝偿付。

3) 开证行有权向开证申请人收取手续费或预收押金。

4) 开证行有权以单据为依据,决定是否向议付行提出单证不符的异议,并拒付议付行或代付行收下的错误单据。

5) 在议付行对开证行使用电报索偿方式时,若发现单证不符,开证行有权追回已付款项。

6) 开证行具有付款的义务。信用证受益人提交的单据如果符合信用证规定,开证行就必须向受益人支付信用证金额或承兑受益人出具的汇票。开证行不得以进口商无付款能力、未交付押金或手续费、有欺诈行为以及骗开信用证等借口,推卸信用证项下的付款责任。

7) 开证行在审核验单付款后,不能向受益人或议付行或代付行行使追索权,或改变付款责任要求退款。

8) 开证行具有审核单证的义务。审核单证是开证行的一项重要义务,审单时应遵循严格相符原则,即要求单据表面内容应与信用证内容严格一致。

9) 开证行具有保管单据的义务。受益人按信用证规定将全套单据提交给开证行,在开证行审核单据、兑付货款前的这段时间,开证行作为受益人的受托人有责任保管单据。因此,开证行必须对这期间单据的残缺、改动或损坏等负责。

10) 开证行在持有单据期间,不得擅自处置单据。如果开证行认为单据有不符点,就不应将单据正本寄交申请人,即使开证申请人宣称需要检验货物,开证行也不应擅自做主。否则,由此引起的后果由开证行承担。

11) 开证行具有如下免责条款:①对单据有效性的免责。对任何单据的形式、完整性、准确性、真伪性或法律效力,或对单据上规定的或附加的一般或特殊性条件,概不负责;对任何单据中有关货物的描述、数量、重量、质量、状况、包装、交货、价值或存在与否,或对发货人、承运人、货运代理人、收货人或货物的保险人或其他任何人的诚信、行为、疏忽、清偿能力、执行能力或信誉,也概不负责。②对电文传递的免责。开证行对任何电文、信函或单据传递中发生的延误或遗失所造成的后果,或对任何电信传递过程中发生的延误或其他差错,概不负责;开证行对专门性术语的翻译或解释上的差错,也不负责,开证行保留翻译的权利。③对不可抗力的免责。开证行对天灾、暴动、骚乱、战争或银行本身无法控制的任何其他原因,或对任何罢工或停工而中断营业所引起的一切后果,概不负责。除非经特别授权,开证行在恢复营业中断期间已逾期的信用证,将不再据以进行付款、承担延期付款责任、承兑汇票。

(3) 受益人的权利与义务如下:

1) 受益人具有接受或不接受信用证的权利。在收到信用证时,如发现信用证与合同不符,受益人有权要求修改信用证;如修改后仍然不符,足以造成不能接受的,受益人有权拒绝接受信用证并有权不接受有关的信用证的修改。

2) 受益人有按期备货装运的义务。受益人(出口商)应严格按信用证规定的要求备货和装运,以取得代表货物所有权的单据(提单),提单内容应与信用证要求一致。

3) 受益人具有向开证行提交合格单据的义务。受益人(出口商)应在信用证有效期内,向银行提供完整齐全的、符合信用证规定的单据,要求开证行付款。

4) 受益人具有获得货款的权利。受益人(出口商)按规定向开证行提交了符合规定的单据,开证行应按规定付款或承兑。通常情况下,出口商只能凭信用证获得付款,但如果出口商按信用证规定向开证行提出要求而未获得付款,也可以根据买卖合同直接向进口商要求付款。

5) 受益人具有在特殊情况下将货物转卖他人的权利。如进口商破产或开证申请人与开证行均倒闭破产,受益人有权行使置留权、扣押权及要求停运的权利;并在行使这些权利后,如果进口商仍未能在合理时间内付款或给予满意的回复,受益人有权将货物转卖他人。

6) 受益人在特殊情况下的权利。在开证行倒闭、议付行向受益人追索的情况下,受益人有权持单据向开证申请人要求付款,即使开证申请人已交付了开证保证金、遭受了损失,也不影响受益人的此项权利;如信用证经过保兑,则开证行倒闭后,受益人可向保兑行要求付款。

(4) 通知行的权利与义务如下：

1) 通知行可以拒绝接受关于信用证通知或修改的委托，但必须毫不延误地告知开证行；通知行决定通知信用证或修改信用证时，应合理、审慎地核验所通知信用证的表面真实性，否则须承担法律责任。

2) 通知行具有告知的义务。通知行如不能核验所通知信用证或修改信用证的表面真实性，必须毫不延误地告知开证行；在此情况下，若通知行仍然决定将信用证或修改通知受益人，也必须将这一事实告知受益人。在国际贸易业务中，通知行一般在未能核对真实性的信用证或修改上加有"印押未符，请暂缓出运"或类似字句的专用章，以告知与警示受益人。

3) 通知行有收取通知费或因通知而产生的其他费用的权利。如信用证中规定"开证行以外的费用由受益人承担"，则通知行因受益人拒付或其他原因而收不到该项费用时，可以向开证行收取，开证行不得拒付。

(5) 议付行的权利与义务如下：

1) 在信用证的有效期内，接受受益人提交的单据，进行审单并垫付款项。

2) 当发现单证不一致时，有权拒绝议付。

3) 有追索权。无论开证行由于何种原因拒付或倒闭，议付行均有权向受益人追回所垫款项；在需要汇票的信用证项下，议付行由于承购或贴现信用证项下汇票后即成为该汇票的善意持有人或正当持票人，对开证行及付款行享有不受其他权益约束的请求权，对受益人也享有追索权。

(6) 保兑行的权利与义务如下：

1) 保兑行具有选择权。保兑行具有对是否接受开证行的委托和请求、对指定信用证加具保兑的选择权，如认为开证行信誉不佳，可拒绝接受开证行的加保要求。

2) 保兑行具有不可撤销的责任。无论开证行发生什么变化，保兑行都不能单方面撤销或变更其保兑责任。

3) 保兑行具有审单权。保兑行对受益人或议付行或其他指定银行交来的单据，有义务按信用证的规定进行审核。

4) 保兑行具有对与信用证条款不符的信用证，要求受益人在一定期限内更改单据或对受益人做出拒付的权利。

5) 保兑行对不可撤销信用证加具保兑后，就构成了其对信用证在开证行以外的确定的付款责任，是信用证的第一付款人，对议付行和受益人独立负责。

6) 保兑行有权按约定向开证行收取酬金，以及对单据进行付款清偿。

7) 保兑行在其已经议付或代为付款后，无论开证行倒闭，还是保兑行付款后发现单证不符，都无权向受益人进行追索。

(7) 偿付行的权利与义务如下：

1) 偿付行具有选择权。偿付行有权选择是否接受开证行的委托与要求作为指定信用证的偿付行，如认为开证行信誉不佳，可拒绝接受开证行的要求。

2) 偿付行有收取偿付费用的权利。除非信用证另有规定，偿付费用由开证行承担。

3) 偿付行有追索权。偿付行凭议付行电报索偿指示或邮寄的指示付款，并不需要审核单据（通常在有偿付行的信用证中，单据被要求寄往开证行，因而偿付行也无法审核单据）。因此，偿付行在付款后，若开证行在见单后发现单证不符，偿付行可以直接向议付行追回已付的款项，行使追索权。

（8）承兑行的权利与义务如下：

1）承兑行具有选择权。

2）承兑行具有审核单据以决定是否承兑的权利。承兑行收到受益人提交的单据时有审核单据的权利，若单据不符，可以拒绝承兑；若单据相符，再行承兑之责。

3）承兑行承担到期付款的责任。若开证行的指定银行为承兑行，无论开证行倒闭还是发生支付困难，承兑行都要履行付款的责任。

7. 议付

议付（negotiation）又称作出口押汇。UCP600 第 2 条指出，议付是指"指定银行在相符交单下，在其应获偿付的银行工作日当天或之前向受益人预付或者同意预付款项，从而购买汇票（其付款人为指定银行以外的其他银行）及/或单据的行为"。通俗的理解是，议付是指议付行在审核单据后确认受益人所交单据符合信用证条款规定的情况下，按信用证条款买入受益人的汇票及单据，按照票面金额扣除从议付日到估计收到票款之日的利息和手续费，将净数垫付给信用证受益人的行为。

8. 押汇和打包放款

押汇（documentary bills）和打包放款（packing finance）都是参与国际结算的银行为进出口商提供的贸易融资方式。国际贸易融资（international trade financing）包括出口贸易融资和进口贸易融资两部分。出口贸易融资包括打包放款（打包贷款）、出口信用证押汇、福费廷、以单换票、出口托收押汇、出口 T/T 押汇、出口保理、出口信用证保险融资等；进口贸易融资包括减免保证金开证、减免保证金对外开立保函/备用信用证、提货担保、代理行代付、进口信用证押汇、进口代收押汇、进口 T/T 押汇等。这里仅介绍进口贸易融资项下的进口信用证押汇和进口代收押汇以及出口贸易融资项下的打包放款、出口信用证押汇和出口托收押汇。

（1）进口信用证押汇。进口信用证押汇又称进口押汇（import bill advance），是进口贸易融资方式之一，是指开证申请人在单证相符需对外付款时，由于资金短缺或周转困难，无法向银行付款赎单，而以其进口项下的货物（或以代表货物所有权的运输单据）作为抵押，由银行先行代为对外付款。申请人在规定期限内向银行偿还贷款本金、利息及费用。

进口押汇是开证行给予开证申请人（进口商）的一项短期融资。

（2）进口代收押汇。在跟单托收业务中有两种押汇业务，即出口托收押汇和进口代收押汇。先介绍进口代收押汇，出口托收押汇见下文。

进口代收（inward collection）押汇是进口贸易融资方式之一，是指在进口代收业务中，代收行在收到出口商通过托收行寄来的全套托收单据后，根据"进口代收委托书"向进口商递交进口代收项下的单据和文件，进口商同意支付进口代收项下的货款，但因资金短缺向代收行申请融资，代收行根据进口商提交的押汇申请以及代收行与进口商签订的"进口代收押汇协议书"，将融资款用于支付进口代收项下的货款并放单，进口商凭单提货，用销售后的货款归还代收行押汇本息。

在远期付款交单（D/P after sight）结算方式下，代收行向进口商（付款人）提示汇票要求承兑后，进口商通常要等汇票到期日付款之后方可取得货运单据。而在进口代收押汇情况下，进口商希望在汇票到期付款前先行取得货运单据提货。具体做法是，进口商出具信托收据（trust receipt，TR）向代收行借取货运单据，先行提货。进口代收押汇实际上是代收行给予进口商（汇票付款人）的一种资金融通。

（3）打包放款。打包放款（packing finance）又称打包贷款（packing loan）或信用证抵押贷款，是出口贸易融资方式之一，是指出口商凭收到的境外银行开来的有效信用证正本作为还款凭据和抵押向银行申请短期贷款，银行向其提供的一种短期资金融通，主要用于生产或收购商品开支及其他从属费用的资金周转。打包贷款是信用证项下银行向出口商提供的一种装船前融资。

（4）出口信用证押汇。出口信用证押汇又称出口押汇（export bill purchase）或议付，是出口贸易融资方式之一，是指出口商（信用证的受益人）向银行（议付行）提交信用证规定的全套单据要求议付时，银行（议付行）根据受益人的申请，凭受益人提交的全套单据（单证相符或不符）作为质押，审核无误后，根据票面金额扣除相应利息和手续费后，将款项垫付给受益人的一种行为。

议付行押汇后，向开证行寄单索偿。出口信用证押汇实际上是议付行对出口商的一种短期融资业务。

信用证类型中有"credit available with any bank by negotiation"，意思是受益人可以向任何银行进行议付以获得信用证项下的货款。实际业务中，大多数银行愿意承担议付行的角色，因为议付行垫付货款后，可以向开证行索偿，如果开证行拒付或倒闭，议付行有权向受益人追回所垫款项。换句话说，议付行不仅无须承担风险，还能获得相应收益。

（5）出口托收押汇。出口托收押汇又称出口跟单托收（outward collection）押汇，是出口贸易融资方式之一，是指在托收结算方式下，出口商开出以进口商为付款人的汇票，委托托收行通过代收行向进口商（付款人）提示付款或承兑，托收行收到委托人（出口商）的汇票以及全套运输单据后，不是寄给代收行，而是根据出口商申请，按照汇票金额扣除从汇票付款日（买入汇票日）到预计收到票款日的利息及手续费，将余款先行垫付给委托人（出口商），出口商以其出口收汇款项归还托收行垫款的一种短期出口融资方式。

出口托收押汇实际上是托收行对出口商的一种垫款，是以汇票和单据作为抵押的一种短期放贷，是托收行向出口商提供的一种银行融资业务。押汇后，托收行成为汇票的善意持有人，之后将汇票和单据寄代收行，向付款人（进口商）提示，货款收妥后，即归还托收行的垫款。托收行押汇后，付款人（进口商）对汇票是否付款取决于进口商的信用。因此，托收行做出口押汇的风险较大，通常仅限于付款交单，且只发放汇票金额的一部分贷款；而信用证押汇业务则往往是发放全额贷款。

需要注意的是，无论是押汇还是打包放款（除无不符点项下出口信用证押汇外），都需要银行进行授信以确定授信额度（credit line），且需要企业提供抵押、担保或提供信用担保方可办理，是一种纯贷款业务。

9. SWIFT 信用证

在国际货物贸易货款结算中，各国银行间一般通过清算系统进行资金清算，SWIFT 便是影响较大的清算系统之一。

SWIFT 是环球银行金融电信协会（Society for Worldwide Inter-bank Financial Telecommunication）的英文缩写。该协会成立于 1973 年 5 月，总部设在比利时首都布鲁塞尔，在荷兰首都阿姆斯特丹和美国纽约分别设立了交换中心（swifting center）。SWIFT 通过各地区的数据转换中心为成员银行提供资金划拨、汇款结算以及信用证传递等网络服务。

凡利用 SWIFT 网络系统设计的特殊格式，通过 SWIFT 网络系统传递的信用证信息，即通过 SWIFT 开立或通知的信用证，称为 SWIFT 信用证。

SWIFT 信用证具有标准化、固定化和统一格式的特征，且传递速度快捷（SWIFT 线路速度为普通电传的 48~192 倍）、成本较低（费用约为普通邮件的 2/3、普通电传的 1/7），从而大大提高银行的结算效率。

目前，全球大多数银行已使用 SWIFT 系统。我国银行开立或收到的信用证电开本中，SWIFT 信用证占有较大比重。

采用 SWIFT 信用证，必须遵守 SWIFT 使用手册的规定，否则将被系统自动拒绝。SWIFT 使用手册给出了各种电文的规范格式，其中开立 SWIFT 信用证的格式代号为 MT700 和 MT701，修改信用证的格式代号为 MT707（目前开证或改证交易的格式代号为 MT700）。

中国银行于 1983 年 2 月正式加入该协会成为会员银行，1984 年开始使用该协会的通信系统办理国际业务。1985 年，中国银行总行建立了 SWIFT 中国地区处理站。

10. 其他国际货物贸易货款结算方式

除本章提及的汇款、托收以及信用证三种常见货款结算方式外，国际贸易货款结算还涉及银行保函、备用信用证、保付代理等形式，下面简单予以介绍。

（1）银行保函（banker's letter of guarantee）。

1）保函。保函（letter of guarantee，L/G）是指银行、保险公司、担保公司或单个保证人应申请人的请求，向受益人（第三方）开立的一种书面信用担保凭证，保证在申请人违约或失误时对受益人付款。

2）银行保函。银行保函是指银行（或其他金融机构）应申请人的请求，作为保证人向受益人开立的一种书面信用保证，保证申请人按规定履行合同，否则银行（保证人）负责偿付货款。

与信用证相同，银行保函也属于银行信用。

3）银行保函的当事人。银行保函除涉及申请人、受益人以及保证人（担保行）三个基本当事人外，还有可能涉及通知行（转递行）、保兑行、转开行以及反担保人等几个当事人。

申请人（applicant）又称作委托人（principal），是指向银行提出申请要求开立保函的一方。申请人一般是债务人，其主要责任是向保证人（担保银行）交纳银行开立保函的费用、抵押物及履行合同中的有关义务，并在保证人履行担保责任后向保证人补偿其所支付的费用。在出口履约保函项下，申请人是指出口商；在进口履约保函项下，申请人是指进口商。

受益人（beneficiary/creditor）是指收到保函并有权按保函规定的条款凭以向担保银行提出索赔的一方。在申请人（债务人）不履行合同义务的情况下，受益人可凭银行保函向银行索取偿付。在出口履约保函项下，受益人是指进口商；在进口履约保函项下，受益人是指出口商。

保证人（guarantor）在银行保函业务中又称担保行，是开立保函的银行。保证人应申请人的要求，并由申请人提供一定担保的条件下向受益人开具保函。根据该保函，只要付款条件成立，保证人就应该向受益人付款。

通知行（advising bank）又称转递行（transmitting bank），是指根据担保银行的委托，将银行保函通知给受益人的银行。通知行只负责核对保函的签字或密押以确认保函的真实性，而不负其他经济责任。

保兑行（confirming bank）是指根据担保人的要求，对保函加以保兑的银行。保兑行只有在保证人（担保行）不按保函履行赔付义务时，才向受益人赔付，这样使受益人得到双重保证。

转开行（reissuing bank）是指接受担保行（保证人）的委托，向受益人开出保函的另外一家银行。通常情况下，银行保函由担保行（保证人）开出，但有时该保证人要求另一家银行开出保函，则这家银行为转开行。

反担保人（counter guarantor）是指申请人向担保行开出书面反担保函的人。反担保人通常是申请人的上级主管单位、出口信贷保险公司、其他银行或非银行金融机构等。反担保人的责任是保证申请人履行合同义务，同时向担保行承诺，当担保行在保函项下付款后，担保行可以从反担保人处及时得到足额的补偿。

4）银行保函的种类。实际业务中，银行保函不但应用于货物贸易中，而且广泛应用于其他国际经济合作领域。银行保函按其用途分为投标保函、履约保函、还款保函与付款保函四种。

投标保函（bid guarantee）是指保证人（银行）应投标人（申请人）请求而出具给招标人（受益人）的书面担保凭证。保证投标人中标后如不履约，则保证人支付招标人一定的金额（1%~5%不等）。

履约保函（performance guarantee）是指银行（保证人）应提供货物或劳务的一方（申请人）的请求，向货物的买主或劳务的购买者（受益人）出具的书面保证文件。保函中规定，如果申请人不履行他与受益人之间订立的合同义务时，担保银行保证赔付一定金额（5%~10%）的款项给受益人。履约保函分为进口履约保函和出口履约保函。进口履约保函是指银行（保证人）应进口商（委托人或申请人）的请求开给出口商（受益人）的保证函。它规定，如果出口商按时交货并按时提交齐全的单证，而进口商未能付款或未能及时付款，则银行作为保证人应当付款。出口履约保函是指出口地银行应出口商请求开给进口商的保证书。它保证如果出口商未能按时交货，则由银行赔付进口商损失。

还款保函（repayment guarantee）又称出口保函（export guarantee），是指银行（保证人）应劳务或货物提供方（申请人）的请求而开给劳务的购买者或货物的进口商（受益人）的书面担保凭证。保函规定，如果申请人不履行其与受益人订立的合同义务，即未能按有关合同提供劳务或交付货物，如不将受益人预付或已付的款项退还给受益人，则担保银行应向受益人偿还该款项。对于一笔金额较大的合同，通常要求买方预付一定百分比的货款，这时如果卖方不按时履约或不履约，则要求担保银行偿还买方预付的货款及利息。

付款保函（payment guarantee）又称进口保函（import guarantee），是指银行（保证人）应购买货物或劳务的一方（申请人）的请求，开具给货物或劳务提供方（受益人）的书面凭证。它保证在受益人交付货物或提供劳务后，申请人一定按期付款，或保证到货检验与买卖合同相符后付款。如果申请人未能付款，由担保银行向受益人偿付应得金额的款项。

5）银行保函和信用证的异同。银行保函和信用证的相同之处是两者均属于银行信用。两者的不同主要表现在：①银行保函的付款责任是第二性的，而信用证中开证行要承担第一付款责任。②信用证项下，只要受益人提交的单据符合信用证要求，开证行就必须付款；而保函项下，只有在申请人不履约时，受益人才能要求保证人偿付。换句话说，如果申请人按时履约，则银行就不用对受益人支付。③信用证项下，受益人不仅能得到银行保证付款的承诺，而且还能融资（如打包放款等）；而银行保函中，受益人只能得到保证，而不能得到融资。④开立银行保函只是为了提供信用担保，保证人是出于对申请人履约能力的信任才开立银行保函，在这种情况下，保证人一般不要求委托人缴纳押金，而只是要求质押或提供反担保。

（2）备用信用证（stand-by L/C）。备用信用证又称担保信用证（guarantee L/C），是指开证行根据开证申请人的请求对受益人开立的承诺某项义务的凭证。开证行承诺在开证申请人未能履行其应履行的义务时，受益人只要根据备用信用证的规定向开证行开具汇票（或不开汇票），并提交开证申请人未履行义务的声明或证明文件，即可取得开证行的偿付。

备用信用证相当于一份银行保函。如果开证申请人违约，则受益人根据信用证的规定开具汇票，证明开证人不能履约的情况，提交开证行要求付款；如果开证人履约，则该信用证就失去了效用，故称"备用"。

备用信用证同样属于银行信用。

（3）保付代理（factoring）。

1）保付代理的含义。保付代理（factoring）简称保理，又称承购应收账款业务，是指出口保理商（factor）应出口商的委托，对进口商进行信用额度调查，出口商在进口商的信用额度内以商业信用的形式出售货物，出口保理商接受出口商汇票和运输单据，将货款垫付给出口商后，通过进口保理商向进口商催收货款，如果遭到拒付，则出口保理商不得向出口商追索。

显然，保理商为出口商提供了一整套包括收汇风险担保、资信调查、货款催收、资金融通等一系列综合性财务服务。出口保理适合短期（通常90天以下的）融资。

2）保理涉及的当事人。保理业务一般涉及如下四个当事人：出口商、出口保理商、进口保理商和进口商。

3）保理业务流程。保付代理业务操作中广泛应用双保理模式，即由出口保理商和进口保理商参与的保理业务。下面以双保理模式为例，介绍保理业务流程。

①进出口商签订货物买卖合同，规定使用D/P、D/A或O/A等非信用证结算方式；②出口商与出口保理商签订保理协议，并将进口商的名称及有关双方交易的信息交给出口保理商；③出口保理商将上述出口商交来的资料整理后，转交与之业务往来的进口保理商；④进口保理商对进口商的资信进行调查和评估，确定进口商的信用额度，并将调查结果通知出口保理商；⑤出口保理商将进口保理商调查到的信用额度通知出口商，并对出口商和进口商的交易加以确认；⑥出口商装运货物，将有关单据出售给出口保理商；⑦出口保理商按汇票（或发票）金额扣除（贴现）利息和费用后，将剩余货款立即或在双方约定的将来时间支付给出口商；⑧出口保理商将有关单据寄进口保理商；⑨进口保理商向进口商催收货款，进口商交付发票全部金额及保理费；⑩进口保理商将发票金额拨交给出口保理商。

4）保理业务的特点。保理商承担信用风险。出口商只要将合格的单据交给出口保理商，则基本上就可以得到大部分货款；届时如果进口商拒不付款，则风险由出口保理商自行承担，且出口保理商不得追索已付给出口商的货款。

本章主要参考文献

[1] 苏宗祥，徐捷. 国际结算 [M]. 7版. 北京：中国金融出版社，2020.
[2] 姜学军. 国际结算 [M]. 4版. 大连：东北财经大学出版社，2016.
[3] 布朗奇. 国际贸易实务：第五版 [M]. 孔雁，蔡荣生，译. 北京：清华大学出版社，2007.
[4] 刘铁敏. 国际结算 [M]. 2版. 北京：清华大学出版社，2018.
[5] 程祖伟，韩玉军，娄钰. 国际贸易结算与融资 [M]. 4版. 北京：中国人民大学出版社，2016.
[6] 黄飞雪，李志洁. UCP600与ISBP681述评及案例 [M]. 厦门：厦门大学出版社，2009.
[7] 徐春祥，等. 国际贸易实务 [M]. 2版. 北京：机械工业出版社，2018.
[8] 徐春祥. 国际贸易实务习题与参考答案 [M]. 北京：机械工业出版社，2014.

本章数字资源

依次包括汇票、现金支票和转账支票、旅行支票、境外汇款申请书、托收申请书、对外付款/承兑通知书、信用证开证申请人承诺书、信用证、出口信用证通知书、信用证修改申请书和信用证修改通知、信用证交单申请书（客户交单联系单）、信用证单据通知书、进口信用证付汇/承兑通知。

第7章 出入境检验检疫

 本章阅读提示

　　出入境检验检疫是指海关出入境检验检疫机构依据相关法律、法规，对列入《必须实施检验的进出口商品目录》内的货物实施法定检验；对出入境动植物及其产品、出入境转基因生物及其产品、生物物种资源等进行检验检疫和监督管理；对出入境人员进行卫生检疫、传染病及境外疫情监测、卫生监督、卫生处理以及口岸突发公共卫生事件应对；对进出口食品、化妆品等进行检验检疫和监督管理。出入境检验检疫涉及进出口商品检验、出入境动植物检疫、出入境卫生检疫监管、进出口食品安全等方面。

　　国际货物贸易更多涉及进出口商品检验。在国际贸易中，买方"收到"（receive）货物，不等于买方"接受"（accept）了货物。只有收到的货物符合合同要求，买方才肯接受。因此，有必要对进出口货物进行检验（或检疫），以确定其是否符合法律法规规定，是否与买卖合同中的要求相符，并在发现不符或存在货损、货差时，分清责任，以便向有关责任方提出索赔。

　　本章结构安排如下：第7.1节出入境检验检疫概述，主要介绍出入境检验检疫的概念、进出口商品检验、出入境动植物检疫、出入境卫生检疫、进出口食品安全等的相关要求，同时介绍货物检验检疫的作用；第7.2节检验检疫机构与检验检疫证书，主要介绍我国检验检疫机构的分类、国际上知名的检验检疫机构以及各种检验检疫证书的作用；第7.3节出入境检验检疫报检，主要介绍报检范围、报检企业分类、报检单位备案；第7.4节介绍检验检疫条款在合同中的具体应用。

7.1 出入境检验检疫概述

　　出入境检验检疫（entry-exit inspection and quarantine）是指海关总署设在各省、自治区、直辖市以及进出口商品的口岸、集散地的出入境检验检疫机构及其分支机构（简称出入境检验检疫机构），依据《中华人民共和国进出口商品检验法》及其实施条例、《中华人民共和国进出境动植物检疫法》及其实施条例、《中华人民共和国国境卫生检疫法》及其实施细则、《中华人民共和国食品安全法》及其实施条例、《中华人民共和国进出口食品安全管理办法》（海关总署令第249号）等法律法规的有关规定，对列入海关必须实施检验的进出口商品目录内的货物实施法定检验，对出入境动植物及其产品、出入境转基因生物及其产品、生物物种资源等进行检验检疫和监督管理，对出入境人员进行卫生检疫、传染病及境外疫情监测、卫生监督、卫生处理以及口岸突发公共卫生事件应对，对进出口食品、化妆品等进行检验检疫和监督管理。

出入境检验检疫涉及进出口商品检验、出入境动植物检疫、出入境卫生检疫、进出口食品安全等方面。

7.1.1 进出口商品检验

进出口商品检验是指海关总署设在省、自治区、直辖市以及进出口商品的口岸、集散地的出入境检验检疫机构及其分支机构（简称出入境检验检疫机构），依据《中华人民共和国进出口商品检验法》（简称《商检法》，2021年4月修正）以及《中华人民共和国进出口商品检验法实施条例》（简称《商检法实施条例》，2022年3月修订），对列入必须实施检验的进出口商品目录（简称目录）的进出口商品以及法律、行政法规规定须经出入境检验检疫机构检验的其他进出口商品，按照国家技术规范的强制性要求进行检验（简称法定检验），对法定检验以外的进出口商品，根据国家规定实施抽查检验和监督管理㊀。

《商检法》第六条指出，必须实施的进出口商品检验，是指确定列入目录的进出口商品是否符合国家技术规范的强制性要求的合格评定活动。合格评定程序包括：抽样、检验和检查；评估、验证和合格保证；注册、认可和批准以及各项的组合。第七条规定，列入目录的进出口商品，按照国家技术规范的强制性要求进行检验；尚未制定国家技术规范的强制性要求的，应当依法及时制定，未制定之前，可以参照国家商检部门指定的国外有关标准进行检验。

1. 进口商品检验

进口商品检验包括品质检验、安全卫生检验检疫、数量鉴定、重量鉴定等，涉及法定检验的进口商品、法定检验以外的进口商品以及进口实行验证管理的商品等。

（1）法定检验的进口商品。法定检验的进口商品的收货人应当持合同、发票、装箱单、提单等必要的凭证和相关批准文件，向报关地的出入境检验检疫机构报检；通关放行后20日内，收货人应当依照相关规定，向出入境检验检疫机构申请检验。法定检验的进口商品未经检验的，不准销售，不准使用。

（2）法定检验以外的进口商品。法定检验以外的进口商品的收货人发现进口商品质量不合格或者残损、短缺，申请出证的，出入境检验检疫机构或者其他检验机构应当在检验后及时出证。

（3）进口实行验证管理的商品。进口实行验证管理的商品的收货人应当向报关地的出入境检验检疫机构申请验证，出入境检验检疫机构按照海关总署的规定实施验证。

（4）检验地点。法定检验的进口商品应当在收货人报检时申报的目的地检验。大宗散装商品、易腐烂变质商品、可用作原料的固体废物以及已发生残损、短缺的商品，应当在卸货口岸检验。

国家对进口可用作原料的固体废物的国外供货商、国内收货人实行注册登记制度，

㊀ 例如，2022年实施法定检验商品以外进出口商品抽查检验的商品范围包括：①进口商品：学生文具、婴童用品、家用洗碗机、电子坐便器、口腔器具、仿真饰品等；②出口商品：儿童玩具、儿童自行车、儿童滑板车、电热水袋等。

国外供货商、国内收货人在签订对外贸易合同前，应当取得海关总署或者出入境检验检疫机构的注册登记。国家对进口可用作原料的固体废物实行装运前检验制度，进口时，收货人应当提供出入境检验检疫机构或者其他检验机构出具的装运前检验证书。进口可用作原料的固体废物、国家允许进口的旧机电产品到货后，由出入境检验检疫机构依法实施检验。

2. 出口商品检验

出口商品检验涉及法定检验的出口商品、出口实行验证管理的商品、出口危险货物及包装容器、其他出口货物等。

（1）法定检验的出口商品。法定检验的出口商品的发货人应当在海关总署统一规定的地点和期限内，持合同等必要的凭证和相关批准文件向出入境检验检疫机构报检。法定检验的出口商品未经检验或者经检验不合格的，不准出口。

（2）出口实行验证管理的商品。出口实行验证管理的商品，发货人应当向出入境检验检疫机构申请验证。出入境检验检疫机构按照海关总署的规定实施验证。

（3）出口危险货物及包装容器。出口危险货物包装容器的生产企业，应当向出入境检验检疫机构申请包装容器的性能鉴定。包装容器经出入境检验检疫机构鉴定合格并取得性能鉴定证书的，方可用于包装危险货物。出口危险货物的生产企业，应当向出入境检验检疫机构申请危险货物包装容器的使用鉴定。使用未经鉴定或者经鉴定不合格的包装容器的危险货物，不准出口。

（4）其他出口货物。对装运出口的易腐烂变质食品、冷冻品的集装箱、船舱、飞机、车辆等运载工具，承运人、装箱单位或者其代理人应当在装运前向出入境检验检疫机构申请清洁、卫生、冷藏、密固等适载检验。未经检验或者经检验不合格的，不准装运。

（5）检验地点。出口商品应当在商品的生产地检验。海关总署可以根据便利对外贸易和进出口商品检验工作的需要，指定在其他地点检验。

（6）检验时效。经商检机构检验合格发给检验证单的出口商品，应当在商检机构规定的期限内报关出口；超过期限的，应当重新报检。

海关总署商品检验司拟订进出口商品法定检验和监督管理工作制度，承担进口商品安全风险评估、风险预警和快速反应工作；承担国家实行许可制度的进口商品验证工作，监督管理法定检验商品的数量、重量鉴定；依据多双边协议承担出口商品检验相关工作。各地出入境检验检疫机构管理所负责地区的进出口商品检验工作。

进出口商品符合国家规定的免予检验条件的，由收货人或者发货人申请，经国家商检部门审查批准，可以免予检验。

进出境的样品、礼品、暂准进出境的货物以及其他非贸易性物品，免予检验。

7.1.2 出入境动植物检疫

《中华人民共和国进出境动植物检疫法》第二条规定，进出境的动植物、动植物产品和其他检疫物，装载动植物、动植物产品和其他检疫物的装载容器、包装物，以及来自动植物疫区的运输工具，应依法实施检疫。

《中华人民共和国进出境动植物检疫法实施条例》第二十条规定，输入的动植物、动植物产品和其他检疫物运达口岸时，检疫人员可以到运输工具上和货物现场实施检疫，核对货、证是否相符,并可以按照规定采取样品。承运人、货主或者其代理人应当向检疫人员提供装载清单和有关资料。

(1) 检疫范围。检疫范围包括：进境、出境、过境的动植物、动植物产品和其他检疫物；装载动植物、动植物产品和其他检疫物的装载容器、包装物、铺垫材料；来自动植物疫区的运输工具；进境拆解的废旧船舶；有关法律、行政法规、国际条约规定或者贸易合同约定应当实施进出境动植物检疫的其他货物、物品。

(2) 进境检疫。输入动物、动物产品、植物种子、种苗及其他繁殖材料的，必须事先提出申请，办理检疫审批手续。输入动植物、动植物产品和其他检疫物的，货主或者其代理人应当在进境前或者进境时向进境口岸动植物检疫机关报检。属于调离海关监管区检疫的，运达指定地点时，货主或者其代理人应当通知有关口岸动植物检疫机关。属于转关（转关的概念见第 11 章相关内容）货物的，货主或者其代理人应当在进境时向进境口岸动植物检疫机关申报；到达指运地时，应当向指运地口岸动植物检疫机关报检。

(3) 出境检疫。货主或者其代理人依法办理动植物、动植物产品和其他检疫物的出境报检手续时，应当提供贸易合同或者协议。输出动植物、动植物产品和其他检疫物的检疫依据：一是输入国家或者地区和我国有关动植物检疫规定；二是双边检疫协定；三是贸易合同中订明的检疫要求。

(4) 过境检疫。运输动植物、动植物产品和其他检疫物过境（含转运）的，承运人或者押运人应当持货运单和输出国家或者地区政府动植物检疫机关出具的证书，向进境口岸动植物检疫机关报检；运输动物过境的，还应当同时提交国家动植物检疫局签发的"动物过境许可证"。装载过境植物、动植物产品和其他检疫物的运输工具和包装物、装载容器必须完好。

(5) 检疫机构。《中华人民共和国进出境动植物检疫法实施条例》第六条规定，海关依法配合口岸动植物检疫机关，对进出境动植物、动植物产品和其他检疫物实行监管。海关总署动植物检疫司负责拟订出入境动植物及其产品检验检疫的工作制度，承担出入境动植物及其产品的检验检疫、监督管理工作，组织实施风险分析和紧急预防措施，承担出入境转基因生物及其产品、生物物种资源的检验检疫工作。

根据海关总署《关于进一步优化出入境检疫处理监督工作的公告》（2022 年 8 月 23 日起实施），海关对从事进出境动植物检疫除害处理业务的单位实施核准，并加强监督管理。

此外，国家对携带、邮寄物检疫物以及运输工具检疫等，均有相关规定。

7.1.3　出入境卫生检疫

《中华人民共和国国境卫生检疫法》第四条规定，入境、出境的人员、交通工具、运输设备以及可能传播检疫传染病的行李、货物、邮包等物品，都应当接受检疫，经国境卫生检疫机关许可，方准入境或者出境。

《中华人民共和国国境卫生检疫法实施细则》第十条规定，入境、出境的集装箱、货物、废旧物等物品在到达口岸时，承运人、代理人或者货主，必须向卫生检疫机关申报并接受卫生检疫。对来自疫区的、被传染病污染的以及可能传播检疫传染病或者发现与人类健康有关的啮齿动物和病媒昆虫的集装箱、货物、废旧物等物品，应当实施消毒、除鼠、除虫或者其他必要的卫生处理。

此外，国境卫生检疫机关对入境、出境的微生物、人体组织、生物制品、血液及其制品等特殊物品，对入境、出境的旅客、员工个人携带或者托运可能传播传染病的行李和物品，对应当实施卫生检疫的邮包等都有相应的检疫要求。

（1）检疫地点。入境的交通工具和人员，必须在最先到达的国境口岸的指定地点接受检疫；出境的交通工具和人员，必须在最后离开的国境口岸接受检疫。

（2）检疫机构。海关总署卫生检疫司负责拟订出入境卫生检疫监管的工作制度及口岸突发公共卫生事件处置预案，承担出入境卫生检疫、传染病及境外疫情监测、卫生监督、卫生处理以及口岸突发公共卫生事件应对工作。

根据海关总署《关于进一步优化出入境检疫处理监督工作的公告》，出入境卫生检疫卫生处理实施单位无须取得海关核准，前期已经获得出入境卫生检疫卫生处理核准的，予以撤回，不影响现行业务开展。出入境卫生检疫卫生处理实施单位应当具备现场消毒、除虫、除鼠能力，配备操作人员和专用设备；操作人员应当经过专业培训，掌握消毒、除虫、除鼠和个人防护基本知识及技能。

进出境动植物检疫除害处理单位和出入境卫生检疫卫生处理实施单位应当承担相应的主体责任。海关依法加强对进出境动植物检疫除害处理和出入境卫生检疫卫生处理现场作业的监督，相关单位应当予以配合。进出境动植物检疫除害处理单位和出入境卫生检疫卫生处理实施单位应严格按照相关技术规范和标准开展工作，确保工作质量和生产安全。

7.1.4　进出口食品安全

进出口食品生产经营者对其生产经营的进出口食品安全负责。

1. 食品进口

《中华人民共和国食品安全法实施条例》第四十四条规定，进口商进口食品、食品添加剂，应当按照规定向出入境检验检疫机构报检，如实申报产品相关信息，并随附法律、行政法规规定的合格证明材料。

（1）企业注册/备案。2022年1月1日起实施的《中华人民共和国进出口食品安全管理办法》（海关总署令第249号，简称《进出口食品安全管理办法》）第十八条规定，海关总署对向中国境内出口食品的境外生产企业实施注册管理。第十九条规定，向中国境内出口食品的境外出口商或者代理商（简称境外出口商或者代理商）应当向海关总署备案。食品进口商应当向其住所地海关备案。

（2）合格评定。《进出口食品安全管理办法》第十条规定，海关依据进出口商品检验相关法律、行政法规的规定对进口食品实施合格评定。

进口食品合格评定活动包括：向中国境内出口食品的境外国家（地区）（简称境外国家（地区））食品安全管理体系评估和审查、境外生产企业注册、进出口商备案和合格保证、进境动植物检疫审批、随附合格证明检查、单证审核、现场查验、监督抽检、进口和销售记录检查以及各项的组合。

海关依法对应当实施入境检疫的进口食品实施检疫，对需要进境动植物检疫审批的进口食品实施检疫审批管理。

进口食品的包装和标签、标识应当符合中国法律法规和食品安全国家标准；依法应当有说明书的，还应当有中文说明书。

（3）检验地点。进口食品运达口岸后，应当存放在海关指定或者认可的场所；需要移动的，必须经海关允许，并按照海关要求采取必要的安全防护措施。大宗散装进口食品应当按照海关要求在卸货口岸进行检验。

2. 食品出口

海关依法对出口食品实施监督管理。出口食品应当依法由产地海关实施检验检疫。海关依法对进出口企业实施信用管理。出口食品生产企业应当保证出口食品包装和运输方式符合食品安全要求。

（1）企业备案。出口食品生产企业应当向住所地海关备案，备案程序和要求由海关总署制定。

（2）监管措施。出口食品监督管理措施包括：出口食品原料种植养殖场备案、出口食品生产企业备案、企业核查、单证审核、现场查验、监督抽检、口岸抽查、境外通报核查以及各项的组合。

3. 监管机构

海关总署主管全国进出口食品安全监督管理工作，各级海关负责所辖区域进出口食品安全监督管理工作。

海关总署进出口食品安全局拟订进出口食品、化妆品安全和检验检疫的工作制度，依法承担进口食品企业备案注册和进口食品、化妆品的检验检疫、监督管理工作，组织实施风险分析和紧急预防措施工作，依据多双边协议承担出口食品相关工作。

7.1.5 货物检验检疫的作用

商检机构通过对出入境货物实施检验检疫，可出具相应的检验检疫证书。这些证书在国际贸易中具有非常重要的作用，体现在以下几个方面：

（1）维护国家的信誉和利益。出入境检验检疫机构对列入目录的进出口商品，以及法律、行政法规规定须经出入境检验检疫机构检验的其他进出口商品，依法实施强制性检验（法定检验）；对法定检验以外的进出口商品，根据国家规定实施抽查检验。法定检验的进口商品未经检验的或经检验不合格的，不准销售、使用；法定检验的出口商品未经检验合格的，不准出口。这既体现了国家的主权，又维护了国家的信誉和利益。

（2）海关通关依据。《商检法实施条例》中关于进口商品的检验规定，法定检验的进口商品的收货人应当持合同、发票、装箱单、提单等必要的凭证和相关批准文件，向报关地的出入境检验检疫机构报检；通关放行后20日内，收货人应当依照相关规定，向出入境检验检疫机构申请检验。进口实行验证管理的商品，收货人应当向报关地的出入境检验检疫机构申请验证。法定检验的进口商品、实行验证管理的进口商品，海关按照规定办理海关通关手续。《商检法实施条例》中关于出口商品的检验规定，法定检验的出口商品的发货人应当在海关总署统一规定的地点和期限内，持合同等必要的凭证和相关批准文件向出入境检验检疫机构报检。出口商品应当在商品的生产地检验。出口实行验证管理的商品，发货人应当向出入境检验检疫机构申请验证。在商品生产地检验的出口商品需要在口岸换证出口的，由商品生产地的出入境检验检疫机构按照规定签发检验换证凭单。发货人应当在规定的期限内持检验换证凭单和必要的凭证，向口岸出入境检验检疫机构申请查验。经查验合格的，由口岸出入境检验检疫机构签发货物通关单（或在报关单上加盖放行章）。法定检验的出口商品、实行验证管理的出口商品,海关按照规定办理海关通关手续。

（3）征收差别关税的依据。出入境检验检疫机构签发的普惠制原产地证明书、区域性优惠关税原产地证明书、专用原产地证明书等,都是进口国（地）海关给予我国差别关税待遇的依据之一。

（4）计收运输、仓储等费用的依据。检验检疫机构签发的货物数量、重量（磅码）等证明,通常可作为托运人与承运人之间计算运费,港务当局计收仓储费、装卸、理货等费用的依据。

（5）结算货款的依据。有些货物买卖合同或信用证中规定,进口商或开证行凭检验检疫证书所证明的货物质量、数（重）量等向出口商结算货款。

（6）证明货物状况、划分责任的依据。检验检疫机构签发的有关货物的积载状况证明,监装或监卸证明,集装箱的验箱或拆箱证明,对船舱检验提供的验舱证明、封舱证明、舱口检视证明,对散装液体货物提供的冷藏箱（舱）的冷藏温度证明,取样和封样证明,装运前检验证书等,都是为证明货物在装运和流通过程中的状态和某些环节而提供的。一旦货物、运输工具或集装箱发生灭失或损坏,这些证明就成为划分责任的依据之一。

（7）索赔依据。检验检疫机构在检验过程中发现货物品质不良,数（重）量短少,或者货物发生残损、水渍、沾污、淡水雨淋、腐烂等意外情况后出具的相关证书,是进口商向出口商、承运人、保险公司提出索赔要求的重要依据之一,同时也是保险公司向有关责任方代位追偿（代位追偿的概念见第5章相关内容）的重要依据之一。

（8）作为仲裁、诉讼举证的有效文件和裁决或判决依据。国际贸易中,由于种种原因,交易各方可能会发生争议或纠纷。一旦发生争议或纠纷,买卖双方通常会通过友好协商、调解、仲裁或诉诸法院的方式来解决。检验检疫机构出具的相关证书通常是后两种争议解决方式举证时的有效文件,可作为仲裁裁决或法院判决的有效依据。

7.2 检验检疫机构和检验检疫证书

7.2.1 检验检疫机构

检验检疫机构是指买卖合同中约定的或有关法律法规中规定的,有权对货物进行检验检疫、鉴定和管理的机构。这些机构有官方的,也有民间的;有专业性的,也有综合性的。

7.2.1.1 我国的检验检疫机构

在我国,检验检疫机构可分为三类:第一类是海关总署设在各地的出入境检验检疫机构;第二类是依法设立的其他检验机构;第三类是海关总署列入采信机构目录的检验机构。

1. 出入境检验检疫机构

《商检法》第二条规定,国务院设立进出口商品检验部门（简称国家商检部门）主管全国进出口商品检验工作。国家商检部门设在各地的进出口商品检验机构（简称商检机构）管理所辖地区的进出口商品检验工作。第三条规定,商检机构和依法设立的检验机构（以下称其他检验机构）,依法对进出口商品实施检验。

《商检法实施条例》第二条规定,海关总署主管全国进出口商品检验工作。海关总署设在省、自治区、直辖市以及进出口商品的口岸、集散地的出入境检验检疫机构及其分支机构

（简称出入境检验检疫机构），管理所负责地区的进出口商品检验工作。

这说明，海关总署作为国家商检部门，主管全国进出口商品检验工作；各地出入境检验检疫机构作为商检机构，既是进出口商品检验的管理者，又是实施者。

2. 其他检验机构

其他检验机构是指除商检机构（出入境检验检疫机构）以外、依法设立的检验机构。其他检验机构可以接受对外贸易关系人或者外国检验机构的委托，办理进出口商品检验鉴定业务。

商检机构和其他检验机构，依法对进出口商品实施检验。国家商检部门（海关总署）和商检机构（出入境检验检疫机构）依法对其他检验机构的进出口商品检验鉴定业务活动进行监督，可以对其检验的商品抽查检验。

3. 采信机构

2022年12月1日起施行的《中华人民共和国海关进出口商品检验采信管理办法》（海关总署令第259号）（简称《采信管理办法》）第四条规定，采信是指海关在进出口商品检验中，依法将采信机构的检验结果作为合格评定依据的行为。采信机构是指具备海关要求的资质和能力，被海关总署列入采信机构目录的检验机构。

在中华人民共和国境内注册的检验机构，应当取得检验检测机构资质认定（CMA）等国内相应资质认定，或者获得中国合格评定国家认可委员会（CNAS）实施的ISO/IEC 17025和ISO/IEC 17020认可；在中华人民共和国境外注册的检验机构，应当获得由国际实验室认可合作组织互认协议（ILAC-MRA）签约认可机构实施的ISO/IEC 17025和ISO/IEC 17020体系认可。

采信机构可以接受进出口货物收发货人或者其代理人的委托，对采信商品实施检验并出具检验报告。

《采信管理办法》第五条规定，海关总署根据进出口商品质量安全风险评估结果，确定并公布可实施采信的商品（简称采信商品）范围及其具体采信要求，并实施动态调整。采信要求包括：采信商品名称及其商品编号、适用的技术规范、检验项目、检验方法、抽样方案、检验报告有效期以及其他与进出口商品质量安全有关的要求。

理论上讲，对列入目录的进出口商品，以及法律、行政法规规定须经出入境检验检疫机构检验的其他进出口商品，应当由商检机构（即出入境检验检疫机构）实施法定检验，但商检机构可以采信检验机构的检验结果。

上述"其他检验机构"可以通过采信管理系统向海关总署申请列为采信机构目录。符合规定的，海关总署将检验机构列入相关采信商品对应的采信机构目录。

7.2.1.2 国际上较为知名的检验检疫机构

世界各国都有自己的检验检疫机构和公证鉴定机构。这些机构有些属于官方或半官方性质，有些属于同业公会、协会，有些则属民间或私人经营。从经营范围来说，有综合性的，有专业性的，还有仅限于检验检疫特定货物（超专业性）的。检验检疫机构的名称也多种多样，如检验公司、公证行、鉴定公司、公证鉴定人、实验室等。

目前，国际上较为知名的官方检验检疫机构有美国食品药品管理局（FDA）、美国粮谷检验署（FGES）、法国国家实验室检测中心、日本通商产业检查所等。此外，还有一些较为有名的非官方检验机构，如瑞士通用公证行（SGS）、美国保险商实验室（UL）、英国英之杰检验集团（IITS）、日本海事检定协会（NKKK）、新日本检定协会（SK）、日本海外货物检查株式会社（OMIC）、英国劳合氏公证行（Lloyd's Surveyor）、法国船级社（BV）、加拿大标准协会（CSA）、国际羊毛局（IWS）以及香港天祥公证行（IL）等。

7.2.2　检验检疫证书

检验检疫证书是指进出口商品经检验检疫机构（我国的检验检验机构或国际上的检验检疫机构）检验检疫或鉴定后出具的证明检验检疫结果的书面文件，是买卖双方货物交接、货款结算以及进行索赔和理赔的主要依据，同时也是海关验放、关税计算与征收、关税优惠与减免等的必要证明。

《商检法实施条例》第四十条规定，出入境检验检疫机构依照有关法律、行政法规的规定，签发出口货物普惠制原产地证明、区域性优惠关税原产地证明、专用原产地证明。有关这三类证明的详细介绍，请参阅第10章的本章延伸阅读。

除上述证明书外，常见的检验检疫证书还包括：

（1）入境货物检验检疫证明。它是进口商品经海关检验检疫合格评定，予以通关放行的重要凭证。法定检验的目录内进口商品，海关经合格评定后未发现问题的，准予销售或者使用。是否需要出具入境货物检验检疫证明由企业根据自身需要自主选择。对申请出证的，可在货物进口时通过申报系统申请，海关根据合格评定结果出具入境货物检验检疫证明。不需要出具证书的，报关时"所需单证"项不勾选或勾选"入境检验检疫证明（申请不出具）"即可。

按照海关总署统一部署，自2020年8月1日起，企业报关时申领入境货物检验检疫证明的，可通过"国际贸易单一窗口"在线查询和下载入境货物检验检疫证明电子版。企业无须留存纸质版证明，消费者查看货物检验检疫信息时，企业只需将二维码推送给消费者即可。

（2）品质证书（certificate of quality）。它是证明出口货物的质量、规格、等级等实际情况是否符合贸易合同或有关规定的证明文件。它可作为买卖双方货物交接、货款结算、通关验放、索赔理赔及仲裁诉讼举证的有效证件。

品质证书可由出入境检验检疫机构出具，也可根据合同规定，由制造商自己出具。

（3）数量/重量证书（certificate of quantity/weight）。它是证明出入境货物数量、重量是否符合买卖合同的证明文件。它可作为买卖双方货物交接、货款结算、海关征税、运费计算以及索赔理赔的有效证件。

（4）原产地证书（certificate of origin）。它是出口货物原产地的证明文件。原产地证书可分为普惠制原产地证书、区域性优惠关税原产地证书、一般原产地证书和专用原产地证书四类。其中，普惠制原产地证书、区域性优惠关税原产地证书、专用原产地证书由出入境检验检疫机构签发；一般原产地证书可以由出入境检验检疫机构签发，也可以根据合同要求，由出口商出具。

（5）熏蒸/消毒证书（fumigation/disinfection certificate）。它是证明出口动植物产品、木制品等已经过消毒或熏蒸处理，保证安全卫生的书面文件，适用于猪鬃、针叶木、马尾、羽毛、山羊毛、羽绒制品等。

（6）动物卫生证书（animal health certificate）。它是证明有关动物来自非疫区、经动植物检疫机关检验检疫、无传染病或传染病的临床症状的证明文件。

（7）植物检疫证书（phytosanitary certificate）。它是证明植物、植物产品或其他检疫物不带有输入国或地区规定的检疫性有害生物，并且基本不带有其他有害生物，从而符合输入国或地区现行的植物检疫要求的证书。

（8）兽医卫生证书（veterinary/health certificate）。它是证明出口动物产品或食品经过检疫合格的证明文件，适用于冻畜肉、冻禽、禽畜罐头、冻兔、皮张、毛类、绒类、猪鬃、肠衣等出口货物。

熏蒸/消毒证书、动物卫生证书、植物检疫证书、兽医卫生证书均为《中华人民共和国进出境动植物检疫法实施条例》中动植物检疫机关出具的关于动植物、动植物产品和其他检疫物健康或者卫生状况的具有法律效力的文件。

（9）残损证书（certificate on damaged cargo）。它是证明法定检验以外的进口商品残损情况的证明文件。其主要内容为确定商品的受损情况及其对使用、销售的影响，估计损失程度，判断致损原因等，适用于进口货物发生残、短、溃、毁等情况。

我国《商检法实施条例》第二十条规定，法定检验以外的进口商品的收货人，发现进口商品质量不合格或者残损、短缺，申请出证的，出入境检验检疫机构或者其他检验机构应当在检验后及时出证。

（10）船舱检验证书（inspection certificate on tank/hold）。它是证明承运出口货物的船舱清洁、密固、冷藏效能及其他技术条件是否符合保护承载货物的质量和数量完整与安全要求的证明文件。

（11）货载衡量检验证书（inspection certificate on cargo weight or measurement）。它是证明进出口货物的重量、体积吨位的证明文件，是计算运费和制订配载计划的依据。

（12）装运前检验证书（certificate for pre-shipment inspection）。该证书产生于2006年年底。出口货物至南美洲的智利、阿根廷，非洲的埃塞俄比亚、尼日利亚等国家均要求提供该证书，以证明货物在装运前经过有关机构检验检疫。

我国《商检法》第十四条规定，对重要的进口商品和大型的成套设备，收货人应当依据对外贸易合同约定在出口国装运前进行预检验、监造或者监装。《商检法实施条例》第二十一条规定，对属于法定检验范围内的关系国计民生、价值较高、技术复杂的以及其他重要的进口商品和大型成套设备，应当按照对外贸易合同约定监造、装运前检验或者监装。收货人保留到货后最终检验和索赔的权利。第二十二条规定，国家对进口可用作原料的固体废物实行装运前检验制度，进口时，收货人应当提供出入境检验检疫机构或者检验机构出具的装运前检验证书。对价值较高、涉及人身财产安全、健康、环境保护项目的高风险进口旧机电产品，应当依照国家有关规定实施装运前检验，进口时，收货人应当提供出入境检验检疫机构或者检验机构出具的装运前检验证书。第三十条规定，对装运出口的易腐烂变质食品、冷冻品的集装箱、船舱、飞机、车辆等运载工具，承运人、装箱单位或者其代理人应当在装运前向出入境检验检疫机构申请清洁、卫生、冷藏、密固等适载检验。未经检验或者经检验不合格的，不准装运。

（13）生丝品级及公量检验证书（inspection certificate for raw silk classification & conditioned weight）。它是出口生丝的专用证书。其作用相当于品质检验证书和重量/数量检验证书。

此外，应买卖双方要求，出入境检验检疫机构还签发其他种类的证书。

7.3 出入境检验检疫报检

7.3.1 报检范围

1. 国家法律、行政法规规定必须由检验检疫机构施检的货物

根据《商检法》及其实施条例、《进出境动植物检疫法》及其实施条例、《国境卫生检疫法》及其实施细则的有关规定，以及《食品安全法》等有关法律、行政法规的规定，以下对象在出入境时必须向检验检疫机构报检，由检验检疫机构实施检验检疫或鉴定工作：

1）列入目录内的货物。
2）入境废物、进口旧机电产品。
3）出口危险货物包装容器的性能检验和使用鉴定。
4）进出境集装箱。
5）进境、出境、过境的动植物、动植物产品及其他检疫物。
6）装载动植物、动植物产品和其他检疫物的装载容器、包装物、铺垫材料；进境动植物性包装物、铺垫材料。
7）来自动植物疫区的运输工具；装载进境、出境、过境的动植物、动植物产品及其他检疫物的运输工具。
8）进境拆解的废旧船舶。
9）出入境人员、交通工具、运输设备，以及可能传播检疫传染病的行李、货物和邮包等物品。
10）旅客携带物（包括微生物、人体组织、生物制品、血液及其制品、骸骨、骨灰、废旧物品和可能传播传染病的物品，以及动植物、动植物产品和其他检疫物）和携带伴侣动物。
11）国际邮寄物（包括动植物、动植物产品和其他检疫物、微生物、人体组织、生物制品、血液及其制品，以及其他需要实施检疫的国际邮寄物）。
12）其他法律、行政法规规定需经检验检疫机构实施检验检疫的其他应检对象。

2. 输入国家或地区规定必须凭检验检疫证书方准入境的货物

例如，一些国家和地区规定，对来自我国的动植物、动植物产品、食品，凭我国检验检疫机构签发的动植物检疫证书以及有关证书方可入境；又如，一些国家或地区规定，从我国输入货物的木质包装，装运前要进行热处理、熏蒸或防腐等除害灭菌处理，并由我国检验检疫机构出具熏蒸/消毒证书，货到时凭熏蒸/消毒证书验放货物。因此，凡出口货物输入国家或地区有此类要求的，报检人须报请检验检疫机构实施检验检疫或进行除害处理，并取得相关证书。

3. 有关国际条约规定必须检验检疫的货物

我国是世界贸易组织（WTO）以及一些国际条约、公约和协定的成员，还与世界许多国家缔结了有关商品检验或动植物检疫的双边协定、协议。认真履行国际条约、公约、协定或协议中的检验检疫条款是我们的义务。因此，凡国际条约、公约或协定规定须由我国检验检疫机构实施检验检疫的出入境货物，报检人须向检验检疫机构报检，由检验检疫机构实施检验检疫。

4. 买卖合同中约定必须凭海关检验检疫机构出具的证书办理交接、结算的出口货物

国际贸易中，买卖双方相距遥远，难以做到当面点交货物，也难以亲自到现场查看履约情况。为了保证对外贸易的顺利进行，保障买卖双方的合法权益，通常需要委托第三方对货物进行检验检疫或鉴定并出具检验检疫鉴定证书，以证明卖方已经履行合同，买卖双方凭证书进行交接、结算。此外，对某些以成分含量计价的货物，由第三方出具检验证书更是计算货款的直接依据。因此，凡对外贸易合同、协议中规定以我国海关检验检疫机构签发的检验检疫证书作为交接、结算依据的出口货物，报检人须向检验检疫机构报检，由检验检疫机构按照合同、协议的要求实施检验检疫或鉴定，并签发检验检疫鉴定证书。

5. 申请签发原产地证书及普惠制原产地证明书的货物

前面述及，签发出口货物普惠制原产地证明书、区域性优惠关税原产地证明书、专用原产地证明书，是出入境检验检疫机构的重要职能。

7.3.2 报检企业

出入境检验检疫报检企业分为三类：自理报检企业、代理报检企业和出入境快件运营企业。

《商检法实施条例》第十一条规定，进出口商品的收货人或者发货人可以自行办理报检手续，也可以委托代理报检企业办理报检手续；采用快件方式进出口商品的，收货人或者发货人应当委托出入境快件运营企业办理报检手续。

1. 自理报检企业

自理报检企业是指在我国境内依法办理市场主体登记、在海关登记备案后，自行办理相关报检/申报手续的境内企业法人。

《商检法实施条例》第十二条规定，进出口商品的收货人或者发货人办理报检手续，应当依法向海关出入境检验检疫机构备案（详见第7.3.3小节报检单位备案）。

2. 代理报检企业

代理报检企业是指在我国境内依法办理市场主体登记、在海关检验检疫机构登记备案后，接受进出口商品收发货人委托，为委托人办理报检的从事代理报检业务的境内企业。

《商检法实施条例》第十三条规定，代理报检企业接受进出口商品的收货人或者发货人的委托，以委托人的名义办理报检手续的，应当向出入境检验检疫机构提交授权委托书，遵守本条例对委托人的各项规定；以自己的名义办理报检手续的，应当承担与收货人或者发货人相同的法律责任。

3. 出入境快件运营企业

出入境快件运营企业是指在我国境内依法注册、在海关登记备案的从事进出境快件运营业务的国际货物运输代理企业。

进出境快件分为三类：文件类、个人物品类和货物类。文件类进出境快件是指法律、法规规定予以免税且无商业价值的文件、单证、票据及资料；个人物品类进出境快件是指海关法规规定自用、合理数量范围内的进出境的旅客分离运输行李物品、亲友间相互馈赠物品和其他个人物品；货物类进出境快件是指除文件类、个人物品类以外的快件。

出入境快件运营企业接受进出口商品收货人或者发货人委托,应当以自己的名义办理报检手续,承担与收货人或者发货人相同的法律责任。

委托人委托代理报检企业、出入境快件运营企业办理报检手续的,应当向代理报检企业、出入境快件运营企业提供所委托报检事项的真实情况。代理报检企业、出入境快件运营企业接受委托人的委托办理报检手续的,应当对委托人所提供情况的真实性进行合理审查。

非贸易性质的报检行为,报检人凭有效证件可直接办理报检手续。

7.3.3 报检单位备案

2018年,中共中央印发了《深化党和国家机构改革方案》。根据该方案,国家质量监督检验检疫总局的出入境检验检疫管理职责和队伍被划入海关总署。从2018年8月1日起,海关进出口货物实行整合申报,报关单、报检单合并为一张报关单,原报关报检单据单证也整合为一套随附单证、一组参数代码,报关报检只需要登录一个申报系统("国际贸易单一窗口")。

入境报检时,应填写进口货物报关单,并提供合同、发票、提单等有关单证。出境报检时,应填写出口货物报关单,并提供对外贸易合同(售货确认书或函电)、发票、装箱单等必要的单证。

根据2022年1月1日起实施的《中华人民共和国海关报关单位备案管理规定》(海关总署令第253号),报关单位是指按照该规定在海关备案的进出口货物收发货人、报关企业。报关单位可以在中华人民共和国关境内办理报关业务。

进出口货物收发货人、报关企业申请备案的,应当取得市场主体资格(市场监督管理局)。其中,进出口货物收发货人申请备案的,还应当取得对外贸易经营者备案(商务部门)⊖。

进出口货物收发货人、报关企业已办理报关单位备案的,其符合条件的分支机构也可以申请报关单位备案。

根据2022年1月1日发布的《海关总署 市场监管总局关于报关单位备案全面纳入"多证合一"改革的公告》(海关总署 市场监管总局公告2021年第113号),申请人办理市场监管部门市场主体登记时,需要同步办理报关单位备案的,应按照要求勾选"报关单位备案",并补充填写相关备案信息。市场监管部门按照"多证合一"流程完成登记,并在市场监管总局层面完成与海关总署的数据共享,企业无须再向海关提交备案申请。

具体做法是:企业在办理市场主体登记时,对选择的经营范围规范化表述中含有"进口""出口""进出口"或者"报关"字样的,系统自动提示"您申请的经营范围选择了报关业务或进出口业务,如需向海关备案成为报关单位,请在'多证合一'证照事项表选择

⊖ 《中华人民共和国对外贸易法》第九条规定,从事货物进出口或者技术进出口的对外贸易经营者,应当向国务院主管部门或者其委托的机构办理备案登记;但是法律、行政法规和国务院对外贸易主管部门规定不需要备案登记的除外。备案登记的具体办法由国务院对外贸易主管部门规定。对外贸易经营者未按规定办理备案登记的,海关不予办理进出口货物的报关验放手续。2022年12月30日,《全国人民代表大会常务委员会关于修改〈中华人民共和国对外贸易法〉的决定》中将该第九条删去。这意味着,从事货物进出口或技术进出口的企业无须办理对外贸易经营者备案登记,企业自动获得进出口权。

'报关单位'（非必须勾选）"。勾选"报关单位"，补充填写海关备案信息后，即完成报关单位的备案申请。

有关补充填写海关备案信息说明：①经营类别中"进出口收发货人"和"报关企业"二选一。注册海关选择在企业住所所在地海关。②经济区划根据企业所在地，在"经济区划"下拉框中选择企业所属经济区划；特殊贸易区域根据企业所在地，在"特殊贸易区域"下拉框中选择企业所属特殊贸易区域。

"多证合一"改革实施后，企业未选择"多证合一"方式提交申请的，仍可通过"国际贸易单一窗口"或"互联网+海关"提交报关单位备案申请。

未选择"多证合一"的报关单位申请备案时，应当向海关提交"报关单位备案信息表"。报关单位通过"卡介质"（电子口岸IC卡）方式登录"互联网+海关"（http：//online.customs.gov.cn/）或者"国际贸易单一窗口"（https：//www.singlewindow.cn/）。为本单位向海关提交电子申请的，无须上传附件，可不提交纸质"报关单位备案信息表"；报关单位通过"账号登录"方式登录"互联网+海关"或者"国际贸易单一窗口"向海关提交电子申请，并上传加盖单位公章的"报关单位备案信息表"扫描件或者照片的，可不再提交纸质"报关单位备案信息表"；报关单位通过其他方式向海关提出申请的，应向所在地海关提交加盖公章的"报关单位备案信息表"。

经审核，备案材料齐全，符合报关单位备案要求的，海关应当在3个工作日内予以备案。备案信息应当通过"中国海关企业进出口信用信息公示平台"进行公布。

备案企业可登录中国海关企业进出口信用信息公示平台（http：//credit.customs.gov.cn/）输入企业名称或统一社会信用代码查询企业信息，查询到企业信息，且海关注销标志显示为"正常"，即表示企业已成功在海关备案。备案企业也可以通过中国"国际贸易单一窗口"标准版应用"企业资质"模块查询备案状态，状态为"审批通过"的即为海关备案成功。

"多证合一"改革实施后，取消了对报关人员的备案要求。报关单位在全国范围内可同时具有进出口货物收发货人和报关企业双重身份。报关单位备案长期有效。

按照国家有关规定需要从事非贸易性进出口活动的单位，应当办理临时备案。临时备案有效期为1年，届满后可以重新申请备案。备案时应向所在地海关提交"报关单位备案信息表"，并随附市场主体资格证明材料、非贸易性进出口活动证明材料。

7.4 合同中的检验检疫条款

出入境检验检疫涉及进出口商品检验、出入境动植物检疫、出入境卫生检疫监管、进出口食品安全等方面，但国际货物贸易更多涉及进出口商品检验。

7.4.1 检验检疫条款的主要内容

国际货物贸易合同中的检验检疫条款一般涉及货物检验检疫的时间与地点、检验检疫机构、检验检疫内容、检验检疫证书及其效力等内容。

1. 示例1

Inspection: It is mutually agreed that the certificates of quality and quantity or weight issued by the Manufacturer shall be part of the documents to be presented to the paying bank for negotiation of payment. However, the inspection of quality and quantity or weight shall be made in accordance with the following:

For general cargo: In case the quality, quantity or weight of the goods be found not in conformity with those stipulated in this contract after re-inspection by the state administration of Entry-Exit Inspection and Quarantine of the People's Republic of China within 60 days after arrival of the goods at the port of destination, the Buyers shall return the goods to or lodge claims against the Sellers for compensation of losses upon the strength of inspection certificate issued by the aforesaid organization, with the exception of those claims for which the insurers or owners of the carrying vessel are liable. All expenses (including inspection fees) and losses arising from the return of the goods or claims should be borne by the Sellers. In such case, the Buyers may, if so requested, send a sample of the goods in question to the Sellers, provided that sampling is feasible.

……

检验：双方同意以制造商出具的品质及数量或重量检验证明书作为卖方向银行议付货款单据之一。但货物的品质及数量或重量的检验应按下列规定办理：

一般货物：货到目的口岸60天内，经中华人民共和国出入境检验检疫机构复验，如发现品质及数量或重量与本合同规定不符，除属于保险公司或船公司的责任外，买方凭上述机构出具的检验证明书向卖方提出退货或索赔。因退货或索赔引起的一切费用（包括检验费）及损失均由卖方负担。在此情况下，凡货物适于抽样者，应卖方要求，买方可将问题样品寄交卖方。

……

2. 示例2

Inspection: The determination of quality of Rock Phosphate is subject to the results of analysis of the representative samples drawn from the actually landed cargo, conducted by the state administration of Entry-Exit Inspection and Quarantine of the People's Republic of China, after arrival of the goods at destination. The samples for testing moisture will be drawn during loading, two bottles of the same should be sent by the Sellers. The Buyers shall have the right to claim against the Sellers for compensation of losses within 60 days after arrival of the goods at the port of destination, should the quality of the goods be found not in conformity with the specifications stipulated in the contract after re-inspection by the state administration of Entry-Exit Inspection and Quarantine of the People's Republic of China.

检验：磷酸岩质量的确定以代表性样品的化验结果为准。代表性样品在货物到达目的地后从实际到货中抽取，抽样及化验均由中华人民共和国出入境检验检疫机构办理。测验含水量的样品在装货时抽取，出入境检验检疫机构复验后，如果发现货物质量与合同规定的规格不符，买方有权在货物到达目的港后60天内要求卖方赔偿损失。

7.4.2 订立检验检疫条款时的注意事项

买卖双方在商签合同中的检验检疫条款时，应注意如下事项：

1）检验检疫条款应与买卖合同的其他条款相互衔接，防止顾此失彼，出现脱节或互相矛盾。

2）检验检疫条款的规定要实事求是，不能接受国外商人提出的不合理的检验检疫条件。

3）要明确规定有复检权时，应对其复检的期限、地点、费用和机构做出明确规定。

4）明确约定检验标准和方法。

 本章延伸阅读

1. 必须实施检验的进出口商品目录/法检目录

根据《中华人民共和国进出口商品检验法》及其实施条例，海关总署负责制定、调整必须实施检验的进出口商品目录（简称目录）并公布实施。目录应当至少在实施之日 30 日前公布；在紧急情况下，应当不迟于实施之日公布。

海关总署结合近年法定检验不合格检出情况、风险监测情况及国家政策调整要求等，对进出口商品质量安全进行风险评估，根据风险评估的结论对法检目录实施动态调整。

2022 年 8 月 30 日，海关总署发布《关于调整必须实施检验的进出口商品目录的公告》（海关总署公告 2022 年第 79 号），对涉及非危金属材料及其制品、电子行业加工设备、干燥器设备及器具等 87 个 10 位海关商品编号的商品不再实施进口商品检验，从 2022 年 10 月 1 日起正式实施。部分调整内容见表 7-1。

表 7-1 必须实施检验的进出口商品目录调整表（2022 年 10 月 1 日起实施）

序号	商品编码	商品名称	调整前监管条件	调整后监管条件
1	3924900000	塑料制其他家庭用具及卫生或盥洗用具	A	
2	4818500000	纸制衣服及衣着附件（纸浆、纸、纤维素絮纸和纤维素纤维网纸制的）	A	
3	7304111000	不锈钢制 215.9mm≤外径≤406.4mm 的管道管（石油或天然气无缝钢铁管管道）	A	
4	7304112000	不锈钢制 114.3mm＜外径＜215.9mm 的管道管（石油或天然气无缝钢铁管道管）	A	
5	7304113000	不锈钢制外径≤114.3mm 的管道管（石油或天然气无缝钢铁管道管）	A	
6	7304119000	其他不锈钢管道管（石油或天然气无缝钢铁管道管）	A	
7	7304191000	其他 215.9mm≤外径≤406.4mm 的管道管（石油或天然气无缝钢铁管道管铸铁的除外）	A	
8	7304192000	其他 114.3mm＜外径＜215.9mm 的管道管（石油或天然气无缝钢铁管道管铸铁的除外）	A	
9	7304193000	其他外径≤114.3mm 的管道管（石油或天然气无缝钢铁管道管铸铁的除外）	A	
10	7304199000	其他管道管（石油或天然气无缝钢铁管道管铸铁的除外）	A	
11	7304221000	不锈钢制外径≤168.3mm 钻管（钻探石油及天然气用）	A	

(续)

序号	商品编码	商品名称	调整前监管条件	调整后监管条件
12	7304229000	其他不锈钢制钻管（钻探石油及天然气用）	A	
13	7304231000	其他外径≤168.3mm钻管（钻探石油及天然气用，铸铁的除外）	A	
14	7304239000	其他钻管（钻探石油及天然气用铸铁的除外）	A	
15	7304240000	其他不锈钢制钻探石油及天然气用的套管及导管	A	
16	7304291000	屈服强度<552Mpa的其他钻探石油及天然气用的套管及导管（铸铁的除外）	A	
17	7304292000	552Mpa≤屈服强度<758Mpa的其他钻探石油及天然气用的套管及导管（铸铁的除外）	A	
18	7304293000	屈服强度≥758Mpa的其他钻探石油及天然气用的套管及导管（铸铁的除外）	A	

需要说明的是，海关"监管条件"项下，代码A表示实施进境检验检疫；B表示实施出境检验检疫。海关"检验检疫类别"项下，代码M表示进口商品检验；N表示出口商品检验；P表示进境动植物、动植物产品检疫；Q表示出境动植物、动植物产品检疫；R表示进口食品卫生监督检验；S表示出口食品卫生监督检验；V表示进境卫生检疫；W表示出境卫生检疫；L表示民用商品入境验证（检验检疫目录未涵盖全部入境验证商品，以认监委发布目录为准）。

2. 法检目录与法定检验

根据《中华人民共和国进出口商品检验法》及其实施条例规定，法检目录是指必须实施检验的进出口商品目录，而法定检验是指海关对列入法检目录的进出口商品以及法律、行政法规规定须经海关检验的其他进出口商品实施检验。

法定检验的范围主要包括两个方面：一是列入法检目录的商品；二是法律、行政法规规定须经海关检验的其他进出口商品。例如，《危险化学品安全管理条例》规定，海关对进出口危险化学品及其包装实施检验。因此，进出口危险化学品，无论其H.S.编码是否列入法检目录，均须实施法定检验。又如旧机电、成套设备等，虽未列入法检目录，也可能属于法定检验范畴。

3. 普惠制给惠国清单

普惠制是普遍优惠制（general system of preference, GSP）的简称，是指工业发达国家对包括我国在内的发展中国家或地区出口的制成品或半制成品给予的普遍的、非歧视的、非互惠的关税优惠制度。

截至2023年1月1日，给予我国普惠制待遇的国家还有3个：澳大利亚、新西兰和挪威。

对输往上述国家的我国出口货物，应向海关出入境检验检疫部门申领并自助打印普惠制原产地证书（GSP FORM A）。

本章主要参考文献

[1] 李贺,张静,王伟宏. 报检与报关实务:理论 实务 案例 实训 [M]. 2版. 上海:上海财经大学出版社,2016.

[2] 许丽洁. 报检与报关业务:从入门到精通 [M]. 北京:人民邮电出版社,2020.

[3] 熊正平,黄君麟. 报关与报检实务 [M]. 3版. 北京:人民邮电出版社,2020.

[4] 徐春祥,等. 国际贸易实务 [M]. 2版. 北京:机械工业出版社,2018.

[5] 徐春祥. 国际贸易实务习题与参考答案 [M]. 北京:机械工业出版社,2014.

本章数字资源

依次包括入境货物检验检疫证明、原产地证书、熏蒸/消毒证书、植物检疫证书、代理报检委托书。

第8章

国际货物贸易争议与处理

 本章阅读提示

　　国际贸易涉及的当事人多、程序复杂，即使十分谨慎，也难免产生纠纷。其原因除交易双方自身资信状况不佳、履约不当以及双方对某些交易条款理解有偏差外，还会有运输过程中承运人或保险公司的责任以及一些人力不可抗拒的因素。因此，交易双方应在合同中明确订立发生异议后的解决方法，是选择友好协商还是调解、仲裁或诉讼。无论选择何种方法解决争议，目的都是在分清责任的基础上确定索赔对象，以减少受损害方的损失。

　　本章内容主要包括争议与索赔、不可抗力和仲裁，这些都是一份完整合同不可或缺的内容。其中争议与索赔是本章的重点内容。不可抗力和仲裁尽管在合同内容中均有体现，但理解起来相对容易一些。

　　本章结构安排如下：第8.1节主要介绍三个方面的内容：①违约与争议。买卖双方中的一方或双方都有可能没有履行或没有完全履行合同规定的义务，从而造成违约。违约是导致争议的根源，违约的形式多种多样。②索赔与理赔。索赔与理赔是一个问题的两个方面，索赔是一种损害赔偿要求，理赔是一种损害补偿行为。③合同中的争议与处理条款。第8.2节主要介绍不可抗力的含义、构成不可抗力应具备的条件、不可抗力的认定与法律后果、不可抗力的通知和证明文件以及合同中的不可抗力条款。第8.3节主要介绍仲裁的含义及特点、仲裁协议、仲裁裁决的承认与执行以及合同中的仲裁条款。

8.1 争议与索赔

8.1.1 违约与争议

8.1.1.1 违约

　　违约（breach of contract）是违反合同的简称[一]，是指买卖双方中的一方或双方没有履行或没有完全履行合同规定的义务。在国际贸易中，根据违约当事人不同，违约可分为卖方违约和买方违约两种。

[一] 合同又称合约，违约即违反合同。

1. 卖方违约的主要表现形式

（1）卖方没有在规定时间内交货或拒不交货。交货是卖方最基本的义务之一。卖方应按合同约定，在规定的时间和地点、将符合合同规定的货物装上指定的运输工具或交给指定的承运人。如卖方无故延迟交货或拒不交货，则构成违约。

对此，《公约》第 33 条规定，卖方必须按以下规定的日期交付货物：①如果合同规定了具体交货日期，或从合同中可以确定具体交货日期，应在该日期交货；②如果合同规定了一段时间，或从合同中可以确定一段时间，除非情况表明应由买方选定一个日期，应在该段时间内的任何时候交货；③在其他情况下，应在订立合同后一段合理时间内交货。

（2）卖方所交货物不符合合同或信用证要求。货物不符合合同（或信用证）的表现主要有：货物质量、规格与合同规定不符；货物的重量、数量、包装等与合同规定不符。

《公约》第 35 条第（1）款规定，卖方交付的货物必须与合同所规定的数量、质量和规格相符，并必须按合同规定的方式装箱或包装。

（3）卖方提交的单据种类不全或数量不完整。卖方除按合同规定时间提交符合合同规定的货物外，还必须按合同（或信用证）规定提交单据。提交的单据应种类齐全、数量完整。《公约》第 30 条规定，卖方必须按照合同规定交付货物，移交一切与货物有关的单据，并转移货物的所有权。第 34 条规定，如果卖方有义务移交与货物有关的单据，必须按照合同所规定的时间、地点和方式移交这些单据；如果卖方在约定时间以前已移交这些单据，可以在约定期限到达前纠正单据中任何不符合合同规定的情形，但此权利的行使不得使买方遭受不合理的不便或承担不合理的开支；同时，买方保留本公约所规定的要求损害赔偿的任何权利。

（4）卖方交付的货物侵犯第三方产权。卖方所交付的货物不能侵犯第三方工业产权或其他知识产权。对此，《公约》第 42 条规定，卖方所交付的货物，必须是第三方不能根据工业产权或其他知识产权主张任何权利或要求的货物，但以卖方在订立合同时已知道或不可能不知道的权利或要求为限，而且这种权利或要求根据以下国家的法律规定，是以工业产权或其他知识产权为基础的：如果双方当事人在订立合同时预期货物将在某国境内被转售或做其他使用，则根据货物将在其境内被转售或做其他使用的国家的法律，或者在任何其他情况下，根据买方营业地所在国家的法律。

有时，卖方所交付的货物侵犯第三方权利原因也可能由买方造成。对此，《公约》规定，买方在订立合同时已知道或不可能不知道此项权利或要求，或者此项权利或要求的发生是由于卖方遵照买方所提供的技术图样、图案、程式或其他规格，则视为买方侵权，但作为卖方也应了解情况，以防止不必要的麻烦。

（5）其他卖方违约的表现形式。卖方违约的形式还表现为卖方未及时履行通知与协助义务等。如在 CFR 贸易术语下，卖方装运货物后应及时向买方发出装运通知并提供可能的必要材料，以便买方及时办理运输保险。此外，如果卖方交单不及时或不准确，致使买方进口清关时发生损失，则买方有权要求损害赔偿。

2. 买方违约的主要表现形式

（1）未按时支付价款、收取货物。按约定价格支付合同价款是买方最基本的义务之一，此外买方应收取货物。《公约》第 53 条规定，买方必须按照合同规定，支付货物价款和收取货物。此外，第 54~60 条对支付价款和收取货物做了相关补充规定。

（2）在信用证支付方式下，买方没有按合同规定及时开立信用证。严格地讲，买方按约定时间开立信用证属于支付价款的步骤之一。买方没有按合同约定时间开出信用证，或在卖方催促下仍不能开立信用证，属于违约的实质表现之一。

（3）在 FOB 贸易术语下，买方没有按合同规定及时派船接货。FOB 术语下，货物运输（租船或订舱）由买方办理，卖方备妥货物后向买方发出通知，买方则应及时派船接货，否则产生的货物滞港费用应由买方负责。

还有一种情况是买卖双方都违约。由于合同中个别条款规定含混不清，买卖双方若对这些条款的理解不一致，就会产生歧义，进而造成双方违约。

8.1.1.2 争议

争议（disputes）在合同中有时称异议（discrepancy），是指交易一方认为对方未能全部或部分履行合同规定的责任与义务而引起的纠纷。

违约是导致双方产生争议的根源所在。争议的解决方法见本章 8.3 节仲裁的相关内容。

8.1.2 索赔与理赔

1. 索赔与理赔的含义

索赔（claim）是指争议发生后，受损害的一方向违约方提出损害赔偿的要求。

理赔（claim settlement）是指违约方对受害方提出的损害赔偿要求进行受理与处理。索赔和理赔是一个问题的两个方面：从受损害的一方提出，谓之索赔；从违约方看来，谓之理赔。

2. 索赔对象

违约对象不同，索赔的对象也会相应不同。通常国际贸易中的索赔对象有：

（1）向卖方索赔。由于卖方违约而造成的买方损失，买方可向卖方索赔。例如，由于卖方备货不及时，造成船舶滞港时间过长产生滞港费，以及由于前面提及的其他原因造成的卖方违约等，均可向卖方索赔。

（2）向买方索赔。买方不按时支付价款或不按时派船接货等，都可能会造成卖方向买方索赔。

（3）向承运人索赔。它又称运输索赔，包括：承运人推迟开航时间或私自改线绕航；签发了清洁提单，但货物抵达目的港后，发现数量短少或包装破裂等，这些均可导致买方向承运人提出索赔。

（4）向保险公司索赔。凡发生了保险责任范围内的损失，买卖双方均可向保险公司索赔。

3. 索赔要求

（1）要求违约一方履行合同义务。当卖方延迟交货或拒不交货，买方不按时开证、无理拒收货物、收货后拒付货款等情况下，可提出这种要求。

（2）要求卖方交付替代货物。如果卖方所交货物不符合合同要求，买方可要求卖方交付替代货物，即另外交付一批符合合同要求的货物，以替代不合格的货物，而原不符合合同的货物可做退运或降价处理。

（3）要求卖方对不符合合同的货物进行修补或补足合同约定的数量。

（4）要求降价处理。当卖方所交货物与合同规定不完全相符、买方可勉强接受时，可根据该货物的瑕疵程度或其他不足之处要求降价处理。降价幅度应按实际交付货物在交货时的价格与当时符合合同的价值两者之间的比例计算。如果卖方已对货物不符合合同之处做出补救，则买方不得再要求其降价处理。

（5）要求赔款。通常对承运人或保险公司的索赔以赔款方式处理为多。如系卖方责任，而损失不大时，也可要求以赔款方式解决，赔款多少根据损失大小决定。

（6）要求退货退款。当卖方所交货物不符合合同构成根本性违约（见本章延伸阅读1）时，买方可拒收货物，将货物退运给卖方，同时要求卖方退还所收货款。

4. 索赔依据

索赔依据有法律依据和事实依据等。索赔的法律依据是指买卖双方签署的合同所适用的法律或国际贸易惯例。索赔的事实依据是指证明违约事实存在的书面证明文件，这些文件有些是合同中规定的双方认可的机构出具的，有些是当事人提供的其他可证明违约事实存在的证据。如果索赔时事实不清、证据不全，都会导致索赔达不到目的。

（1）向卖方索赔的依据。它主要包括索赔函、双方认可的公证机构出具的检验报告（证明事故发生的性质、内容及数量等）、索赔清单（说明损失项目的名称、数量、索赔金额及计算方法）以及可能要求的其他单据。

（2）向承运人索赔的依据。它主要包括索赔函、双方认可的公证机构出具的检验报告、索赔清单、事故证明书、由承运人或港务机构出具的破损事故证明书或短卸证明书、提单正本或副本（全部损失时应提交正本提单，部分短卸或损失时提交副本提单）、商业发票以及承运人可能要求提交的其他单据。

（3）向保险公司索赔的依据。它主要包括索赔函、双方认可的公证机构出具的事故证明书（如海难证明书、事故证明书等，以证明损失标的物的名称、数量、单价等）、保险单正本、海运提单或运单正本（或副本）以证明货物承运情况（全部损失时提交正本提单，部分损失时可提交副本提单）、卖方签发的商业发票（作为理赔金额的依据）、承运人签发的货损货差证明、卖方签发的其他单据（如品质证书、装箱单等）、出口地公证机构出具的检验证明书。承运货物的船只，如因故宣布共同海损，买方还应另向保险公司提交承运人通知函副本以及共同海损保证书副本。

当一方收到索赔通知及其他相关证据后，应立即审核索赔内容及证据，核查事实真相，以便妥善处理。

5. 索赔时效

索赔时效又称索赔有效期，是指受损害（索赔）方向违约方提出损害赔偿要求的有效期限。逾期索赔无效，对方可不予理会。因此索赔方应尽快提供索赔证据，依据事实真相提出索赔要求，以免耽误时间。

（1）向卖方索赔时效。买卖合同中一般会订明买方向卖方提出索赔的有效期限。索赔期限视交易货物的种类不同而有所不同。对一些食品、农产品等易腐商品及鲜活产品，索赔期限应订得短些；对一般货物的索赔期限，通常规定为货到目的地后30天或45天；对机器设备的索赔期限则可订得长些，一般规定为货到目的地后60天甚至更长。而有些机器设备规定了质量保证期限，索赔期限可能会长达一年或两年。质量保证期限定得过长，卖方会承担过重的责任；订得过短，则买方往往很快丧失索赔权利。

（2）向承运人索赔时效。通常正本提单的背面订有向承运人索赔通知及时效（notice of

claim and time bar）条款。在卸货时，若发现货物有包装破损、泄漏、串味、钩损、短卸、缺少等情况，应及时会同承运人或其代理人办理公证手续，或直接取得有关的事故证明书或短卸证明书，以便收货人向承运人提出索赔。

例如，中远集团（COSCO）集装箱提单背面中规定，收货方在卸货港或交货地点于交货日以前或交货当日未向承运人的代理人提出货物灭失或损坏的书面通知，视为承运人已完好交付货物；对于货物灭失或损坏不明显时，则要求收货人在交货之日起15个连续工作日内提出书面通知，否则同样视为承运人已完好交付货物；同时又规定诉讼时效为一年，即在交付货物或应交付货物之日起一年内提起诉讼有效，否则承运人、其受雇佣人、代理人及分立契约人便应被解除一切责任。

我国《海商法》第八十二条规定，承运人自向收货人交付货物的次日起连续60日内，未收到收货人就货物因延迟交付造成经济损失而提交的书面通知的，不负赔偿责任。

（3）向保险公司索赔时效。保险公司制定保险条款时，通常有索赔时效（the time of validity of claim）条款。它是指被保险人在被保险货物发生损失时，向保险公司提出索赔的有效期限。例如，海运货物的索赔时效为从被保险货物在最后卸货港全部卸离海轮后起算，最多不超过两年；航空运输货物的索赔期限为从被保险货物在最后卸载地卸离飞机后，最多不超过两年；陆路运输货物索赔期限为从被保险货物在最后目的地车站全部卸离车辆后，最多不超过两年；邮政包裹运输保险的索赔期限为从被保险邮包递交收件人时起算，最多不超过两年。关于保险索赔时效更为详细的介绍见本书第5章第5.4.4小节的相关内容。

【案例 8-1】

【案例回放】

一批货物共100箱，自广州运往纽约，船公司签发了"已装船清洁提单"，等货到目的港后，收货人发现下列情况：

1）货物短少5箱。
2）10箱包装严重破损，内部货物已散失50%。
3）10箱外包装完好，箱内货物有短少。

请问：上述三种情况的责任分别属于哪方？为什么？

【要点分析】

船公司签发"已装船清洁提单"，说明货物在装船时包装件数完整、外包装状况良好，因此1）、2）的责任应由船公司承担。在货物外包装状况良好的情况下，箱内货物有短少，系卖方装箱时少装所致。一般船公司签发提单时，均在提单上注明"Shipper's Load, Count and Seal"（托运人装载、计数并封箱），以证明承运人只负责外包装状况，对包装内部情况并不知情。因此，3）的责任在卖方。

8.1.3 合同中的争议与处理条款

合同中关于争议与处理的条款通常涉及两方面内容：一是异议与索赔条款；二是罚金条款。

8.1.3.1 异议与索赔条款

一般国际贸易合同中都规定了异议与索赔条款。这些条款通常与检验检疫条款相联系，一般针对货物的质量、数量或重量、包装状况等而订立，内容主要包括检验检疫时间、检验检疫机构、索赔依据、索赔期限、索赔范围等。异议与索赔条款由于交易货物的性质不同，体现的侧重点也不同，如检验与索赔（inspection and claim）条款或品质、数量异议与索赔（quality/quantity discrepancy and claim）条款或仅订有索赔（claim）条款等。下面是实际合同中的一些样例。

1. 合同中的检验与索赔条款（我方为进口方）

Inspection and claim：The Buyer shall have the right to apply to the state administration of Entry-Exit Inspection and Quarantine of the People's Republic of China, for inspection after discharge of the goods at the port of destination. Should the quality and / or quantity / weight be found not in conformity with the contract, the Buyer shall be entitled to lodge claims with the Seller on the basis of the inspection certificate within 90 days after discharge of the goods at the port of destination, with the exception, however, of those claims for which the shipping company and/or the insurance company are to be held responsible. All expenses incurred on the claim including the inspection fees are to be borne by the Seller.

检验与索赔：货卸目的港口岸后，买方有权向中华人民共和国海关出入境检验检疫机构申请对货物进行检验。如发现货物的品质和/或数量/重量与合同不符，除属于保险公司和/或船公司的责任外，买方有权在货卸目的口岸后90日内，根据检验机构出具的证明书向卖方提出索赔。因索赔所发生的一切费用（包括检验费用）均由卖方承担。

2. 装运港卖方预检，证书作为其议付货款的依据之一；目的港买方复检，证书作为索赔依据之一（我方为出口方）

Inspection and claim：It is mutually agreed that the inspection certificate of quality and quantity, weight issued by the state administration of Entry-Exit Inspection and Quarantine of the People's Republic of China, at the port of shipment shall be part of the documents to be presented for negotiation under the relevant L/C. The Buyer shall have the right to reinspect the quality, quantity and weight of the cargo. The reinspect fee shall be borne by the Buyer. Should the quality and/or quantity, weight be found not in conformity with that of the contract, the Buyer are entitled to lodge with the Seller a claim supported by survey reports issued by a recognized surveyors approved by the Seller.

检验与索赔：双方同意以装运港中华人民共和国海关出入境检验检疫机构签发的品质和数量、重量检验证书作为信用证项下议付货款单据之一。买方有权对货物的品质、数量和重量进行复验，复验费由买方自行承担。如发现品质和/或数量、重量与合同不符，买方有权向卖方提出索赔，但须提供经卖方同意的公证机构出具的检验报告。

3. 合同中的品质、数量异议与索赔条款（我方为出口方）

Quality/quantity discrepancy and claim：In case of quality discrepancy, claims shall be filed by the Buyer within 90 days after the arrival of the goods at the port of destination, while for quantity discrepancy, claim shall be filed by the Buyer within 15 days after the arrival of the goods at the port of destination, otherwise no claim will be accepted. It is understood that the Seller shall not be liable for any discrepancy of the goods shipped due to causes for which the insurance company, other transportation organization or post office are liable. The settlement of such claims are restricted to replacement of the non-conforming goods on a one-to-one basis or devaluation of the goods according to the degree of inferiority and extent of damage in case of quality discrepancy of supply for the shortage case of quantity discrepancy after the Seller has received an inspection report on the goods by sampling issued by a reputable goods inspection organization or chamber of commerce at the place where the Buyer is located, certifying the non-conformity thereof. In no event shall the Seller be held liable for the merchantability or fitness for any purpose, nor shall it have any liability or responsibility for damages of any kind whatsoever, including but not limited to any direct, indirect or collateral damages. In case the L/C or the advance payment does not reach the Seller within the time stipulated in the contract or does not correspond to the contract terms and the Buyer fails to amend its terms within the time limit after being notified by the Seller, the Seller has the right to cancel the contract or to delay the delivery of the goods as well as to lodge claim for damages.

品质/数量异议与索赔：如买方提出异议，凡属品质异议应于货到目的口岸之日起 90 日内提出，凡属数量异议应于货到目的口岸之日起 15 日内提出，过期不予受理。对所装货物所提任何异议，如属于保险公司、船公司、其他有关运输机构或邮递机构所负责任者，卖方不负任何责任。理赔只限于卖方在收到买方所在地声誉良好的商检机构或商会出具的商品抽查检验报告，证明货物与合同不符后，对品质不符的货物按 1∶1 更换，或按照货物疵劣程度及损坏的范围将货物降价处理，对数量不符的货物给予补足。但无论在哪种情况下，卖方均不对货物的适销性或适用性负责，也不对任何损失赔偿负责，包括但不限于直接的、间接的、附带的损失。如买方不能在合同规定的期限内将信用证开到或将预付款汇到，或者开来的信用证不符合同规定，或在接到卖方通知后仍不能按期办妥改证，卖方有权撤销合同或延期交货，并有权提出索赔。

4. 合同中的异议和索赔条款（规定较为笼统）

Quality/quantity discrepancy and claim: In case the quality and / or quantity / weight of the goods is found not in conformity with the contract after arrival of the goods at the port of destination, the Buyer may lodge claim with the Seller, supported with a survey report issued by an inspection organization agreed by both parties. With the exception, however, of these claims for which the insurance company and/or the shipping company are to be held responsible. Claim for quality discrepancy should be filed by the Buyer within 30 days after arrival of the goods at the port of destination. While for quantity/weight discrepancy claim should be filed by the Buyer within 15 days after arrival of the goods at the port of destination. The Seller shall reply to the Buyer not later than 30 days after receipt of the claim requirement.

品质/数量异议与索赔：货物抵达目的港后，一旦发现其品质和/或数量/重量与合同规定不符，买方可凭双方认可的检验机构出具的检验证明书向卖方提出索赔。属于保险公司和/或船公司的责任除外。品质异议应在货物抵达目的港后 30 日内提出；数量/重量异议应在货物抵达目的港后 15 日内提出。收到买方索赔要求后，卖方应于 30 日内做出回复。

5. 进口合同关于索赔条款的规定

Claims: Within 90 days after arrival of the goods at the destination, should the quality, specification or quantity be found not in conformity with the stipulations of the contract except those claims for which the insurance company or the owners of the vessel are liable, the Buyer shall first consult with the Seller, if the two parties cannot reach completely identity of views, the Buyer shall, on the strength of inspection certificate issued by the state administration of Entry-Exit Inspection and Quarantine of the People's Republic of China, have the right to reject the goods or to claim for replacement with new goods, or for compensation, and all the expenses shall be borne by the Seller. The inspection certificate so issued shall be accepted as the base of a claim. The Seller, in accordance with the Buyer's claim, shall be responsible for the immediate elimination of the defect(s), complete or partial replacement of the commodity or shall devaluate the commodity according to the state of the defect(s) or shall accept the rejection of the commodity. Where necessary, the Buyer shall at liable to eliminate the defect(s) himself at the Seller's expenses, if the Seller fails to answer the Buyer within one month after receipt of the aforesaid claim, the claim shall be reckoned as having been accepted by the Seller.

索赔：货物到达目的港90日内，若发现品质、规格或数量与合同不符，除保险公司与船公司负责者外，买方应第一时间与卖方取得联系。如双方不能达成共识，凭借中华人民共和国海关出入境检验检疫机构出具的检验证书，买方有权拒收货物或提出索赔并要求更换新的货物，或要求损害赔偿，由此产生的一切费用应由卖方承担。检验证书将作为索赔依据。对于买方提出的索赔要求，卖方应负责减少货物瑕疵、全部或部分更换货物，或根据瑕劣程度降价处理，或接受买方提出的拒收货物要求。在必要情况下，买方可自行采取措施以减少货物瑕疵，由此产生的费用支出由卖方承担。如果卖方对买方提出的索赔要求一个月仍没有回复，则该索赔要求应视为被卖方接受。

8.1.3.2 罚金条款

罚金（penalty）又称违约金（liquidated damage），是指一方当事人违约时向另一方当事人支付的一定数额的罚款，以补偿对方损失。罚金条款一般适用于卖方延期交货或者买方延期付款和延期接货等情况。其特点是买卖双方事先在合同中规定罚金的数额或比例。各国法律关于罚金有不同规定。例如，大陆法系的德国法律规定，合同中的罚金条款有效，应予以承认；而英美法系的国家（如英国、美国、澳大利亚、新西兰等）通常不承认合同中的罚金条款。我国《民法典》第五百八十五条规定，当事人可以约定一方违约时应当根据违约情况向对方支付一定数额的违约金，也可约定因违约产生的损失赔偿额的计算方法。

下面是合同中关于违约罚金条款的几个样例：

1. 卖方延迟交货的罚金条款

Late delivery and penalty:

Should the Seller fails to effect the delivery on time as stipulated in this contract owning to causes other than force majeure as specified in clause 15 of this contract, the Buyer shall have the right to cancel the contract, or alternatively, the Seller may, with the Buyer's consent, postpone delivery on payment of penalty to the Buyer.

A penalty of 0.5% of the total value of shipment shall be charged for every 7 days. Any days less than 7 days to be counted as 7 days. The penalty shall be effected by the paying bank from the payment. The total penalty shall in no case exceed 5% of the total value of the commodity involved. In case the Seller fails to make delivery 10 weeks after the time of shipment stipulated in this contract, the Buyer shall have the right to cancel the contract, the Seller, in spite of the cancellation, shall still pay the aforesaid penalty to the Buyer without any delay.

延迟交货与罚金：

除本合同第 15 条所述不可抗力原因外，卖方若不能按本合同规定如期交货，买方有权撤销合同，或作为选择，在征得买方同意的基础上，卖方在支付罚金的条件下可延迟交货。

罚金率按交货总值的 0.5% 每 7 天计收一次，不足 7 天者按 7 天计算。但罚金总额不得超过货物总值的 5%。如果卖方延期交货超过合同规定期限 10 周，买方有权撤销合同，但卖方仍应毫不延迟地按上述规定向买方支付罚金。

2. 买方延期付款的罚金条款

Late payment and penalty：

Should the Buyer, for its own sake, fail to open the letter of credit on time stipulated in the contract, the Buyer shall pay a penalty to the Sellers. The penalty shall be charged at the rate of 5% of the amount of the letter of credit for every 10 days of delay in opening the letter of credit. However, the penalty shall not exceed 10% of the total value of the letter of credit which the Buyer should have opened. Any fractional days less than 10 days shall be deemed to be 10 days for the calculation of penalty. The penalty shall be the sole compensation for the damage caused by such delay.

延期付款与罚金：

由于买方自身原因导致其未按合同规定时间开出信用证，买方应向卖方支付罚金。罚金率按信用证金额的 5%，从应开证日期起每 10 天为一周期计收，但罚金总额不应超过买方开立信用证总值的 10%，不足 10 天的应按 10 天计算。罚金应视为买方延期开证对卖方造成损失的唯一赔偿。

国际贸易合同中一般仅订立异议与索赔条款或检验与索赔条款；对于连续分批交货的大宗货物买卖，如大型设备、成套设备、飞机、轮船等交易，为保证合同顺利进行，除订立异议与索赔条款外，还会同时订立罚金条款。

8.2 不可抗力

8.2.1 不可抗力的含义

不可抗力（force majeure）又称人力不可抗拒，是指销售合同签订后，不是由于合同当事人的过失或疏忽大意，而是由于发生了当事人不能预见、无法预防、无法避免和无法控制的意外事故或自然灾害，导致合同不能履行或不能按期履行，遭受意外事故的当事一方，可依据合同、法律或国际贸易惯例的有关规定，免除履行合同的责任，或得以延期履行合同。

不可抗力条款是合同的免责条款之一。各国对不可抗力的概念、解释并不统一，但说法大致相同。如我国法律认为，不可抗力是指不能预见、不能避免并不能克服的客观情况。《公约》第 79 条第（1）款规定，当事人对不履行义务可不负责任，如果他能证明此种不履行义务，是由于某种非他所能控制的障碍，而且对于这种障碍，没有理由预期他在订立合同时能考虑到或能避免或克服它或它的后果。

8.2.2 构成不可抗力应具备的条件

从不可抗力的含义中可以归纳出构成不可抗力事件应满足以下条件：

(1) 不可抗力事件是买卖合同签署后发生的。

(2) 不可抗力不是由于任何一方当事人的故意或过失所造成的，而是偶发的和异常的事件。

(3) 不可抗力事件的发生及其造成的后果是当事人事先无法预见、无法控制、无法避免和无法克服的。

8.2.3 不可抗力的认定与法律后果

1. 不可抗力的认定

造成不可抗力的原因主要有自然原因和社会原因两种。因此，对不可抗力事件也从自然和社会两个方面来认定。

(1) 自然力量导致的不可抗力。自然力量通常包括对人类造成灾害的诸多自然现象，如暴风雨、雷电、冰雪、火灾、地震、海啸、干旱、山崩、森林自燃等。

(2) 社会力量导致的不可抗力。社会力量导致的异常事故（如战争、骚乱、暴动、罢工、政府禁令等）往往构成当事人履约的障碍。这类事故对于合同当事人来说属于不可抗力，是其无法控制、无法预见和无法克服的。这些社会力量给合同当事人履约带来极大困难，甚至导致合同无法继续履行。

注意：对上述不可抗力事件的认定，国际上并不统一。对自然力量引起的不可抗力的解释比较一致，但对社会力量引起的不可抗力事件，各国的解释有分歧。例如，美国习惯上认为"不可抗力"事件仅是指由于"自然力量"所引起的自然灾害或意外事故，而不包括由于"社会力量"所引起的意外事件。所以，美国的贸易合同中往往不使用"不可抗力"一词，而用"意外事故条款"（contingency clause）替代。

合同中的不可抗力条款是一种免责条款，为限制当事人随意援引不可抗力条款以免除自己的履约责任，国际贸易实践和惯例都对不可抗力的范围和解释实行从严掌握的原则。有些事故，如合同签约后国际市场上某种产品价格的涨跌，以及货币升值与贬值等，虽然对买卖当事人来说也是无法避免或无法控制的，但这是国际交易中的正常现象，故不属于不可抗力的范畴，不能援引不可抗力条款以求免责。

2. 不可抗力的法律后果

不可抗力的法律后果有三种：一是全部解除合同；二是部分解除合同；三是延期履行合同。至于什么情况下采取什么样的处理方式，要看不可抗力对履行合同的影响，也可由当事各方在合同中具体加以规定。若合同对此未做明确规定，一般的解释是，如果发生的不可抗力事件已经破坏了履行合同的根本基础，致使履行合同成为不可能，则可解除合同，全部免除当事人履行合同的责任；如果不可抗力事件部分地影响了合同的履行，则可部分地免除当事人履行合同的责任；如果发生的不可抗力事故只是暂时或在一定时间内阻碍合同的履行，只能延期履行合同，但不能解除有关当事人履行合同的义务。一旦事故后果得以消除，合同应继续履行。

不可抗力是许多国家法律的一个原则，在英美法系中称之为"合同落空（frustration of

contract)",大陆法系中称之为"情势变迁"或"契约失效"。"合同落空"是指合同签订后,不是由于合同当事各方的自身过失,而是由于签订合同后发生了当事各方意想不到的根本情况,致使签约的目的受挫,导致未履行合同义务,当事人得以免除履约责任。"情势变迁"或"契约失效"是指不是由于当事人的原因,而是发生了当事人预料不到的变化,致使不可能再履行合同或原来的法律效力需做相应变更。

我国《民法典》第五百九十条规定,当事人一方因不可抗力不能履行合同的,根据不可抗力的影响,部分或者全部免除责任,但法律另有规定的除外。因不可抗力不能履行合同的,应当及时通知对方,以减轻可能给对方造成的损失,并应当在合理期限内提供证明。当事人迟延履约后发生不可抗力的,不能免除其违约责任。

【案例8-2】

【案例回放】

有一份CIF合同,规定"9月15日前装船"。8月2日,卖方所在地发生地震,但卖方储存货物的仓库距地震中心较远,因此未受到严重损害,仅因交通受到严重破坏,导致货物不能按时出运。事后,卖方以不可抗力为由通知买方要求撤销合同,但遭买方拒绝。

请问:在上述情形下,卖方能否主张撤销合同?为什么?

【要点分析】

尽管卖方所在地发生了地震,但合同项下的货物未受到严重损害,说明履约的标的物尚完好;道路受到破坏导致不能按时出货只是暂时的,因此卖方可要求延迟交货,但不可以据此撤销合同。

8.2.4 不可抗力的通知与证明文件

根据国际惯例,当发生不可抗力影响合同履行时,不能按规定履约的当事人要取得免责的权利,必须及时通知另一方,提供必要的证明文件,并且在通知中应提出处理意见。对此,《公约》第79条第(4)款明确规定:"不履行义务的一方必须将障碍及其对他履行义务能力的影响通知另一方。如果该项通知在不履行义务的一方已知道或理应知道此一障碍后一段合理时间内仍未被另一方收到,则他对由于另一方未收到通知而造成的损害应负赔偿责任。"我国法律也认为,当事人一方因不可抗力不能履行合同的,应当及时通知另一方,以减轻可能给另一方造成的损失,并且应当在合理期间内提供证明。

出具不可抗力证明书的机构,在国外,一般是当地商会或合法的公证机构;在我国,由中国国际贸易促进委员会(中国国际商会)或其设立在各省、自治区、直辖市的分会出具。在实践中,为防止争议,通常在合同的不可抗力条款中明确规定具体的通知期限。对出具不可抗力证明的机构,也应在合同中一并订明。

一方接到对方有关不可抗力的通知或证明文件后,无论同意与否都应及时答复;若拖延不理,要承担违约责任。

8.2.5 合同中的不可抗力条款

国际贸易合同中的不可抗力条款主要有以下表述方法:

(1)概括条款。概括条款是指在合同中仅约定一旦发生不可抗力事件,卖方的交货义务可以免除或推迟，且对此不承担法律责任。至于哪些事件属于不可抗力，则不在合同中具体列明。这类条款比较简单，但易引起争议。例如：

Force Majeure: If the shipment of the contracted goods is prevented or delayed in whole or in part due to force majeure, the Seller shall not be liable for non-shipment or late shipment of the goods of this contract. However, the Seller shall notify the Buyer by teletransmission and furnish the letter within 15 days by express service with a certificate issued by the China Council for the Promotion of International Trade (China Chamber of International Commerce) attesting such event or events.

不可抗力：由于不可抗力原因导致合同项下的货物不能全部或部分装运，或延迟装运，卖方对这种不能装运或延迟装运不负任何责任。但卖方须以电信方式通知买方，并应于事件发生后15日内，以快递方式向买方提交由中国国际贸易促进委员会（中国国际商会）出具的此类事件证明书。

（2）列举条款。列举条款是指在合同中详细列明不可抗力事件的种类，只有列明的不可抗力事件导致卖方不能履约时才可免责或得以延迟履约。这种方式的优点是使合同条款明确具体，对不可抗力事件的解释不易发生争执；但缺点是难以概括全部情况，甚至可能出现遗漏，一旦发生未列举的其他事件，就丧失了适用不可抗力的权利，进而可能导致新的争议。例如：

Force Majeure: If the shipment of the contracted goods is prevented or delayed in whole or in part due to flood, fire, storm, heavy snow, earthquake, drought, war, the Seller shall not be liable for non-shipment or late shipment of the goods of this contract. However, the Seller shall notify the Buyer by teletransmission and furnish the letter within 15 days by express service with a certificate issued by the China Council for the Promotion of International Trade (China Chamber of International Commerce) attesting such event or events.

不可抗力：由于洪水、火灾、暴风雨、雪灾、地震、干旱、战争原因导致合同项下的货物不能全部或部分装运，或延迟装运，卖方对这种不能装运或延迟装运合同货物不负任何责任。但卖方须以电信方式通知买方，并应于事件发生后15日内，以快递方式向买方提交由中国国际贸易促进委员会（中国国际商会）出具的此类事件证明书。

（3）综合条款。综合条款是指将上述两种类型的条款结合在一起，即在该条款中既列明不可抗力条款的具体事故，又包括未列明的其他不可抗力事件。例如：

Force Majeure: The Seller shall not be held responsible for failure or delay to perform all or any part of the contract due to flood, fire, earthquake, drought, war, or any other events which could not predicted at the time of the conclusion of the contract, and could not be controlled, avoided or overcome by the Seller. However, the Seller shall inform the other party of its occurrence in written form as soon as possible and thereafter send a certificate of the event issued by the relevant authority to the other party but no more than 15 days after its occurrence.

If the Force Majeure event last over 120 days, both parties shall negotiate either performance or the termination of the contract.

不可抗力：由于洪水、火灾、地震、干旱、战争以及其他签约时无法预见、无法控制、无法避免或无法克服的事件致使卖方不能全部或部分履行合同义务，卖方可不负责任。但卖方应立即将事件书面通知买方，并于事件发生后 15 日内，将当地主管当局出具的事件证明书寄交买方为证。

如果不可抗力事件持续超过 120 日，则双方应协商合同是否继续履行或中止。

8.3 仲裁

仲裁是解决国际贸易争议最为有效的方式之一。解决国际贸易争议的方式通常有四种：友好协商、调解、仲裁和诉讼。其中，友好协商（amicably negotiation）是指当事各方通过自行磋商解决争议，即双方各自做出一些让步，最后达成和解。调解（conciliation）是指争议双方邀请第三方（通常是专门的调解机构）作为调解人，对出现的争议或纠纷进行协商，以促使各方达成协议、解决纠纷。调解不具有强制性，即在双方和解的基础上解决争议。诉讼（litigation）是指一方当事人向有管辖权的法院起诉，由法院按法律程序来解决双方的贸易争议。可以看出，友好协商、调解是自愿性的，在双方同意的基础上才能进行，友好协商和调解的结果没有强制作用；而诉讼具有强制性，诉讼的提起可以单方面进行，法院的判决也可强制执行。下面具体介绍仲裁。

8.3.1 仲裁的含义及特点

1. 仲裁的含义

仲裁（arbitration）是指买卖双方达成协议（仲裁协议），自愿将已经发生或将来有可能发生的有关争议交给双方同意的仲裁机构进行裁决（award）。裁决是终局的，对当事双方均有约束力。

2. 仲裁的特点

显然，仲裁和友好协商、调解或诉讼是不同的，它既体现了自愿性，又体现了强制性。自愿性主要体现在仲裁的提请要有双方自愿达成的仲裁协议，双方当事人可自行选择仲裁机构、仲裁规则和仲裁员；强制性则体现在仲裁裁决是终局的，双方都必须遵照执行。

此外，仲裁比诉讼具有更大的灵活性，因为仲裁员是由双方当事人指定的，且仲裁员一般是熟悉国际贸易业务和法律的专家；仲裁程序较简单，处理问题较迅速，仲裁费用较低，有利于争议的解决。而采用诉讼，一方当事人不需要事先征得对方同意，即可向有管辖权的法院起诉，且任何一方都无权选择法官；法院判决后，一方不服，可在规定时间内向上一级法院提出上诉；诉讼程序较复杂，耗时且费用较高，且双方关系紧张，不利于贸易关系的继续开展。因此，实践中，当争议双方通过友好协商或调解不能解决争议时，通常都愿意通过仲裁方式裁决。

8.3.2 仲裁协议

根据国际惯例和一些国家的法律规定，凡采用仲裁方式处理争议时，当事双方必须签订仲裁协议。

1. 仲裁协议的含义

仲裁协议（arbitration agreement）是指当事双方根据意思自治的原则，在自愿、平等、互利的基础上订立的，将双方已经或将来可能发生的争议或其他财产权益争议提交仲裁机构解决的一种共同的、书面的意思表示。

2. 仲裁协议的形式

我国《仲裁法》第十六条规定，仲裁协议包括合同中订立的仲裁条款和以其他书面形式订立的仲裁协议两种。

（1）仲裁条款。仲裁条款（arbitration clause）是指双方当事人在所签订的合同中表示愿意将他们之间将来可能发生的争议提交仲裁机构解决的条款。合同中的仲裁条款见第8.3.4小节的相关内容。

（2）以其他书面形式订立的仲裁协议。以其他书面形式订立的仲裁协议是双方当事人在争议发生前或争议发生后，单独订立的愿意将争议提交仲裁机构仲裁解决的一种书面文件。该文件可有多种形式，如特别协议、往来函电及其他书面约定等。这种协议通常是在合同中没有订立仲裁条款的情况下，由双方当事人另行共同商定的一种仲裁协议。这种补充签订的仲裁协议有时称提交仲裁协议（arbitration submission）。

3. 仲裁协议的法律效力

仲裁协议的法律效力体现在以下几个方面：

（1）仲裁协议使得仲裁成为解决争议的唯一方式，从而排除了法院对该争议案件的管辖权。在有仲裁协议的情况下，双方当事人必须受仲裁协议的约束。协议范围内发生的争议必须以仲裁方式解决，任何一方当事人不得随意撤销已成立的仲裁协议而单方面向法院提起诉讼，法院也不应受理有仲裁协议的争议案件。如果一方当事人违反协议，向法院起诉，对方可根据仲裁协议要求法院终止诉讼程序，把案件移交有关仲裁机构审理。

（2）依据仲裁协议进行的裁决是终局的，对双方当事人均具有约束力。如发生争议，双方当事人只能依据仲裁协议进行仲裁而不得向法院提起诉讼；而且仲裁裁决结果是终局的，对双方均具有约束力，任何一方均不得提出异议或上诉。

（3）仲裁协议是使仲裁裁决具有强制执行力的法律前提。仲裁协议不仅是仲裁机构受理争议案件的基础，同时也是胜诉方要求法院强制执行裁决不可缺少的依据。○

8.3.3 仲裁裁决的承认与执行

通常情况下，对仲裁裁决结果的履行有两种：一种是自愿履行，另一种是强制执行。自愿履行是指当事人依照仲裁裁决书写明的期限自动履行仲裁裁决。仲裁裁决书未写明履行期限的，应当立即履行。强制执行是指一方当事人不履行仲裁裁决，另一方当事人根据相关法律规定，向有管辖权的法院申请强制执行。

1. 关于承认和执行外国仲裁裁决的国际公约

为统一各国承认和执行外国仲裁裁决制度，国际上曾先后缔结了三个有关承认和执行外国仲裁裁决的国际公约。其中，1958年6月10日，由联合国主持在纽约缔结的《承认及执行外国仲裁裁决公约》（*Convention on the Recognition and Enforcement of Foreign Arbitral Award*）[简称《纽约公约》（*the New York Convention*）]，成为目前国际上关于承认和执行外国仲裁裁决最主要的公约之一。我国政府于1986年12月加入该公约，从1987年4月22日

○ 仲裁委员会本身并无强制执行的权力，当一方当事人不履行仲裁裁决时，另一方当事人可以向法院申请强制执行。

起生效，但加入时做了两项保留：第一，中华人民共和国只在互惠的基础上对在另一缔约国领土内做出的仲裁裁决的承认和执行适用该公约；第二，中华人民共和国只对根据中华人民共和国法律认定为属于契约和非契约性商事法律关系所引起的争议适用该公约。

1958 年《纽约公约》的主要规定如下：

（1）缔约国相互承认仲裁裁决具有约束力，并应依照承认或执行地的程序、规则予以执行。

（2）申请承认与执行仲裁裁决的一方当事人，应提供原裁决的正本或经过正式证明的副本，以及仲裁协议的正本或经过证明的副本，必要时应附具经适当证明的译本。

（3）《纽约公约》（第 5 条）同时规定了拒绝承认和执行外国仲裁裁决的条件。

2. 我国法律关于执行仲裁裁决的规定

（1）我国涉外仲裁机构的仲裁裁决在我国的执行。根据我国民事诉讼法和仲裁法的有关规定，对我国涉外仲裁机构（如中国国际经济贸易仲裁委员会，详见本章延伸阅读3）的裁决，一方当事人拒不履行的，另一方当事人可申请被执行人所在地或财产所在地的中级人民法院强制执行。申请人向外地人民法院申请执行我国涉外仲裁机构裁决的，须提出书面申请，并附裁决书正本。如申请人为外国一方当事人，其申请书须用中文文本提出。

对我国涉外仲裁机构做出的裁决，被执行人提出证据证明仲裁裁决有下列情形之一的，经人民法院组成合议庭审查核实，裁定撤销或不予执行：

1）当事人在合同中没有订有仲裁条款或者事后没有达成书面仲裁协议的。

2）被执行人未接到指派仲裁员或仲裁程序的通知，或者由于其他原因未能在案件中进行申辩的。

3）仲裁庭的组成或者仲裁的程序与仲裁规则不符的。

4）裁决的事项不属于仲裁协议的范围或仲裁机构无权仲裁的。

5）人民法院认定执行该裁决违背社会公共利益的。

（2）我国涉外仲裁机构的仲裁裁决在国外的承认和执行。依照我国《民事诉讼法》和《仲裁法》的相关规定，我国涉外仲裁机构做出的发生法律效力的仲裁裁决，当事人请求强制执行的，如果被执行人或者其财产不在中国领域内，应当由当事人直接向有管辖权的外国法院申请承认和执行。由于我国是《纽约公约》的缔约国，当事人可依照该公约规定直接到其他有关缔约国申请承认和执行我国涉外仲裁机构做出的裁决。

（3）国外仲裁机构的仲裁裁决在我国的承认和执行。根据我国《民事诉讼法》的相关规定，国外仲裁机构的裁决需要我国人民法院承认和执行的，应当由当事人直接向被执行人住所地或财产所在地的中级人民法院申请，人民法院应当依照我国缔结或参加的国际条约或按互惠原则办理。

8.3.4 合同中的仲裁条款

8.3.4.1 合同中仲裁条款的主要内容

合同中的仲裁条款一般涉及仲裁地点、仲裁机构、仲裁规则、仲裁效力和仲裁费用等内容。

1. 仲裁地点

仲裁地点的选择是买卖双方磋商仲裁条款时关注的重点内容，因为仲裁地点的选择关系到仲裁所适用的程序法以及合同适用的实体法。通常情况下，双方当事人都愿意选择在本国仲裁。原因是当事人对本国的法律和仲裁做法比较了解和信任。仲裁地点与仲裁适用的法律有密切关系，由于适用不同国家的法律，就可能对双方当事人的权利和义务做出不同的解释，得出不同的仲裁结果。因此，仲裁地点的选择往往是双方当事人争论的焦点。

实际对外贸易业务中，对仲裁地点的规定有三种：一是首先争取在我国仲裁；二是根据业务需要在对方国家仲裁；三是规定在双方同意的第三国仲裁。

2. 仲裁机构

仲裁有两种基本形式：机构仲裁和临时仲裁。机构仲裁又称制度性仲裁或常设仲裁，仲裁时向一个双方当事人约定的常设仲裁机构㊀提出申请，并按照该机构的仲裁规则或双方选定的仲裁规则进行仲裁。临时仲裁是指不需常设仲裁机构的介入，直接由双方当事人指定的仲裁员自行组成仲裁庭（临时仲裁庭）进行仲裁。

世界上许多国家、地区和一些国际组织都设有专门从事国际商事仲裁的常设机构，如国际商会仲裁院、英国伦敦仲裁院、英国仲裁协会、美国仲裁协会、瑞典斯德哥尔摩商会仲裁院、瑞士苏黎世商会仲裁院、日本国际商事仲裁协会等。我国的涉外仲裁机构为中国国际经济贸易仲裁委员会或中国国际商会仲裁院，隶属于中国国际贸易促进委员会（简称贸促会）。

3. 仲裁规则

仲裁规则主要规定仲裁的程序和做法，其中包括仲裁的申请、答辩、仲裁员的指定、案件的审理、仲裁裁决的效力以及仲裁费用的负担等。仲裁规则的作用主要是为当事人和仲裁员提供一套仲裁的行动准则，便于在仲裁过程中遵循。订立仲裁条款时，一般规定使用仲裁国的仲裁规则。

4. 仲裁效力

仲裁效力是指仲裁裁决的效力，主要包括仲裁裁决是否具有终局性、对双方当事人有无约束力、能否向法院起诉等。

我国进出口业务合同的仲裁条款一般规定仲裁裁决是终局的，对双方当事人都有约束力，任何一方都不能向法院或者其他机构提出起诉或变更。

5. 仲裁费用

仲裁费用一般规定由败诉一方负担，或规定按仲裁裁决办理。

8.3.4.2 合同中的仲裁条款样例

1. 样例1

Arbitration: Any disputes arising out of the performance of or relating to this contract shall be settled through amicably negotiation. In case no settlement can be reached through negotiation, the case shall then be submitted to the China International Economic and Trade Arbitration Commission, Beijing, China, for arbitration in accordance with its rules of arbitration. The arbitral award is final and binding upon both parties. The arbitration fee shall be borne by the losing party unless otherwise awarded by the arbitration court.

仲裁：凡因执行本合同所发生的或与本合同有关的一切争议，双方应通过友好协商解

㊀ 常设仲裁机构是指根据一国法律或有关规定设立的，有固定名称、地址、仲裁员设置和仲裁规则的仲裁机构。

决;如果协商不能解决,应将争议提交北京中国国际经济贸易仲裁委员会,根据该会的仲裁规则进行仲裁。仲裁裁决是终局的,对双方均有约束力。仲裁费用除仲裁庭另有裁决外,由败诉一方承担。

此样例规定仲裁在我国进行。

2. 样例 2

Arbitration: Any disputes arising out of the execution of or in connection with this contract, shall be settled through friendly negotiation. In case no settlement can be reached through negotiation, the case shall then be submitted for arbitration. The location of arbitration shall be in the country of the domicile of the defendant. If in China, the arbitration shall be conducted by the China International Economic and Trade Arbitration Commission, Beijing in accordance with its Rules of Arbitration. If in ____, the arbitration shall be conducted by ____ in accordance with its arbitral rules. The arbitral award is final and binding upon both parties. The arbitration fee shall be borne by the losing party unless otherwise awarded by the arbitration court.

仲裁:凡因执行本合同所发生的或与本合同有关的一切争议,双方应通过友好协商来解决;如果协商不能解决,应将争议提交仲裁解决。仲裁在被告人所在国进行。如在中国,应由北京中国国际经济贸易仲裁委员会根据该会仲裁规则进行仲裁。如在____(被告人所在国),应由____(被告人所在国的仲裁机构)根据其仲裁规则进行仲裁。仲裁裁决是终局的,对双方均有约束力。仲裁费用除仲裁庭另有裁决外,由败诉一方承担。

此样例规定仲裁在被告国进行。

3. 样例 3

Arbitration: Any disputes arising from the execution of or in connection with this contract, shall be settled amicably through negotiation. Should no settlement be reached through negotiation, the case shall be submitted to ____ (arbitral authority) for arbitration in accordance with its arbitral rules of procedure. The arbitral award is final and binding upon both parties. The arbitration fee shall be borne by the losing party unless otherwise awarded by the arbitration court.

仲裁:凡因执行本合同所发生的或与本合同有关的一切争议,双方应通过友好协商来解决;如果协商不能解决,应将争议提交____(第三国仲裁机构)并按其仲裁规则进行仲裁。仲裁裁决是终局的,对双方均有约束力。仲裁费用除仲裁庭另有裁决外,应由败诉一方承担。

此样例规定仲裁在双方同意的第三国进行。

4. 样例 4

Arbitration: Any disputes arising from the execution of, or in connection with this contract shall be settled amicably through negotiation. In case no settlement can be reached through negotiation, the case shall then be submitted to the China International Economic and Trade Arbitration Commission, Beijing, for arbitration in accordance with its provisional rules of procedure. The arbitral award is final and binding upon both parties. The arbitration expenses shall be borne by the losing party unless otherwise awarded by the arbitration organization.

仲裁:与本合同或执行本合同有关的一切争议应通过友好协商解决。如双方协商不能解决争议,应将争议提交北京中国国际经济贸易仲裁委员会,根据该会仲裁规则进行仲裁。仲裁裁决是终局的，对双方均有约束力。仲裁费用除仲裁机构另有裁决外，应由败诉一方承担。

【案例8-3】

【案例回放】

我国某公司与外商订立一项出口合同，在合同中明确规定了仲裁条款，双方约定在履约过程中如发生争议，在我国进行仲裁。后来，对方对货物的质量提出异议，并在其所在地法院起诉我方，法院也发来了传票，传我方公司出庭应诉。对此，你认为应如何处理？

【要点分析】

我方公司可不予理睬。

本案例中，双方在合同中明确规定了仲裁条款，该仲裁条款可以约束双方当事人按合同规定以仲裁方式解决争议，而不得单方面向法院提起诉讼，同时排除了法院对有关争议案件的管辖权。

 本章延伸阅读

1. 不同法律对违约行为的不同解释

英美法系、大陆法系以及《公约》对违约行为有着不同解释，了解不同法律对违约行为的不同解释，有助于在订立合同时做出明智的判断。

（1）英国法对违约行为的解释和规定。英国法把违约分为违反要件和违反担保两种。违反要件（breach of conditions）是指违反合同的主要条款，如合同价格、数量、品质、包装、交货期等，如一方违反合同要件，则另一方有权要求解除合同。违反担保（breach of warranty）是指违反合同的非主要条款，如一方违反担保，另一方有权要求损害赔偿，但无权要求解除合同。

（2）美国法对违约行为的解释和规定。美国属英美法系国家，在许多方面保持了英国法的传统。美国法对违约采取的是重大违约和轻微违约的分类。重大违约（material breach）是指一方当事人违约而导致另一方当事人的主要利益未得到满足，或者说另一方当事人不能从合同中取得主要利益。在此情况下，受害方有权主张解除合同，并要求损害赔偿。而轻微违约（minor breach）是指一方当事人违约，虽然导致另一方当事人受到损害，但损害的程度相对轻微，其仍然可从合同中取得主要利益。在此情况下，受害方只能向违约方要求损害赔偿，而不能主张解除合同。

从英国法和美国法两种不同的分类来看，英国法着重于违反合同条款本身，而美国法着重于违反合同所造成的后果。

（3）《公约》对违约行为的解释和规定。《公约》把违约分为根本性违约和非根本性违约两种。根本性违约是指"如果一方当事人违反合同的结果使另一方当事人蒙受损失，以致实际上剥夺了其根据合同规定有权期待得到的东西，即为根本违反合同"；如果未达到上述违约后果，则不构成根本性违约，而视为非根本性违约（non-fundamental breach）。

根据《公约》规定，如果一方当事人根本性违约，另一方当事人可以宣告合同无效，并要求损害赔偿；而对非根本性违约，则受害方只能要求损害赔偿，不能主张合同无效。换言之，《公约》是从违约的性质及其所造成的后果来区分违约种类的。

（4）我国《民法典》对违约行为的解释和规定。第五百八十三条规定，当事人一方不履行合同义务或者履行合同义务不符合约定的，在履行义务或者采取补救措施后，对方还有其他损失的，应当赔偿损失。第五百八十四条规定，当事人一方不履行合同义务或者履行合同义务不符合约定，造成对方损失的，损失赔偿额应当相当于因违约所造成的损失，包括合同履行后可以获得的利益；但是，不得超过违约一方订立合同时预见到或者应当预见到的因违约可能造成的损失。

2. 定金与订金

定金（earnest money）又称履约保证金，是指合同一方当事人根据合同的约定，预先付给另一方当事人的一定数额的金钱。定金用于保证合同的履行，是作为债权担保而存在的。在买卖合同中，只要订立了定金条款，无论合同当事人哪方违约，都要承担与定金数额相等的损失。

我国《民法典》第五百八十六条规定，当事人可以约定一方向对方给付定金作为债权的担保。定金合同自实际交付定金时成立。定金的数额由当事人约定；但是，不得超过主合同标的额的20%，超过部分不产生定金的效力。实际交付的定金数额多于或者少于约定数额的，视为变更约定的定金数额。第五百八十七条规定，债务人履行债务的，定金应当抵作价款或者收回。给付定金的一方不履行债务或者履行债务不符合约定，致使不能实现合同目的的，无权请求返还定金，收受定金的一方不履行债务或者履行债务不符合约定，致使不能实现合同目的的，应当双倍返还定金。第五百八十八条规定，当事人既约定违约金，又约定定金的，一方违约时，对方可以选择适用违约金或者定金条款。定金不足以弥补一方违约造成的损失的，对方可以请求赔偿超过定金数额的损失。

订金（subscription money）严格意义上并非是一个规范的法律概念，它具有预付货款的性质，仅是一种支付手段，目的是解决卖方资金周转困难问题，不具有担保债务履行的作用，也不能证明合同的成立。法律规定，收受预付货款的一方违约，只需返还所收款项，而无须双倍返还订金。

3. 中国国际经济贸易仲裁委员会

中国国际经济贸易仲裁委员会（China International Economic Trade Arbitration Commission，CIETAC，中文简称贸仲委）是世界上主要的常设商事仲裁机构之一，经中央人民政府批准，于1956年4月成立，附设于中国国际贸易促进委员会（简称中国贸促会，CCPIT）。贸仲委以仲裁的方式，独立、公正地解决经济贸易争议。

贸仲委设在北京，并在深圳、上海、天津、重庆、杭州、武汉、福州、西安、南京、成都、济南、海口分别设有华南分会、上海分会、天津国际经济金融仲裁中心（天津分会）、西南分会、浙江分会、湖北分会、福建分会、丝绸之路仲裁中心、江苏仲裁中心、四川分会、山东分会和海南仲裁中心。此外，贸仲委在香港特别行政区设立香港仲裁中心，在加拿大温哥华设立北美仲裁中心，在奥地利维也纳设立欧洲仲裁中心。

贸仲委及其分会、仲裁中心是一个统一的仲裁委员会，适用相同的仲裁规则和仲裁员名册。贸仲委章程规定，分会、仲裁中心是贸仲委的派出机构，根据贸仲委的授权接受并管理仲裁案件。

根据仲裁业务发展的需要，以及就近为当事人提供仲裁咨询和程序便利的需要，贸仲委先后设立了29个地方和行业办事处。为满足当事人的行业仲裁需要，贸仲委在国内首家推出独具特色的行业争议解决服务，为不同行业的当事人提供适合其行业需要的仲裁法律服务，如粮食行业争议、商业行业争议、工程建设争议、金融争议以及羊毛争议解决服务等。此外，除传统的商事仲裁服务外，贸仲委还为当事人提供多元争议解决服务，包括域名争议解决、网上仲裁、调解、投资争端解决、建设工程争议评审等。

本章主要参考文献

[1] 中国国际经济贸易仲裁委员会.《联合国国际货物销售合同公约》在中国仲裁的适用［M］.北京：法律出版社，2021.

[2] 奥古斯特，迈耶，迈克尔.比克斯比.国际商法：英文版 原书第6版［M］.高瑛玮，译.北京：机械工业出版社，2018.

[3] 崔建远.合同法［M］. 7版.北京：法律出版社，2021.

[4] 布朗奇.国际贸易实务：第五版［M］.孔雁，蔡荣生，译.北京：清华大学出版社，2007.

[5] 韩平.中英仲裁法比较研究［M］.厦门：厦门大学出版社，2019.

[6] 徐春祥，等.国际贸易实务［M］. 2版.北京：机械工业出版社，2018.

[7] 徐春祥.国际贸易实务习题与参考答案［M］.北京：机械工业出版社，2014.

本章数字资源

合同中的仲裁条款实例。

第9章 交易磋商与合同订立

 本章阅读提示

　　交易磋商是开展国际贸易的前提，同时也是订立国际贸易合同的基础。交易磋商是指买卖双方为买卖货物对各项交易条件进行协商以期达成交易的过程。交易磋商涉及两部分内容：一是磋商什么，即磋商内容；二是怎么磋商，即磋商程序。磋商内容也是国际贸易合同的主要条款，包括货物贸易交易标的（货物描述、品质、数量、包装）、贸易术语与货物的价格、货物运输、货物运输保险、货款结算、出入境货物检验检疫、争议与处理等内容，也就是本书第 2～8 章介绍的内容。磋商程序通常包括询价、发价、还价以及接受四个环节。

　　买卖双方经过磋商，就合同的各项条款达成一致后，就要签订合同。国际贸易合同是指营业地处于不同国家（或地区）的当事人之间所订立的货物买卖合同。国际货物买卖是通过磋商、订立和履行国际货物贸易合同来实现的。

　　本章结构安排如下：第 9.1 节主要介绍交易磋商，包括交易磋商的重要性以及磋商前的准备工作；交易磋商的基本原则以及交易磋商的程序。第 9.2 节介绍合同的订立，包括国际货物贸易合同的含义及其形式；国际货物贸易合同的分类及主要内容。

9.1 交易磋商

9.1.1 交易磋商的重要性及磋商前的准备工作

1. 交易磋商的重要性

　　交易磋商是指买卖双方为买卖货物对各项交易条件进行协商以期达成交易的过程。交易磋商是开展国际贸易的前提，同时也是订立国际贸易合同的基础。交易磋商的过程决定着买卖合同的具体条款和内容，进而影响着当事各方的权利、责任和义务关系。交易磋商的结果直接关系到交易双方的经济利益。因此，从事对外贸易的业务人员要广泛了解有关外贸业务的知识，做好交易磋商前的准备工作。

　　国际货物贸易的交易磋商，不仅涉及货物自身的质量、技术参数（规格）、数（重）量、包装等具体内容，同时涉及各国的贸易政策、法律法规、金融政策，还会涉及当事各方所在国家（地区）之间双边或多边贸易协定，以及国际组织制定的公约、贸易惯例等一系列较为复杂的问题。交易磋商是一项专业性、知识性、策略性、技巧性及政策性都很强的工作，磋商的实质是当事各方之间的竞争与较量。交易磋商过程中，当事各方根据形势变化，不断调整自己的目标利益函数，以谋求自身利益的最大化。

进行交易磋商时，企业不仅要从自身利益出发，而且要站在国家整体利益的高度来对待每项交易。交易磋商绝非两家或几家企业之间的谈判，其实质是不同国家或地区之间的经济交往。交易磋商失败或失误，轻则失去有利的贸易机会，造成经济利益损失；重则影响交易各方的友好关系，甚至造成一定程度的不良政治影响。

国际贸易是一种互惠共赢的关系，而不是"零和博弈"。因此，要善于从长远考虑问题，要有远见卓识，该坚持原则时一定要坚持原则，该让步时也应该适当让步，以缓解彼此间的矛盾和冲突，从而达成共识。

2. 磋商前的准备工作

交易磋商的重要性和复杂性决定了交易磋商前的准备工作是一项细致而艰辛的工作。参与交易磋商的人员要知己知彼、严谨慎重。磋商前的准备工作通常包括磋商人员的选配、目标市场调研、交易对象的选择以及磋商方案的制定等环节。

（1）磋商人员的选配。选择配备一支熟悉交易内容、谈判经验丰富、精干敏锐、务实灵活的谈判队伍是交易磋商的关键，也是磋商成功的前提㊀。交易磋商的过程是双方就交易货物的规格、质量、价格、贸易方式、结算方式等各项交易条件进行具体商谈并据此拟订合同的过程。这些具体的内容涉及交易各方利益的大小和分配，因此磋商期间发生激烈的争论和意见分歧是难免的。任何一个细节出现差错，都会给日后合同的履行带来不必要的麻烦。这就需要一支善于把握谈判商机、专业知识和谈判技巧互补、配合默契的高素质的谈判队伍。其既要有较强的原则性，关键时刻又要体现出充分的灵活性，还要善于随机应变、把握商机。一般情况下，参与交易磋商的人员应具备以下几个方面的素质：

1）通晓交易各国的贸易政策、法律法规，熟悉国际贸易有关的公约和惯例。

2）了解基本的国际市场行情。

3）具有较强的外语沟通能力，尤其是口语表达能力。

4）具备扎实规范的国际贸易实务知识，包括贸易方式、国际贸易货物的运输和运输保险、结算方式以及检验检疫等方面的基本知识。

5）具有较好的心理素质和谈判技巧，遇事冷静、理性、有信心。

6）处事灵活，能根据实际情况随机应变，从而把握商机。

（2）目标市场的调研。在交易磋商之前，应进行深入细致的市场调研。市场调研是对国际市场的有关信息资料进行系统收集、分析和决策的过程。其目的是对国际市场进行细分，以选择正确的目标市场。通常情况下，选择目标市场可以从以下几个方面入手：

1）考察目标市场国家与我国之间近年来的贸易发展状况，包括贸易协定的签署情况、外交状况等，争取选择签订有双边贸易协定或与我国建立了友好关系的国家。

2）考察目标市场国家的经济发展水平、消费潜力、需求偏好、宗教信仰、风俗习惯等。

3）考察目标市场国家的自然资源条件等。

㊀ 随着电子商务的发展，各种电商交易平台为双方交易提供了更多支持和保障，买卖双方面对面的商务谈判（交易磋商）多数出现在大型交易中，而在中小型交易中逐渐淡出。

4）考察目标市场国家的政策变动等因素。

上述不同方面的因素都会影响一个企业的产品能否顺利进入另外一个国家的市场。

（3）交易对象的选择。交易前，应对交易对象（目标客户）的背景进行调查。调查应从其资信状况、信誉、经营管理能力、经营作风等几个方面进行，并建立完备的客户档案。其中，对目标客户的资信状况等信息可以通过我国驻外使领馆、金融机构以及一些专门的调查机构获取。

（4）磋商方案的制定。凡事预则立，不预则废。要根据掌握的信息制定几套方案，做好充分的交易磋商准备工作。这些交易方案包含以下内容：

1）交易可能出现的结果。最好的结果是什么，最糟的结果又是什么，自己的交易"底线"是什么。

2）谈判对手强大怎么办，谈判对手相对较弱又该怎么办。

3）交易条件中，哪些是可以让步的，哪些是只能坚持不能让步的，哪些是尽量争取的，哪些是可以妥协的等，都要做到心中有数。

9.1.2 交易磋商的基本原则及其注意事项

1. 交易磋商的基本原则

交易磋商的过程实质上是交易各方相互沟通、讨价还价、分享交易成果的互惠共赢的过程。这一过程既表现出交易各方的相互了解、相互理解，同时又体现了交易各方的博弈和睿智。在这一过程中，互惠互利、和谐共赢是基本原则。如果机械地坚持原则或只争取自身利益的最大化，则很有可能导致交易磋商失败或利益受损。

参与国际贸易的交易各方尽管来自不同的国家或地区，经济发展水平和经济发展阶段可能差异较大，有着不同的语言、文化背景、宗教信仰、消费习惯、偏好和价值观等，但有一点是相同的，就是交易的动机都是追求贸易利益。因此，参与交易磋商的人员应当善于解决矛盾的主要方面，求同存异，找到符合交易各方利益的交易条件，达到平等、互利、和谐、共赢的目标。

2. 交易磋商应注意的事项

在明确了交易磋商基本原则的基础上，还要注意如下交易磋商事项：

（1）加强沟通和交流并以诚相待。当交易磋商遇到困难时，不要气馁，暂时搁置争议，增进沟通和交流。适当的沟通和交流可以增加彼此的信任，这是达成一项交易的基础。导致交易磋商中断和结果不理想的原因是多方面的，缺少必要的沟通以及缺乏交易的诚意是其中最主要的。让交易对方感到自己对待这次谈判的真诚，明确表明什么条件是可以接受的，什么条件是坚决拒绝的，这样可以使对方适当调整谈判思路。磋商的目的是达成交易，而不是双方不断地相互猜忌，加强沟通和交流并以诚相待是交易磋商的最佳选择。

（2）要善于运用商务谈判的各种技巧。除沟通和以诚相待外，交易磋商人员还必须灵活运用各种谈判技巧，包括：遵守谈判时间；注重谈判礼仪；同一笔交易要尽量保持谈判人员的稳定性，不频繁更换谈判人员；注重感情的培养，拉近双方的心理距离，使谈判在友好和相互信任的氛围中进行。

（3）精力集中，正确判断对方的真实意图。商务谈判时，谈判人员应精力集中，认真听取对方的提问和发言，了解对方所关注的内容，正确判断对方的真实意图；同时，要冷静、理性、审时度势，善于把握谈判节奏，做到不亢不卑，既维护自己的尊严和利益，又尊重对方。

9.1.3 交易磋商的程序

交易磋商的程序一般包括四个环节：询价、发价、还价、接受。其中，发价和接受是一项交易不可或缺的环节。

我国《民法典》第四百七十一条规定，当事人订立合同，可以采取要约、承诺方式或者其他方式。其中，要约就是发价，承诺就是接受。

1. 询价

（1）询价的基本含义及分类。询价（inquiry 或 enquiry）又称询盘。实际上，在国际贸易中，inquiry 的基本含义是对产品、服务或信息的一种提供请求，包括两个层面的意思：一是请求对方提供产品的说明书（catalogue）、价目表（price list）、样品（sample）以及请求对方发价（offer）。这个层面的含义用英文表述为"action inquiry"或"business inquiry"（商务咨询），这种 inquiry 可直接向交易对方索取。二是一种书面请求，请求交易双方以外的第三方提供交易对方企业的财务状况（financial position）、信用（credit）、声誉（reputation）以及一些交易做法（business methods）等。这个层面的含义用英文表述为"status inquiry"（信用咨询或资信调查），这种资信调查通常向银行（可通过自己的开户行向其国外代理行或分支机构）、商会以及一些资信调查机构进行。

无论是询价还是下面要介绍的发价、还价以及接受，通常都以函电的方式进行。下面是两种不同类型的询价示例。

1）商务咨询。如上所述，这种类型的询价主要是买方请求卖方提供产品的说明书、价目表以及一些感兴趣的样品等，以期对这些产品进行深入了解。询价时应注意语言简洁（brief）、具体（specific）、有礼貌（courteous），并且要求是合情合理的（reasonable）。例如：

From：
_____

Date：_____（date on which the letter is written）
To：
_____

Subject：Business Inquiry Letter

Dear _____（name of the receiver），

We have recently opened our new office in ×××, and we would like to buy a lot of wooden furniture which includes tables, chairs, and desks. We would like to see your company catalogue which has details of all the products that you manufacture. We will go through it and see if any products meet our requirement.

We have a huge requirement, and we hope that you will be able to meet our demands. We are in search of modern, compact and sturdy furniture for our office. We would also like to know that if you make furniture on demand or if you could design new furniture for our office as per the requirement within a stipulated time.

In case we like your designs and products we would like to place an order, and we would work out the pricing in person. We could send one of our representatives from our end to oversee the products and finalize the price.

We shall discuss the further matter after you send the catalogue. In a case of any queries, feel free to contact me.

Yours sincerely,

_____ (name and signature)

询价（商务咨询）常常是一笔交易的开始，应予以重视并及时做出回应。

2) 信用咨询或资信调查。该种类型的咨询主要是交易一方通过一些机构（本国银行驻国外的分支机构或代理行、本国驻外使领馆以及一些商会或调查机构等）对对方公司的财务状况、信用、信誉、交易方式以及管理能力（management capacities）等进行了解，以便确定其授信额度（credit line），为下一步的交易做准备。这种类型的咨询应该遵循表达意图明确、具体礼貌，并对其提供资料信息表示感谢等。

例如，Oxford Ltd. 公司想与你公司（简称 Planet Ltd.）洽谈业务，你通过开户行向 Oxford Ltd. 公司所在国家的分行（Mc-Hill Bank）查询其信用状况。你起草一份信函，请求 Mc-Hill 银行提供 Oxford Ltd. 公司的信用信息如下：

Planet Ltd.

×××, Dhaka-1216

July 19th, 2023

Manager,
Credit operation
Mc-Hill Bank
×××, Dhaka-1000.

<u>Confidential</u>

  Re: **Request for Credit Information**

Dear Sirs,

  The firm named below wishes to develop business with us, our bank, ×××, has given your name as a credit reference:

  Oxford Ltd.

  ×××, Dhaka-1011

  Any information you may furnish us will be treated as strictly confidential. We shall appreciate an early reply and assure you of our willingness to cooperate at any time. A stamped and addressed envelope is enclosed for your convenience.

  Yours faithfully,

  A. R Khan

  Administrative Manager of Planet Ltd.

在收到上述请求后，Mc-Hill 银行会根据自己调查掌握的信息予以答复。以下是 Mc-Hill 银行对上述信用咨询的答复样函。

Mc-Hill Bank
×××, Dhaka-1000
July 27th, 2023

A. R Khan
Administrative Manager
Planet Ltd.
×××, Dhaka-1216

Re: Replying to status inquiries

Dear Sir,

Writing about the credit standing of the firm you mentioned in your letter of July 19th, 2023, We must advise you to consider the application carefully.

In the past two years, this firm has been deferring payments for long periods. It takes commitment but fails to comply. Furthermore, their financial strength is no more satisfactory and their reputation is getting down day by day in the business arena. As a result, many suppliers are giving them goods on a cash basis only. We suggest a line of caution.

The above information is strictly confidential and we don't accept any responsibility for it.

Yours faithfully,

S. A. Akash

Credit Manager,

Mc-Hill Bank

（2）国际货物贸易中的询价。国际货物贸易中的询价是指交易的一方欲购买或出售某种货物，向另一方询问买卖该项货物的各种交易条件。

询价的内容可涉及交易货物的价格、品质、数量、包装、装运条件以及索取样品等，而多数询价只是想探询一下欲交易货物的市场价格。

询价可以采取口头或书面两种方式来表达。

询价可以由买方发出，也可以由卖方发出。其中，买方询价又称邀请发价（invitation to make an offer），就是买方邀请卖方就自己欲出售的货物给出价格和其他交易条件；卖方询价又称邀请递价（invitation to make a bid），即卖方给出自己的价格及各项交易条件后，邀请买方回应，要么讨价还价，要么接受。

询价是交易磋商的第一步，在法律上对买卖双方均无约束力。但通常情况下询价是交易磋商的开始，应予以足够重视。

询价在我国法律上称为"要约邀请"，就是邀请对方进行发价或递价。

2. 发价

（1）发价的含义。发价（offer）又称发盘、报价（quotation）或要约，是指交易的一方向另一方提出购买或出售某种货物的各项交易条件，并愿意按这些条件达成交易并签订合同的一种意思表示。

《公约》对发价的定义是:"向一个或一个以上特定的人提出的订立合同的建议,如果其内容十分确定并且表明发价人在其发价得到接受时就受该发价约束的意旨,即构成发价。"

一项发价有两个关系人:一是发价人(the offeror);二是被发价人(the offeree),又称受价人。

发价可以是应对方询价做出的答复,也可以是在没有任何询价的情况下直接发出的。

发价可以采用书面形式,也可以采用口头形式。国际货物贸易的发价通常采用书面形式,书面发价包括信函、传真或电子邮件等。

发价通常由卖方发出,但有时亦由买方发出。由卖方发出的发价称售货发价(selling offer),由买方发出的发价称购货发价(buying offer)或"递价"(bid)。

发价既是一种商业行为,同时又是一种法律行为。因为,发价一经发出,在有效期内如被对方接受,发价人就要受该发价的约束。

(2)实盘与虚盘。发价又称发盘,发盘有实盘和虚盘之分。

实盘(firm offer⊖或 offer with engagement)是对发价(盘)人有约束力的发价(盘)。实盘的内容必须十分确定,发价人要受发价内容的约束。实盘一经发出,发价人不得随意对发价进行撤回、撤销或修改原发价的内容。

虚盘(non-firm offer 或 offer without engagement)是指对发价(盘)人没有约束力的发价。虚盘发盘人可随时对发出的虚盘进行撤回、撤销或修改发盘内容。发价人发出虚盘的主要目的是试探被发价人的意图。

区分一项发价(盘)是实盘还是虚盘,通常看一项发价中是否含有一些保留(特殊)条款。如果发价人在发价中附加了一些特殊条款,如发价"仅供参考"(for reference only)、"以发价人的最后确认为准"(subject to our final confirmation)等,则这样的发价为虚盘,反之则为实盘。

下面是实盘和虚盘的示例。

1)实盘示例。

Dear Ms. Wang,

Re: Offer of our wine products

Thank you for your E-mail through Alibaba and interest in our wine products.
Attachment with wine pictures and the price list of our catalogues.

—Prices: Euro 1.16 per bottle CIF Qingdao, China *Incoterms 2020*. Or
Euro 1.07 per bottle FOB Port of Valencia, Spain *Incoterms 2020*.

—Sea freight charges: Euros 1250 per 20 ft container (contains about 15000 bottles) from La Rioja, Spain to Qingdao, China.

—Packaging details:
12 bottles per box.

⊖ "firm offer"源于美国《统一商法典》,原意是不可撤销的发盘,我国译作"实盘"。

- Euro pallet with 12 boxes per row and 5 rows = 60 boxes total. Euro pallet size 1.20m.*0.80m./915 kgs
- North American pallet with 15 boxes per row and 5 rows = 75 boxes total. North American pallet size 1.20m.*1.00m./1140 kgs

6bottles per box.

- Euro pallet with 24 boxes per row and 5 rows = 120 boxes total. Euro pallet size 1.20m.*0.80m./915 kgs
- North American pallet with 30 boxes per row and 5 rows = 150 boxes total. North American pallet size 1.20m.*1.00m./1140 kgs

20ft Container.

- 12 Euro pallet = 8640 bottles
- 10 North American pallet = 9000 bottles

40ft Container.

- 24 Euro pallet = 17280 bottles
- 20 North American pallet = 18000 bottles

——Shipping detail: 15-20 days after confirmed payment.

——Payment terms: by T/T or irrevocable documentary sight L/C.

——Offer validity: 7 days

We hope this offer will meet your requirement, and look forward to hearing from you soon.

Sincerely yours,

2) 虚盘示例。

Dear Sirs,

Re: Chinese Northeast Soybeans

In reply to your letter of Jan. 8th, 2022, we have pleasure in offering, subject to our final confirmation, the captioned goods as follows:

Description of goods: Chinese Northeast Soybeans, Heilongjiang Origin, 2021 Crop

Quantity: 180 metric tons

Price: at US $412.6 per metric ton CFR Osaka, Japan, Incoterms 2020

Packing: in ordinary second-hand gunny bags

Shipment: in March, 2022

Payment: by irrevocable L/C, payable by draft at sight

We hope this offer will be of interest to you, and look forward to hearing from you soon.

Yours faithfully,

(3) 构成一项实盘的条件。构成一项有效的实盘必须具备如下几个条件:

1) 发价应向一个或一个以上的特定的人提出。发价是向特定的人发出的,这里"特定的人"可以是法人,也可以是自然人;可以是一个人,也可以是一个以上的人,但不能是面向大众的任何人。"特定的人"这一规定使发价同普通的商业广告及向公众散发的宣传单区分开来。不指定受价人的发价，仅应视为邀请发价。《公约》第14条第2款指出："非向一个或一个以上特定的人提出的建议，仅应视为邀请做出发价。"

2）发价的内容必须"十分确定"。发价的内容应该是"完整、明确和终局的"。其中，"完整"是指货物的各种主要交易条件完备；"明确"是指主要交易条件不能用含糊不清、模棱两可的语句表述；"终局的"是指发价人只能按发价条件与被发价人订立合同，而不能包含其他保留性条款。

《公约》第14条第1款规定，"十分确定"的含义有三点：一是一项发价必须明确货物的名称；二是明示或暗示地规定货物的数量或确定货物数量的办法；三是明示或暗示地规定货物的价格或确定货物价格的办法。

3）发价中必须表明该发价一旦被被发价人接受，则发价人即受该发价约束的意思。发价的目的是达成交易，因此，发价一旦被被发价人接受，合同即告成立，发价人即受该发价约束。

（4）发价的有效期。发价的有效期（offer validity）是指被发价人对发价做出接受的时间和期限。

一般情况下，一项发价都规定一个明确的有效期，超过了有效期，则发价人即不受原发价约束，发价再被接受视为无效。

关于发价的有效期，通常有如下两种规定方法：

1）规定一个最迟接受的期限，如限6月10日复到有效（offer valid subject to reply here June 10th）。

2）规定一段接受期限，如此发价有效期为15天（the offer is valid for 15 days）。

此外，一项发价可能还会涉及撤回与撤销以及失效等概念，但在通信技术相对发达的今天，一些概念在实践中已基本不具备可操作性了。

3. 还价

（1）还价的含义。还价（counter offer）又称还盘，法律上称为反要约，是指被发价人对发价内容不同意或不完全同意而提出修改或变更发价内容的一种表示。还价是对原发价内容的实质性变更，还价的法律后果是对原发价的拒绝和被发价人向对方做出新的发价。

必须强调的是：还价并非仅仅对货物价格进行讨价还价，有时可能对付款方式、装运条件、数量、品质、交货时间与地点等其他内容进行修改，这都视为还价。

注意：还价不是交易磋商的必经步骤，有时交易双方无须还价即可达成交易，而有时双方虽经反复磋商，终因分歧过大而交易终未达成。

《公约》第19条第1款规定，"对发价表示接受但载有添加、限制或其他更改的答复，即为拒绝该项发价，并构成还价"；第3款规定，"有关货物价格、付款、货物质量和数量、交货地点和时间、一方当事人对另一方当事人的赔偿责任范围或解决争端等的添加或不同条件，均视为在实质上变更了发价的条件"。

（2）还价的性质。

1）还价是对原发价的拒绝或否定。还价一经做出，原发价即失去效力，发价人不再受原发价的约束。

2）还价等于被发价人提出一项新的发价。还价使还价人成为新的发价人，而原发价人成为新的被发价人。

3)还价(盘)也有虚盘和实盘之分。

4)只有被发价人才可以还价,非被发价人还价无效。

(3)还价示例。

Dear Sirs,

Counter Offer

We are glad to have received your E-mail dated Feb. 8th, 2022, offering us Dry Red Grape Wines at EUR1.16 per bottle CIF Qingdao, China.

In reply, we regret to inform you that your price is a little higher than our expectation. Market information tells us that some Spanish or Italian grape wine products with the same quality have been sold here at a level about 10 percent lower than that of yours.

We do not deny the quality of your products, but the difference in price is a wide gap. To establish the business, we counter offer you 15000 bottles at EUR1.06 per bottle/750 ml CIF Qingdao, China.

It is hoped that you would seriously take it into consideration and let us have your reply very soon.

Sincerely yours,

4. 接受

(1)接受的含义。接受(acceptance)是指交易的一方在发价(或还价)的有效期内,以声明或行动的方式,无条件地完全同意另一方发价或还价提出的交易条件并愿意按这些条件订立合同的肯定意思表示。

我国《民法典》称接受为"承诺"。

接受和发价一样,既是商业行为,也是法律行为。接受产生的重要法律后果是交易达成、合同成立。

注意:被发价人对收到的发价或还价表示沉默,不采取任何行动,不能视为对发价或还价的接受。因为从法律上讲,被发价人没有义务对收到的发价(或还价)做出答复。

(2)接受具备的条件。构成有效的接受必须具备以下条件:

1)接受必须由合法的被发价人做出。一项发价(实盘)是向特定的人提出的,因此只有特定的人才有资格对原发价做出接受,任何其他第三者的接受均无法律效力。如果是无特定被发价人的公开发价(public offer),则任何人均可凭借发价通知并按其规定的程序和办法表示接受。

2)接受必须是完全的、无条件的。被发价人必须对一项发价(或还价)毫无保留地完全同意,这是接受的基本原则。如果对发价表示接受但载有添加、限制或其他实质性更改的答复,即视为对原发价的拒绝并构成一项新的还价。《公约》第19条第3款规定:"有关货物的价格、付款方式、货物的质量和数量、交货地点和时间、一方当事人对另一方当事人的赔偿责任范围或争端解决等等的添加或变更,均视为在实质上变更发价条件。"

《公约》第19条第2款规定:"对发价表示接受但载有添加或不同条件的答复,如所载的添加或不同条件在实质上并未变更该项发价的条件,除发价人在不过分迟延的期间内以口头或书面通知反对其间的差异外,仍构成接受。"

3)接受必须在一项发价(或还价)的有效期内做出。当发价(或还价)规定了有效期时,接受必须在规定时限内做出方为有效。

4)接受必须由被发价人以某种行为表示出来。《公约》第 18 条规定:"接受有两种表示方式:一种是被发价人以口头或书面方式向发价人发出声明;另一种是通过某种行为表示接受,如按发价规定发货、付款等,不行动或缄默不能认为是接受。"

(3)接受生效的时间。接受既是一种商业行为,又是一种法律行为。因此,什么时间接受才算是有效的接受,这是一个十分重要的问题。

英美法系国家采用投邮生效原则(mail-box rule),认为接受通知一经投邮或通过电子邮件等方式发出就立即开始生效。

大陆法系国家采用送达生效原则(received the letter of acceptance),认为表示接受的函电必须在发价有效期内送达发价人,接受才能生效。如果表示接受的函电在邮递途中延误或遗失,不能视为有效接受,合同不能成立。

《公约》以及我国《民法典》均采用大陆法系的送达生效原则。《民法典》第四百八十一条规定,承诺应当在要约确定的期限内到达要约人。

(4)逾期接受。逾期接受(late acceptance)是指超过了发价有效期后提出(或到达)的接受。逾期接受有多种原因,可能由于被发价人引致,也可能由于传递接受通知的部门引致。

原则上讲,逾期接受是无效的。但在国际贸易实际业务中,只要被发价人认可逾期的接受,则合同也可同样宣告成立。

《公约》第 21 条规定,逾期接受在下列两种情况下仍具法律效力:

1)逾期接受仍具有接受的效力,如果发价人毫不迟延地用口头或书面方式将此种意见通知被发价人。

2)如果载有逾期接受的信件或其他书面文件表明,这些信件或文件是在传递正常、能及时送达发价人的情况下寄发的,则该项逾期接受具有接受的效力,除非发价人毫不迟延地用口头或书面通知被发价人,该项发价已经失效。

9.2 合同订立

在国际贸易业务中,一笔交易经过交易磋商(通常分为询价、发价、还价、接受四个环节),一旦发价(或还价)被对方接受,则交易达成。合同是交易各方磋商内容的真实意思体现,它将交易各方各自的权利义务关系集中体现出来。

9.2.1 国际货物贸易合同的含义及其形式

1. 国际货物贸易合同的含义

国际货物贸易合同是指不同国家(或地区)的当事人(买卖双方)之间,通过友好磋商,按照一定交易条件达成的买卖某种货物的协议。

按照国际贸易有关公约或惯例的解释,一项发价一旦被被发价人有效接受,交易即告达成。之后双方将有关磋商内容写进合同，签字生效。交易各方都应受合同条款的约束，并按规定履行合同。

根据《公约》相关规定，国际货物贸易合同应该体现如下几点：

1）国际货物贸易合同是国际性的，即国际货物贸易合同必须是不同国家（或地区）当事人（交易各方）之间订立的。

2）国际货物贸易合同要有明确的交易标的——货物。

3）国际货物贸易合同的性质是买卖，卖方要将货物的所有权转移给买方，而买方必须按约定支付相应的货款。

4）国际货物贸易合同应规定买卖双方的权利和义务，对双方都有约束力。国际货物贸易合同不仅规定成交的货物，同时也明确规定买卖双方的权利和义务关系，对双方均具有约束力。买卖双方都必须严格遵守合同条款，任何一方违约，受损害一方都可以依据合同相关条款（或合同约定的公约或惯例）向违约方提出损害赔偿要求。

2. 国际货物贸易合同的形式

关于国际货物贸易合同的形式，各国法律规定各异。有的国家法律规定合同必须采用书面形式，或超过一定金额的合同必须采用书面形式。例如，美国《统一商法典》规定，凡金额在 500 美元以上的货物销售合同必须有书面文件为证，否则不得由法律强制执行。因此，对于那些通过口头磋商达成的交易，需再订立书面合同加以确认。但目前绝大多数国家的法律对国际货物贸易合同的形式基本上都采取所谓"不要式原则"（principle of informality），即法律不要求按特定的形式订立合同，或法律只要求某些特定的合同采用书面形式。换句话说，当事人无论采用口头形式还是书面形式，或以某种行为来订立合同，都被认为是合法和有效的。英国《货物买卖法》规定，买卖合同可以以书面形式、口头形式或部分书面、部分口头的形式订立，也可以由当事人以行为方式来表示订立合同的意愿。德国法律也规定货物买卖一般不要求以特定的形式订立合同。《公约》第 11 条规定："销售合同无须以书面订立或书面证明，在形式方面也不受任何其他条件的限制。销售合同可以用包括人证在内的任何方法证明。"我国《民法典》第四百六十九条规定，当事人订立合同，可以采用书面形式、口头形式或者其他形式。书面形式是合同书、信件、电报、电传、传真等可以有形地表现所载内容的形式。以电子数据交换、电子邮件等方式能够有形地表现所载内容，并可以随时调取查用的数据电文，视为书面形式。

综上，国际贸易合同的形式有以下几种：

（1）书面形式。书面合同（written contract）是指以合同书、确认书、信件以及数据电文（如传真、电子数据或电子邮件）等形式表现合同内容。采用书面形式订立的合同，既可以作为合同成立的证据，也可以作为履行合同的依据，还有利于当事人依约行事。若履约过程中发生纠纷，也便于举证和分清责任，因此书面合同成为国际货物贸易合同最主要的形式。

在我国对外贸易业务中，书面合同主要采用合同（销售合同或购买合同）和确认书（销售确认书或购买确认书）两种形式。两种形式的合同（或确认书）通常正本一式两份，买卖双方各执一份，副本份数视双方需要而定。此外，书面形式的合同还包括协议、备忘录、意向书、订单和委托订购单等。常见的书面合同有以下几种形式：

1）销售合同或购买合同。销售合同（sales contract）或购买合同（purchase contract）

统称合同（contract）或买卖合同，有时称这种合同为全式合同。这种合同的格式比较规范，内容完整全面，除了包括合同的主要条款，如货物的名称、规格、型号、品质、数量、包装、单价、总值、交货期、运输条款、保险条款、付款方式等主要内容外，还包括异议与索赔、仲裁、不可抗力等一般合同条款。这种合同对当事各方的权利、义务关系以及发生争议后如何处理均有明确规定。由于这种形式的合同有利于明确交易双方的权利和责任，因此大宗货物或成交金额较大的交易多采取这种合同形式。销售合同通常由卖方（出口方）草拟提出，供买方确认并签字；购买合同通常由买方（进口方）草拟提出，供卖方确认并签字。

2）销售确认书或购买确认书。销售确认书（sales confirmation）或购买确认书（purchase confirmation）统称确认书（confirmation），属于一种简式合同。尽管与正式合同具有同等的法律效力，但其所包含的条款比正式合同更加简单，只列明几项主要条款，如货物的名称、型号、规格、品质、数量、包装、单价、总值、交货期、运输方式、付款方式等，而对于争议与索赔、仲裁、不可抗力等一般合同条款一般不予列入。它适用于金额不大、批数较多的土特产品和轻工产品，或者已订有代理、包销等长期协议的交易。

3）协议。协议（agreement）或协议书在法律上与合同含义相同。书面文件冠以"协议"或"协议书"的名称，只要其内容对买卖双方的权利和义务做出明确、具体的规定，并经买卖双方当事人签署确认，就与合同一样，对买卖双方均具有法律约束力。但如果所洽谈的交易比较复杂，经过磋商后，仅谈妥了一部分条件，还有一部分条件有待进一步商洽，此时买卖双方可先签订一个"初步协议"（preliminary agreement）或"原则性协议"（agreement in general），以便把双方已谈妥的部分条件先确立下来，其余的条件以后再进行详谈，这种协议内通常订明"this agreement is of preliminary nature, a formal contract will be signed after further negotiation"（本协议属初步性质，正式合同有待进一步洽商后签订），这种初步协议不具有正式合同的性质，在法律上没有约束力。

4）备忘录。备忘录（memorandum）是在交易磋商时用来记录磋商内容、以供日后核查的文件。如果当事各方将磋商的交易条件完整、明确、具体地记入备忘录，并经各方签字，则这种备忘录的性质和作用与书面合同无异。如果交易各方磋商后，只是对某些事项达成一致或一定程度的理解或谅解，并将这种理解或谅解用备忘录的形式记录下来，作为双方今后交易或合作的基础，或供进一步洽谈参考，这种备忘录可冠以"理解备忘录"或"谅解备忘录"（memorandum of understanding）的名称，在法律上不具有约束力。备忘录在国际贸易中使用并不多，仅在少数交易较为复杂、需要分段谈判的交易中使用。

5）意向书。意向书（letter of intent）是在交易磋商尚未达成最后协议之前，买卖双方将共同争取实现的目标、设想和意愿，有时还包括初步商定的部分交易条件记录在一份书面文件上，作为日后进一步谈判的参考和依据的书面文件。意向书只是双方当事人为达成某项协议而做出的一种意愿表示，不是法律文件，对有关当事各方没有法律约束力。在日后进一步洽谈中，一般以此前达成的意向为基础。

6）订单和委托订购单。订单（purchase order）是指进口商或实际买方拟制的货物订购单。委托订购单（indent）是指由代理商或佣金商拟制的代客户购买货物的订购单。一般而言，经过交易双方磋商成交后寄来的订单或委托订购单，实际上是一份购买合同或购买确认书。有时，国外客户事先并未与我方进行交易磋商，而直接寄来订单要求订货。对这类订单或委托订购单，我方需认真区分是否是发价邀请，并及时予以答复。

（2）口头形式。采用口头形式订立的合同，又称口头合同（oral contract），是指当事人之间通过当面谈判或电话方式达成协议进而订立的合同，如参加交易会、洽谈会等进行磋商，达成一致意见。采用口头形式订立合同，有利于节省交易时间，对加速成交起着重要作用。但是，因口头合同缺乏依据、空口无凭，一旦发生争议，往往造成举证困难，不易分清责任。这也是有些国家的法律、行政法规强调必须采用书面合同的主要原因。

（3）其他形式。其他形式的合同是指除书面形式和口头形式以外订立合同的形式，如电子形式或以行为方式表示接受而订立的合同。随着信息技术的发展，合同的订立形式已经超越了书面和口头两种传统形式。电子合同的出现以及根据当事人之间长期交往中形成的习惯做法，或发价人在发价中已经表明被发价人无须发出接受通知，可直接以行为做出接受从而合同成立（如卖方发价后，买方直接将货款电汇至卖方或将信用证开至卖方，均属此种形式）。

无论是书面形式、口头形式还是其他形式，都是合同的法定形式，因而均具有相同的法律效力。当事人签订合同时，究竟采用何种形式，应根据有关法律、行政法规的规定和当事双方的意愿进行选择。

9.2.2　国际货物贸易合同的主要内容

不同形式的合同格式和内容差异较大。下面以实际业务中的销售合同（Sales Contract）为例，介绍其主要内容。本销售合同由卖方——泰国某橡胶有限公司起草，买方为中国青岛某国际贸易有限公司，合同式样如下：

Sales Contract

Contract No.：GKR/011/HK/01/23
Date：2023-01-10
Place：SATUN, THAILAND

The Buyer：Qingdao ××× International Trade Co., Ltd.
ADD：×××, Qingdao, China
TEL：　　　　　　　　　FAX：

The Seller：××× Rubber Co., Ltd.
ADD：×××, Satoon 91130 Thailand
TEL：　　　　　　　　　FAX：
Seller's Bank：×××
ADD：
Swift Code：　　　　　　A/C No.：

This contract is made by and between the Buyer and the Seller, whereby the Buyer agrees to buy and the Seller agrees to sell the undermentioned commodities according to the terms and conditions stipulated bellow.

（1）Description of goods and Specifications	（2）Quantity	（3）Unit Price	（4）Total Price
Compounded Rubber STR20	201.60MTS	USD3350.00 per MT CIF Nansha, Guangzhou, China *Incoterms 2020*	USD675360.00

（5）Total Amount：（in words）：Say U. S. Dollars six hundred seventy-five thousand three hundred sixty only.

（6）Country of Origin and Manufacturer：×××Rubber Co. , Ltd. , Thailand

（7）Terms of payment：100 percent by D/P at sight, the payment should be arranged within three working days after the collecting bank received the documents.

（8）Time of shipment：Before March 10th, 2023.

（9）Port of loading：Songkhla port, Thailand or Penang port, Malaysia

（10）Port of discharge（destination）：Nansha Guangzhou, China

（11）Partial shipment：allowed；
　　 Transshipment：allowed.

（12）Packing：35 KGS per Bale, 36 Bales（1.26 M/T）packing in Shrink Wrap on a Wooden Pallet, 16 pallets（20.16MT）per 20′ FCL

（13）Documents：

　　1）Commercial invoice in three originals and one copy issued by the Seller.

　　2）Full set of clean shipped on board ocean Bill of Lading marked "Freight Prepaid" made out to order and blank endorsed, notifying applicant.

　　3）Certificate of origin in one original and one copy issued by Thailand Authority.

　　4）Certificate of quality/analysis in one original and one copy issued by the manufacturer.

　　5）Packing list/weight memo in two original and two copies issued by the Seller, indicating "Gross/Net Weight, Package and quantity/weight" in each container.

　　6）Phytosanitary certificate in one original and one copy issued by Thailand Authority.

　　7）Insurance policy blank endorsed for 110% of the invoice value covering All Risks, showing claims payable at destination in currency of the draft.

　　8）Certificate of fumigation in one original and one copy issued by Thailand Authority.

（14）Inspection and Claim：

　　1）In case the quality, quantity or weight of the goods be found not in conformity with those stipulated in this contract after re-inspection by the General Administration of Customs, P. R. China or its subsidies within 60 days after arrival of the goods at the port of destination, the Buyer shall return the goods to or lodge claims against the Seller for compensation of losses upon the strength of inspection certificate issued by the aforesaid organization, with the exception of those claims for which the insurers or owners of the carrying vessel are liable.

　　2）The Seller should be born the economic loss for the Buyer, which caused by the delay shipment without further notice.

3) If the goods cannot be delivered or picked up as the rule in this contract, which is due to force majeure, the delinquent party should inform the counter party beforehand. And find a solution to lower the loss of counter party. Both parties should keep this in record.

(15) Force Majeure:

The Seller shall not be held responsible for failure or delay to perform all or any part of the contract due to flood, fire, earthquake, drought, war, or any other events which could not predicted at the time of the conclusion of the contract, and could not be controlled, avoided or overcome by the Seller. However, the Seller shall inform the other party of its occurrence in written form as soon as possible and thereafter send a certificate of the event issued by the relevant authority to the other party but no more than 15 days after its occurrence.

If the Force Majeure event last over 120 days, both parties shall negotiate either performance or the termination of the contract.

(16) Disputes and Arbitration:

Any disputes arising in connection with this contract or the execution thereof shall be settled through amicably negotiation. In case no settlement can be reached, the case shall then be submitted to the China International Economic and Trade Arbitration Commission (Beijing, China), for arbitration in accordance with its rules of arbitration. The arbitral award is final and binding upon both parties. The arbitration fee shall be borne by the losing party unless otherwise awarded by the arbitration court.

(17) Additional Conditions:

1) An effective offer would be shaped after the contract was signed by one party. The validity of the offer is one day. The offer would be expired once the other party cannot sign the contract back within the validity or the buyer cannot arrange the balance in the setting day.

2) The contract would be a clean document. Any amendment cannot be accepted. And the fax copy is valid.

3) This contract will take into effect after seller and buyer signed and sealed the contract.

4) The Seller reserved the right to handle the document of this order, once the buyer cannot arranged the payment on time.

the Buyer	the Seller
Qingdao ××× International Trade Co., Ltd.	××× Rubber Co., Ltd.
_____ (signature)	_____ (signature)

国际货物贸易合同（又称合约）的内容一般包括约首、正文和约尾三部分。

(1) 约首。约首即合同的首部，一般包括合同名称（种类）、合同号码、签约日期、地点、买卖双方的名称、地址、电话号码、传真号码等内容。

1) 合同名称。合同名称是指合同的形式和性质，它体现了合同的内容。进口商制作的合同通常称购买合同或购买确认书；出口商制作的合同通常称销售合同或销售确认书。

2) 合同号码。为方便合同履行和日常管理，每一份合同都被编制一个特定号码，称为合同号码或合同编号。合同号码的编制没有固定的格式要求，但一般体现买卖双方签约的日期以及双方企业名称的缩写，以便于日常管理和记忆。合同号码可为开立信用证或缮制其他单据（装箱单、发票、保险单等）提供依据，便于存档和查阅。

3）签约日期与地点。签约日期即合同当事人签字的日期。签约地点通常可决定合同适用的法律，有的国家规定涉外经济合同适用签约地的法律。我国《民法典》第四百九十二条规定，承诺生效的地点为合同成立的地点。采用数据电文形式订立合同的，收件人的主营业地为合同成立的地点；没有主营业地的，其住所地为合同成立的地点。当事人另有约定的，按照其约定。第四百九十三条规定，当事人采用合同书形式订立合同的，最后签名、盖章或者按指印的地点为合同成立的地点，但是当事人另有约定的除外。

4）买卖双方的名称、地址、电话号码、传真号码等。买卖双方的全称和详细地址应在合同中正确载明，除了可以识别当事人之外，在发生纠纷时还可作为决定诉讼管辖的重要依据。电话号码和传真号码等信息主要是方便双方在必要时取得联系。

（2）正文。合同的正文是合同的主体部分，包括货物描述（名称、规格、型号）、品质、数量、包装、单价和总值、装运、保险、支付、检验检疫等主要合同条款，同时还包括异议索赔、不可抗力、仲裁等一般合同条款。合同正文部分具体规定了买卖双方各自的权利和义务，是交易双方磋商的主要内容。

作为合同正文的过渡语，同时体现买卖双方订约的意愿，合同正文通常订有以下文句：

"This contract is made by and between the Buyer and the Seller, whereby the Buyer agrees to buy and the Seller agrees to sell the under-mentioned commodities according to the terms and conditions stipulated below."（买卖双方同意由卖方售出、买方购进下列货物，并按下述条款签订本合同。）

（3）约尾。约尾即合同的尾部，一般包括合同适用的法律或惯例、合同有效期、使用的文字及其效力、合同的份数以及双方授权代表签字等内容。有的合同还带有附件，可一并在约尾部分说明。例如：

"This contract is made out in Chinese and English with equal authentic, if there is divergence between Chinese and English version, the Chinese version of this contract will be prevail."（本合同以中英文书就，两种文本具有同等法律效力，如果产生歧义，以中文为主。）

"The trade term (s) used in this contract is (are) governed and interpreted by the provision of 'INCOTERMS® 2020' and its supplements. Unless otherwise agreed upon in the contract."（除本合同另有规定外，本合同使用的贸易术语依照国际商会《2020年国际贸易术语解释通则》及其补充条款。）

"This contract shall come into force as soon as it is signed by the Buyer and the Seller."（本合同经买卖双方签署后立即生效。）

"Supplementary conditions: Should any other clause in this contract be in conflict with the following supplementary conditions. The supplementary conditions should be taken as final and binding."（附加条款：本合同其他条款如与本附加条款相抵触时，以本附加条款为准。）

"This contract shall come into effect immediately after it is signed by both parties in two original copies, each party holds one copy."（本合同经双方代表签字后生效，正本一式两份，双方各执一份。）

本章延伸阅读

1. 发价与报价

严格意义上讲,发价和报价是两个不同的概念。发价比报价涉及的交易范围更加宽泛一些。

如前所述,发价是买卖双方中的一方向另一方提出购买或出售某种货物的各项交易条件,并愿意按这些条件与其达成交易,签订合同的一种肯定的意思表示;而报价(quotation)相对较为简单,报价单(quotation sheet)上常常仅显示货物的描述(图片、规格、尺寸)以及大致的价格,而一般不列明其他交易条件。

2. 一些主流的电商平台

(1) 阿里巴巴国际站。阿里巴巴国际站是一个旨在帮助中小企业拓展国际贸易的 B2B 平台,通过向国外买家展示、推广供应商的企业和产品,进而获得贸易商机和订单。阿里巴巴国际站从出口企业注册、产品发布到后期追踪有一个相对完善的体系。

(2) Tradekey。Tradekey 是一家全球知名度和实用性都比较强的 B2B 网站,致力于全球买家数据的采集和分析,专门为中小企业而设,以出口为导向,已成为全球 B2B 网站的领导者和最受外贸企业欢迎的外贸 B2B 网站之一。

(3) 中国制造网。中国制造网是国内一家汇集产品制造商名录、提供内外贸供求信息及贸易服务,促进国内生产供应商、制造商与采购商沟通的贸易 B2B 平台。

(4) 亚马逊。亚马逊(Amazon)成立于 1995 年,是美国最大的一家 B2C 网络电商公司,一开始只经营网络书籍销售业务,如今已成为全球商品品种最多的网上零售商和全球第二大互联网企业。亚马逊中国是一家综合网购商城,销售图书音像、数码家电、母婴百货、钟表首饰、服饰箱包、鞋靴、运动户外等几十大类、上千万种产品,支持货到付款、上门退换货,为消费者提供便利、快捷的网购体验。

(5) eBay。eBay 公司是美国最大的在线商品 B2C 交易平台之一。eBay 中国致力于推动中国跨境交易电商发展,帮助国内小企业和个人用户在 eBay 全球平台上进行销售,为其开辟直接面向海外销售的新渠道。

此外,较知名的跨境电商平台还有阿里巴巴旗下的全球速卖通等。

本章主要参考文献

[1] 李蓉. 赵凤玉. 外贸函电与单证 [M]. 北京:清华大学出版社,2022.
[2] 李左东. 国际贸易理论、政策与实务 [M]. 3 版. 北京:高等教育出版社,2020.
[3] 陈岩. 国际贸易理论与实务 [M]. 5 版. 北京:清华大学出版社,2021.
[4] 布朗奇. 国际贸易实务:第五版 [M]. 孔雁,蔡荣生,译. 北京:清华大学出版社,2007.
[5] 黎孝先,王健. 国际贸易实务 [M]. 7 版. 北京:对外经济贸易大学出版社,2020.
[6] 冷柏军. 国际贸易实务 [M]. 3 版. 北京:中国人民大学出版社,2020.
[7] 吴国新,毛小明. 国际贸易实务 [M]. 3 版,北京:清华大学出版社,2019.
[8] 徐春祥,等. 国际贸易实务 [M]. 2 版. 北京:机械工业出版社,2018.
[9] 徐春祥. 国际贸易实务习题与参考答案 [M]. 北京:机械工业出版社,2014.

本章数字资源

依次包括报价单（quotation sheet）、正式报价单（official quotation）、销售合同（sales contract）（实例1、2）、购买合同（contract of purchase）、合同（contract）、销售确认书（sales confirmation）、独家代理协议（exclusive distrbution agreement）、订单（purchase order）。

第10章

国际货物贸易合同的履行

 本章阅读提示

合同又称合约,履行合同又称履约,是指合同签订后,买卖双方根据合同规定履行各自义务的过程。国际货物贸易合同履行包括出口合同履行和进口合同履行两个层面。无论是出口合同还是进口合同,由于使用的贸易术语不同、货款结算方式不同,买卖双方各自承担的义务就不同,履约的程序也会相应不同。由于海洋运输在国际货物贸易中具有特殊重要的地位,FOB、CFR 和 CIF 三种贸易术语的使用较其他术语更为广泛,又由于信用证支付方式较其他几种支付方式更为复杂,因此本章以 CIF 条件成交、以信用证方式结算货款为例,介绍出口合同的履行,同时以 FOB 贸易术语成交、以信用证方式结算货款为例,介绍进口合同履行。其他不同贸易术语、不同结算方式下合同的履行,均可以参照这两种情形加以变通。

本章结构安排如下:第 10.1 节主要介绍以 CIF 贸易术语成交、以信用证方式结算货款的情况下,出口合同的履行程序,主要包括:备货及申领出口许可证;催证、审证和改证;订舱(租船)与装运;报关报检与投保;信用证结算方式下的制单结汇;办理出口退税。第 10.2 节主要介绍以 FOB 贸易术语成交、以信用证方式结算货款的情况下,进口合同的履行程序,主要包括:申领进口许可证;开立、修改信用证;订舱(租船)和催装;办理保险(投保);审单、付汇;进口货物的通关及其验收;办理进口索赔等。

10.1 出口合同的履行

以 CIF 价格条件成交、以信用证方式结算货款的出口合同的履行主要包括:备货及申领出口许可证,催证、审证和改证;订舱(租船)与装运,报关、报检与投保,信用证结算方式下的制单结汇,办理出口退税等环节。这些环节有些是平行展开的,有些是互相衔接、层层递进的,但每个环节都应按合同要求认真履行。

10.1.1 备货及申领出口许可证

为保证按时、按质、按量交付合同约定的货物,在买卖合同签订后,卖方必须及时落实货源,备妥应交货物,并做好出口许可证等出口单证的申领工作。

10.1.1.1 备货

按合同约定的货物的品质(含规格、型号)、数量、包装,在规定时间交货是卖方最基本的义务之一。备货是指卖方（出口企业）根据买卖合同或信用证规定，向生产加工以及仓储部门下达联系单㊀，通知有关部门按联系单要求，对合同应交付货物进行清点、加工整理、刷制运输标志以及办理出口许可证等工作。联系单是各个部门进行备货、出运、制单结汇的共同依据。在备货环节中，应注意以下几点：

1. 货物的品质应符合合同要求

货物品质是货物内在质量与外观形态的具体体现，是一种货物区别于其他货物的本质特征。货物品质的表示方法㊁主要有"以实物表示货物的品质"和"以文字描述表示货物的品质"两种，分别适用于不同类型货物品质的描述。其中，以实物表示货物的品质主要是指凭样品买卖。对凭样品成交的合同，该样品应是买卖双方货物交接的依据，卖方交付货物的"内在质量"与"外观形态"都应与样品保持一致。对以文字描述表示货物品质的合同，卖方所交付货物必须与文字说明相符。文字说明包括货物的规格、等级、标准、牌名和商标、产地、技术说明书或图样等。国际贸易中，多数货物的品质是通过文字描述来表示的。还有一些货物，既凭文字描述又凭样品来表示货物品质，这种情况下卖方所交货物既要与文字描述相符，又要与样品相符，如违反其中一项，即构成违约。请参阅第2章案例2-1。

2. 货物的数量应符合合同规定

卖方交货数量必须与合同规定相符，否则买方有权提出索赔，甚至拒收货物。《公约》规定，"如果卖方交付的货物数量多于合同规定的数量，买方可以收取也可以拒绝收取多交部分的货物"；"如果卖方在交货日期前交付货物，他可以在交货日期到达前，交付任何缺漏部分或补足所交付货物的不足数量，或交付用以替换所交付不符合同规定的货物，或对所交付货物中任何不符合同规定的情形做出补救，但是，此一权利的行使不得使买方遭受不合理的不便或承担不合理的开支。尽管如此，买方保留本公约所规定的要求损害赔偿的任何权利"。换句话说，如果卖方交货少于合同规定数量，则买方有权要求卖方补交，并要求损害赔偿；如果卖方少交货物的后果构成了根本性违约，则买方可以宣告合同无效，并同时要求损害赔偿。

关于货物的数量，应特别注意"溢短装条款"适用的范围和溢短装的选择权问题，见第2章第2.3.3小节相关内容。

3. 货物的包装应符合合同要求

货物的包装也是买卖双方关注的主要合同条款之一，凡是合同中明确规定货物包装种类的，卖方必须严格按合同要求对货物进行包装。如发现个别包装松动或损坏，应及时进行修补或调换。同时，每一件货物的外包装上要按合同要求刷制运输标志（shipping mark）和其他必要的标志㊂。需注意的是，货物的外包装良好是船公司出具清洁提单的前提，如果货物外包装破损或松动等，船公司出具提单时就会将这些不良批注转注到提单上，从而构成不清洁提单。

㊀ 对于没有实体的进出口公司来说，则通常是向其他生产厂家（工厂）签订购货合同。

㊁ 请参阅第2章第2.2节相关内容。

㊂ 当然，有的货物如木材、矿石、矿砂等，可能没有办法刷制运输标志，这种情况下合同中一般不订立运输标志的条款，在一些单证（如提单）上，有关"Marks & No.s"一栏就标注有"N/M"字样。

4. 交货时间应符合合同规定

交货时间（装运日期）是买卖合同的要件之一，通常合同中都有一个具体的装运日期[1]，如 Date of shipment：Before June 15th, 2023.（装运日期：2023 年 6 月 15 日前）。卖方延迟装运或过于提前装运都可能导致买方拒收或索赔。另外，合同中如未规定是否允许分批装运或转运，按 UCP600 规定，"如无相反约定，则允许分批装运"。如果合同中规定允许分批装运，同时又规定了每批的数量，则卖方必须严格按合同办事。如果其中某一批未按规定时间或数量装运，买方可按违约情况要求损害赔偿直到解除该期甚至以后各期合同。关于转运，UCP600 规定，"即使信用证禁止转运，银行对'注明将要或可能发生的转运的运输单据仍可接受'"（见第 4 章第 4.4 节的相关内容）。

10.1.1.2　申领出口许可证

1. 出口许可证的含义

出口许可证（export licence）是指一国根据出口商品管制的法律规定，由有关当局签发的准许出口的证件，是对出口货物实行管制的一项措施。在我国，出口许可证是指由国家商务部（及其下设机构）代表国家统一签发的、批准某项商品出口的具有法律效力的证明文件，也是海关查验放行出口货物和银行办理结汇的依据。

《中华人民共和国对外贸易法》第十九条规定，国家对限制进口或者出口的货物，实行配额、许可证等方式管理；对限制进口或者出口的技术，实行许可证管理。实行配额、许可证管理的货物、技术，应当按照国务院规定经国务院对外贸易主管部门或者经其会同国务院其他有关部门许可，方可进口或者出口。

根据国家规定，凡是国家宣布实行出口许可证管理的商品，不管任何单位或个人，也不分任何贸易方式（对外加工装配方式按有关规定办理），出口前均须申领出口许可证。

2. 2023 年《出口许可证管理货物目录》

依据《中华人民共和国对外贸易法》《中华人民共和国货物进出口管理条例》《消耗臭氧层物质管理条例》《货物出口许可证管理办法》等法律、行政法规和规章，2023 年《出口许可证管理货物目录》（以下简称《目录》）如下[2]：

（1）许可证的申领范围。

1）2023 年实行许可证管理的出口货物为 43 种，详见《目录》。对外贸易经营者出口《目录》内所列货物的，应向商务部或者商务部委托的地方商务主管部门申请取得"中华人民共和国出口许可证"（简称出口许可证），凭出口许可证向海关办理通关验放手续。

2）出口活牛（对港澳）、活猪（对港澳）、活鸡（对香港）、小麦、玉米、大米、小麦粉、玉米粉、大米粉、药料用人工种植麻黄草、煤炭、原油、成品油（不含润滑油、润滑脂、润滑油基础油）、锯材、棉花的，凭配额证明文件申领出口许可证；出口甘草及甘草制品、蔺草及蔺草制品的，凭配额招标中标证明文件申领出口许可证。

3）以加工贸易方式出口第 2）款所列货物的，凭配额证明文件、货物出口合同申领出口许可证。其中，出口甘草及甘草制品、蔺草及蔺草制品的，凭配额招标中标证明文件、海关加工贸易进口报关单申领出口许可证。

---

[1] 信用证中称最迟装运日期（latest date of shipment）。

[2] 根据商务部有关文件整理而得，http：//www.mofcom.gov.cn/。

4）以边境小额贸易方式出口第2）款所列货物的，由省级地方商务主管部门根据商务部下达的边境小额贸易配额和要求签发出口许可证。以边境小额贸易方式出口甘草及甘草制品、蔺草及蔺草制品、消耗臭氧层物质、摩托车（含全地形车）及其发动机和车架、汽车（包括成套散件）及其底盘等货物的，需按规定申领出口许可证。以边境小额贸易方式出口本款上述情形以外的货物的，免于申领出口许可证。

5）出口活牛（对港澳以外市场）、活猪（对港澳以外市场）、活鸡（对香港以外市场）、牛肉、猪肉、鸡肉、天然砂（含标准砂）、矾土、磷矿石、镁砂、滑石块（粉）、萤石（氟石）、稀土、锡及锡制品、钨及钨制品、钼及钼制品、锑及锑制品、焦炭、成品油（润滑油、润滑脂、润滑油基础油）、石蜡、部分金属及制品、硫酸二钠、碳化硅、消耗臭氧层物质、柠檬酸、白银、铂金（以加工贸易方式出口）、铟及铟制品、摩托车（含全地形车）及其发动机和车架、汽车（包括成套散件）及其底盘的，需按规定申领出口许可证。其中，消耗臭氧层物质货样广告品需凭出口许可证出口；以一般贸易、加工贸易、边境贸易和捐赠贸易方式出口汽车、摩托车产品的，需按规定的条件申领出口许可证；以工程承包方式出口汽车、摩托车产品的，凭对外承包工程项目备案回执或特定项目立项函、中标文件等材料申领出口许可证；以上述贸易方式出口非原产于中国的汽车、摩托车产品的，凭进口海关单据和货物出口合同申领出口许可证。

6）以加工贸易方式出口第5）款所列货物的，除另有规定以外，凭有关批准文件、海关加工贸易进口报关单和货物出口合同申领出口许可证。出口润滑油、润滑脂、润滑油基础油以外的成品油的，免于申领出口许可证。

7）出口铈及铈合金（颗粒＜500微米）、钨及钨合金（颗粒＜500微米）、锆、铍的可免于申领出口许可证，但需按规定申领"中华人民共和国两用物项和技术出口许可证"。

8）我国政府对外援助项下提供的货物免于申领出口许可证。

9）继续暂停对一般贸易项下润滑油（海关商品编号27101991）、润滑脂（海关商品编号27101992）、润滑油基础油（海关商品编号27101993）出口的国营贸易管理。以一般贸易方式出口上述货物的，凭有效的货物出口合同申领出口许可证；以其他贸易方式出口上述货物的，按照《商务部、发展改革委、海关总署公告2008年第30号》的规定执行。

(2)"非一批一证"制和"一批一证"制。

1）对下列货物实行"非一批一证"制管理：小麦、玉米、大米、小麦粉、玉米粉、大米粉、活牛、活猪、活鸡、牛肉、猪肉、鸡肉、原油、成品油、煤炭、摩托车（含全地形车）及其发动机和车架、汽车（包括成套散件）及其底盘（限新车）、加工贸易项下出口货物、补偿贸易项下出口货物等。出口上述货物的，可在出口许可证有效期内多次通关使用出口许可证，但通关使用次数不得超过12次。

2）对消耗臭氧层物质、汽车（旧）出口实行"一批一证"制管理，出口许可证在有效期内一次报关使用。

3. 出口许可机构（发证机构）

商务部和受商务部委托的省级地方商务主管部门及沈阳市、长春市、哈尔滨市、南京市、武汉市、广州市、成都市、西安市商务主管部门按照分工受理申请人的申请并实施出口许可，向符合条件的申请人签发出口许可证。

4. 出口许可证的申请

出口许可证可以是纸质证书,也可以是电子证书,二者具有同等法律效力。出口许可证的申请主要采用网上申请,也可以书面申请。对外贸易经营者(简称经营者)以网上申请的方式申请出口许可证的,需先通过省级商务主管部门免费领取电子认证证书和电子钥匙,使用电子钥匙登录出口许可证发证系统办理申请。

经营者申请出口许可证须提交以下材料:

1)加盖经营者公章(含出口许可证发证系统中电子钥匙绑定的经营者电子印章)的"中华人民共和国出口许可证申请表"(简称申请表)。

2)主管机关签发的出口批准文件(实行网上办理的,无须提交)。

3)出口合同。

4)出口商与发货人不一致的,应当提交"委托代理协议"。

5)商务部规定的其他应当提交的材料。

5. 出口许可证的签发

发证机构(出口许可机构)自当年 12 月 10 日起,可签发下一年度的出口许可证。提前签发的下一年度出口许可证,"备注"栏将注明有效期自下一年度 1 月 1 日起。出口许可证的有效期最长不得超过 6 个月,且有效期截止时间不得超过当年 12 月 31 日。出口许可证应当在有效期内使用,逾期自行失效,海关不予放行。

出口许可证一经签发,任何单位和个人不得擅自更改证面内容。因故需要更改(含删除、核销、延期、遗失换证)时,发证机构应受理经营者在出口许可证有效期内提出的申请。使用当年出口配额或批准数量领取的出口许可证办理延期,其延期最长不得超过当年 12 月 31 日。

10.1.2 催证、审证和改证

在采用信用证支付货款的交易中,按合同规定开立信用证是买方最基本的义务之一,也是卖方履行交货义务的前提。对出口商来说,如果买方未按时开出信用证,则应提醒、催促买方按时开证;如果买方按时开来了信用证,卖方应及时审核信用证各项条款,如果发现信用证和洽签的合同条款有冲突,应当及时提出并要求买方修改信用证。因此,催证、审证和改证工作是信用证支付方式下出口商履约环节之一。

10.1.2.1 催证

催证是指出口商通过信件、传真、电子邮件或其他方式,催促进口商及时办理开证手续并通过通知行将信用证转交给卖方(受益人),以便卖方及时备货或装运货物出口的过程。对于大宗货物交易或按买方要求而特别定制的货物交易,更应结合备货情况及时催证。必要时,可请我驻外机构或中国银行协助代为催证。

催证并不是一个必经的步骤,有时买方按时开出了信用证,则卖方可直接进入审证阶段。但出现下列情况之一时,催证工作显得尤为必要:

(1)合同规定的装运期距离合同签订的日期较长,或合同规定的装运期限较长(例如 3 个月或 6 个月),以至于买方可能会忘记按时开证,则可在开证日期到来前提醒买方货物即将备妥,请买方按时开证。

(2)卖方早于合同规定时间备妥货物,可提前装运,此时可与买方协商提前开证。

（3）尽管开证时间未到，但卖方发现买方信誉不佳，则可及时催促对方开证。

（4）买方没有按时开证，按合同规定卖方有权向买方提出损害赔偿要求或同时宣告合同无效，但卖方行使此一权力前仍可催促对方开证，以求买方弥补这一过失，从而维护双方的贸易关系。

催证函部分内容样例如下：

The covering letter of credit is expected to reach here before Oct. 15th, 2023, since the stipulated date of shipment is Nov. 15th, 2023. Considering to prepare for the shipment timely, we are looking forward to your immediate covering letter of credit.

（按合同规定信用证应于 2023 年 10 月 15 日开至我方，因为合同规定的装运日期为 2023 年 11 月 15 日。为保证及时装运，请贵公司立即开立信用证。）

10.1.2.2 审证

审证是指卖方对买方（通过开证行）开立的、通过通知行传递过来的信用证的内容，进行认真核对和审查，以确定信用证中的条款是否和双方商订的合同中的条款相一致的过程。信用证的开立以买卖双方签订的合同为依据，信用证的内容应该与合同条款相符。但实际业务中，由于种种原因，如工作上的疏忽、电文传递的错误、贸易习惯的差异、市场行情的变化或进口商有意利用开证的主动权加列对自身有利的条款（有时称之为"软条款"，见本章延伸阅读1）等，开出的信用证条款会与双方事先商签的合同条款不一致。

为确保安全收汇，防止买方利用信用证条款设置"陷阱"，在收到买方开来的信用证后，卖方应依据合同认真审核，以便在信用证与合同不符时及时通知对方修改信用证。

审核信用证是银行（通知行）和出口商的共同责任。根据 UCP600 相关规定，银行必须合理、小心地审核一切单据，以确定单据表面上是否符合信用证条款，单证不符就会失去安全收汇的保障。所以在装运前，严格审核信用证显得至关重要。需要注意的是，银行和出口商在审核信用证时的侧重点是不同的。

1. 银行审核信用证的侧重点

通知行对信用证的审核主要是从开证行和信用证本身两个方面进行的。其中，对开证行的审核主要从以下几个方面进行：

（1）对开证行资信的审核。为确保安全收汇，通知行往往对开证行所在国家的政治经济状况，以及开证行的资信、经营作风等进行审查，对资信欠佳、收汇风险较大的银行，建议出口商更换开证行或酌情采取其他适当措施。

（2）对印鉴及密押是否相符、索汇路线是否正确、是否符合支付协定等的审核。防止增加中间环节，避免出现差错，保证安全、及时收汇。

（3）对开证行责任范围的审核。国外开证行一般都遵循 UCP600，如果开证行愿意依照该惯例解释信用证条款，则应在信用证上注明本证受该惯例的约束，如"This credit is subject to UCP600"（本信用证受 UCP600 之约束）。

通知行对信用证本身的审核主要从以下几个方面进行：

（1）审核信用证是否是不可撤销信用证，信用证内是否载有开证行保证付款的文句。根据 UCP600 的规定，"信用证是不可撤销的，即使未如此表明"。即使信用证没有注明是"不可撤销的"，但应按不可撤销信用证处理。有些国家开来的信用证，虽然注明"irrevocable"（不可撤销）字样，但证内对开证行付款责任方面加列了"限制性"条款或"保留"

条款,通知行应通知受益人要求进口商对相应的条款加以修改,以降低风险。

(2) 审核信用证的货币与金额。信用证的货币与金额必须与合同规定相一致。如果合同中订有溢短装条款,则信用证的金额也包括溢短装部分的金额。信用证金额中单价与总值要填写正确,大、小写并用且一致。

(3) 审核信用证要求的单据是否符合我国政策的许可。

(4) 审核信用证的到期地点是否符合要求。一般情况下,信用证的到期地点应在受益人所在地的国家。如果信用证规定到期地点在外国,出口商会很被动。如果开证行资信状况不好,就可能借口到达的单据已经过期而拒绝付款,或如果船期拖延,临近装运期才装船,这样就可能来不及在信用证有效期内使单据到达国外。

(5) 审核信用证条款之间是否相互矛盾。例如,CFR 或 FOB 价格条件下,要求出口商出具保险单或装运期晚于有效期等。

当然,通常情况下通知行会从更多视角审核信用证,以期维护出口商利益。但作为业务人员,一定要具备相应知识,以便在银行审证出现遗漏时进行弥补。

2. 出口商审核信用证的侧重点

作为信用证的受益人,出口商有充分的理由和义务审核信用证,审核的依据是双方签署的买卖合同。原则上讲,进口商通过开证行开来的信用证应该与买卖合同条款相符,但由于种种原因,进口商开来的信用证要么与合同条款不一致,要么相互矛盾。受益人一旦接受了这类信用证,就意味着与开证行之间达成了一项新的契约,从而陷入被动。一般来讲,出口商审核信用证的侧重点主要体现在:

(1) 审核信用证的性质。信用证是否是可撤销的,是否经过了保兑等;有时信用证中加列了一些合同之外的"软条款",应要求进口商予以修改。

(2) 审核信用证是否已生效。信用证中包含有"待获得有关当局签发的进口许可证后才能生效"或"待收到样品并确认后方可生效"或"详情后告"或"经我方确认生效"等类似条款的,都属于未生效信用证,应及时与进口商协商改证。

(3) 核对信用证受益人和开证申请人的名称和地址是否完整和准确。

(4) 审核信用证的装运期、有效期、交单期和到期地点⊖。信用证的到期地点既是银行审核的内容,又是受益人审核的内容。

(5) 对货物描述的审核。信用证中对货物的描述,如货物的名称、品质、数量、包装等,必须与合同一致。关于货物的数量,*UCP600* 规定,除非信用证规定数量不得增减,在付款金额不超过信用证金额的情况下,货物数量可以允许有 5% 的增减。特别注意的是,数量有 5% 增减的规定一般适用于大宗货物,对以包装单位或以个体为计量单位的货物并不适用。

(6) 检查装运期的有关规定是否符合要求。主要检查能否在信用证规定的装运期内备妥货物并按时出运,如收到信用证时装运期已临近,无法按期装运,应及时通知买方修改。信用证若规定了分批装运的时间和数量,应注意任何一批未按期装运,以后各期即告失效。

(7) 审核信用证的价格术语是否与合同相符,或是否自相矛盾。不同的价格术语(贸易术语)代表了不同的风险、费用和责任的划分。如果出口合同采用 FOB,信用证中却要

⊖ 相关内容请参阅第 6 章第 6.2.3 小节。

求出口商提供保险单或要求提单上注明"运费已付"等，都是与合同不符或自相矛盾的。

（8）审核有关的运输条款和保险条款是否与合同一致。信用证对装运港、目的港以及对转船和分批装运的规定必须与合同一致。除信用证另有规定外，货物是允许分批装运和允许转运的。特别注意的是，如果信用证中规定了每一批货物出运的具体时间，则必须按此照办，如无法办到，必须进行修改。此外，信用证中规定的唛头应与合同一致，信用证中要求的投保险别和投保金额应与合同的规定一致。

（9）对单据的要求。对来证中要求提供的单据种类和份数及填制方法等，要进行仔细审核，如发现有不正常的规定，应慎重对待。

（10）检查有无其他"软条款"。所谓"软条款"，是指开证申请人（进口商）在申请开立信用证时，故意设置若干隐蔽性的"陷阱"条款，导致在信用证运作中受益人（出口商）处于完全被动的境地，而开证申请人或开证行则可以随时以单据不符为由，解除信用证项下的付款责任。实践中，比较常见的"软条款"主要有：信用证暂时不生效，何时生效由银行另行通知；信用证规定必须由开证申请人或其指定的签字人验货并签署质量检验合格证书，才能付款或生效；信用证对银行的付款、承兑行为规定了若干前提条件，如货物清关后才支付或收到其他银行的款项才支付等⊖。对这些条款必须予以修改后，才可装运。

当然，作为受益人对信用证的审核内容可能不仅限于上述所列内容，拿到信用证后，一定要认真审核，多请教、多研究、多思考。此外，对开证行在信用证中出现的种种疏漏和谬误，也应仔细审核，以确保受益人能做到"单证一致、单单相符"，从而安全收汇。

10.1.2.3 改证

改证（amendment of L/C）是指信用证开出后，受益人经审证发现信用证条款与合同条款不符，或发现信用证要求的条款不符合贸易惯例，或条款之间相互矛盾等，进而要求进口商通过开证行进行修改。有时开证申请人发现开出的信用证有误，会主动提出修改信用证。因此，信用证的修改可分为如下两种：

1. 受益人或银行审证后要求开证申请人改证

前面述及，审证是受益人和银行共同的责任。受益人（出口商）或银行（通知行）对开证申请人（进口商）开出、并通过通知行传递来的信用证认真、细致审核后，发现信用证中的某些条款与双方商签的合同条款不符，或发现信用证规定的条款之间相互矛盾，或其他不符合贸易惯例的条款，应及时向开证申请人提出修改。要求改证时应注意以下改证规则：

（1）对需要修改的内容应一次性通知开证申请人，以节约对方改证费用。

（2）对于信用证修改通知书的内容也应认真核对，如发现其中一部分不能接受，应立即提出，并把信用证修改通知书退回，待全部不符点改妥后才能接受。对此 *UCP600* 规定：对改证通知书部分接受无效。

（3）经开证行修改的信用证修改通知书，仍须通过通知行传递，以确保真实。通过进口商直接寄送的修改通知书或修改申请书或其复印件不是有效的修改。

（4）明确修改费用由谁承担。一般按照责任归属来确定修改费用由谁承担。

⊖ 详细内容见本章延伸阅读 1。

（5）信用证修改通知书作为信用证不可分割的部分，必须在交单议付时连同原信用证正本一起提交给银行。

从受益人角度来看，要求开证申请人修改信用证时，应发出信用证修改通知函。一份规范的信用证修改通知函通常包括以下三个方面的内容：

（1）感谢对方通过银行开来信用证。如："Thank you for your L/C No. SG99WE34 issued by West Country Bank, Los Angeles Branch dated February 5th, 2023."或："We are very pleased to receive your L/C No. YUC9022 established by the National Bank of Bangladesh dated March 1st, 2023 against S/C No. 09DXB15."

（2）列明不符点并说明如何修改。如："However, we are sorry to find it contains the following discrepancies:"或："But the following points are in discrepancy with the stipulations of our S/C No. 09DXB15. ①As to the description of the goods, please insert the 'red' before 'sun'. ②Please delete the clause 'The invoice evidences that the goods are packed in wooden cases', and insert the wording 'The invoice evidences that the goods are packed in seaworthy cartons'. ③Please amend the amount in figure to USD78450.00. ④Please extend the date of shipment and the validity of the L/C to March 15th, 2023 and March 30th, 2023 respectively."

（3）感谢对方合作，并希望信用证修改书早日开到。例如，"Thank you for your kind cooperation. Please see to it that the L/C amendment reaches us within next week, otherwise we cannot effect punctual shipment."

并非所有的不符点都需提出修改。受益人审证时，如发现一些条款虽与合同或惯例不符，但受益人可较容易办到，则一般不需要修改，以节约时间和费用。

2. 开证申请人主动改证

有时开证申请人发现开出的信用证有误，会主动提出修改信用证。开证申请人主动改证应征得受益人同意。未经受益人同意单方面修改信用证，受益人有权决定是否接受。因为不可撤销信用证的定义中规定，信用证开出后，未经受益人同意，开证申请人或开证行不得单方面撤销或修改。在受益人未表示接受前，原证条款将继续有效，受益人有权保持沉默直至交单为止。若交单时按修改通知书制单，即表示接受；若按原证制单，则表示拒绝修改。

申请修改信用证应填写"信用证修改申请书"。

实际业务中，信用证修改常常体现在以下三个方面：

（1）延展装运日期。出于各种原因，卖方无法在信用证规定的最迟装运日期（latest date of shipment）前装运货物，为防止违约并顺利结汇，卖方商请开证申请人延展信用证的最迟装运日期。在信用证修改申请书中有"Extend shipment date to _____ (mm) / _____ (dd) / _____ (yy)"（装期展至__年__月__日）。

（2）延展信用证有效期。原来规定的有效期（expiry date）由于不能按时出运货物，无法取得货运单据，从而不能在原信用证有效期内向银行交单，因此，卖方商请开证申请人延展信用证有效期。在信用证修改申请书中有"Extend expiry date to _____ (mm) / _____ (dd) / _____ (yy)"（效期展至__年__月__日）。

（3）变更信用证金额。在信用证修改申请书中有"Increase amount by _____ to _____"（增额__至__）。

10.1.3 订舱（租船）与装运

在国际货物贸易中，如果采用 CIF 或 CFR、CPT、CIP 等贸易术语成交，根据惯例，卖方必须自负费用，按照通常条件订立运输合同，经由惯常航线，将货物用通常可供运输合同所指货物类型的海轮（或依情况适合内河运输的船只）或其他运输工具运输至指定的目的港（地）。以海运为例，如果出口货物数量较大，需要整船载运的，则要办理租船手续；如果出口货物数量不大，无须整船装运的，可由外运公司代为洽订班轮或租订部分舱位运输。实际业务中，多数货物需订舱而不必租船。

对于出口商来说，如果货物采用集装箱班轮运输，则在备货及落实信用证的同时应着手订舱工作，以便及时履行合同与信用证项下的交货和交单义务。通常情况下，班轮公司（或代理人）都会网上发布出口船期表，表内有航线、船名、抵港日期、截止收单期及挂靠的港口等信息。出口订舱流程见提单的签发流程⊖。

如果大副收据上没有货物（数量短少、包装破裂或松动等）不良批注，则船公司签发"已装船清洁提单"（clean on board bill of lading）；如果船公司装船时发现货物数量有短少或有的货物外包装破损或松动等，会在大副收据上注明，换取提单时，大副收据上的批注就会转注到提单上，这种提单称为"已装船不清洁提单"（unclean on board bill of lading）。

货物装运后，托运人应及时向国外收货人发出装运通知（shipping advice），特别是在 CFR 或 CPT 等价格术语下，货物的运输保险由买方自行办理，装船通知显得尤为重要。装运通知一般包括订单或合同号码、信用证号、货物描述、装运港、装运期限、卸货港、船名、航次、预计离港时间、预计到达时间等。

10.1.4 报关、报检与投保

1. 报关

报关是指进出口货物的收发货人，进出境运输工具的负责人以及进出境物品的所有人或其代理人向海关办理货物、运输工具或物品的进出（关）境手续及相关海关事务的过程。

无论是货物出口还是进口，都必须接受海关监管，其中报关是首要环节。进出口货物报关是指进出口货物的收、发货人（或其代理人）依照海关法规定，在海关规定时限内，按规定的方式向海关办理货物进出境手续的过程。

（1）报关企业备案。进出口货物收发货人或报关企业办理报关手续，应当依法向海关备案。备案可以在网上办理，也可以在窗口办理。报关企业和报关人员不得非法代理他人报关。

1）网上办理。申请人通过"多证合一"方式提交申请；或登录"互联网+海关"一体化平台（http：//online.customs.gov.cn），进入"企业管理和稽查"办理；或登录"中国国际贸易单一窗口"标准版（http：//www.singlewindow.cn/）中的"企业资质"子系统办理，向海关提出申请并上传加盖申请人印章的"报关单位备案信息表"，无须线下再递交材料。

2）窗口办理。向所在地海关提交加盖申请人印章的"报关单位备案信息表"原件。

所在地海关对申请人提出的申请进行审核，备案材料齐全、符合报关企业备案要求的，

⊖ 见第 4 章延伸阅读 4。

海关予以备案。

（2）报关时应提交的单证。

1）进出口货物报关单（式样见第11章）。应注意的是，在一般贸易、加工贸易等不同贸易方式下，进出口货物报关单的颜色和份数要求是不同的。

2）发票。发票通常是指商业发票。

3）海运提单、航空运单、铁路运单等，海关在审单和验货后，在正本运输单据上签章放行退还报关员，收货人凭此提货或发货人凭此装运货物。

4）装箱单。

5）海关认为必要时，还应交验合同、原产地证书以及征免税证明等。

（3）报关时限。出口货物应在货物装入运输工具的24小时以前向海关申报。海关放行后的货物可装载运输工具出运。进口货物应自载货的运输工具申报进境之日起14日内，由收货人或其代理人向海关申报，逾期申报将被征收滞报金。

企业可以选取任意一个海关进行申报并自缴税款，通过海关的安全准入风险排查后，货物即可在口岸放行。海关在放行后实施报关单批量审核、后续稽核查等工作。

2. 报检

报检有两种情况：一是根据《中华人民共和国进出口商品检验法》及其实施条例，对列入海关总署必须实施检验的进出口商品目录（即法检目录）的货物，发货人（或代理人）交验相关单证，由海关相关部门进行法定（强制性）检验；二是合同中要求出口方提供相应的检验（检疫）单证（有时是第三方检验机构出具的检验凭证）作为交单议付的条件，这种情况下出口方申请相关检验机构或其他机构对出口货物进行检验（检疫）并出具相应检验（检疫）证书。

海关总署主管全国进出口商品检验（检疫）工作。海关总署设在各省、自治区、直辖市以及进出口商品的口岸、集散地的出入境检验检疫机构及其分支机构（简称出入境检验检疫机构），管理所负责地区的进出口商品检验（检疫）工作。

出入境检验检疫机构对列入必须实施检验的进出口商品目录的进出口商品以及法律、行政法规规定须经出入境检验检疫机构检验的其他进出口商品实施检验（以下称法定检验）。对法定检验以外的进出口商品，依法实施抽查检验和监督管理。抽查检验工作按照《进出口商品抽查检验管理办法》（原国家质量监督检验检疫总局令第39号公布，海关总署令第263号修正）执行，并事先发布海关公告。

经商检机构检验合格发给检验证单的出口商品，应当在商检机构规定的期限内报关出口；超过期限的，应当重新报检。

为出口危险货物生产包装容器的企业，必须申请商检机构进行包装容器的性能鉴定。生产出口危险货物的企业，必须申请商检机构进行包装容器的使用鉴定。使用未经鉴定合格的包装容器的危险货物，不准出口。

对装运出口易腐烂变质食品的船舱和集装箱，承运人或者装箱单位必须在装货前申请检验。未经检验合格的，不准装运。

3. 投保

投保是指在CIF（或CIP）等贸易术语下，出口商对合同项下的货物向保险公司办理投保的过程。

按 CIF（或 CIP）价格条件成交的出口合同，卖方负责办理货物的运输保险。通常情况下，会在合同中订明保险条款。例如，"Insurance：To be covered by the Seller for 110% of the invoice value against All Risks and War Risk as per Ocean Marine Cargo Clauses of the PICC Property and Casualty Company Limited 2009 version."（保险：由卖方按发票金额的110%投保一切险和战争险，并按中国人民财产保险股份有限公司《海洋货物运输保险条款》（2009版）办理。）

根据合同规定，卖方应在保险公司规定的时间内（通常是装运前即可），办理出口货物的投保。申请投保时，应填写"货物运输保险投保单"[一]。投保单应由投保人根据信用证、合同、发票、提单（或运单）、装箱单等单证填写并加盖公章或其他有法律效力的印鉴（如投保人为个人，需要本人填写并签字）。

正确填写投保单是业务人员在货物运输保险环节应该掌握的基本内容。下面以中国人民财产保险股份有限公司"货物运输保险投保单"（见图10-1）为例介绍其填写方法。

（1）被保险人（**Insured**）：____。

填写合同或信用证中要求的被保险人（发货人、收货人、中间商、银行或指定的人）的英文全称[二]。如果合同或信用证中没有明确规定被保险人，通常被保险人即为投保人（即发货人，出口商）。

（2）组织机构代码/身份证号（**Organization Code/ ID No.**）：____。

填写被保险人的组织机构代码或个人的身份证号[三]。

（3）发票号（**Invoice No.**）、合同号（**Contract No.**）、提单号（**B/L No.**）、信用证号（**L/C No.**）。

填写该票货物对应的发票号、合同号、提单号以及对应的信用证号，目的是准确界定被保险货物。

（4）发票金额（**Amount Invoice**）：____。

用以判断货物的发票价值，在此基础上计算 CIF 价，并计算保险金额。

（5）投保加成（**Plus**）：____%。

根据合同填写，一般填10%，即加一成。

兹有下述货物向中国人民财产保险股份有限公司____分公司投保：

Insurance is required on the follow commodities.

（6）标记（**MARKS & NOS.**）。

填写运输标志（唛头）和集装箱号码（对整箱而言）。

（7）包装及数量（**PACKAGE & QUANTITY**）。

填写被保险货物的包装及数量。

[一] 目前使用的货物运输保险投保单有纸质版和电子版两种。若使用电子版，投保人填好后打印出来并签字盖章。

[二] 投保人和被保险人通常情况下是一致的，因为"货物运输保险保险单"可以背书转让，一般情况下，被保险人是谁可根据双方签订的合同来确定。办理投保时，被保险人可以是发货人、收货人、中间商、银行或指定的人。如果合同或信用证中没有明确规定被保险人，则通常情况下发货人（出口商）即为被保险人。

[三] 保险公司通常为被保险人（或投保人）建立客户档案，要求被保险人或投保人提供组织机构代码证书的复印件。

中国人民财产保险股份有限公司
PICC Property and Casualty Company Limited

货物运输保险投保单 APPLICATION FORM FOR CARGO TRANSPORTATION INSURANCE

被保险人(Insured): _____
组织机构代码/身份证号(Organization Code/ID No.): _____
发票号(Invoice No.): _____ 提 单 号(B/L No.): _____
合同号(Contract No.): _____ 信用证号(L/C No.): _____
发票金额(Amount Invoice): _____ 投保加成(Plus): _____%
兹有下述货物向中国人民财产保险股份有限公司_____分公司投保:
Insurance is required on the following commodities

标记 (MARKS & NOS.)	包装及数量 (PACKAGE & QUANTITY)	保险货物项目 (GOODS)	保险金额 (Amount Insured)

总保险金额:
Sum Insured: _____
启运日期(Date of Commencement): _____ 装载运输工具名称(Per Conveyance): _____
自(From): _____ 经(Via): _____ 至(To): _____
赔款偿付地点(Claim Payable at): _____
投保险别:(如投保标的为旧物品,或装载于舱面或有重复保险,必须在此栏中特别声明。)
Please Indicate the Conditions & or Special Coverages (Please issue a statement If the goods are secondhand or loading on deck or double insurance.)

_____

请如实告知下列情况(1~5项 如"是"在 [ ]中打 √, No.1-5,If any, please mark √)
1. 货物: 裸装[ ]   袋装[ ]   散装[ ]   冷藏[ ]   液体[ ]   活动物[ ]   机器/汽车[ ]   危险品[ ]
   Goods: Nude Cargo Bag/Jumbo In Bulk Reefer Liquid Live Animal Machine/Auto Dangerous Goods
2. 集装箱种类: 普通[ ]   开顶[ ]   框架[ ]   平板[ ]   冷藏[ ]
   Container: Ordinary Open Frame Flat Refrigerator
3. 运输方式: 海轮[ ]   飞机[ ]   驳船[ ]   火车[ ]   汽车[ ]   邮包[ ]
   By Transit: Ship Plane Barge Train Truck Parcel Post
4. 船舶营运方式: 班轮运输[ ]   不定期船运输[ ]
   Operating Style: Liner Tramp Ship
5. 集装箱装箱及交接方式: 整箱[ ]   拼箱[ ]   门到门[ ]   场到场[ ]   站到站[ ]   门到站[ ]   门到场[ ]
   Container Loading & Exchanging FCL LCL Door-Door CY-CY CFS-CFS Door-CFS Door-CY
                                  场到门[ ]   场到站[ ]   站到门[ ]   站到场[ ]
                                  CY-Door   CY-CFS   CFS-Door   CFS-CY
6. 船舶资料: 船名[ ]   船籍[ ]   船龄[ ]
   Particular Of Ship Name   Registry   Age
7. 争议处理方式: 仲裁 [在_____   仲裁委员会]   诉讼 [ ]

投保人声明:本人已收到并阅读了本保险合同约定的保险条款;保险人已将条款内容(包括责任免除内容)向本人做了明确说明,本人已充分理解;上述所填写的内容均属实,同意以此投保单作为订立保险合同的依据。
The applicant hereby declares: The applicant has received and read the terms and clauses agreed by the insurance contract. The insurer has completely explained the terms and clauses (including exclusions) to the applicant, and the applicant has throughly understood all the terms and clauses. All the above contents filled are true and correct, and the applicant agrees to establish the application form as the basis of the insurance contract.

投保人(签名盖章) Applicant's Signature   电话(TEL): _____

_____   地址(ADD): _____

                                                        投保日期(DATE): _____

图 10-1 货物运输保险投保单式样

(8）保险货物项目（**GOODS**）。

填写货物的名称或货物的描述（货描）。

(9）保险金额（**Amount Insured**）。

保险金额是保险人同意承保的总金额，也是索赔可支付的最大金额。按保险惯例，保险金额应为货物的 CIF（或 CIP）价格总值加上一定百分比的保险加成（也可理解为预期利润，通常为 10%）作为保险金额。

(10）总保险金额（**Sum Insured**）：____。

填写各项目保险金额之和。

(11）启运日期（**Date of Commencement**）：____。

填写运输工具的启运日期。

(12）装载运输工具名称（**Per Conveyance**）：____。

填写运输工具的名称、航次等。

(13）自（**From**）：____ 经（**Via**）：____ 至（**To**）：____。

依次填写装货港、途经港、卸货港或目的港等。

(14）赔款偿付地点（**Claim Payable at**）：____。

赔款偿付地点一般在买方所在地，使用合同或信用证货币赔付。

(15）投保险别：（如投保标的为旧物品，或装载于舱面或有重复保险，必须在此栏中特别声明。）**Please indicate the conditions & or Special Coverages**（**Please issue a statement If the goods are secondhand or loading on deck or double insurance.**）____。

填写投保的险别及起止地点。

"中国保险条款"（CIC）的承保险别包括主险（基本险）和附加险两类。其中主险是可以独立投保的险别，附加险只能在投保了主险的基础上加保，见第 5 章第 5.2 节的相关内容。

承保险别示例：Conditions：Covering All Risks for 110 percent of invoice value, from warehouse supplier to warehouse Alicante（承保险别：按发票金额的 110% 投保一切险，自发货人仓库至亚里坎特①收货人仓库）。

(16）请如实告知下列情况（1~5 项，如"是"在 [ ] 中打 ✓（No.1-5，if any，please mark ✓））。

1）货物：裸装[ ]　袋装[ ]　散装[ ]　冷藏[ ]　液体[ ]　活动物[ ]　机器/汽车[ ]
　　　Goods：Nude Cargo　Bag/Jumbo　In Bulk　Reefer　Liquid　Live Animal　Machine/Auto
　　危险品 [ ]
　　Dangerous Goods

2）集装箱种类：普通 [ ]　　开顶 [ ]　　框架 [ ]　　平板 [ ]　　冷藏 [ ]
　　　Container：Ordinary　　Open　　Frame　　Flat　　Refrigerator

3）运输方式：海轮 [ ]　飞机 [ ]　驳船 [ ]　火车 [ ]　汽车 [ ]　邮包 [ ]
　　　By Transit：Ship　　Plane　　Barge　　Train　　Truck　　Parcel Post

---

① 西班牙东南部港口。

4）船舶运营方式：班轮运输 [ ]　　不定期船运输 [ ]
　　Operating Style：Liner　　　　Tramp Ship

5）集装箱装箱及交接方式：　　整箱 [ ]　拼箱 [ ]　门到门 [ ]　场到场 [ ]
　　Container Loading & Exchanging：FCL　　LCL　　Door-Door　　CY-CY
　　站到站 [ ]　　门到站 [ ]　　门到场 [ ]　场到门 [ ]　场到站 [ ]　站到门 [ ]
　　CFS-CFS　　Door-CFS　　Door-CY　　CY-Door　　CY-CFS　　CFS-Door
　　站到场 [ ]
　　CFS-CY

6）船舶资料：　　　　船名 [ ]　　　船籍 [ ]　　　船龄 [ ]
　　Particular Of Ship：Name　　　　Registry　　　Age

7）争议处理方式：仲裁 [在＿＿＿＿仲裁委员会]　诉讼 [ ]

（17）投保人声明：本人已收到并阅读了本保险合同约定的保险条款；保险人已将条款内容（包括责任免除内容）向本人做了明确说明，本人已充分理解；上述所填写的内容均属实，同意以此投保单作为订立保险合同的依据。

（The applicant hereby declares：The applicant has received and read the terms and clauses agreed by the insurance contract. The insurer has completely explained the terms and clauses (including exclusions) to the applicant, and the applicant has thoroughly understood all the terms and clauses. All the above contents filled are true and correct, and the applicant agrees to establish the application form as the basis of the insurance contract.）

（18）投保人（签名盖章）（**Applicant's Signature**）。

（19）电话（**TEL**）、地址（**ADD**）。

填写投保人的联系电话和地址。

（20）投保日期（**DATE**）。

按实际日期填写。

保险公司对投保人填写的"货物运输保险投保单"予以确认，核算保险费（premium），并签发"货物运输保险保险单"（式样见第5章）。保险单是保险人（保险公司）与被保险人之间的一种契约，规定了双方之间的权利与义务，是投保的一方支付保费、保险的一方在保险标的遭受保险责任范围内的损失时承担赔偿责任的依据。同时，保险单也是出口商（发货人）通过银行办理结汇的重要单据之一。

10.1.5　信用证结算方式下的制单结汇

出口货物装运后，出口商应着手准备、缮制信用证要求的各种单证，以便向银行交单议付，收取货款。其中，制单是指卖方按照合同、信用证的要求准备、缮制、抄写各种单证，并在信用证规定的交单有效期内，向银行（议付行）交单议付；结汇是国际货款结算的四个基本环节之一，在我国是指出口商将外汇收入出售给外汇指定银行，银行按当日汇率换算成人民币的行为[○]。

　○　根据我国现行的外汇管理制度，出口商收汇后可以自己保留，也可以结汇，即按当日牌价售给银行。

10.1.5.1 出口单证的缮制

信用证支付方式要求出口商议付货款时提交的单证必须"单证一致、单单相符"。所谓"单证一致",是指出口商提交的单据必须和信用证要求相一致;所谓"单单相符",是指出口商提交的各种单据之间应相互对应,不能自相矛盾。

出口单证的缮制是一项严谨、细致的工作。实际业务中,单证不符、单单不符的事例时有发生,给出口商的结汇工作带来很多不必要的麻烦。如果收货人或开证行不配合,以单证不符为由拒绝付款赎单或提出大幅降价的要求,将会给出口商带来巨大损失。

缮制单证时,要注意做到各种单证的种类、内容和份数必须与信用证的要求完全相符㊀,做到"正确、完整、及时、简明、整洁"。"正确"是指单证一致、单单相符;"完整"是指单证的种类和份数应与信用证要求相一致;"及时"是指所有单证必须在信用证规定的有效期内提交;"简明"是指单证上内容的表述应简洁明了;"整洁"是指单证的内容应布局合理、美观大方。

一般情况下,用于出口结汇的单证主要有汇票、发票(包括商业发票、形式发票、海关发票、领事发票、厂商发票等)、提单(或运单)、保险单、装箱单、重量单、检验检疫证书(包括品质证书、重量单或磅码单、卫生证书等)、原产地证书(包括普惠制原产地证书(GSP, Form A)、区域性优惠关税原产地证书、一般原产地证书(普通原产地证书)或专用原产地证书)、受益人寄单证明、装运通知等。这些单证中,提单、保险单、检验检疫证书、部分原产地证书分别由船公司、保险公司、出入境检验检疫机构或贸促会出具,对出口商来说,只要准备好足够的份数就可以了;但汇票、商业发票、装箱单、由出口企业出具的一般原产地证书、受益人寄单证明等则是由出口商自己缮制的。

1. 汇票

汇票是信用证结算方式下最为重要的单证之一。汇票属于金融单据,它可代替货币进行转让和流通,是一种很重要的有价证券。为防止丢失,一般汇票都有两张正本,即 first bill of exchange 和 second bill of exchange。根据票据法规定,两张正本汇票具有同等法律效力,但付款人付一不付二,或付二不付一。银行在寄送单据时,一般也要将两张正本汇票分两个邮次向国外寄发,以防在邮程中丢失。汇票先到先付,后到无效。汇票的式样和填写方法见第 6 章。

2. 商业发票

发票种类较多,除常见的商业发票外,还有形式发票、海关发票、领事发票等。这里主要介绍商业发票,其余几种发票的内容介绍见本章延伸阅读 2。

商业发票(commercial invoice)有时直接称为发票(invoice),是出口贸易结算单据中最重要的单据之一。发票的主要作用是办理保险、进口商收货、支付货款,以及作为进出口商记账、办理报关纳税的凭据。

商业发票式样如图 10-2 所示。

㊀ UCP600 第 17 条规定,信用证规定的每一种单据必须至少提交一份正本。如果信用证使用了诸如"一式两份"(in duplicate)、"两份"(in two fold)、"两套"(in two copies)等用语要求提交多份单据,则提交至少一份正本,其余使用副本即可满足要求,除非单据本身另有说明。

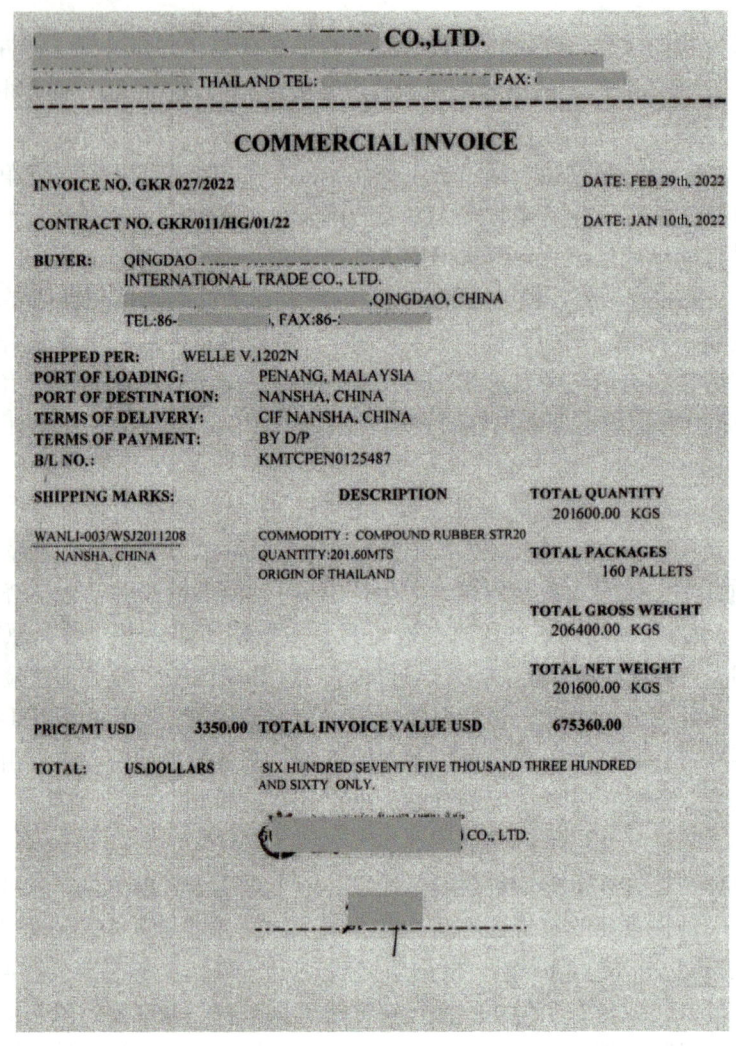

图 10-2　商业发票式样

发票没有统一的格式，但其内容应与合同和信用证的规定严格相符。一般情况下，发票应包括下列内容：

1）出票人信息。发票出票人一般是出口商，通常出口商都用带有本公司名头信息的函件缮制发票，既体现了特色，又传递了信息。

2）发票号码（invoice No.）。发票号码由出口商自行编制，有时为了便于识别，发票号码与合同号码的信息可部分雷同。

3）出票地点和日期（place & date）。填写发票缮制的地点和日期，地点写明城市和国家（如 Tokyo, Japan；Dalian, China）；时间写明年、月、日（如 June 1st, 2022）。

4）发票抬头人（consigned to messrs）。发票抬头人一般是买方，在信用证方式结算时，除非另有规定，否则应填开证申请人。发票抬头人（包括地址）应详细填写，不能使用简称。

5）运输标志（marks & No.s）。运输标志即"唛头"，应与合同及信用证中规定的运输标志完全一致。

6）货物描述（description of goods）。发票中有关货物的描述应与合同及信用证中的描述完全一致，不得随意更改、遗漏和增项。货物的规格、型号、包装等信息有时一并归入货物描述。

7）货物的数量（quantity）、单价（unit price）和总值（total amount）。货物的数量不可有出入，除非合同和信用证中订有溢短装条款。单价和总值是发票最重要的项目，单价中一定要注明使用的贸易术语，总值后面要有大写的金额。需强调一点，发票上使用的货币必须与信用证上使用的货币相同。

8）合同号码（contract No.）。填写发票依据的合同号码。

9）信用证号码（L/C No.）。填写发票对应的信用证号码。有时为了强调，会加列更多有关信用证的信息，如 Drawn under L/C No. GDBSYLC090000086 issued by Guangdong Development Bank, Shenyang Branch, China dated June 18th, 2023.

10）毛重（gross weight）、净重（net weight）。毛重与净重一般均以千克（kg）计。

11）原产国与制造商（country of origin and manufacture）。根据要求，填写货物的制造国别及制造商名称（此处填写简称即可，不必写全称及地址）。

12）船名（shipped per…）、航次（voyage No.）、预计开航时间（sailing on or about）。

13）装货港和卸货港（from…to…）。应与合同及信用证规定一致，如需转运，应注明转运港口。

14）出票人签字（authorized signature）。尽管 UCP600 第 18 条规定，商业发票无须签名，但实际业务中，几乎所有的信用证都要求"经签字（或盖章）的商业发票正本××份，副本××份，标明信用证号码、合同号码以及____"（□Signed Commercial Invoice in [ ] originals [ ] copied indicating this L/C No., Contract No. and ____）。因此，出票人在商业发票上签字已经成为惯例。

有时为了精简单证，如来证中并无特别要求单独提供产地证、装箱单时，可将这些单证表述的信息反映在发票上，这就是所谓的"联合发票"。

3. 装箱单

装箱单（packing list）是信用证经常要求的单据之一。如"经签章的装箱单正本××份，副本××份"（□Signed Packing List in [ ] originals [ ] copies）。装箱单主要用于海关查验或收货人提货时核对货物，式样如图 10-3 所示。

装箱单主要列明下列事项：

1）装箱单制单人。与发票一样，装箱单制单人一般是出口商。通常出口商都用带有本公司名头信息的函件缮制装箱单。

2）制单日期（date）。装箱单可以署名抬头人也可以不署名抬头人，但通常装箱单都有一个出单日期。

3）发票号码（invoice No.）及信用证号码（L/C No.）。通常装箱单上要注明依据的发票号码和信用证号码，以确保"单单相符"。

4）货物描述（description of goods）。装箱单中有关货物的描述应与合同、信用证以及

㈠ 通常的用法是预计开航时间（estimated time of departure, ETD）。

发票中描述完全一致，不得随意更改、遗漏或增项。

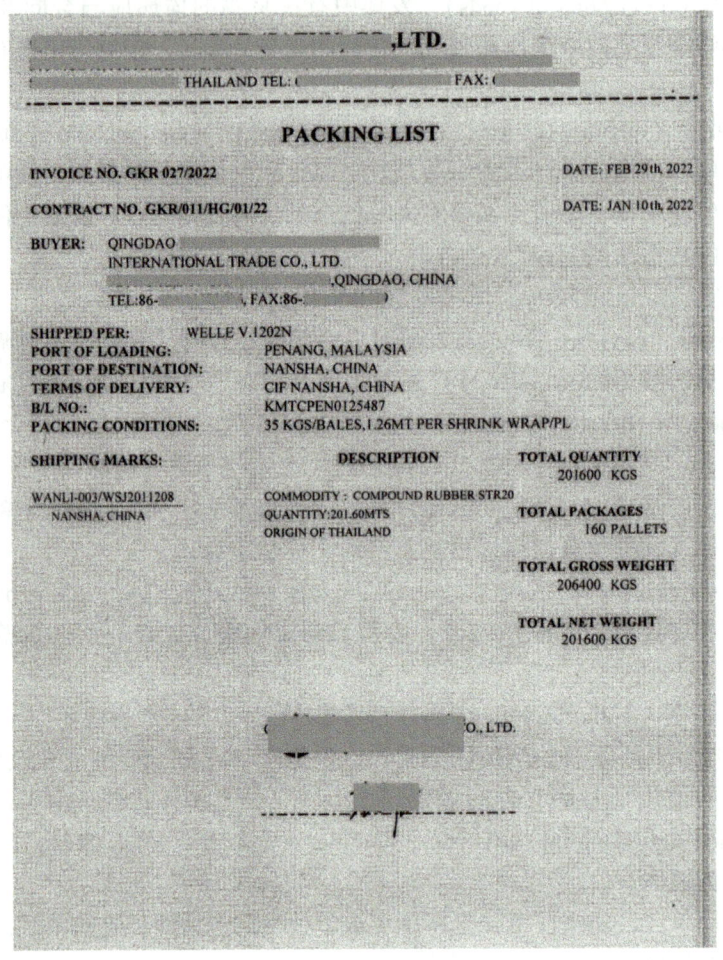

图 10-3 装箱单式样

5）货物数量（quantity）。装箱单中一般不列入货物的单价或总值，但通常列有数量。

6）毛重（gross weight）、净重（net weight）。这是装箱单最为主要的信息。有时装箱单中还列有货物每件包装的尺寸（measurement）以及总体积。

7）包装（packing）。装箱单中通常都列明货物的包装，有的是说明货物采用非木质包装，如"unpack with non-wood packing material, by RORO vessel⊖" "in 25kg PP bag, 40 bags into 1MT big bag" 等。

8）制单人签字（authorized signature）。按规则，装箱单不要求签字，但信用证中一般都习惯要求装箱单应签字。因此，与发票一样，如果信用证要求对装箱单签字，则应当签字。

4. 原产地证书和原产地声明

（1）原产地和原产地规则。原产地是生产、采集、饲养、提取、加工和制造货物的所

⊖ RORO vessel 为 "roll-on/roll-off vessel" 的缩写，意为滚装船。

在地。原产地规则是指判定进出口货物原产地的标准和方法,是一个国家(地区)原产地有关法律、法规和规章的总和。

(2)原产地规则分类。按适用政策范畴的不同,原产地规则可分为非优惠原产地规则和优惠原产地规则。

1)非优惠原产地规则,是指一国(地区)根据实施其海关税则和其他贸易政策需要,由本国立法自主制定的原产地规则。非优惠原产地规则适用于给予关税优惠无关的各种贸易政策措施,适用范围包括最惠国待遇(MFN)、反倾销和反补贴税、保障措施、数量限制或关税配额、原产地标记、贸易统计和政府采购等。

2)优惠原产地规则,是指一国(地区)为实施各种优惠贸易安排而制定的原产地规则。优惠原产地规则具有排他性,优惠范围以原产地受惠国(地区)进口产品为限,目的是促进协议方之间的贸易发展。在自由贸易协定项下,货物满足了原产地规则的规定,即具备协定原产资格,可以享受进口缔约方所承诺的优惠关税待遇。

(3)货物原产资格的判定。下列三种类型货物之一可被视为原产货物:

1)完全在一个缔约方获得或者生产的货物。完全获得(wholly obtained,WO)是指完全在一个成员方(仅一个成员方)境内取得或者生产的货物。这里的取得包括种植、采集、饲养、捕获、捕捞、采掘、制造等。例如,由悬挂日本国旗的船舶在公海捕捞获得的金枪鱼;又如,由中国境内回收的废钢铁,经淬火、破碎、成板、裁切、刨齿、回火等工序加工制造出口至越南的锯条。

2)完全从原产材料生产的货物。这是指在最终产品的生产过程中,使用的所有原材料和零部件都已经获得原产资格。货物所含的外来原材料或零部件必须在缔约方进行充分加工,实现实质性改变,并形成一个取得了原产资格的中间材料。当一项货物在最终生产阶段所使用的原材料和零部件除了完全获得或者生产的原产材料外,均为取得原产资格的中间材料,则该货物可被视为原产货物。例如,从德国进口的聚乙烯粒子(H. S. 3901.10)在中国加工成塑料垫(H. S. 3926.90)(品目发生了改变或区域价值成分40,见下文),再利用中国的毛竹和胶水制成竹砧板(H. S. 4419.00),然后出口日本。

3)在生产中使用了非原产材料的货物。在这种情况下,必须符合产品特定原产地规则所列对应税则号列的有关要求。也就是说,货物生产过程中所用的非原产材料经过制造加工已经发生了实质性改变。

产品特定原产地规则主要包括区域价值成分标准、税则归类改变(章改变、品目改变、子目改变)标准、特定制造或加工工序标准等单一标准,以及上述标准中两项或两项以上组成的选择性标准。

① 区域价值成分(regional value content,RVC)标准。RVC标准是增值标准的一种,即通过比较各种原材料、非原产材料、费用等构成货物的价值成分的占比,来判断非原产材料是否发生了实质性改变。以《区域全面经济伙伴关系协定》(RCEP)为例,该协定中约有1586个税号适用RVC标准。RVC可以通过扣减法或者累积法计算,其中标准"RVC40"是指当计算出来的区域价值成分不低于40%时,该货物能够获得原产资格。例如,一家中国企业生产庭院用伞(H. S. 6601.10)并出口至新加坡,FOB价为每把5.3美元,生产工序均在中国完成。庭院用伞的原材料情况见表10-1。

表 10-1 庭院用伞的原材料情况

原材料名称	每把伞所含原材料单价（美元）	原产国（地区）
伞架	3.55	中国
车线	0.05	中国
伞片	0.94	中国
PE 袋膜	0.035	中国
长丝布	0.32	印度（非 RCEP 成员）
制造成本及费用总和	0.405	中国

解析：

庭院用伞（H.S. 6601.10）所适用的原产地标准之一为区域价值成分（RVC）40。

根据扣减（倒扣）法公式计算，庭院用伞的区域价值成分为

$$RVC = (FOB - 非原产材料的价值 VNM)/FOB \times 100$$
$$= (5.3 - 0.32)/5.3 \times 100$$
$$= 94$$

根据累积（累加）法公式计算，庭院用伞的区域价值成分为

$$RVC = (区域内原产材料价值 VOM + 直接人工成本 + 直接经营费用成本 + 利润 + 其他成本)/FOB \times 100$$
$$= (3.55 + 0.05 + 0.94 + 0.035 + 0.405)/5.3 \times 100$$
$$= 94$$

用两种方法计算得到的区域价值成分均满足区域价值成分 40 的要求，故该庭院用伞可视为中国原产货物。

② 税则归类改变（change in tariff classification, CTC）标准。CTC 标准是指当货物与生产该货物的原材料被归入《商品名称与编码协调制度的国际公约》（H.S. 编码）中的不同税号时，即可视为该货物经过生产制造已经发生了实质性改变，并获得原产资格。在 RCEP 原产地规则中，税则归类改变标准包含以下三种情况：一是章改变（CC），要求用于生产货物的所有非原产材料发生了 H.S. 编码两位数级的税则归类改变；二是品目改变（CTH），要求用于生产货物的所有非原产材料发生了 H.S. 编码四位数级的税则归类改变；三是子目改变（CTSH），要求用于生产货物的所有非原产材料发生了 H.S. 编码六位数级的税则归类改变。

③ 特定制造或加工工序（specific manufacturing or processing operation）标准。RCEP 只采用了"化学反应"这一种加工工序标准。化学反应（chemical reaction, CR）是指通过分子键断裂并形成新的分子键，或者通过改变分子中原子的空间排列而形成新结构分子的过程。适用化学反应规则的货物，如果在一缔约方发生了化学反应，应当视为原产货物。溶于水或其他溶剂、去除包括水在内的溶剂、添加或去除结晶水不属于化学反应。

有些商品的原产地标准由区域价值成分、税则归类改变（章改变、品目改变、子目改变）、加工工序这三种实质性改变标准中的两个或两个以上标准组成，只要货物满足其中一项标准，即可获得原产资格，出口商可自行选择使用一种标准来确定货物原产地。例如，日

本企业进口冰岛产冷藏大西洋鲑鱼（H. S. 0302.14）（价格：CIF：USD60/kg），加工成鱼片和其他鱼肉（H. S. 0304.41）（原产地标准：章改变或区域价值成分40），以 FOB：USD100/kg 价格出口到中国。

4）补充规则。除"完全在一个缔约方获得或者生产的货物""完全从原产材料生产的货物""在生产中使用了非原产材料的货物"这三种情形外，货物原产资格的判定还包括一些补充、辅助性规则，以考虑货物生产、运输的各种情形下判定原产资格的要求。这些补充规则包括累积规则、微小加工和处理、微小含量、"包装、包装材料和容器"、"附件、备件和工具"、间接材料、生产用材料、可互换货物或材料、标准单元以及直接运输等。下面仅举例介绍原产地累积规则。

中国生产的水族箱（H. S. 7013.99）（FOB 价 58 美元/个），所使用的原材料见表 10-2。

表 10-2　中国生产的水族箱的原材料

原材料名称	原材料 H. S. 编码	每个水族箱所含原材料价值（美元/个）	原产国（地区）
节能灯	8539.31	6.6	中国
水泵	8413.81	6.8	中国
插头	8536.69	1.8	中国
喷胶棉	5601.22	0.2	中国
聚苯乙烯塑料粒	3901.10	15	马来西亚
电源线	8544.11	5	泰国
玻璃前后板	7009.10	18	奥地利（非 RCEP 成员）
制造成本及费用总和	—	4.6	中国

解析：

水族箱（H. S. 7013.99）的原产地标准为区域价值成分 40 或品目改变。

不使用累积规则，用倒扣法计算，水族箱的区域价值成分为

$$RVC = (58 - 15 - 5 - 18)/58 \times 100$$
$$= 34$$

使用累积规则，用倒扣法计算，水族箱的区域价值成分为

$$RVC = (58 - 18)/58 \times 100$$
$$= 69$$

综上，利用累积规则，马来西亚原产的聚苯乙烯塑料粒和泰国原产的电源线都可视为中国原产，水族箱符合区域价值成分 40 的标准，可判定原产于中国。

（4）原产地证书和原产地声明。原产地证明（proof of origin）是原产货物在进口通关时证明原产资格及原产国（地区），申请享受关税减让的重要凭证。原产地证明文件包括原产地证书和原产地声明两种。

1）原产地证书。原产地证书（certificate of origin）是用来证明出口货物的原产地或制造地的文件，也是进口地海关采取不同国别政策、征收差别待遇关税的依据。

一般情况下，原产地证书分为普惠制原产地证书、区域性优惠关税原产地证书、一般原产地证书（普通原产地证书）和专用原产地证书四类。

① 普惠制原产地证书。普惠制原产地证书（GSP, FORM A）㊀由海关出入境检验检疫机构签发。

② 一般原产地证书。一般原产地证书由各地贸促会（CCPIT）签发，个别原产地证书也可以由出口商自己签发。

③ 区域性优惠关税原产地证书。2022 年 1 月 1 日，《区域全面经济伙伴关系协定》（RCEP）对中国正式生效㊁。生效后，中国达成的自贸协定增加到 19 个，自贸伙伴达到 26 个。RCEP 协定下，原产地证书由各缔约方指定或授权签发原产地证书的签证机构签发。

除此之外，区域性优惠关税原产地证书还包括《亚太贸易协定》㊂原产地证书（FORM B）、中国－东盟自由贸易区优惠关税原产地证书（FORM E）、中国－巴基斯坦自由贸易区原产地证书（FORM P）、中国－智利自由贸易区原产地证书（FORM F），中国内地与香港、澳门《关于建立更紧密经贸关系的安排》（CEPA）原产地证书，中国与新西兰、新加坡、秘鲁、哥斯达黎加、韩国、毛里求斯、格鲁吉亚、冰岛、柬埔寨、马尔代夫、澳大利亚等国优惠关税原产地证书等。区域性优惠关税原产地证书由海关出入境检验检疫机构或各地贸促会签发。

④ 专用原产地证书。专用原产地证书包括输欧盟纺织品原产地证书、输欧盟烟草真实性证书、托考伊葡萄酒原产地名称证书、输欧盟葡萄酒托考伊原产地证书、输欧盟农产品原产地证书等，由海关检验检疫机构签发。

2）原产地声明。原产地声明（declaration of origin）是指由企业自主出具的原产地证明，无须向签证机构申领原产地证书的证明形式。原产地声明的出具方式包括经核准的出口商出具的原产地声明、货物的出口商或生产商出具的原产地声明以及进口商出具的原产地声明三种形式。

① 经核准的出口商（approved exporter）出具的原产地声明，是在协定生效后所有缔约方都立即实施的唯一一种自主声明形式。

② 货物的出口商或生产商出具的原产地声明，允许无门槛的出口商或生产商出具原产地声明是一项过渡性制度安排。

③ 进口商出具的原产地声明，是指缔约各方在协定生效后，讨论是否引入进口商出具原产地声明的认证模式。RCEP 协定中，目前各方仅允许日本在协定生效后就自行实施进口商自主声明。但此情况下，日本不能向出口缔约方的出口商、生产商、主管机构发起核查。

㊀ 普遍优惠制度（generalized system of preferences, GSP）简称普惠制，是发达国家（给惠国）对发展中国家及地区（受惠国）出口制成品和半制成品给予普遍的、非歧视的、非互惠的关税优惠制度。自 1978 年普惠制实施以来，先后有 40 个国家给予我国普惠制关税优惠，其中大多是我国的重要贸易伙伴，如欧盟成员国及英国、俄罗斯、加拿大、日本等。近年来，随着中国经济的稳步发展和国际贸易地位的逐步提升，越来越多的国家和地区宣布对中国普惠制"毕业"。截至 2023 年 7 月，仍然保留给予我国普惠制待遇的国家仅有挪威、新西兰、澳大利亚，对出口至上述三个国家的货物，企业仍可以申领普惠制原产地证书。在我国，海关是普惠制原产地证书的唯一签证机构。

㊁ 2023 年 6 月 2 日，RCEP 对菲律宾正式生效，标志着 RCEP 对东盟 10 国和澳大利亚、中国、日本、韩国、新西兰等 15 个签署国全面生效。

㊂ 截至 2023 年，《亚太贸易协定》的成员国包括孟加拉国、中国、印度、老挝、韩国、斯里兰卡和蒙古国。

此外，RCEP 协定还涉及背对背原产地证明。背对背原产地证明（back-to-back proof of origin）是原产地证明的背书，有利于货物在成员间运输、物流分拆，而不影响其原产资格。例如，印度尼西亚一家企业出口 10000 吨钢材，印度尼西亚签证机构签发了原产地证书。货物在新加坡进行分拆，5000 吨出口到中国，5000 吨出口到日本。新加坡签证机构基于印度尼西亚原产地证书出具背对背原产地证书，中国和日本的进口商凭背对背原产地证书申报，可享受 RCEP 协定税率。

5. 受益人寄单证明

受益人寄单证明（beneficiary's certificate for dispatch of documents）是指信用证中要求受益人将全套单据副本（有时是 1 套正本）寄给开证申请人并发函证实，如 "□Beneficiary's Certificate certifying that a whole set of document copies had been sent to the applicant and ＿＿"。寄单证明通常注明合同号码、发票号码、信用证号码等，并且注明函寄的单据之名称和份数，如 "1/3 original B/L plus one original invoice, original packing list and original certificate of no-wood packing material have been sent to the applicant by express mail within 2 days after shipment. No amendment have been received and accepted"（1/3 套正本提单及正本发票、正本装箱单、正本非木质包装证明各 1 套于装运后两天内寄给开证申请人。未收到信用证修改通知）。

10.1.5.2　收汇与结汇

1. 企业货物贸易外汇收支

企业货物贸易外汇收支包括：①从境外、境内海关特殊监管区域收回的出口货款，向境外、境内海关特殊监管区域支付的进口货款；②从离岸账户、境外机构在境内账户收回的出口货款，向离岸账户、境外机构在境内账户支付的进口货款；③深加工结转项下境内收付款；④离岸转手买卖项下收付款；⑤其他与货物贸易相关的收付款。

2. 收汇

货物贸易项下，收汇是指出口企业在货物出口后，通过各种渠道（指境外、境内海关特殊监管区域、离岸账户、境外机构在境内账户等）收回货款的过程。

国家外汇管理局《经常项目外汇业务指引（2020 年版）》第八条规定，企业出口后应按合同约定及时、足额收回货款或按规定存放境外。企业收取货款后应按合同约定及时、足额出口货物。第九条规定，企业应按照"谁出口谁收汇、谁进口谁付汇"原则办理货物贸易外汇收支业务。代理出口业务原则上应由代理方收汇。代理出口业务项下，代理方收汇后可凭委托代理协议将外汇划转给委托方，也可结汇后将人民币划转给委托方。第十条规定，企业办理货物贸易外汇收入，可自主决定是否开立出口收入待核查账户。企业货物贸易外汇收入可先进入出口收入待核查账户，也可进入企业经常项目外汇结算账户或结汇。第十一条规定，企业办理货物贸易外汇收支业务时，银行应通过货物贸易外汇监测系统（以下简称货贸系统）查询企业分类（详见本章延伸阅读 4）信息，按照"了解客户""了解业务""尽职审查"的展业原则（以下简称展业原则）和本指引规定进行审核，确认收支的真实性、合理性和逻辑性。企业办理货物贸易外汇收入时，银行应确认资金性质，无法确认的及时与企业核实。交易单证包括但不限于合同（协议）、发票，进出口报关单、进出境备案清单、运输单据、保税核注清单等有效凭证和商业单据。银行可根据展业原则和业务实际，自主决定审核交易单证的种类。

3. 结汇

结汇是指外汇收入所有者将其外汇收入出售给外汇指定银行，外汇指定银行按一定汇率付给等值本币的行为。结汇有强制结汇、限额结汇和意愿结汇等多种形式。其中，强制结汇是指所有外汇收入必须出售给外汇指定银行，不允许保留外汇。改革开放初期，我国出现外汇短缺，曾一度实行强制结汇制。限额结汇是指外汇收入在国家核定的数额内可不结汇，超过限额的必须出售给外汇指定银行。意愿结汇是指外汇收入可以出售给外汇指定银行，也可以开立外汇账户保留，结汇与否由外汇收入所有者自己决定。1996年1月29日，中华人民共和国国务院令第193号《中华人民共和国外汇管理条例》第九条规定，境内机构的经常项目外汇收入，应当按照国务院关于结汇、售汇及付汇管理的规定卖给外汇指定银行，或者经批准在外汇指定银行开立外汇账户。从此，企业经常项目外汇收入强制结汇的要求被取消。目前，我国实行的是意愿结汇制。

在意愿结汇制下，国家外汇管理局更关注及时、足额收汇，是否结汇取决于企业的意愿。

信用证项下的结汇是指出口单据经银行审核无误后，银行按照信用证规定的付款条件，将外汇结付给出口企业。我国出口业务中，多数使用议付信用证，有时使用付款信用证和承兑信用证○。主要结汇方式如下：

（1）议付信用证。我国银行对议付（议付的概念见第6章延伸阅读7）信用证的出口结汇方式，除出口押汇外，还采用另外两种方式：一是收妥结汇；二是定期结汇。其中，收妥结汇是指议付行收到受益人提交的单据后先不议付，而是将单据寄交开证行，等开证行将货款划给议付行后再向出口商结汇；定期结汇是指收到单据后，在一定期限内向出口商结汇，此期限为估计索汇时间。这两种方式对议付行来说，都是先收后结（付）。根据 *UCP600* 规定，这两种情况下银行不能取得议付行资格，只能算是代收行。

（2）付款信用证。付款信用证通常不使用汇票，业务中使用的即期付款信用证中，国外开证行指定出口地的分行或代理行为付款行，受益人可直接去付款行交单。付款行付款时不扣除汇程利息，付款后不可追索。显然，这对出口商而言是有利的。

（3）承兑信用证。承兑信用证的受益人开立远期汇票，通过国内代收行向开证行或开证行指定的银行提示，经其承兑后交单。经过银行承兑的汇票可到期收款，也可贴现。

10.1.6 出口退税

1. 出口退税的含义

出口货物退（免）税简称出口退税（export rebates），是指国家为鼓励出口，帮助出口企业降低成本、增强出口产品在国际市场上的竞争力，对报关出口的货物，部分或全部退还其在国内各生产环节和流转环节按税法规定缴纳的增值税和消费税的税收制度。

出口退税产品的范围包括：必须属于增值税、消费税征税范围内的产品；必须已报关离境及必须在财务上做出口销售；必须是已完成国际收支网上申报的货物。

2. 出口退税的特征

（1）出口退税是一种收入退付行为。出口退（免）税作为一项具体的税收制度，其目

○ 信用证的分类见第6章第6.2.3.3小节相关内容。

的与其他税收制度不同。它是在货物出口后，国家将出口货物已在国内征收的流转税退还给企业的一种收入退付或减免税收的行为。

（2）具有调节职能的单一性。对出口货物实行退（免）税，能够使企业的出口货物以不含税的价格参与国际市场竞争，这是提高企业产品竞争力的一项政策性措施。与其他税收制度鼓励与限制并存、收入与减免并存的双向调节职能相比，出口退（免）税具有调节职能单一性的特点。

（3）属间接税范畴内的一种国际惯例。生产环节和流转环节的增值税和消费税是一种间接税，世界上多数国家奉行出口货物间接税的"零税率"原则。为鼓励出口、平衡税赋，有的国家实行免税制度，有的国家实行退税制度，有的国家则退、免税制度同时并行，其目的都是对出口货物退还或免征间接税，使出口产品能以不含间接税的价格参与国际市场公平竞争。

3. 出口退税企业的范围

出口退（免）税企业（简称出口企业）包括生产企业、外贸企业及外贸综合服务企业。其中，生产企业是指适用免抵退税办法的出口企业。外贸企业是指适用免退税办法的出口企业。外贸综合服务企业应同时符合以下条件：①出口货物为国内生产企业自产的货物；②国内生产企业已将出口货物销售给外贸综合服务企业；③国内生产企业与境外单位或个人已经签订出口合同，并约定货物由外贸综合服务企业出口至境外单位或个人，货款由境外单位或个人支付给外贸综合服务企业；④外贸综合服务企业以自营方式出口。

根据国家税务总局2022年8月出台的出口货物劳务退（免）税政策，出口退税政策的出口享受主体是：①依法办理市场主体登记、对外贸易经营者备案登记，自营或委托出口货物的单位或个体工商户；②依法办理市场主体登记但未办理对外贸易经营者备案登记，委托出口货物的生产企业。

2022年12月30日，全国人大常委会关于修改《中华人民共和国对外贸易法》的决定，删除了"从事货物进出口或者技术进出口的对外贸易经营者，应当向国务院主管部门或者其委托的机构办理备案登记"相关要求。这意味着，从事货物进出口或技术进出口的企业，无须办理对外贸易经营者备案登记，企业自动获得进出口权。从即日起，所有企业（不论是自营出口还委托出口企业）均可享受出口退税政策。

4. 出口退税企业分类管理

为提升出口退税管理的质量和效率，提高企业税法遵从度，我国以风险可控、"放管服"结合、利于遵从、便于办税为原则，对出口退税企业实施分类管理，并根据企业管理类别提供差异化服务、实施差别化管理。

具体来说，税务部门会根据企业信用资质水平、税收遵从程度等情况，将企业的出口退税管理类别分为四类，从高到低分别为一类、二类、三类和四类。

（1）一类出口企业。一类企业信用资质最好，享受的退税服务最优、进度最快。主管国税机关可为一类出口企业提供绿色办税通道（特约服务区），优先办理出口退税，并建立重点联系制度，及时解决企业有关出口退（免）税问题。对一类出口企业中纳税信用级别为A级的纳税人，按照《关于对纳税信用A级纳税人实施联合激励措施的合作备忘录》的规定，实施联合激励措施。对一类出口企业申报的出口退（免）税，国税机关经审核，同时符合下列条件的，应自受理企业申报之日起，5个工作日内办结出口退（免）税手续：

1）申报的电子数据与海关出口货物报关单结关信息、增值税专用发票信息比对无误。

2）出口退（免）税额计算准确无误。

3）不涉及税务总局和省国家税务局确定的预警风险信息。

4）属于外贸企业的，出口的货物是从纳税信用级别为 A 级或 B 级的供货企业购进。

5）属于外贸综合服务企业的，接受其提供服务的中小生产企业的纳税信用级别为 A 级或 B 级。

（2）二类出口企业。对二类出口企业申报的出口退（免）税，国税机关经审核，同时符合下列条件的，应自受理企业申报之日起，10 个工作日内办结出口退（免）税手续：

1）符合出口退（免）税相关规定。

2）申报的电子数据与海关出口货物报关单结关信息、增值税专用发票信息比对无误。

3）未发现审核疑点或者审核疑点已排除完毕。

（3）三类出口企业。对三类出口企业申报的出口退（免）税，国税机关经审核，同时符合下列条件的，应自受理企业申报之日起，15 个工作日内办结出口退（免）税手续：

1）符合出口退（免）税相关规定。

2）申报的电子数据与海关出口货物报关单结关信息、增值税专用发票信息比对无误。

3）未发现审核疑点或者审核疑点已排除完毕。

（4）四类出口企业。对四类出口企业申报的出口退（免）税，国税机关应按下列规定进行审核：

1）申报的纸质凭证、资料应与电子数据相互匹配且逻辑相符。

2）申报的电子数据应与海关出口货物报关单结关信息、增值税专用发票信息比对无误。

3）对该类企业申报出口退（免）税的外购出口货物或视同自产产品，国税机关应对每户供货企业的发票都抽取一定的比例发函调查。

4）属于生产企业的，对其申报出口退（免）税的自产产品，国税机关应对其生产能力、纳税情况进行评估。

国税机关按上述要求完成审核，并排除所有审核疑点后，应自受理企业申报之日起，20 个工作日内办结出口退（免）税手续。

出口企业管理类别评定工作每年进行一次，应于企业纳税信用级别评价结果确定后一个月内完成。负责评定出口企业管理类别的国税机关，应在评定工作完成后的 15 个工作日内将评定结果告知出口企业，并主动公开一类、四类出口企业名单。

据统计，出口退税办结时间由 2021 年的平均 7 个工作日压缩至 2022 年的平均 6 个工作日。

5. 出口退税的办理

深化海关、税务部门合作，实现数据共享。企业通过电子税务局或国际贸易"单一窗口"等税务信息系统申报、办理出口退税业务。

系统自动调用本企业出口报关单信息，通过国际贸易"单一窗口"申报出口退税时自动调用本企业购进的出口货物的发票信息等。原则上出口企业通过网上渠道提交申报电子数据后，即可申请办理出口退税申报等事项，无须提交纸质资料。税务等部门审核电子数据无问题的，即可办结业务，并通过网上反馈办理结果。

6. 出口退税政策的优化

2022年4月29日，国家税务总局发布《关于进一步便利出口退税办理 促进外贸平稳发展有关事项的公告》（国家税务总局公告2022年第9号），对完善出口退（免）税企业分类管理、优化出口退（免）税备案单证管理、完善加工贸易出口退税政策、精简出口退（免）税报送资料、拓展出口退（免）税提醒服务、简化出口退（免）税办理流程、简便出口退（免）税办理方式、完善出口退（免）税收汇管理等做出了安排。

在优化调整出口退（免）税企业分类管理方面：一是要求税务部门及时完成管理类别评定工作。税务部门应于出口企业纳税信用级别评价结果确定后的1个月内，完成企业管理类别的年度评定；二是方便纳税信用修复企业重新评定管理类别。

在优化便捷出口退（免）税备案单证管理方面：一是优化调整备案单证种类；二是丰富备案单证留存保管方式，进一步减轻出口企业办税负担。

在完善加工贸易出口退税政策方面：按照现行出口退税政策规定，在免抵退税计算时，出口货物征退税率之差形成的"不得免征和抵扣税额"，企业应将其从增值税进项税额中扣减。

在完善出口退（免）税收汇管理方面：强化出口信用保险与出口退税政策衔接。按照之前的规定，出口企业办理出口退税，除特殊情形外，都必须收汇；未收汇，则不能办理出口退税。调整后，对于因疫情等影响购买了出口信用保险、无法收汇时获得保险赔款的企业，将未收汇则不能退税的政策调整为将保险赔款视同收汇，予以办理退税。

10.2　进口合同的履行

成交方式不同，买卖双方承担的风险、费用和责任就不同，进口合同的履行程序也不同。以FOB价格条件成交、以信用证方式结算货款的进口合同的履行程序主要包括：申领进口许可证；开立、修改信用证；订舱（租船）和催装；办理保险（投保）；审单与付汇；进口货物通关与验收；办理进口索赔等。

10.2.1　申领进口许可证

进口许可制度（import license system）是国际上普遍采用的对进口贸易实施管理的措施之一。进口许可证是国家管理货物进口的法律凭证，凡属于进口许可证管理的货物，除国家另有规定外，各类进出口企业应在进口前按规定向指定的发证机构申领进口许可证，海关凭进口许可证接受申报和验放。

依据《中华人民共和国对外贸易法》《中华人民共和国货物进出口管理条例》《消耗臭氧层物质管理条例》《货物进口许可证管理办法》《机电产品进口管理办法》《重点旧机电产品进口管理办法》以及《货物自动进口许可管理办法》《机电产品自动进口许可实施办法》等法律、行政法规和规章，我国对进口许可证的管理实行进口许可证与自动进口许可分类管理的原则。

1. 进口许可证

2023年属于许可证管理的进口货物为消耗臭氧层物质和重点旧机电产品，详见进口许可证管理货物目录（2023年）。商务部或者受商务部委托的省级和部分副省级市商务主管部门负责对上述货物的进口实施许可，并向符合条件的申请人签发"中华人民共和国进口许可证"。

重点旧机电产品进口单位申领的进口许可证和在京的属于国务院国资委管理企业申领的进口许可证，由商务部配额许可证事务局（简称许可证局）签发。

消耗臭氧层物质进口单位申领的进口许可证，由省级地方商务主管部门签发。

2. 自动进口许可

商务部根据监测货物进口情况的需要，对部分货物实行自动进口许可管理。实行自动进口许可管理货物目录，包括具体货物名称、税则号，由商务部会同有关部门确定，并至少在实施前21天公布。在实行自动进口许可管理货物的原因发生变化后，商务部将取消该货物自动进口许可管理，并予以公布。

2023年列入自动进口许可的货物共有45种，详见自动进口许可管理货物目录（2023年）。这些货物分为两类：一类由商务部实施自动进口许可；另一类由受商务部委托的省级地方商务主管部门或地方、部门机电办实施自动进口许可。

10.2.2 开立、修改信用证

1. 信用证的开立

买卖合同签订后，按合同规定的时间开立信用证是买方履行合同的重要义务之一。买方向银行申请开立以卖方为受益人的信用证时，必须填写"不可撤销跟单信用证开证申请书"。开证申请书是银行开立信用证的依据，也是申请人和银行之间契约关系的法律依据。本书第6章第6.2.3.5小节中详细介绍了开证申请书的填写方法，在此不再赘述。

申请人在向银行申请开立信用证时，应注意如下事项：

（1）信用证是一份独立的文件，其内容应该是完整的。信用证的开立以合同为依据，但信用证本身是一份独立且完备的文件。信用证内容在严格符合合同的前提下，应保持其内容的完整性和独立性。对于应该在信用证中明确的内容，不能使用"按××号合同规定办理"等类似的表达方式。

（2）信用证的条件必须单据化。UCP600第14条规定，如果信用证含有一项条件，但未规定用以表明该条件得到满足的单据，银行将视为未做规定并不予理会。因此，进口商在申请开立信用证时，应将合同的有关规定转化成单据，而不能照搬照抄。

（3）按时开证。进口商应在合同规定期限内开立信用证。如合同只规定了装运期的起止日期，则应让受益人在装运期开始前收到信用证；如合同只规定最迟装运日期，则应在合理时间内开证，以使卖方留有足够时间备妥货物并出运。通常信用证的开立日期在装运日期前15～30天为宜。

2. 信用证的修改

卖方收到信用证后，如提出修改信用证的请求，经买方同意后，即可向开证银行办理改证手续。常见的修改内容有：展延装运期和信用证有效期；变更装运港；加列一些特殊条款等。如买方不同意修改，也应及时通知卖方。信用证经修改后，开证行即不可撤销地受该修改内容的约束，买卖双方也应按修改后的信用证规定办理。

10.2.3 订舱（租船）和催装

以FOB价格条件成交、以信用证结算货款的进口合同，买方要负责货物的运输。也就是说，买方要负责派船到出口口岸接运货物，因此需要办理订舱或租船手续。

根据合同规定，卖方在收到信用证后的一定时间内，应将预计装运日期通知买方。买方在接到上述通知后，应及时办理订舱或租船手续。在我国，多数外贸公司通过外运代理机构办理此项业务，少数可直接向船公司等实际承运人办理订舱或租船手续。对于大宗的散装货物需整船运输，需办理租船手续；而对于一般小批量的散货，则通常办理订舱（booking space）手续⊖。订舱或租船手续办妥后，应在规定的期限内向承运人和卖方发出装船指示（SI），将船名、航次以及船期等信息及时通知对方，以便卖方备货出运。对于一些特殊货物，如单件货物超高、超长、超重或易燃易爆等货品的装运，卖方应及时通告，以便买方在办理订舱或租船时将货物的详细情况通知有关船公司，确保货运安全。

为防止船货脱节或"船等货"等情况发生，买方还应随时了解和掌握卖方备货和装船进展情况，注意催促对方按时装运。对数量较大或重要物资的进口，如有必要，买方可请我驻外机构就地了解、督促对方履约，或派人员前往出口地点监督装运。

办理订舱时应注意如下事项：

（1）洽订班轮舱位时，应注意与信用证规定的装运日期相衔接，以保证按时在装运港接货。

（2）订舱前应了解班轮费率表中有无附加费、有无折扣、计价标准是重量吨（W）还是尺码吨（M）等。

（3）班轮运输的装卸费用规定多种多样，应注意与进口合同中的费用负担条件一致。

（4）了解班轮是否可直达卸货港（目的港）、中途是否转船等。

办理租船时应注意运输市场的行情，了解装卸港口的情况（各航线港口的装卸习惯等），根据实际情况选择船型，以保证货物安全运输并节约费用支出。

10.2.4 办理保险（投保）

FOB 或 CFR 条件下的进口合同，应由买方负责办理货物的运输保险。前面已经讲过，无论是 FOB、CFR 还是 CIF 贸易条件下，货物的风险转移界限都是在装运港船上。FOB 价格条件下，货物运输的风险由买方承担，而货物的保险也由买方自己办理，合同中通常规定，保险：由买方自行办理（Insurance：To be covered by the Buyer）。但合同通常还规定卖方在货物装运后一定时间内，向买方发出货物已装船的充分通知，以便买方及时办理保险和接货。例如，"Shipping advice：the Seller shall, upon completion of loading, advise the Buyer within 24 hours by Fax of the Contract No., name of commodity, numbers of packages, gross and net weights, invoice value, name of vessel and loading date."（装运通知：卖方应于货物装上运输工具后 24 小时内，以传真方式将合同号、货物名称、包装件数、毛重和净重、发票金额、船名以及装运日期等信息通知买方。）同时还规定，"In the event of the Buyer being unable to arrange for insurance in consequence of the Seller's failure to send the shipping advice, the Seller shall be held responsible for all the losing thus sustained by the Buyer."（由于卖方原因未能发出装运通知而导致买方不能按时投保，由此遭受的一切损失应由卖方负责。）

理论上讲，办理保险有逐笔保险、预约保险（详见第 5 章延伸阅读 7）等多种做法，但

⊖ 订舱的程序见第 4 章延伸阅读 4。

实际上，保险公司为防止投保人的道德风险，通常采取逐笔保险的做法。具体是，买方在收到国外卖方的装运通知后，根据保险公司提供的"货物运输保险投保单"（电子版）格式，填写好各项内容，自行出具保险单（详见第5章）。保险人确认后，视为办妥保险手续，从货物在装运港装船时起，自动对货物承担保险责任。

10.2.5 审单与付汇

审单与付汇是履行进口合同的重要环节。下面仍然以信用证方式结算货款为例，介绍进口合同中审单与付汇环节的流程。

10.2.5.1 审单

审单是指信用证结算方式下，出口商将信用证要求的单据交给银行（议付行），要求银行议付货款时，银行对照信用证的规定，对单据是否齐备、数量是否完整、内容是否符合规定等进行全面审核，如确认无误，即由银行议付单据的过程。

1. 银行的审单责任

审单是银行（议付行、开证行或保兑行）和进口企业的共同责任[一]。UCP600 第 14 条 a 款规定了单据审核标准，按指定行事的指定银行、保兑行（如果有的话）及开证行[二]须审核交单，并仅基于单据本身确定其是否在表面上构成相符交单；第 14 条 g 款规定，提交的非信用证所要求的单据将被不予理会，并可被退还给交单人。换句话说，信用证上没有要求而出口商提交的单据，银行将不予审核。如果银行收到类似单据，应退还交单人或将其照转，但对此不承担责任。根据 UCP600 规定，银行必须审核单据，确定单证是否相符，决定接受还是拒绝单据。同时规定，开证行可以就不符点问题征询开证申请人的意见，但无论如何，这都不能解释为允许由开证申请人来独立审核单据。因为允许开证行与开证申请人联系的前提条件是开证行已自主确定了单证不符，而且此种联系的目的仅限于劝说开证申请人"放弃拒付"，而不是与其共同对单据继续进行挑剔或共谋拒付的理由。此外，UCP600 还规定，若单据经审核存在不符点且银行决定拒付，则开证行所承担的信用证项下的付款责任得以免除；但当受益人在规定的时间内补交了符合信用证规定的单据后，开证行仍然必须承担付款责任。

2. 银行的审单时间

UCP600 第 14 条 b 款规定，按指定行事的指定银行、保兑行（如有的话）及开证行各有从交单次日起至多 5 个银行工作日用以确定交单是否相符。这一期限不因在交单日当天或之后信用证截止日或最迟交单日届至而缩减或受到影响。这一规定说明，开证行、保兑行或者其他同样承担第一付款人责任的银行应该在一段合理时间内审核单据，即不应超过收到单据次日起的 5 个银行工作日来审核和决定接受或拒绝接受单据，并通知交单方。

3. 银行的审单要点

银行（议付行、保兑行或开证行）审核的单证主要包括：

（1）汇票。信用证结算下的汇票应列明出票条款，说明开证行、信用证号码及开证日

[一] 前面提及，审证（信用证）是银行（通知行）和出口企业的共同责任。
[二] 通常情况下，议付行会审核单据，并议付货款，但议付行对已经议付的货款具有追索权；开证行也会审核单据，但开证行付款后，则不具有追索权。

期；汇票的金额应与信用证规定相符，一般为发票金额，如单据内含有佣金或货款部分采用托收，则按信用证规定的发票金额的百分比开列，金额的大小写应一致；汇票付款人应为开证行或指定的付款行，若信用证未规定，应为开证行，不应以申请人为付款人；出票人应为信用证受益人，收款人通常为议付银行；汇票的付款期限应与信用证规定相符；汇票的出票日期必须在信用证有效期内，但不应早于发票日期。

（2）提单。提单必须按信用证规定的份数全套提交；提单应注明承运人名称，并经承运人或其代理人签名或船长或其代理人签名并注明身份；除非信用证特别规定，提单应为清洁提单；以 CFR 或 CIF 条件成交，提单上应注明运费预付（freight prepaid）；提单的签发日期不得迟于信用证所规定的最迟装运日期；提单上所载件数、唛头、数量、船名等应与发票相一致，货物描述可用总称，但不得与发票货名相抵触。

（3）商业发票。商业发票应由信用证受益人出具，无须签字，除非信用证另有规定；货物名称、数量、单价、包装、价格条件、合同号等描述必须与信用证严格一致；发票抬头应为开证申请人；发票必须记载出票条款、合同号码和发票日期。

（4）保险单。保险单正本份数应符合信用证要求，全套正本应提交开证行；投保金额、险别应符合信用证规定；保险单上所列船名、航线、港口、启运日期应与提单一致；列明货物名称、数量、唛头等，并与发票、提单及其他货运单据一致。

（5）原产地证书。原产地证书应由信用证上指定的机构签发；货物名称、品质、数量及价格等有关货物的记载应与发票一致；签发日期不应迟于装船日期。

（6）检验检疫证书。各项证书应由信用证要求的指定机构签发；检验检疫项目及内容应符合信用证要求，对检验结果有瑕疵者，可拒绝受理；检验检疫日期不得迟于装运日期，但也不得距离装运日期过早，因为各类证书一般都有有效期。

（7）银行审核的其他单证。

10.2.5.2 购汇、售汇和付汇

1. 购汇

对一笔业务来说，购汇、售汇和付汇往往是一体的。如果企业外汇账户余额充足，可直接通过银行对外付汇；如果企业外汇账户余额不足，就需要向银行购汇。

国家外汇管理局《经常项目外汇业务指引（2020 年版）》第八条规定，企业进口后应按合同约定及时、足额支付货款。企业支付货款后应按合同约定及时、足额进口货物。第九条规定，企业应按照"谁出口谁收汇、谁进口谁付汇"原则办理货物贸易外汇收支业务。代理进口业务原则上应由代理方付汇。代理进口业务项下，委托方可凭委托代理协议将外汇划转给代理方，也可由代理方购汇。

2. 售汇

银行审核企业交易单证（包括合同或协议、发票、进出口报关单、进出境备案清单、运输单据等有效凭证和商业单据。经办银行自行决定单据的种类，对 A + 类企业来说，可能不需要企业提供任何单证），将所需外汇额度按当日汇率牌价的卖出价出售给企业，并收取等值本币的过程，就是售汇。

国家外汇管理局《经常项目外汇业务指引（2020 年版）》第十一条规定，企业办理货物贸易外汇支出时，银行应确认交易单证所列的交易主体、金额、性质等要素与其申请办理的外汇业务相一致。

3. 付汇

付汇是国际货款结算的四个基本环节（收汇、结汇、售汇、付汇）之一，是指经批准经营外汇业务的金融机构，根据有关售汇以及付汇的管理规定，审核用汇单位和个人提供的有效凭证和商业单据后，从其外汇账户中或将其购买的外汇向境外支付的行为。

对企业来说，可能存在提前购汇和付汇的需求：一是用于预付货款；二是企业判断未来本币可能存在贬值倾向，提前购汇会节省成本。但这通常会增加外汇管理部门监管压力，是不被鼓励的。

出口商作为信用证受益人装运货物后，将符合信用证要求的全套单据交议付行议付，议付行议付货款后将单据寄交开证行（或保兑行）索汇。如开证行审单后认为"单证一致、单单相符"，从而符合信用证要求的付款条件，应予以即期付款或承兑或于信用证规定的到期日付款，开证行付款后无追索权；如果开证行审单后发现单证不符或单单矛盾，应于收到单据次日起 5 个工作日内，以电信方式通知寄单银行（议付行），通知中应说明单据存在的所有不符点，并说明是否保留单据以待交单人处理或退还交单人等。

根据 UCP600 相关规定，对于单证或单单不符的单据，银行有权拒付。实际业务中，银行会将不符点告知开证申请人并征求其意见⊖，以确定拒绝或接受。作为开证申请人的进口商，对此应持慎重态度。因为开证行一经对外付款，便失去追索权。

10.2.6 进口货物通关与验收

1. 进口货物通关

进口货物通关是指进境（关境）货物通过设立海关的地点，或虽未设立海关但经国务院批准的准予进境的地点进境，进境货物的收货人或其代理人，依法向海关办理货物进境手续，海关对其呈交的单证和申请进境的货物依法进行审核、查验、征缴税费，并经稽查确认其进口合法的过程。

进口货物的收货人应当自运输工具申报进境之日起 14 日内，向海关申报。进口货物的收货人超过上述规定期限向海关申报的，由海关征收滞报金。

进口货物的通关程序详见第 11 章相关内容。

2. 进口货物验收

进口货物验收包括两个环节：一是如果进口货物属于海关必须实施检验的进出口商品目录所列货物，则海关出入境检验检疫机构依法对货物实施检验检疫（法定检验）；二是无论货物是否属于目录内货物，买方都有权根据合同约定对货物进行检验，以确定货物是否与合同规定相符。

（1）目录内货物的法定检验。海关总署设在各省、自治区、直辖市以及进出口商品的口岸、集散地的出入境检验检疫机构及其分支机构（简称出入境检验检疫机构），管理所负责地区的进出口商品检验工作。

出入境检验检疫机构对列入必须实施检验的进出口商品目录的进出口商品依法实施检验（法定检验），对法定检验以外的进出口商品，依法实施抽查检验和监督管理。

⊖ 按我国银行业习惯，如进口企业 3 个工作日内没有提出异议，银行即按即期、远期汇票付汇或承兑或在延期付款信用证的情况下对外承担到期责任。

法定检验的进口商品的收货人应当持合同、发票、装箱单、提单等必要的凭证和相关批准文件，向海关报关地的出入境检验检疫机构报检；海关放行后 20 日内，收货人应当依照相关规定，向出入境检验检疫机构申请检验。进口货物的检验包括品质检验、安全卫生检验检疫、数量鉴定、重量鉴定等。法定检验的进口商品未经检验或检验检疫不合格的，不准销售或使用。

《中华人民共和国国境卫生检疫法实施细则》第十条规定："入境、出境的集装箱、货物、废旧物等物品在到达口岸时，承运人、代理人或者货主，必须向卫生检疫机关申报并接受卫生检疫。对来自疫区的、被传染病污染的以及可能传播检疫传染病或者发现与人类健康有关的啮齿动物和病媒昆虫的集装箱、货物、废旧物等物品，应当实施消毒、除鼠、除虫或者其他必要的卫生处理。"

《中华人民共和国进出境动植物检疫法实施条例》第二十条规定："输入的动植物、动植物产品和其他检疫物运达口岸时，检疫人员可以到运输工具上和货物现场实施检疫，核对货、证是否相符，并可以按照规定采取样品。承运人、货主或者其代理人应当向检疫人员提供装载清单和有关资料。"

《中华人民共和国食品安全法实施条例》第四十五条规定："进口食品运达口岸后，应当存放在出入境检验检疫机构指定或者认可的场所；需要移动的，应当按照出入境检验检疫机构的要求采取必要的安全防护措施。大宗散装进口食品应当在卸货口岸进行检验。"

进出境的样品、礼品、暂准进出境的货物以及其他非贸易性物品，免予检验。

（2）买方（收货人）按合同约定对货物进行检验。通常情况下，买卖双方订立合同时均约定，买方收到货物后一段时间内有权委托相关机构（部门）对货物进行检验，以确认货物的质量、数量等与合同规定相符。即使货物不属于法定检验的目录范畴，买方也可以委托第三方检验机构对货物进行检验，检验结果可作为向相关责任方索赔的依据。

10.2.7 办理进口索赔

在进口业务中，有时会发生卖方不按时交货，或所交货物的品质、数量、包装与合同规定不符的情况；也可能由于承运人装卸、保管不当造成货物损坏或短少；或者由于自然灾害、意外事故等原因导致货物损坏或灭失等从而给买方带来损失。买方可根据实际情况向责任方提出索赔。

1. 索赔对象

（1）向卖方索赔。属下列情形者，买方可向卖方提出索赔：货物的品质、规格与合同规定不符；原装数量不足；包装不符合同规定或因包装不良致使货物受损；未按期交货或拒不交货等。

（2）向承运人索赔。属下列情形者，买方可向承运人提出索赔：货物数量少于提单所载数量；提单是清洁提单，而货物有残缺情况，且属于船方过失所致；货物所受的损失，根据租船合约有关规定应由船方负责等。

（3）向保险公司索赔。对属于投保险别的承保责任范围内的损失，买方可向保险公司提出索赔。

2. 索赔注意事项

（1）索赔依据。向卖方索赔的依据主要有合同、公证报告、检验证书、破损证明、提单、装箱单、发票、银行通知等;向承运人索赔的依据主要有公证报告、破损证明或相关机构会签证明、提单或提货单或运输合同、商业发票、检验证书以及承运人要求的其他文件;向保险公司索赔的依据主要有保险单正本、提单正本、托运人开立的发票、装箱单、重量证明书、公证报告、磅码单、修理费用以及估价单、海难报告等。

(2) 索赔金额。向卖方索赔金额,应按买方所受实际损失计算,包括货物损失和由此而支出的各项费用(含检验费、仓储费、利息等);向承运人和保险公司索赔金额,均按有关章程办理。

(3) 索赔时效。向卖方索赔应在合同规定的索赔期限内提出;向承运人(如船公司)索赔的期限为货物到达目的港交货后一年之内;向保险公司提出海运货物索赔的期限为被保险货物在卸货港全部卸离海轮后两年之内。

(4) 买方职责。买方在向有关责任方提出索赔时,应采取适当措施保持货物原状并妥为保管。按国际惯例,如买方不能按实际收到货物的原状归还货物,就丧失了宣告合同无效或要求卖方交付替代货物的权利;按保险公司规定,被保险人必须按保险公司的要求,采取措施避免损失进一步扩大,否则不予理赔。

本章延伸阅读

1. 常见的信用证"软条款"㊀

(1) 信用证必须获得外汇当局批准后才生效。有时出口商收到的信用证规定,该信用证须获外汇主管当局的核准才能生效。例如,"This credit will be operative solely when we get the authority permission that we have already requested" 或 "This credit shall become operative only receipt by us the authorization to that effect of … Exchange Institution"。

(2) 受益人必须等到开证行或开证申请人另行通知后才能使用该证。一些信用证使用了这些限制性条件。例如,"This credit will be operative only after receipt of further instructions" 或 "Date of shipment to be instructed by the Buyer from the opening bank through the advising bank" 或 "This credit is subject to shipping sample to be accepted by … Trading Co., and verified by cable from the opening bank to be advised through the advising bank"。

(3) 信用证规定货物运抵目的地或经检验后才能获得付款。有时,进口商为了保证货物按时运抵目的地,或为了保证货物品质符合合同要求,往往在信用证中规定,货物运抵目的地后,或经过检验合格后才能获得付款。例如,"Letter of copy or cable advice from … customs brokers or carrier certifying that the merchandise has arrived in … (name of destination)" 或 "Documents are to be delivered on trust receipt to the above account party for the purpose of arranging entry and inspection of the goods by the US Food and Drug Administration (FDA) upon receipt of a written statement from above account party to the effect that merchandise has been inspected and released the US Food and Drug Administration. The draft under this credit will be paid by us. It is understood that we shall not be responsible for the form, scope, validity enforce ability and the enforcement of such trust receipt"。

㊀ 姚新超. 国际贸易实务. 对外经济贸易大学出版社,2007。

（4）信用证规定某些单据必须由进口商或代理人签署才能办理押汇。有时信用证中规定，某些单据必须由进口商等出具或签字，出口商才能办理信用证项下的押汇。例如，"Inspection certificate to be issued by…Trading Co."或"Commercial invoice to be countersigned by the Buyer"。

（5）信用证项下的付款时间不确定。有些信用证虽然承诺向出口商付款，但付款时间不确定。例如，"Payment by us will be subject to receipt of sterling cover from our…office"或"Payment under this credit will be made by us only after arrival of goods in…and availability of Foreign Currency cover from Center Bank of…"。

（6）信用证要求出口商提交不容易获得的单据。有些进口商在信用证中要求出口商提交的单据对出口商来说难度较大，甚至无法取得。这些单据可能包括：货装甲板下的运输单据（Container B/L must mark "under deck"）以及附有其他条件的运输单据（Container B/L with optional stowage clause not acceptable. B/L must indicate net net weight, net weight, gross weight and measurement）；保险单据方面，如"Insurance policy covering All Risks of loss or damage whatsoever cause arising, marine insurance policy covering W. P. A. and F. P. A."或"Insurance policy issued by…Insurance Company…required"或"Marine insurance policy covering W. P. A. against All Risks"；检验证书方面，如"Inspection certificate issued by the Buyer required"或"Beneficiary must inform the Buyer to inspect the goods at least 7 days before loading"等。

（7）虚假的保兑条款。有些银行虽然自称是保兑银行，但并不承担真实的保兑责任。例如，"We conform this credit and subject to opening bank's sufficient deposit in our bank, we undertake to honor the draft's drawn under and in compliance with the terms of this credit"。

（8）运输保险方面。例如，"Marine insurance…for full invoice value plus about 10%"（加成约10%）或"Insurance policy endorsed in blank covering marine and war risks for approximately 10% above CIF value"或"Marine W. P. A. and war risks insurance certificate in duplicate covering 10% above the CIF of goods including full cover warehouse to warehouse"（承保水渍险和战争险的海上保险凭证一式两份，保额为上述CIF货价全额加10%，保险区间为"仓至仓"）或"Marine and war risks on usual Lloyd's condition"（按通常的劳合社险别承保海上风险和战争险）或"Insurance to be effected with an insurance company approved by us"等。

（9）货物运输方面。例如，"Combined transport shipment allowed…transshipment not allowed"或"Shipment by approved vessel"；"Shipment by standard vessel"或"Air Waybill without transshipment"或"Shipment must be effected 60 days before receipt of L/C"或"Cargo must arrive at New York not later than Oct. 20th, 2022"等。

（10）有关信用证的有效期。例如，"We call your attention that this credit is valid for presentation of documents in New York and that payment will only be made when the full set of documents reaches this office"或"Negotiation must be effected on March 20th, 2022"或"Draft drawn under this L/C must be presented for negotiation within 10 days before the date of shipment"等。

（11）单据传递方面。例如，"Negotiating bank is to forward all documents to opening bank by one airmail within 24 hours after date of B/L" 或 "All documents to arrive not later than arrival of carrying vessel. Expense caused by non-arrival of documents or incomplete documents for shipper's account" 或 "One set of shipping documents must be airmail directly to the Buyer in one week before shipment has been made and beneficiary's certificate to this effect is required" 或 "All documents must indicate accountee as shipper" 等。

2. 形式发票、海关发票、领事发票

（1）形式发票。形式发票（proforma invoice）又称预示发票（P/I）或试算发票，是卖方出具给买方的一种形式的而非正式的发票，是为方便买方估算进口成本、办理申请进口（如开证申请）和批准外汇之用，也是卖方出具正式商业发票的基础。在买卖合同签订之前，经双方签字的形式发票有时可充当合同使用。

（2）海关发票。海关发票（customs invoice）是应进口国海关要求、由出口商填制的供进口商凭以报关使用的特定格式（格式由进口国确定）的发票，主要用于进口地海关统计、核实原产地、核查进口货物价格构成等，以确定是否存在低价倾销等行为，从而作为征收反倾销税的依据。不同国家海关发票要求的格式不同，使用时要加以注意。

（3）领事发票。领事发票（consular invoice）是由进口国驻出口国领事出具的一种印就格式的发票，出口商根据要求的格式填制该发票，并经领事签证。领事发票多为拉美国家采用，以证明出口货物的详细情况。对进口国来说，领事发票既可防止低价倾销，又便于核算进口关税。有的国家领事在出口商的商业发票上签证（consular visa），所以这种发票又称"领事签证发票"，领事签证发票一般要收取一定的费用。

3. 其他几种形式的原产地证书

原产地证书分为普惠制原产地证书（GSP, FORM A）、一般（普通）原产地证书、区域性优惠关税原产地证书和专用原产地证书四类。前两种原产地证书在前面已经做过介绍，下面介绍几种常见的区域性优惠关税原产地证书和专用原产地证书。

（1）区域性优惠关税原产地证书。

1）中国-东盟自由贸易区优惠关税原产地证书（FORM E）。根据中国与东盟签署的《中国-东盟全面经济合作框架协议货物贸易协议》（简称《货物贸易协议》），从2005年7月20日起，中国和东盟正式按照《货物贸易协议》规定的时间表，对原产于中国和东盟的约7000个税目的产品相互给予优惠关税待遇，以自由贸易区的税率实现彼此货物的通关。至2010年，中国与文莱、印度尼西亚、马来西亚、菲律宾、新加坡和泰国等6个东盟老成员国已取消大部分产品的关税，自由贸易区已经建成。柬埔寨、老挝、缅甸和越南等4个东盟新成员国享受5年的过渡期，至2015年与中国实现自由贸易。

为使我国出口到东盟的《货物贸易协议》项下的产品享受东盟成员国给予的关税优惠待遇，自2005年7月20日起，国家质检总局设在各地的出入境检验检疫机构开始签发中国-东盟自由贸易区优惠原产地证书（FORM E）。2018年8月20日起，区域性优惠关税原产地证书由海关出入境检验检疫机构或各地贸促会签发，有效期为一年。

2）《亚太贸易协定》原产地证书（FORM B）。《亚太贸易协定》是《亚洲-太平洋贸易协定》的简称，原名《亚洲及太平洋经济和社会委员会发展中成员国关于贸易谈判的第一协定》，又称《曼谷协定》，签订于1975年，我国于1994年提出申请并于2001年正式加入该协定。截至2024年1月，《亚太贸易协定》的成员国有中国、孟加拉国、印度、老挝、

韩国、斯里兰卡和蒙古国。从 2006 年 9 月 1 日起，出口至《亚太贸易协定》成员国降税清单内的货物，签发《亚太贸易协定》原产地证书（FORM B）。

3）中国–巴基斯坦自由贸易区原产地证书（FORM P）。2003 年 11 月 3 日，中国与巴基斯坦签署《中巴优惠贸易安排》，并于 2004 年 1 月 1 日起实施。2005 年 4 月 5 日，两国启动自由贸易区谈判，并签署《中巴自由贸易协定早期收获协议》，根据该协议，从 2006 年 1 月 1 日起，各地出入境检验检疫机构开始签发中国–巴基斯坦自由贸易区原产地证书（FORM P）。2006 年 11 月 24 日，《中国–巴基斯坦自由贸易协定》签署。

4）中国–智利自由贸易区优惠原产地证书（FORM F）。根据中国与智利两国政府 2005 年 11 月 18 日正式签署的相关自由贸易协定，自 2006 年 10 月 1 日起，各地出入境检验检疫机构开始签发"中国–智利自由贸易区优惠原产地证书"（FORM F）。

5）中国–新加坡自由贸易区优惠原产地证书（FORM X）。《中国–新加坡自由贸易协定》（简称《协定》）于 2008 年 10 月 23 日在北京签署，2009 年 1 月 1 日起生效。《协定》涵盖了货物贸易、服务贸易、人员流动、海关程序等诸多领域，是一份内容全面的自由贸易协定。根据《协定》，新方从 2009 年 1 月 1 日起取消全部自华进口产品关税；中方在 2010 年 1 月 1 日前对 97.1% 的自新进口产品实现零关税。2018 年，双方签署自贸区升级协定，提升贸易便利化、原产地规则、经济技术合作、电子商务等领域规则水平。2020 年 12 月，双方对协定再次升级，启动后续谈判，基于负面清单模式推动双方服务贸易和投资进一步自由化。2023 年 4 月 1 日，双方确认实质性完成两国自贸协定升级后续谈判。

6）中国–新西兰自由贸易区优惠原产地证书（FORM N）。《中国–新西兰自由贸易协定》是我国与其他国家签署的第一个涵盖货物贸易、服务贸易、投资等诸多领域的全面自由贸易协定，也是我国与发达国家达成的第一个自由贸易协定，于 2008 年 4 月 7 日签署，2008 年 10 月 1 日正式生效。从生效日起，各地检验检疫机构开始签发中国–新西兰自由贸易区优惠原产地证书。2021 年 1 月 26 日，两国政府签署了《升级议定书》，并于 2022 年 4 月 7 日正式生效。

7）中国内地与香港和澳门优惠原产地证书。2003 年，我国内地与香港、澳门特区政府分别签署了中国内地与香港、澳门《关于建立更紧密经贸关系的安排》（CEPA），2004 年、2005 年、2006 年又分别签署了《补充协议》《补充协议二》和《补充协议三》。CEPA 是我国内地与香港单独关税区、澳门单独关税区之间签署的自由贸易协议，也是内地第一个全面实施的自由贸易协议。其中，香港原产地证书的发证机构为香港特别行政区政府工业贸易署，澳门原产地证书的发证机构为澳门特别行政区经济局。自 2016 年 5 月 1 日起，内地海关可接受香港特别行政区、澳门特别行政区的原产地证书签发机构以电子形式签发的 CEPA 项下原产地证书。

8）中国–秘鲁自由贸易区优惠原产地证书，（FORM R）。《中国–秘鲁自由贸易协定》于 2009 年 4 月由中国、秘鲁两国政府正式签署，并经国务院批准自 2010 年 3 月 1 日起实施。从实施日起，出入境检验检疫机构和各地贸促会签发相关原产地证书。

9）中国–哥斯达黎加自由贸易协定原产地证书（FORM L）。2010 年 4 月 8 日，中国、哥斯达黎加两国政府签署了《中国–哥斯达黎加自由贸易协定》。它是我国与中美洲国家签署的第一个一揽子自贸协定。双方在货物贸易、服务贸易、原产地规则、海关程序、技术性贸易壁垒、卫生和植物卫生措施、贸易救济、知识产权等众多领域达成共识，已于2011年8月1日起正式生效。从生效日起，出入境检验检疫机构和各地贸促会签发相关原产地证书。

10）海峡两岸经济合作框架协议原产地证书。2010年6月29日，大陆海峡两岸关系协会与台湾海峡交流基金会在重庆签署了《海峡两岸经济合作框架协议》（ECFA）。ECFA货物贸易的早期收获计划于2011年1月1日起正式实施。

11）《区域全面经济伙伴关系协定》（RCEP）原产地证明。2022年1月1日起（RCEP在不同成员之间生效时间不同），RCEP成员国（东盟10国、中国、日本、韩国、澳大利亚、新西兰）之间使用的原产地证明文件，包括原产地证书和原产地声明两种，有效期为一年。其中，原产地证书由各缔约方指定或授权签发原产地证书的签证机构签发。原产地声明包括经核准的出口商出具的原产地声明、货物的出口商或生产商出具的原产地声明以及进口商出具的原产地声明三种形式。

除此之外，还有中国－瑞士自由贸易协定原产地证书（FORM S）、中国－韩国自由贸易协定原产地证书（FORM K）等。

（2）专用原产地证书。专用原产地证书是针对某一特定或特殊行业的特定产品而使用的专用原产地证书，如输欧盟农产品原产地证书、输欧盟烟草真实性证书、托考伊葡萄酒原产地名称证书、输欧盟葡萄酒托考伊原产地证书等。其中涉及的产品必须符合特定的原产地规则。

无论是区域性优惠关税原产地证书还是专用原产地证书，都由海关出入境检验检疫机构或各地贸促会签发。

4. 国家外汇管理局关于企业分类管理

（1）企业分类。《经常项目外汇业务指引（2020年版）》第二十七条规定，外汇局根据企业遵守外汇管理规定等情况，将企业分为A、B、C三类，实施分类管理。

在分类管理有效期内，对A类企业的货物贸易外汇收支，适用便利化的管理措施。对B、C类企业的货物贸易外汇收支，在单证审核、业务类型及办理程序、结算方式等方面实施审慎监管。

（2）B类企业。根据《经常项目外汇业务指引（2020年版）》第二十八条，B类企业是指存在下列情况之一的企业：①外汇局核查或风险提示时，对相关交易无合理解释；②未按规定履行报告义务；③未按规定办理货物贸易外汇业务登记；④外汇局核查或风险提示时，未按规定的时间和方式向外汇局报告或提供资料；⑤被外汇局与国家相关主管部门实施联合监管的；⑥近两年因本指引规定情形被外汇局注销名录后，重新列入名录且对前期核查业务无合理解释的。

《经常项目外汇业务指引（2020年版）》第三十四条规定，B类企业在分类监管有效期内的货物贸易外汇收支业务应按照本指引第十一条和下列要求办理：

1）以信用证、托收方式结算的，除按国际惯例审核有关商业单证外，还应审核合同；以预付货款、预收货款结算的，应审核合同和发票；以其他方式结算的，应审核相应的报关单和合同，货物不报关的，企业可提供运输单据等其他证明材料代替报关单。

2）银行在办理B类企业收汇、付汇、开证、出口贸易融资放款或出口收入待核查账户资金结汇或划出手续时，应进行电子数据核查，通过货贸系统扣减其对应的可收付汇额度。

B类企业超过可收付汇额度的货物贸易外汇收支业务，应到外汇局办理货物贸易外汇业务登记手续，银行凭登记表办理。

3）对于预收货款、预付货款以及30天以上（不含）的延期收款、延期付款，企业应按照本指引规定向所在地外汇局报送信息。

4）企业原则上不得办理90天以上（不含）的延期付款业务、不得签订包含90天以上（不含）收汇条款的出口合同。

5）企业不得办理离岸转手买卖外汇收支业务。

6）已开办出口收入存放境外业务的企业被列为B类的，在分类监管有效期内，企业出口收入不得存放境外账户，不得使用境外账户对外支付，外汇局可要求企业调回境外账户资金余额。

7）已开展跨国公司跨境资金集中运营业务的主办企业被列为B类的，所在地外汇局将通知跨国公司变更主办企业；已开展跨国公司跨境资金集中运营业务的其他成员企业被列为B类的，主办企业应终止其业务。

8）外汇局规定的其他管理措施。

(3) C类企业。根据《经常项目外汇业务指引（2020年版）》第二十九条，C类企业是指存在下列情况之一的企业：①近12个月受到外汇局处罚且情节严重的；②阻挠或拒不接受外汇核查，或向外汇局提供虚假资料；③B类企业在分类监管有效期届满经外汇局综合评估，相关情况仍符合列入B类企业标准的；④被外汇局与国家相关主管部门实施联合惩戒的。

《经常项目外汇业务指引（2020年版）》第三十五条规定，C类企业在分类监管有效期内的资物贸易外汇收支业务应按照下列规定办理：

1）企业需事前逐笔到所在地外汇局办理登记手续，银行凭登记表办理。外汇局办理登记手续时，对于以信用证、托收方式结算的，审核合同；对于以预付、预收货款方式结算的，审核合同和发票；对于以其他方式结算的，审核报关单和合同，货物不报关的，可提供运输单据等其他证明材料代替报关单。

2）对于预收货款、预付货款以及30天以上（不含）的延期收款、延期付款，企业应按本指引规定向所在地外汇局报送信息。

3）企业原则上不得办理90天以上（不含）的远期信用证（含展期）、海外代付等进口贸易融资业务；不得办理90天以上（不含）的延期付款、托收业务；不得签订包含90天以上（不含）收汇条款的出口合同。

4）企业不得办理离岸转手买卖外汇收支业务。

5）已开展跨国公司跨境资金集中运营业务的主办企业被列为C类的，所在地外汇局将通知跨国公司变更主办企业；已开展跨国公司跨境资金集中运营业务的其他成员企业被列为C类的，主办企业应终止其业务。

6）已开办出口收入存放境外业务的企业被列为C类的，企业应于列入之日起30日内调回境外账户资金余额。

7）外汇局规定的其他管理措施。

《经常项目外汇业务指引（2020年版）》第三十一条规定，外汇局可对资金流与货物流严重不匹配或资金单向流动较大的企业发送《国家外汇管理局××分局风险提示函》，企业未在规定期限内说明原因或不能提供证明材料并做出合理解释的，外汇局可直接将其列入 B 类企业。

外汇局对分类结果进行动态调整。B、C 类企业的分类监管有效期原则上为一年。

本章主要参考文献

[1] 黄飞雪．李志洁．UCP600 与 ISBP681 述评及案例［M］．厦门：厦门大学出版社，2021.
[2] 中华人民共和国海关法［M］．北京：中国法制出版社，2021.
[3] 陈岩．国际贸易理论与实务［M］．5 版．北京：清华大学出版社，2021.
[4] 布朗奇．国际贸易实务：第 5 版［M］．孔雁，蔡荣生，译．北京：清华大学出版社，2007.
[5] 黎孝先，王健．国际贸易实务［M］．7 版．北京：对外经济贸易大学出版社，2020.
[6] 冷柏军．国际贸易实务［M］．3 版．北京：中国人民大学出版社，2020.
[7] 吴国新，毛小明．国际贸易实务［M］．3 版．北京：清华大学出版社，2019.
[8] 徐春祥，等．国际贸易实务［M］．2 版．北京：机械工业出版社，2018.
[9] 徐春祥．国际贸易实务习题与参考答案［M］．北京：机械工业出版社，2014.

本章数字资源

依次为出口许可证申请表、出口许可证、形式发票、海关发票、领事发票、中国原产地证书、受益人寄单证明（实例 1、2）、进口许可证申请表、机电产品进口申请表。

第11章 进出境货物的通关

 本章阅读提示

海关是国家进出关境监督管理机关,海关监督管理的范围是关境。海关的主要任务是:监督管理进出境货物、运输工具,以及行李物品、邮递物品和其他物品;征收进出口关税和其他税费;进出口商品检验、出入境动植物检疫、出入境卫生检疫监管、进出口食品安全管理;海关风险管理;国家进出口货物贸易等海关统计;打击走私综合治理,以及办理其他海关业务。

报关是指进出口货物的收发货人、进出境运输工具的负责人以及进出境物品的所有人或其代理人向海关办理货物、运输工具或物品的进出境手续及相关海关事务的过程。通关不仅包括海关管理相对人向海关办理有关手续,同时包括海关对进出境运输工具、货物、物品依法进行监督管理,核准其进出境的管理过程。报关是通关的首要和必经程序之一,报关的质量是能否顺利通关的重要因素。

通关包括进出境货物的通关、进出境运输工具的通关和进出境物品的通关。进出境货物包括一般贸易进出口货物、保税货物、减免税货物与暂时进出境货物、转关运输货物以及其他进出境货物等。本章仅对一般贸易进出口货物的通关业务进行介绍。

本章结构安排如下:第11.1节海关概述,主要介绍中国海关的发展、海关的性质和主要任务、海关的管理体制和组织架构、海关关徽及关衔制度等。第11.2节介绍报关单位备案。第11.3节介绍报关和通关及其分类。第11.4节介绍一般贸易进出口货物通关程序。第11.5节介绍进出口货物报关单填制规范。第11.6节介绍一般贸易进出口货物征税。

11.1 海关概述

11.1.1 我国海关的发展

西周及春秋战国时期,在边境及河津和陆路交通要道上设立"关津",主要职能有三个:一是戍边防守,抵御外族入侵,接待中外使者,保护进出境人员正常活动;二是稽查行旅货物,防止士卒、人犯逃跑,禁限重要物资出境;三是管理关市、征收税赋("关市之征"),监督边境贸易。"关津"是我国早期海关的萌芽。

汉朝实行外贸官营垄断,进出关凭"符传"验核放行。魏晋南北朝时,设"互市",隋唐时设"互市监",进行贸易监管。

唐朝时开始在广州设立管理进出境的专门机构——市舶司,并设市舶使一职,至宋、元、明及清初,延续千年。市舶司(使)的设置标志着海关管理机构初步形成。

清初,清政府颁布"禁海令",后解禁,设立闽、粤、江、浙四海关,并形成了系列海关管理制度。鸦片战争后,我国一度丧失关税自主权,海关被洋人把持,称"洋关",其间引进英国海关管理模式,逐步建立起我国近代海关独特的管理制度。

清晚期至民国,为收回关税自主权和海关行政管理权,中国人民进行了长期不懈斗争。1928年,南京国民政府发表《对外宣言》,要求废除不平等条约、实行关税自主;翌年,颁布了第一部国定税则——《海关进口税则》,推行"海关改制",限制洋员数量、改善华员待遇。

1949年10月25日,中华人民共和国中央人民政府海关总署成立,负责统一管理全国海关事务。1980年2月,海关管理体制改革,成为国务院直属机构;1998年升格为正部级。

11.1.2　海关的性质和主要任务

《中华人民共和国海关法》(简称《海关法》)第二条规定,中华人民共和国海关是国家进出关境(简称进出境)监督管理机关。海关依照本法和其他有关法律、行政法规,监管进出境的运输工具、货物、行李物品、邮递物品和其他物品(简称进出境运输工具、货物、物品),征收关税和其他税、费,查缉走私,并编制海关统计和办理其他海关业务。《海关法》的这一规定明确了我国海关的性质和任务。

1. 海关的性质

海关的性质包括两层含义:

(1) 海关是代表国家对进出境活动行使监督管理权的国家行政管理机关。

(2) 海关作为国家进出关境的监督管理机关,行使监督管理的范围是关境。

关境与国境是不同的。国境(national territory)是一个国家的领土,即处于一个国家主权支配下的地球表面的特定部分;而关境(customs territory)被定义为"一个国家的海关法得以全部实施的区域"(The term customs territory means the territory in which customs laws of a state applies in full)。这里"state"是指主权国家,但有些情况下,也可指非主权国家或某一区域。例如,欧盟结为一个统一的关税区——关税同盟,因此对欧盟成员来说,关境远大于每一个成员的国境。根据《海关法》规定,我国现行关境是指适用《海关法》的中华人民共和国行政管辖区域,不包括香港、澳门和台湾金马等单独关境地区。因此,对我国来说,关境小于国境。

2. 海关的主要任务

(1) 我国早期海关的任务主要有两个:一是"执禁以讥",是指海关根据法令检查过往客商、货物,防止国内人员外逃和外敌入侵,防止重要物资出入境;二是"关市之征",是指海关对边境互市贸易以及国外货物过"关"进入国内市场,有权征收税赋。

(2) 当代海关的任务主要有:监督管理进出境的货物、运输工具以及行李物品、邮递物品和其他物品(监管);进出口关税和其他税费征收管理(征税);进出口商品检验、出入境动植物检疫、出入境卫生检疫监管、进出口食品安全(出入境检验检疫);海关风险监测、评估、预警、防控（风险管理）；国家进出口货物贸易等海关统计（海关统计）；打击走私综合治理（查缉走私）；海关科技发展规划、实验室建设和技术保障规划、海关领域国际合作与交流等其他海关业务。

1）监管。监管是海关最基本的任务之一，是指海关对进出境运输工具、货物、物品、动植物、食品、化妆品和人员进行检查、检验、检疫，对进出境邮件快件、暂准进出境货物、进出境展览品等进行监督管理，对国家禁止或限制进出境的货物、物品进行监督管理，对进口固体废物、进出口易制毒化学品等进行口岸管理，拟订海关监管区管理办法等工作。

《中华人民共和国海关监管区管理暂行办法》（海关总署第240号令）规定，进出境运输工具、货物、物品，应当通过海关监管区进境或者出境。其中，进出境运输工具或者境内承运海关监管货物的运输工具应当在海关监管区停靠、装卸，并办理海关手续；进出境货物应当在海关监管区的海关监管作业场所集中办理进出、装卸、储存、集拼、暂时存放等海关监管业务；进出境物品应当在海关监管区的旅客通关类场所、邮件类场所办理海关手续。

进出境运输工具是指用以载运人员、货物、物品进出境的各种船舶、车辆（铁路列车和公路车辆）、航空器和驮畜；海关监管区包括海关特殊监管区域、保税监管场所、海关监管作业场所、免税商店以及其他有海关监管业务的场所和地点。其中，海关特殊监管区域是指保税区、出口加工区、保税港区、珠澳跨境工业区珠海园区、中哈霍尔果斯国际边境合作中心中方配套区、综合保税区等区域；海关监管作业场所是指由企业负责经营管理，供进出境运输工具或者境内承运海关监管货物的运输工具进出、停靠，从事海关监管货物的进出、装卸、储存、集拼、暂时存放等有关经营活动，符合《海关监管作业场所设置规范》，办理相关海关手续的场所。

2）征税。征收进出口关税和其他税费（征税）是海关的重要任务之一，是指海关依据《海关法》《进出口关税条例》《进出口货物征税管理办法》等法律法规，对贸易性货物征收进出口关税；对非贸易性进境物品征收进口关税；对特定贸易对象征收反倾销税、反补贴税、保障措施关税、报复性关税，以及办理进口环节海关代征增值税、消费税和船舶吨税等。

海关征税包括征收进出口关税和征收其他税费两部分。进出口关税是指对允许进出口的货物、进境物品征收的一种流转税。《进出口关税条例》第五条规定，进口货物的收货人、出口货物的发货人、进境物品的所有人，是关税的纳税义务人。进口关税设置最惠国税率、协定税率、特惠税率、普通税率、关税配额税率等税率；出口关税设置出口税率；进口货物和出口货物在一定期限内可以实行暂定税率。海关征收其他税费通常是指海关代国家税务局征收的进口环节增值税、消费税以及代交通部门征收的船舶吨税⊖。此外，海关征收其他税费可能还包括对特定贸易对象征收反倾销税、反补贴税、保障措施关税，以及对我国"在贸易方面采取禁止、限制、加征关税或者其他影响正常贸易措施"的国家或地区征收报复性关税；对过境、转关运输货物按惯例征收相应的税费等。

3）出入境检验检疫。出入境检验检疫是指海关总署设在各省、自治区、直辖市以及进出口商品的口岸、集散地的出入境检验检疫机构及其分支机构（简称出入境检验检疫机

⊖ 进口环节增值税、消费税是指对用于国内消费的进口货物征收的一种国内税。船舶吨税（harbor dues，又称入港税）是指停靠我国港口的外籍船舶，因使用港口的助航设施而发生的一种港口使用税费。

构),依据《中华人民共和国进出口商品检验法》及其实施条例、《中华人民共和国进出境动植物检疫法》及其实施条例、《中华人民共和国国境卫生检疫法》及其实施细则、《中华人民共和国食品安全法》及其实施条例、《中华人民共和国进出口食品安全管理办法》等法律法规的有关规定,对列入海关必须实施检验的进出口商品目录内的货物实施法定检验;对出入境动植物及其产品、出入境转基因生物及其产品、生物物种资源等进行检验检疫和监督管理;对出入境人员进行卫生检疫、传染病及境外疫情监测、卫生监督、卫生处理,以及口岸突发公共卫生事件应对;对进出口食品、化妆品等进行检验检疫和监督管理。

4)风险管理。海关风险管理是指海关利用大数据、人工智能等手段对相关数据进行分析研判,开展风险监测、评估、预警、防控等工作,对诚信守法企业的低风险报关单(货物)快速验放以提高通关效率,对违法违规线索进行精准查处,以辅助海关现场精准监管。

5)海关统计。海关统计与分析是我国海关的一项重要任务,是指海关基于报关数据和单证对进出口货物贸易等海关业务数据进行整理与分析,以掌握进出口货物的种类、数(重)量、价格、贸易国别(地区)、收发货(生产)单位、境外目的地、境内货源地、贸易方式、运输方式等信息,从而全面、准确地反映对外贸易的运行态势,同时编制和发布国家对外贸易指数,开展国际贸易统计交流与合作,促进对外贸易发展。

6)查缉走私。查缉走私是指海关依据《海关法》赋予的权力,在海关监管场所和海关附近的沿海沿边规定地区,为发现、制止、打击、综合治理走私活动而进行的一种调查和惩处活动。海关缉私部门和海关缉私工作受公安部和海关总署双重领导,以公安部领导为主,重点是加强政治领导、干部管理和队伍建设,海关缉私业务工作由海关领导负责。

走私(smuggling)是指进出境活动的当事人或相关人员违反《海关法》及有关法律、法规,逃避海关监管,偷逃应纳税款,逃避国家有关进出境的禁止性或限制性管理,非法运输、携带、邮寄国家禁止、限制进出口或依法应当缴纳税款的货物、物品进出境,或者未经海关许可并且未缴应纳税款、交验有关许可证件,擅自将保税货物、特定减免税货物以及其他海关监管的货物、物品、进境的境外运输工具等在境内销售的行为。走私行为以逃避监管、偷逃关税、牟取暴利为目的,扰乱经济秩序、冲击民族工业、腐蚀干部群众、毒化社会风气、引发违法犯罪,对国家的危害性极大,必须予以严厉打击。

《海关法》第五条规定,国家实行联合缉私、统一处理、综合治理的缉私体制。海关负责组织、协调、管理查缉走私工作。

7)其他海关业务。除上述任务外,我国海关还承担科技发展规划、实验室建设和技术保障规划、海关领域国际合作与交流等业务。

11.1.3 海关的管理体制和组织架构

1. 海关的管理体制

《海关法》第三条规定,国务院设立海关总署,统一管理全国海关。国家在对外开放的口岸和海关监管业务集中的地点设立海关。海关的隶属关系,不受行政区划的限制。海关依法独立行使职权,向海关总署负责。

2. 海关的组织架构

我国海关总署现有21个署内部门(包括商品检验司、卫生检疫司、动植物检疫司、进出口食品安全局、关税征管司、风险管理司、统计分析司等)、1个派驻机构(中央纪委国家监委驻海关总署纪检监察组)、13 个直属企事业单位(上海海关学院等)、2 个社会团体(中国海关学会、中国进出境生物安全研究会)、3 个驻外机构(驻欧盟使团海关处、驻俄罗斯使馆海关处、驻美国使馆海关处)、45 个直属机构(包括广东分署、天津特派办、上海特派办,以及各省、自治区、直辖市的直属海关等)。

海关实行垂直领导体制。海关的组织机构设置按照隶属关系划分,可分为三个层次:

(1) 海关总署。海关总署是国务院直属的正部级机构,负责全国海关工作,对国务院负责。

(2) 直属海关。海关总署下设 45 个直属机构,包括:广东分署,天津、上海 2 个特派员办事处,以及 42 个直属海关。直属海关由海关总署领导,对海关总署负责。

(3) 隶属海关和办事处。全国目前设有 600 多个隶属海关和办事处,隶属海关及办事处由直属海关领导,对直属海关负责。

11.1.4 海关关徽及关衔制度

1. 海关关徽

我国海关关徽是海关的专用标志,海关关徽由商神手杖与金色钥匙交叉组成。商神手杖代表国际贸易,金色钥匙象征海关为国把关。关徽寓意中国海关依法实施进出境监督管理,维护国家的主权和利益,促进对外经济贸易发展和科技文化交往,保障社会主义现代化建设。

2. 海关关衔制度

关衔制度是我国继军衔、警衔后实行的第三种衔级制度。关衔是区分海关关员等级、表明海关关员身份的称号和标志。海关总署、分署、特派员办公室、各直属海关、隶属海关和办事处的国家公务员可以授予海关关衔,海关缉私警察实行人民警察警衔制度。

图 11-1 海关关徽

关衔的等级设置为五等十三级:一等,海关总监、海关副总监;二等,关务监督(一级、二级、三级);三等,关务督察(一级、二级、三级);四等,关务督办(一级、二级、三级);五等,关务员(一级、二级)。其中,海关总监、海关副总监、一级关务监督、二级关务监督由国务院总理批准授予;三级关务监督至三级关务督察,由海关总署署长批准授予;海关总署机关及海关总署派出机构的一级关务督办以下的关衔由海关总署政治部主任批准授予;各直属海关、隶属海关的一级关务督办以下的关衔由各直属海关关长批准授予。

11.2 报关单位备案

2022 年 1 月 1 日起施行的《中华人民共和国海关报关单位备案管理规定》(海关总署第 253 号令)指出,报关单位是指在海关备案的进出口货物收发货人、报关企业,报关单位可以在中华人民共和国关境内办理报关业务。

11.2.1 备案应符合的条件

进出口货物收发货人及其分支机构、报关企业申请备案的,应当取得市场主体资格;进出口货物收发货人、报关企业已办理报关单位备案的，其符合条件的分支机构也可以申请报关单位备案。

2022年11月，《海关总署关于进一步明确报关单位备案有关事宜的公告》对进出口货物收发货人及其分支机构备案进行了说明。

1. 进出口货物收发货人及其分支机构备案应当符合的条件

（1）进出口货物收发货人的条件。进出口货物收发货人应当为以下市场主体类型：

1）公司、非公司企业法人。

2）个人独资企业、合伙企业。

3）农民专业合作社（联合社）。

4）个体工商户。

5）外国公司分支机构。

6）法律、行政法规规定的其他市场主体。

以上市场主体尚未办理进出口货物收发货人备案或者临时备案。

（2）进出口货物收发货人分支机构的条件。进出口货物收发货人分支机构的市场主体类型应当为以下市场主体的分支机构：

1）公司、非公司企业法人。

2）个人独资企业、合伙企业。

3）农民专业合作社（联合社）。

进出口货物收发货人分支机构所属市场主体已经办理进出口货物收发货人备案，尚未办理进出口货物收发货人分支机构备案或者临时备案。

2. 报关企业及其分支机构备案应当符合的条件

（1）报关企业的条件。报关企业应当为以下市场主体类型：

1）公司、非公司企业法人。

2）个人独资企业、合伙企业。

以上市场主体尚未办理报关企业备案。

（2）报关企业分支机构的条件。报关企业分支机构的市场主体类型应当为以下市场主体的分支机构：

1）公司、非公司企业法人。

2）个人独资企业、合伙企业。

报关企业分支机构所属市场主体已经办理报关企业备案，尚未办理报关企业分支机构备案。

3. 临时备案应当符合的条件

（1）下列单位按照国家有关规定需要从事非贸易性进出口活动的，应当办理临时备案：

1）境外企业、新闻、经贸机构、文化团体等依法在中国境内设立的常驻代表机构。

2）少量货样进出境的单位。

3）国家机关、学校、科研院所、红十字会、基金会等组织机构。

4）接受捐赠、礼品、国际援助或者对外实施捐赠、国际援助的单位。

5）其他可以从事非贸易性进出口活动的单位。

(2) 备案目的为从事非贸易性进出口活动。

(3) 未办理进出口货物收发货人、进出口货物收发人分支机构备案。

(4) 未办理临时备案，或者已经办理临时备案且在有效期届满前30日之后的。

11.2.2 备案流程

目前，进出口货物收发货人、报关企业均已纳入"多证合一"改革，即企业在办理市场监管部门市场主体登记时，需要同步办理报关单位备案的，可同时勾选提交报关单位备案申请，填写提交"报关单位备案信息表"（该表可在"单一窗口"打印或下载，https：//new.singlewindow.cn/）。市场监管部门按照"多证合一"流程完成登记，并在市场监管总局层面完成与海关总署的数据共享。海关在确认市场监管和商务部门备案信息后即可完成企业备案，企业无须再向海关提交备案申请。

企业未选择"多证合一"方式提交申请的，仍可通过"单一窗口"或"互联网+海关"提交报关单位备案申请。经审核，备案材料齐全、符合报关单位备案要求的，海关应当在3个工作日内予以备案，备案信息通过"中国海关企业进出口信用信息公示平台"进行公布。报关单位备案长期有效。

11.2.3 高级企业认证

2021年11月1日，海关总署根据《注册登记和备案企业信用管理办法》出台了《海关高级认证企业标准》，内容包括通用标准和进出口货物收发货人、报关企业、外贸综合服务企业、跨境电子商务平台企业、进出境快件运营人、水运物流运输企业、公路物流运输企业、航空物流运输企业单项标准等，对备案企业进行分类管理。2022年10月28日，海关总署对《海关高级认证企业标准》进行了修订，包括通用标准以及针对不同企业类型和经营范围制定的单项标准。

经中国海关认证的"高级认证企业"作为"经认证的经营者"（Authorized Economic Operator，简称AEO企业[一]）。海关对该类企业给予通关便利。

11.3 报关和通关及其分类

11.3.1 报关及其分类

1. 报关概述

报关是指进出口货物的收发货人、进出境运输工具的负责人以及进出境物品的所有人或其代理人依《海关法》有关规定，办理货物、运输工具或物品的进出境手续及相关海关事务的过程。在我国，货物的进出境通常要经过申报、海关审单、审价、征税、统计、查验、

[一] AEO是在全球97个国家（地区）通行的贸易便利化项目。中国海关通过与贸易伙伴开展AEO互认合作，积极支持我国AEO企业在互认国家（地区）享受通关便利，提高对外贸易便利化水平，降低贸易成本。截至2023年2月，中国与新加坡、欧盟、南非等24个经济体签署了AEO互认协议，覆盖49个国家（地区），协议签署数量和互认国家（地区）数量均居世界首位。

放行等若干环节。其中，申报是首要且不可或缺的环节。

（1）申报的含义。申报是指进出口货物的收发货人、受委托的报关企业，依照《海关法》及有关法律、行政法规和规章的要求，在规定的期限、地点，采用电子数据报关单或者（特殊情况下）采用纸质报关单形式，向海关报告实际进出口货物的情况，并且接受海关审核的行为。

（2）申报要求。进出口货物的收发货人可以自行向海关申报，也可以委托报关企业向海关申报。向海关办理申报手续的进出口货物的收发货人、受委托的报关企业应当预先在海关依法办理登记注册（即备案，见第11.2.2小节相关内容）。

申报采用电子数据报关单申报形式或者纸质报关单申报形式。电子数据报关单和纸质报关单均具有法律效力。其中，电子数据报关单申报形式是指进出口货物的收发货人、受委托的报关企业通过计算机系统按照《中华人民共和国海关进出口货物报关单填制规范》（见第11.5节内容）的要求，向海关传送报关单电子数据并且备齐随附单证的申报方式。纸质报关单申报形式是指进出口货物的收发货人、受委托的报关企业按照海关的规定填制纸质报关单，备齐随附单证，向海关当面递交的申报方式。

进出口货物的收发货人、受委托的报关企业应当以电子数据报关单形式向海关申报，与随附单证一并递交的纸质报关单的内容应当与电子数据报关单一致；特殊情况下，经海关同意，允许先采用纸质报关单形式申报，电子数据事后补报，补报的电子数据应当与纸质报关单内容一致。在向未使用海关信息化管理系统作业的海关申报时，可以采用纸质报关单申报形式。

（3）申报时限。进口货物的收货人、受委托的报关企业应当自运输工具申报进境之日起14日内向海关申报。进口转关运输货物的收货人、受委托的报关企业应当自运输工具申报进境之日起14日内，向进境地海关办理转关运输手续，有关货物应当自运抵指运地之日起14日内向指运地海关申报。出口货物发货人、受委托的报关企业应当在货物运抵海关监管区后、装货的24小时以前向海关申报。超过规定时限未向海关申报的，海关按照《中华人民共和国海关征收进口货物滞报金办法》征收滞报金。

（4）提前申报。经海关批准，进出口货物的收发货人、受委托的报关企业可以在取得提（运）单或者载货清单（舱单）数据后，向海关提前申报。在进出口货物的品名、规格、数量等已确定无误的情况下，经批准的企业可以在进口货物启运后、抵港前或者出口货物运入海关监管作业场所前3日内，提前向海关办理报关手续，并且按海关要求交验有关随附单证、进出口货物批准文件及其他需提供的证明文件。特殊情况下，经海关批准，进出口货物的收发货人、受委托的报关企业可以自装载货物的运输工具申报进境之日起1个月内向指定海关办理集中申报手续。

（5）申报随附单证。进出口货物报关单应当随附的单证包括合同、发票、装箱清单、载货清单（舱单）、提（运）单、代理报关授权委托协议、进出口许可证件以及海关总署规定的其他进出口单证。2021年起，企业通过"单一窗口"无纸化方式申报时，无须提交合同、发票、装箱清单、载货清单（舱单），海关审核时如有需要，再行提交。

2. 报关的分类

根据不同的划分标准，报关有着不同的分类。

（1）进境（口）报关和出境（口）报关。这是按报关的目的进行的分类。由于海关对运输工具、货物以及物品的进出境有着不同的监管要求，运输工具、货物以及物品根据进境或出境的目的分别形成了一套进境（口）报关和出境（口）报关手续。

（2）自理报关和代理报关。这是实践中使用较为频繁的分类方法，即按报关活动的实施者不同进行划分。《中华人民共和国海关报关单位备案管理规定》规定，进出口货物的收发货人，可以自行向海关申报，也可以委托报关企业向海关申报。

1）自理报关。自理报关是指进出口货物的收发货人自行向海关申报并办理货物的进出境手续。办理自理报关的进出口货物收发货人，应依法在海关注册登记备案。办理申报手续的人员，应当是在海关备案的报关人员。

2）代理报关。代理报关是指报关企业接受进出口货物收发货人的委托，代理其办理报关业务的行为。报关企业应当预先在海关依法办理登记注册备案。《海关法》第十条规定，报关企业接受进出口货物收发货人的委托，以委托人的名义办理报关手续的，应当向海关提交由委托人签署的授权委托书。

（3）进出境运输工具报关、货物报关和物品报关。这是按报关对象进行划分的。

另外，暂时进出境货物、转关运输货物、通运货物、过境运输货物等进出境时，都需要按规定向海关申报，接受海关监管。

11.3.2 通关及其分类

1. 通关概述

通关又称清关，是指进出口货物的收发货人、进出境运输工具的负责人以及进出境物品的所有人或其代理人向海关进行申报、海关审核、归类、查验、征税、放行、结关等的整个业务环节。

报关和通关既有联系又有区别。两者都是针对运输工具、货物、物品的进出境而言的，但报关是从海关管理相对人的角度，仅指向海关办理运输工具、货物、物品进出境及相关手续；而通关不仅包括海关管理相对人向海关办理有关手续，同时包括海关对进出境运输工具、货物、物品依法进行监督管理，核准其进出境的管理过程。

换言之，报关是通关的首要和必经步骤之一，报关的质量是决定能否顺利通关的重要因素。

2. 通关的分类

根据对象不同，通关可分为进出口货物的通关、进出境运输工具的通关和进出境物品的通关三种。

（1）进出口货物的通关。进出口货物的通关是指根据我国《海关法》有关规定，进出口货物通过设立海关的地点，或虽未设立海关但经国务院批准的准予进境或出境的地点进境或出境，进出口货物的收发货人或其代理人需要依法向海关办理进出境手续，海关对其呈交的单证和申请进出境的货物依法进行审核、查验、征缴税费，并经稽查确认其进口或出口合法的过程。

进口货物自进境起到办结海关手续止，出口货物自向海关申报起到出境止，过境、转运和通运货物自进境起到出境止，应当接受海关监管。

通常进口货物通关包括进港、卸船、理货、报关、查验、放行、离场等环节；出口货物通关包括运抵、转关运抵、报关、转关、查验、放行、装船、理货、离境等环节。

(2) 进出境运输工具的通关。进出境运输工具是指用于载运人员、货物、物品进出境的各种船舶、航空器、铁路列车、公路车辆和驮畜。进出境运输工具的通关包括载运货物、旅客进出境的运输工具的进出境通关和境内载运海关监管货物的运输工具办理海关手续。通常进出境运输工具通关的基本程序为申报、查验、国际航行中的外籍船舶缴纳船舶吨税、放行等若干环节。

进出境运输工具应当通过设立海关的地点进境或者出境，在海关监管场所停靠、装卸货物、物品和上下人员。

1）进境监管。进境运输工具负责人应当在规定时限，将运输工具预计抵达境内目的港和预计抵达时间以电子数据形式通知海关。

进境运输工具抵达设立海关的地点时，运输工具负责人应当按不同运输方式向海关申报，分别提交"中华人民共和国海关船舶进境（港）申报单""中华人民共和国海关航空器进境（港）申报单""中华人民共和国海关铁路列车进境申报单""中华人民共和国海关公路车辆进境（港）申报单"，以及上述申报单中列明应当交验的其他单证。上述单证均可以电子数据形式提交，无须提交纸质单证资料及相关随附单证，无须交验纸质证簿。

进境运输工具抵达监管场所时，监管场所经营人应当通知海关。

2）出境监管。出境运输工具离开设立海关的地点驶往境外的2小时以前，运输工具负责人应当将驶离时间以电子数据形式通知海关。对临时出境的运输工具，运输工具负责人可以在其驶离设立海关的地点以前将驶离时间通知海关。

运输工具出境时，运输工具负责人应当按不同运输方式向海关申报，分别提交"中华人民共和国海关船舶出境（港）申报单""中华人民共和国海关航空器出境（港）申报单""中华人民共和国海关铁路列车出境申报单""中华人民共和国海关公路车辆出境（港）申报单"，以及上述申报单中列明应当交验的其他单证。上述单证均可以电子数据形式提交，无须提交纸质单证资料及相关随附单证，无须交验纸质证簿。

出境运输工具负责人在货物、物品装载完毕或者旅客全部登机（船、车）以后，应当向海关提交结关申请。海关审核无误的，制发结关通知书。海关制发结关通知书以后，非经海关同意，出境运输工具不得装卸货物、上下旅客。

出境运输工具驶离海关监管场所时，监管场所经营人应当通知海关。

(3) 进出境物品的通关。进出境物品是指通过携带、邮寄、托运等方式进出境的非贸易性个人生活和学习用品。进出境物品的通关又分为进出境旅客行李物品的通关和进出境邮递物品的通关两部分。

《海关法》第四十六条规定，个人携带进出境的行李物品、邮寄进出境的物品，应当以自用、合理数量为限，并接受海关监管。《中华人民共和国海关对进出境旅客行李物品监管办法》第二条规定，进出境旅客行李物品，必须通过设立海关的地点进境或者出境。

1）进出境行李物品的通关，需要在确定出入境人员的类别和携带物品的分类的基础上，按照有关人员携带某类物品的限值、限量要求，办理具体的通关手续。

2）进出境邮递物品的通关，包括对邮运企业的管理要求和对邮递物品的通关要求。邮递物品的通关包括一般邮递物品的通关和进出境快递物品的通关。进出境物品的税费计算标准和缴纳时间也与进出口货物的通关有所不同。

11.4　一般贸易进出口货物的通关

进出境货物包括一般贸易进出口货物、保税货物、减免税进出口货物、暂时进出境货物、转关运输货物以及过境货物等。本书仅介绍一般贸易进出口货物的通关程序。

11.4.1　一般贸易进出口货物的概念

一般贸易是海关监管方式（见本章延伸阅读1）之一，是指我国境内登记的各类企业单边进口或单边出口的贸易。海关业务中的一般贸易方式对应的是一般征税。一般贸易进出口货物在进出口环节缴纳了应征的进出口税费并办结了所有必要的海关手续，海关放行后一般不再对其进行后续监管。

11.4.2　一般贸易进出口货物的通关程序

一般贸易进出口货物的通关程序由五个环节构成：进出口申报、商品归类、海关查验、缴纳税费、海关放行和结关（提取离场或装运离境）。

1. 进出口申报

进出口申报又称报关，是一般贸易进出口货物通关首要且不可或缺的环节，是指进出口货物的收发货人、受委托的报关企业依据《海关法》及《中华人民共和国海关进出口货物申报管理规定》等法律法规要求，在规定的时限、地点，采用电子数据报关单或者特殊情况下采用纸质报关单形式，向海关报告进出口货物的实际情况，并且接受海关监管的行为。

（1）申报时限。进口货物自运输工具申报进境之日起14内向海关申报，出口货物在货物运抵海关监管区后、装货的24小时以前向海关申报，超过规定时限申报会被征收滞报金。

（2）申报形式。进出口货物的收发货人、受委托的报关企业可以采用电子数据报关单申报形式，按照《中华人民共和国海关进出口货物报关单填制规范》要求，通过互联网登录"互联网+海关"一体化网上办事平台（https：//online.customs.gov.cn），或者通过"国际贸易单一窗口"（https：//new.singlewindow.cn/）录入并向海关传送报关单电子数据及随附单证扫描件；特殊情况下也可以采用纸质报关单申报形式[一]，按照海关的规定填制纸质报关单，备齐随附单证，向海关当面递交。

（3）申报主体。进出口货物的收发货人以自己的名义向海关申报的，报关单应当由进出口货物收发货人签名盖章，并随附有关单证。报关企业接受进出口货物的收发货人委托，以自己的名义或以委托人的名义向海关申报的，应当向海关提交由委托人签署的授权委托书，并按照委托书的授权范围办理有关海关手续。

（4）补充申报。《中华人民共和国海关进出口货物征税管理办法》第七条规定，为审核确定进出口货物的商品归类、完税价格、原产地等，海关可以要求纳税义务人按照有关规定进行补充申报。纳税义务人认为必要时，也可以主动要求进行补充申报。

（5）申报结果。通过海关审核，海关审结电子数据报关单后，进出口货物的收发货人、受委托的报关企业应当自接到海关"现场交单"或者"放行交单"通知之日起10日内，持

[一]　在向未使用海关信息化管理系统作业的海关申报时，可以采用纸质报关单申报形式。

打印出的纸质报关单，备齐规定的随附单证并且签名盖章，到货物所在地海关递交书面单证并且办理相关海关手续。

电子数据报关单经过海关计算机检查被退回的，视为海关不接受申报。进出口货物收发货人、受委托的报关企业应当按照要求修改后重新申报，申报日期为海关接受重新申报的日期。

海关接受进出口货物申报后，报关单证及其内容不得修改或者撤销；符合规定情形的，按《进出口货物报关单修改和撤销管理办法》修改或者撤销，填写"进出口货物报关单修改/撤销申请表"。

进出口货物的收发货人、受委托的报关企业传送的电子数据报关单以及申报税额/申请担保数据，经海关计算机逻辑审查合格的，视为申报成功。

2. 商品归类

商品归类，是指在《商品名称及编码协调制度》（H.S.，见本章延伸阅读3）商品分类目录体系下，以《中华人民共和国进出口税则》为基础，按照《进出口税则商品及品目注释》《中华人民共和国进出口税则本国子目注释》，以及海关总署发布的关于商品归类的行政裁定、商品归类决定的规定，确定进出口货物商品编码的行为。

《中华人民共和国海关进出口货物商品归类管理规定》（2021年11月1日起施行）第七条指出，进出口货物的收发货人或者其代理人应当依照法律、行政法规以及其他相关规定，如实、准确申报其进出口货物的商品名称、规格型号等事项，并且对其申报的进出口货物进行商品归类，确定相应的商品编码。商品编码是指《中华人民共和国进出口税则》商品分类目录中的编码。

《中华人民共和国海关进出口货物征税管理办法》第十条规定，纳税义务人在货物实际进出口前，可以按照有关规定向海关申请对进出口货物进行商品预归类、价格预审核或者原产地预确定。海关审核确定后，应当书面通知纳税义务人，并且在货物实际进出口时予以认可。

由同一运输工具同时运抵同一口岸并且属于同一收货人、使用同一提单的多种进口货物，按照商品归类规则应当归入同一商品编码的，该收货人或者其代理人应当将有关商品一并归入该商品编码向海关申报。

海关发现收发货人或其代理人申报的商品归类不准确的，按照商品归类的有关规定予以重新确定，并且按照报关单修改和撤销有关规定予以办理。收货人或者其代理人发现其申报的商品归类需要修改的，应当按照报关单修改和撤销有关规定向海关提出申请。

海关对货物的商品归类审核确定前，收发货人或者其代理人要求放行货物的，应当按照海关事务担保的有关规定提供担保。国家对进出境货物有限制性规定，应当提供许可证件而不能提供的，以及法律、行政法规规定不得担保的其他情形，海关不得办理担保放行。

可以看出，正确进行商品归类是规范填写进出口货物报关单的前提。

3. 海关查验

查验是海关通关作业的重要环节，是指海关为确定进出口货物收发货人、受委托的报关企业向海关传送的报关单中所申报的内容是否与进出口货物的真实情况相符，或者为确定商品的归类、价格、原产地等，依法对进出口货物进行实际核查的执法行为。

《中华人民共和国海关进出口货物征税管理办法》第九条规定，海关为审核确定进出口货物的商品归类、完税价格及原产地等，可以对进出口货物进行查验，组织化验、检验或者对相关企业进行核查。进出境货物应当在海关监管区的海关监管作业场所集中办理进出、装卸、储存、集拼、暂时存放等海关业务，便于海关监管和查验。《海关法》第二十八条规定，进出口货物应当接受海关查验。海关查验货物时，进口货物的收货人、出口货物的发货人应当到场，并负责搬移货物，开拆和重封货物的包装。海关认为必要时，可以径行开验、复验或者提取货样。经收发货人申请，海关总署批准，其进出口货物可以免验。海关查验涉及查验地点、查验时间、查验方式、查验记录、货物损坏赔偿等内容。

（1）查验地点。查验应当在海关监管区内实施。因货物易受温度、静电、粉尘等自然因素影响，不宜在海关监管区内实施查验，或者因其他特殊原因，需要在海关监管区外查验的，经进出口货物收发货人或者其代理人书面申请，海关可以派员到海关监管区外实施查验。

（2）查验时间。当海关决定查验时，会将查验的决定以书面通知的形式通知进出口货物收发货人或其代理人，约定查验的时间。查验时间一般约定在海关正常工作时间内，但是在一些进出口业务繁忙的口岸，海关也可应进出口货物收发货人或其代理人的请求，在海关正常工作时间以外安排查验作业，但须按规定收取相应的规费。

进出口货物收发货人或者其代理人应及时关注报关单状态，如发现货物被海关布控查验或者收到海关查验通知后，应及时前往海关办理查验手续。查验货物时，进出口货物收发货人或者其代理人应当到场，负责按照海关要求搬移货物，开拆和重封货物的包装，并如实回答查验人员的询问以及提供必要的资料。因进出口货物所具有的特殊属性，容易因开启、搬运不当等原因导致货物损毁，需要查验人员在查验过程中予以特别注意的，进出口货物收发货人或者其代理人应当在海关实施查验前声明。

（3）查验方式。海关查验货物的方式通常有全部查验、抽查、外形查验、径行查验与复验。其中，全部查验是对货物逐件开箱、开包检验，对货物的品名、规格、数量、重量、原产地、货物状况等逐一与申报的数据进行详细核对。抽查是按一定比例，对货物有选择地开箱、开包查验。外形查验是对货物的包装、运输标志等进行核查、核验。径行查验是海关在进出口货物收发货人或其代理人不在现场的情况下，自行开拆货物的包装对货物实施依法查验。根据《海关法》相关规定，海关认为必要时，可以对进出境货物径行开验、复验或者提取货样。在下列情况下，海关可在收发货人不在场的情况下径行查验：有走私违规嫌疑的进出境货物、超期未申报货物以及无主货物。海关决定径行查验时，应通知货物存放场所的管理人员或其他见证人到场，查验完毕后，双方要在查验记录上签字。复验是海关对查验过程中已经查验过的货物再次进行查验。特殊情况下，海关可以对已查验货物进行复验。复验时，货物的收发货人应当到场。

实施查验时需要提取货样、化验，以进一步确定或者鉴别进出口货物的品名、规格等属性的，海关依照《中华人民共和国海关化验管理办法》等有关规定办理。

对于危险品或者鲜活、易腐、易烂、易失效、易变质等不宜长期保存的货物，以及因其他特殊情况需要紧急验放的货物，经进出口货物收发货人或者其代理人申请，海关可以优先安排查验。

（4）查验记录。查验结束后，查验人员应当如实填写查验记录并签名。查验记录应当由在场的进出口货物收发货人或者其代理人签名确认。进出口货物收发货人或者其代理人拒不签名的，查验人员应当在查验记录中予以注明，并由货物所在监管场所的经营人签名证明。查验记录作为报关单的随附单证，由海关保存。

（5）货物损坏赔偿。查验过程中，或者证实海关在径行开验过程中，因为海关关员的责任造成被查验货物损坏的，进出口货物的收发货人或其代理人可以要求海关赔偿。在海关查验时对货物是否受损坏未提出异议，事后发现货物有损坏的，海关不负赔偿责任。

需要注意的是，海关总署所属出入境检验检疫机构对列入海关"必须实施检验的进出口商品目录"（即法检"目录"）内的货物进行的法定检验，不属于上述海关查验的范畴。

4. 缴纳税费

海关接受进出口货物收发货人或受委托的报关企业发送的报关单电子数据，确定商品归类正确，通过计算机逻辑审查并审结电子报关单，确定货物是否需要进行海关查验，然后根据货物对应的税则号列下的税号（H.S.编码）确定适用税率，由计算机自动计算税费⊖，并开具税款缴款书和收费票据。

海关制发税款缴纳通知并通过"单一窗口"和"互联网+海关"平台推送至纳税义务人。

进出口货物收发货人或其代理人应在规定时间内，持税款缴款书或收费票据到指定银行办理税费交付手续，也可通过中国电子口岸网上缴纳税费⊖。

纳税义务人应当自海关税款缴纳通知制发之日起15日内依法缴纳税款；采用汇总征税模式的，纳税义务人应当自海关税款缴纳通知制发之日起15日内或次月第5个工作日结束前依法缴纳税款。未在上述期限内缴纳税款的，海关自缴款期限届满之日起至缴清税款之日止，按日加收滞纳税款万分之五的滞纳金。纳税义务人应当自海关填发滞纳金缴款书之日起15日内向指定银行缴纳滞纳金。滞纳金缴款书的格式与税款缴款书相同，滞纳金的起征点为50元。

纳税义务人自行打印的版式化"海关专用缴款书"，其"填发日期"为海关税款缴纳通知制发之日。

进出口货物、进出境物品放行后，海关发现少征或者漏征税款，应当自缴纳税款或者货物、物品放行之日起1年内，向纳税义务人补征。因纳税义务人违反规定而造成的少征或者漏征，海关在3年以内可以追征。

5. 海关放行和结关（提取离场或装运离境）

海关放行和结关是一般贸易进出口货物通关的最后阶段。其中，放行是针对口岸海关现场作业来讲的最后一个环节，放行即意味着结束现场通关过程。海关做出现场放行决定时，通过计算机系统将"海关放行"指令发送给进出口货物收发货人或其代理人和海关监管场所货物保管人。进出口货物收发货人或其代理人在计算机上自行打印海关"放行通知书"，凭以提取进口货物离开海关监管场所（离场）或将出口货物装运到运输工具上离境。

结关是结束海关监管。一般贸易进出口货物放行之后3~5天就可以结关，但对保税货

⊖ 进出口货物应首先确定完税价格。完税价格、进口关税、进口消费税、进口增值税等税费的计算请参阅11.6节相关内容。

⊖ 在中国电子口岸网上缴税和付费的当事人，可以通过电子口岸接收海关发出的税款缴纳书和收费票据，在网上向签有协议的银行进行电子支付税费。一旦收到银行缴款成功的信息，即可报请海关办理货物的放行手续。

物、特定减免税货物、暂准进出境货物等来说，放行则意味着结束进出境通关环节的监管，同时开始另一阶段的海关监管环节。

除一般贸易进出口货物外，保税货物、减免税货物、暂时进出境货物、转关运输货物、过境货物等的通关程序各异，在此不再赘述。

11.5 进出口货物报关单填制规范

进出口货物报关单是由进出口货物收发货人或其代理人填制并向海关传送或提交的申报货物状况的法律文书，是海关依法监管货物进出口、征收关税及其他税费、编制海关统计以及处理其他海关业务的重要凭证。

进出口货物报关单是海关监管进出口货物最重要、最基础的单证之一。填单的正确与否，不仅关系到一国对外贸易统计的准确性，也直接影响进出口货物的通关速度。

11.5.1 进出口货物报关单填制的基本要求

填写进出口货物报关单，是进出口货物收发货人或其代理人向海关办理货物通关手续的一项法律行为。申报人在填写报关单时，必须做到真实、准确、齐全、清楚。

（1）报关单的填报必须真实，做到"两个相符"，即单证相符和单货相符。单证相符是指报关单与合同、相关批准文件、发票、装箱单等相关单证相符合；单货相符是指报关单中所申报的内容与实际进出口货物相符合。

（2）报关单填报的项目要准确、齐全。

（3）向海关申报的进出口货物报关单，事后由于各种原因出现原来填报内容与实际进出口货物不一致时，必须立即向海关办理更正手续。海关一旦接受申报后，原报关单证及其内容均不得任意修改或撤销。确有正当理由的，经海关同意，方可修改或撤销○。修改或撤销时，网上填写"进出口货物报关单修改/撤销申请表"。

11.5.2 进出口货物报关单填制的法律责任

《海关法》第二十四条规定，进口货物的收货人或出口货物的发货人应当向海关如实申报并交验进出口许可证和有关单证。《中华人民共和国海关行政处罚实施条例》第十五条规定，进出口货物的品名、税则号列、数量、规格、价格、贸易方式、原产地、启运地、运抵地、最终目的地或其他应当申报的项目未申报或申报不实的，分别按规定予以处罚，有违法所得的，没收违法所得。

11.5.3 进出口货物报关单填制规范

为规范进出口货物收发货人的申报行为，统一进出口货物报关单填制要求，保证报关单数据质量，近年来海关总署对进出口货物报关单填制规范进行了多次修订和完善。下面以实

○ 进出口货物收发货人或者其代理人符合规定情形的，可通过中国电子口岸预录入系统向海关办理进出口货物报关单修改或者撤销手续。自2016年3月1日起，除因计算机、网络系统等技术原因无法通过预录入系统办理报关单修改或者撤销的，海关不再以纸质方式办理报关单修改和撤销业务。

际业务中的出口货物报关单式样为例（见图 11-2），就 2019 年 2 月 1 日起执行至今的《中华人民共和国海关进出口货物报关单填制规范》（简称《规范》）主要内容介绍如下[⊖]。

业务流水号：281234

中华人民共和国海关出口货物报关单 *02022022000015881l*

预录入编号：020220220000158811 海关编号：020220220000158811 （新港海关） 页码/页数：1/1

境内发货人 （9111011[redacted]213E） 北京[redacted]科技有限公司	出境关别 （0202） 新港海关	出口日期	申报日期 20220312	备案号
境外收货人 MASTER MOTOR CORPORATION (PVT) LTD.	运输方式 （2） 水路运输	运输工具名称及航次号 OOCL CALIFORNIA/121S	提运单号 COAU7880533530	
生产销售单位 （9111011[redacted]213E） 北京[redacted]科技有限公司	监管方式 （0110） 一般贸易	征免性质 （101） 一般征税	许可证号	
合同协议号 QZ21003PAK	贸易国(地区) （PAK） 巴基斯坦	运抵国(地区) （PAK） 巴基斯坦	指运港 （PAK006） 卡拉奇（巴基斯坦）	离境口岸 （120002） 北疆港区

包装种类 （99） 其他包装	件数 33	毛重(千克) 3800.000	净重(千克) 3600.000	成交方式 （3） FOB	运费	保费	杂费

随附单证及编号

标记唛码及备注

备注：N/M 集装箱标箱数及号码：2;CSNU7446674;

项号	商品编号	商品名称及规格型号	数量及单位	单价/总价/币制	原产国(地区)	最终目的国(地区)	境内货源地	征免
1	8708999990	汽车零部件 0|0|驾驶室壳体总成，顶盖总成等，MP-900|无品牌|无型号	3600千克 100件	2098.7800 209878.0000 人民币	中国 (CHN)	巴基斯坦 (PAK)	(11159) (怀柔)	照章征税 (1)

特殊关系确认： 否 价格影响确认： 否 支付特许权使用费确认： 否 自报自缴： 否

报关人员 报关人员证号 电话 兹申明对以上内容承担如实申报、依法纳税之法律责任 海关批注及签章

申报单位 （911201[redacted]9309） 天津[redacted]国际货运代理有限公司 申报单位（签章）

图 11-2 出口货物报关单式样

1. 预录入编号

预录入编号指预录入报关单的编号，一份报关单对应一个预录入编号，由系统自动生成。报关单预录入编号为 18 位，其中第 1 ~ 4 位为接受申报海关的代码（海关规定的“关区代码表”中相应的海关代码），第 5 ~ 8 位为录入时的公历年份，第 9 位为进出口标志（“1”为进口，“0”为出口；集中申报清单“I”为进口，“E”为出口），后 9 位为顺序编号。

2. 海关编号

海关编号指海关接受申报时给予报关单的编号，一份报关单对应一个海关编号，由系统自动生成。一般情况下，海关编号和预录入编号相同。

⊖ 海关特殊监管区域企业向海关申报货物进出境、进出区，以及在同一特殊区域内或者不同特殊区域之间流转货物的双方企业，应填制“中华人民共和国海关进（出）境货物备案清单”，特殊区域与境内（区外）之间进出的货物，区外企业应同时填制“中华人民共和国海关进（出）口货物报关单”，向特殊区域主管海关办理进出口报关手续。“中华人民共和国海关进（出）境货物备案清单”原则上按《中华人民共和国海关进出口货物报关单填制规范》的要求填制。

3. 境内收/发货人

填报在海关备案的对外签订并执行进出口贸易合同的中国境内法人、其他组织名称及编码。编码填报 18 位法人和其他组织统一社会信用代码,没有统一社会信用代码的,填报其在海关的备案编码。特殊情况下填报要求见《规范》。

4. 进/出境关别

根据货物实际进出境的口岸海关,填报海关规定的"关区代码表"中相应口岸海关的名称及代码,如天津海关(0201)、新港海关(0202)、潍坊海关(4206)等。特殊情况填报见《规范》。

5. 进/出口日期

进口日期填报运载进口货物的运输工具申报进境的日期。出口日期是指运载出口货物的运输工具办结出境手续的日期,在申报时免予填报。无实际进出境的货物,填报海关接受申报的日期。进出口日期为 8 位数字,顺序为年(4 位)、月(2 位)、日(2 位)。

6. 申报日期

申报日期是指海关接受进出口货物收发货人、受委托的报关企业申报数据的日期。以电子数据报关单方式申报的,申报日期为海关计算机系统接受申报数据时记录的日期。以纸质报关单方式申报的,申报日期为海关接受纸质报关单并对报关单进行登记处理的日期。本栏目在申报时免予填报(由系统自动生成)。申报日期为 8 位数字,顺序为年(4 位)、月(2 位)、日(2 位)。

7. 备案号

填报进出口货物收发货人、消费使用单位、生产销售单位在海关办理加工贸易合同备案或征、减、免税审核确认等手续时,海关核发的《加工贸易手册》、海关特殊监管区域和保税监管场所保税账册、"征免税证明"或其他备案审批文件的编号。一般贸易方式下,备案号为空。一份报关单只允许填报一个备案号。具体填报要求见《规范》。

8. 境外收/发货人

境外收货人通常是指签订并执行出口贸易合同中的买方或合同指定的收货人;境外发货人通常是指签订并执行进口贸易合同中的卖方。

填报境外收发货人的名称及编码。名称一般填报英文名称,检验检疫要求填报其他外文名称的,在英文名称后填报,以半角括号分隔;对于 AEO(经认证的经营者)互认国家(地区)企业的,编码填报 AEO 编码,填报样式为"国别(地区)代码+海关企业编码",如新加坡 AEO 企业 SG123456789012(新加坡国别代码+12 位企业编码);非互认国家(地区)AEO 企业等其他情形,编码免予填报。特殊情况下无境外收发货人的,名称及编码填报"NO"。

9. 运输方式

运输方式包括实际运输方式和海关规定的特殊运输方式。其中,前者是指货物实际进出境的运输方式,按进出境所使用的运输工具分类;后者是指货物无实际进出境的运输方式,按货物在境内的流向分类。

根据货物实际进出境的运输方式或货物在境内流向的类别,按照海关规定的"运输方式代码表"选择填报相应的运输方式,如水路运输(2)、铁路运输(3)、公路运输(4)、航空运输(5)等。特殊情况填报见《规范》。

10. 运输工具名称及航次号

填报载运货物进出境的运输工具名称或编号及航次号。填报内容应与运输部门向海关申报的舱单（载货清单）所列相应内容一致。具体填报要求见《规范》。

11. 提运单号

填报进出口货物提单或运单的编号。一份报关单只允许填报一个提单或运单号，一票货物对应多个提单或运单时，应分单填报。具体填报要求见《规范》。

12. 货物存放地点

填报货物进境后存放的场所或地点，包括海关监管作业场所、分拨仓库、定点加工厂、隔离检疫场、企业自有仓库等。

13. 消费使用单位/生产销售单位

（1）消费使用单位填报已知的进口货物在境内的最终消费、使用单位的名称，包括：①自行进口货物的单位；②委托进出口企业进口货物的单位。

（2）生产销售单位填报出口货物在境内的生产或销售单位的名称，包括：①自行出口货物的单位；②委托进出口企业出口货物的单位；③免税品经营单位经营出口退税国产商品的，填报该免税品经营单位统一管理的免税店。

（3）减免税货物报关单的消费使用单位/生产销售单位应与"中华人民共和国海关进出口货物征免税证明"（以下简称"征免税证明"）中的"减免税申请人"一致；保税监管场所与境外之间的进出境货物，消费使用单位/生产销售单位填报保税监管场所的名称（保税物流中心（B型）⊖填报中心内企业名称）。

（4）海关特殊监管区域的消费使用单位/生产销售单位填报区域内经营企业（"加工单位"或"仓库"）。

（5）编码填报要求：①填报18位法人和其他组织统一社会信用代码；②无18位统一社会信用代码的，填报"NO"。

（6）进口货物在境内的最终消费或使用以及出口货物在境内的生产或销售的对象为自然人的，填报身份证号、护照号、台胞证号等有效证件号码及姓名。

14. 监管方式

监管方式是以国际贸易中进出口货物的交易方式为基础，结合海关对进出口货物的征税、统计及监管条件综合设定的海关对进出口货物的管理方式。其代码由4位数字构成，前两位是按照海关监管要求和计算机管理需要划分的分类代码，后两位是参照国际标准编制的贸易方式代码。

根据实际对外贸易情况按海关规定的"监管方式代码表"选择填报相应的监管方式简称及代码（如一般贸易0110，详见本章延伸阅读1）。一份报关单只允许填报一种监管方式。特殊情况下货物监管方式填报要求见《规范》。

15. 征免性质

根据实际情况按海关规定的"征免性质代码表"选择填报相应的征免性质简称及代码，

⊖ 保税物流中心（A型）是指经海关批准，由中国境内企业法人经营，专门从事保税仓储物流业务的海关监管场所；保税物流中心（B型）是指经海关批准，由中国境内一家企业法人经营，多家企业进入并从事保税仓储物流业务的海关集中监管场所。

如一般征税 101、科教用品 401 等。持有海关核发的《征免税证明》的，按照《征免税证明》中批注的征免性质填报。一份报关单只允许填报一种征免性质。

加工贸易货物报关单按照海关核发的《加工贸易手册》中批注的征免性质简称及代码填报。特殊情况填报要求见《规范》。

16. 许可证号

填报进（出）口许可证、两用物项和技术进（出）口许可证、两用物项和技术出口许可证（定向）、纺织品临时出口许可证、出口许可证（加工贸易）、出口许可证（边境小额贸易）的编号。

免税品经营单位经营出口退税国产商品的，免予填报。

一份报关单只允许填报一个许可证号。

17. 启运港

填报进口货物在运抵我国关境前的第一个境外装运港。

根据实际情况，按海关规定的"港口代码表"填报相应的港口名称及代码，未在"港口代码表"中列明的，填报相应的国家名称及代码。货物从海关特殊监管区域或保税监管场所运至境内区外的，填报"港口代码表"中相应海关特殊监管区域或保税监管场所的名称及代码，未在《港口代码表》中列明的，填报"未列出的特殊监管区"及代码。

其他无实际进境的货物，填报"中国境内"及代码。

18. 合同协议号

填报进出口货物合同（包括协议或订单）编号；未发生商业性交易的免予填报。

免税品经营单位经营出口退税国产商品的，免予填报。

19. 贸易国（地区）

发生商业性交易的"进口"填报购自国（地区），"出口"填报售予国（地区）；未发生商业性交易的，填报货物所有权拥有者所属的国家（地区）。

按海关规定的"国别（地区）代码表"选择填报相应的贸易国（地区）中文名称及代码，如日本 116、韩国 133 等。

20. 启运国（地区）/运抵国（地区）

"启运国（地区）"填报进口货物起始发出直接运抵我国或者在运输中转国（地）未发生任何商业性交易的情况下运抵我国的国家（地区）。

"运抵国（地区）"填报出口货物离开我国关境直接运抵或者在运输中转国（地区）未发生任何商业性交易的情况下最后运抵的国家（地区）。

不经过第三国（地区）转运的直接运输进出口货物，以进口货物的装货港所在国（地区）为启运国（地区），以出口货物的指运港所在国（地区）为运抵国（地区）。

经过第三国（地区）转运的进出口货物，如在中转国（地区）发生商业性交易，则以中转国（地区）作为启运/运抵国（地区）。

按海关规定的"国别（地区）代码表"选择填报相应的启运国（地区）或运抵国（地区）中文名称及代码。

无实际进出境的货物，填报"中国"及代码（142）。

21. 经停港/指运港

"经停港"填报进口货物在运抵我国关境前的最后一个境外装运港。

"指运港"填报出口货物运往境外的最终目的港;最终目的港不可预知的,按尽可能预知的目的港填报。

根据实际情况,按海关规定的"港口代码表"选择填报相应的港口名称及代码;经停港/指运港在"港口代码表"中无港口名称及代码的,可选择填报相应的国家名称及代码。

无实际进出境的货物,填报"中国境内"及代码。

22. 入境口岸/离境口岸

"入境口岸"填报进境货物从跨境运输工具卸离的第一个境内口岸的中文名称及代码;采取多式联运跨境运输的,填报多式联运货物最终卸离的境内口岸中文名称及代码;过境货物填报货物进入境内的第一个口岸的中文名称及代码;从海关特殊监管区域或保税监管场所进境的,填报海关特殊监管区域或保税监管场所的中文名称及代码。其他无实际进境的货物,填报货物所在地的城市名称及代码。

"离境口岸"填报装运出境货物的跨境运输工具离境的第一个境内口岸的中文名称及代码;采取多式联运跨境运输的,填报多式联运货物最初离境的境内口岸中文名称及代码;过境货物填报货物离境的第一个境内口岸的中文名称及代码;从海关特殊监管区域或保税监管场所离境的,填报海关特殊监管区域或保税监管场所的中文名称及代码。其他无实际出境的货物,填报货物所在地的城市名称及代码。

入境口岸/离境口岸类型包括港口、码头、机场、机场货运通道、边境口岸、火车站、车辆装卸点、车检场、陆路港、坐落在口岸的海关特殊监管区域等。按海关规定的"国内口岸编码表"选择填报相应的境内口岸名称及代码。

23. 包装种类

填报进出口货物的所有包装材料,包括运输包装和其他包装,按海关规定的"包装种类代码表"选择填报相应的包装种类名称及代码。运输包装是指提运单所列货物件数单位对应的包装;其他包装包括货物的各类包装,以及植物性铺垫材料等。

24. 件数

填报进出口货物运输包装的件数(按运输包装计)。特殊情况填报要求如下:
(1)舱单件数为集装箱的,填报集装箱个数。
(2)舱单件数为托盘的,填报托盘数。
不得填报"0",裸装货物填报"1"。

25. 毛重(千克)

填报进出口货物及其包装材料的重量之和,计量单位为千克,不足1千克的填报"1"。

26. 净重(千克)

填报进出口货物的毛重减去外包装材料后的重量,即货物本身的实际重量,计量单位为千克,不足1千克的填报"1"。

27. 成交方式

根据进出口货物实际成交价格条款,按海关规定的"成交方式代码表"选择填报相应的成交方式代码,如CIF(1)、CFR(2)、FOB(3)等。

无实际进出境的货物,"进口"填报"CIF","出口"填报"FOB"。

28. 运费

填报进口货物运抵我国境内输入地点起卸前的运输费用,出口货物运至我国境内输出地点装载后的运输费用。

运费可按运费单价、总价或运费率三种方式之一填报，注明运费标记（运费标记"1"表示运费率；"2"表示每吨货物的运费单价；"3"表示运费总价），并按海关规定的"货币代码表"选择填报相应的币种代码，如美元（502）、欧元（300）等。

免税品经营单位经营出口退税国产商品的，免予填报。

29. 保费

填报进口货物运抵我国境内输入地点起卸前的保险费用，出口货物运至我国境内输出地点装载后的保险费用。

保费可按保险费总价或保险费率两种方式之一填报，注明保险费标记（保险费标记"1"表示保险费率；"3"表示保险费总价），并按海关规定的"货币代码表"选择填报相应的币种代码。

免税品经营单位经营出口退税国产商品的，免予填报。

30. 杂费

填报成交价格以外的、按照《中华人民共和国进出口关税条例》相关规定应计入完税价格或应从完税价格中扣除的费用。可按杂费总价或杂费率两种方式之一填报，注明杂费标记（杂费标记"1"表示杂费率；"3"表示杂费总价），并按海关规定的"货币代码表"选择填报相应的币种代码。

应计入完税价格的杂费填报为正值或正率，应从完税价格中扣除的杂费填报为负值或负率。

免税品经营单位经营出口退税国产商品的，免予填报。

31. 随附单证及编号

根据海关规定的"监管证件代码表"和"随附单据代码表"选择填报除本《规范》第16条规定的许可证件以外的其他进出口许可证件或监管证件、随附单据代码及编号。

本栏目分为"随附单证代码"和"随附单证编号"两栏，其中"随附单证代码"栏按海关规定的"监管证件代码表"和"随附单据代码表"选择填报相应证件代码，如进口许可证（1）、出口许可证（4）、自动进口许可证（7）等；"随附单证编号"栏填报证件编号。

其他特殊填报要求见《规范》。

32. 标记唛码及备注

标记唛码中除图形以外的文字、数字，无标记唛码的填报"N/M"。具体填报要求见《规范》。

33. 项号

分两行填报：第一行填报报关单中的商品顺序编号㊀；第二行填报备案序号，专用于加工贸易及保税、减免税等已备案、审批的货物，填报该项货物在《加工贸易手册》或"征免税证明"等备案、审批单证中的顺序编号。其他特殊情况填报要求见《规范》。

㊀ 一张报关单只能填写一个税则号列（H. S. code）项下的货物。由同一运输工具同时运抵同一口岸并且属于同一收货人、使用同一提单的多种进口货物，按照商品归类规则应当归入同一商品编码（H. S.）的，该收货人或者其代理人应当将有关商品一并归入该商品编码向海关申报。

34. 商品编号
填报由 10 位数字组成的商品编号：前 8 位为《中华人民共和国进出口税则》和《中华人民共和国海关统计商品目录》确定的编码；第 9、10 位为监管附加编号。

35. 商品名称及规格型号
分两行填报：第一行填报进出口货物规范的中文商品名称；第二行填报规格型号。具体填报要求见《规范》。

36. 数量及单位
分三行填报：

（1）第一行按进出口货物的法定第一计量单位填报数量及单位，法定计量单位以《中华人民共和国海关统计商品目录》中的计量单位为准。

（2）凡列明有法定第二计量单位的，在第二行按照法定第二计量单位填报数量及单位；无法定第二计量单位的，第二行为空。

（3）成交计量单位及数量填报在第三行。

（4）法定计量单位为"千克"的数量填报。特殊情况下填报要求见《规范》。

37. 单价
填报同一项号下进出口货物实际成交的商品单位价格。无实际成交价格的，填报单位货值。

38. 总价
填报同一项号下进出口货物实际成交的商品总价格。无实际成交价格的，填报总货值。

39. 币制
按海关规定的"货币代码表"选择相应的货币名称及代码填报，如"货币代码表"中无实际成交币种，需将实际成交货币按申报日外汇折算率折算成"货币代码表"列明的货币填报。

40. 原产国（地区）
原产国（地区）依据《中华人民共和国进出口货物原产地条例》《中华人民共和国海关关于执行〈非优惠原产地规则中实质性改变标准〉的规定》，以及海关总署关于各项优惠贸易协定原产地管理规章规定的原产地确定标准填报。同一批进出口货物的原产地不同的，分别填报原产国（地区）。进出口货物原产国（地区）无法确定的，填报"国别不详"。

按海关规定的"国别（地区）代码表"选择填报相应的国家（地区）名称及代码。

41. 最终目的国（地区）
最终目的国（地区）填报已知的进出口货物的最终实际消费、使用或进一步加工制造国家（地区）。不经过第三国（地区）转运的直接运输货物，以运抵国（地区）为最终目的国（地区）；经过第三国（地区）转运的货物，以最后运往国（地区）为最终目的国（地区）。同一批进出口货物的最终目的国（地区）不同的，分别填报最终目的国（地区）。进出口货物不能确定最终目的国（地区）时，以尽可能预知的最后运往国（地区）为最终目的国（地区）。

按海关规定的"国别（地区）代码表"选择填报相应的国家（地区）名称及代码。

42. 境内目的地/境内货源地
"境内目的地"填报已知的进口货物在国内的消费、使用地或最终运抵地。其中最终运抵地为最终使用单位所在的地区。最终使用单位难以确定的，填报货物进口时预知的最终收货单位所在地。

"境内货源地"填报出口货物在国内的产地或原始发货地。出口货物产地难以确定的，填报最早发运该出口货物的单位所在地。

海关特殊监管区域、保税物流中心（B型）与境外之间的进出境货物，境内目的地/境内货源地填报本海关特殊监管区域、保税物流中心（B型）所对应的国内地区。

按海关规定的"国内地区代码表"选择填报相应的国内地区名称及代码。境内目的地还需根据《中华人民共和国行政区划代码》选择填报其对应的县级行政区名称及代码。无下属区县级行政区的，可选择填报地市级行政区。

43. 征免

按照海关核发的"征免税证明"或有关政策规定，对报关单所列每项商品选择海关规定的"征减免税方式代码表"中相应的征减免税方式填报。

加工贸易货物报关单根据《加工贸易手册》中备案的征免规定填报；《加工贸易手册》中备案的征免规定为"保金"或"保函"的，填报"全免"。

44. 特殊关系确认

填报确认进出口行为中买卖双方是否存在特殊关系。根据《中华人民共和国海关审定进出口货物完税价格办法》（简称《审价办法》）第十六条，有下列情形之一的，应当认为买卖双方存在特殊关系，应填报"是"，反之则填报"否"。

（1）买卖双方为同一家族成员的。
（2）买卖双方互为商业上的高级职员或者董事的。
（3）一方直接或者间接地受另一方控制的。
（4）买卖双方都直接或者间接地受第三方控制的。
（5）买卖双方共同直接或者间接地控制第三方的。
（6）一方直接或者间接地拥有、控制或者持有对方5%以上（含5%）公开发行的有表决权的股票或者股份的。
（7）一方是另一方的雇员、高级职员或者董事的。
（8）买卖双方是同一合伙的成员的。

买卖双方在经营上相互有联系，一方是另一方的独家代理、独家经销或者独家受让人，如果符合前款的规定，也应当视为存在特殊关系。

出口货物免予填报，加工贸易及保税监管货物（内销保税货物除外）免予填报。

45. 价格影响确认

填报确认纳税义务人是否可以证明特殊关系未对进口货物的成交价格产生影响。根据《审价办法》第十七条，纳税义务人能证明其成交价格与同时或者大约同时发生的下列任何一款价格相近的，应视为特殊关系未对成交价格产生影响，填报"否"，反之则填报"是"。

（1）向境内无特殊关系的买方出售的相同或者类似进口货物的成交价格。
（2）按照《审价办法》第二十三条的规定所确定的相同或者类似进口货物的完税价格。
（3）按照《审价办法》第二十五条的规定所确定的相同或者类似进口货物的完税价格。

出口货物免予填报，加工贸易及保税监管货物（内销保税货物除外）免予填报。

46. 支付特许权使用费确认

根据《审价办法》第十一条和第十三条，填报确认买方是否存在向卖方或者有关方直接或者间接支付与进口货物有关的特许权使用费，且未包括在进口货物的实付、应付价格中。

买方存在需向卖方或者有关方直接或者间接支付特许权使用费，且未包含在进口货物实付、应付价格中，并且符合《审价办法》第十三条的，在"支付特许权使用费确认"栏目填报"是"。

买方存在需向卖方或者有关方直接或者间接支付特许权使用费，且未包含在进口货物实付、应付价格中，但纳税义务人无法确认是否符合《审价办法》第十三条的，填报"是"。

买方存在需向卖方或者有关方直接或者间接支付特许权使用费且未包含在实付、应付价格中，纳税义务人根据《审价办法》第十三条，可以确认需支付的特许权使用费与进口货物无关的，填报"否"。

买方不存在向卖方或者有关方直接或者间接支付特许权使用费的，或者特许权使用费已经包含在进口货物实付、应付价格中的，填报"否"。

出口货物免予填报，加工贸易及保税监管货物（内销保税货物除外）免予填报。

47. 自报自缴

进出口企业、单位采用"自主申报、自行缴税"（自报自缴）模式向海关申报时，填报"是"，反之则填报"否"。

48. 申报单位

自理报关的，填报进出口企业的名称及编码；委托代理报关的，填报报关企业名称及编码。"编码"填报 18 位法人和其他组织统一社会信用代码。

"报关人员"填报在海关备案的姓名、编码、电话，并加盖申报单位印章。

49. 海关批注及签章

供海关作业时签注。

11.6 一般贸易进出口货物征税

前面述及，征收进出口关税和其他税费是海关的重要任务之一，也是进出口货物收发货人、进境物品所有人的义务之一。

海关征税包括征收关税和征收其他税费两部分。其中，征收关税是指海关对贸易性货物征收进出口关税，对非贸易性进境物品征收进口关税，对特定贸易对象征收反倾销税、反补贴税、保障措施关税、报复性关税。征收其他税费是指海关代国家税务局征收的进口环节消费税、增值税以及代交通部门征收的船舶吨税。

下面以一般贸易进出口货物为例，介绍海关征税的流程及计算方法。根据海关《进出口货物征税管理办法》和《进出口关税条例》规定，中华人民共和国准许进出口的货物、进境物品，除法律、行政法规另有规定外，海关依照规定征收进出口关税。进口货物的收货人、出口货物的发货人、进境物品的所有人是关税的纳税义务人。

11.6.1 进出口货物关税税率的设置和适用

进口关税设置最惠国税率、协定税率、特惠税率、普通税率、关税配额税率等税率，对进口货物在一定期限内可以实行暂定税率。出口关税设置出口税率，对出口货物在一定期限内可以实行暂定税率。

原产于共同适用最惠国待遇条款（MFN）的世界贸易组织成员的进口货物，原产于与中华人民共和国签订含有相互给予最惠国待遇条款的双边贸易协定的国家或者地区的进口货物，以及原产于中华人民共和国境内的进口货物，适用最惠国税率。原产于与中华人民共和国签订含有关税优惠条款的区域性贸易协定的国家或者地区的进口货物，适用协定税率。原产于与中华人民共和国签订含有特殊关税优惠条款的贸易协定的国家或者地区的进口货物，适用特惠税率。除上述以外国家或者地区的进口货物，以及原产地不明的进口货物，适用普通税率。按照国家规定实行关税配额管理的进口货物，关税配额内的，适用关税配额税率；关税配额外的，按有关规定办理。按照有关法律、行政法规的规定对进口货物采取反倾销、反补贴、保障措施的，其税率的适用按照《中华人民共和国反倾销条例》《中华人民共和国反补贴条例》和《中华人民共和国保障措施条例》的有关规定执行。

11.6.2　进出口货物完税价格的确定

完税价格是指海关在计征关税时使用的计税价格。

1. 进口货物完税价格的确定

进口货物的完税价格由海关以货物成交价格，以及该货物运抵中华人民共和国境内输入地点起卸前的运输及其相关费用、保险费为基础审查确定。

进口货物成交价格是指卖方向我国境内销售该货物时，买方为进口该货物向卖方实付、应付的价款总额，包括直接支付的价款和间接支付的价款。

进口货物完税价格中的运输及其相关费用，应当按照由买方实际支付或者应当支付的费用计算。如果进口货物的运输及其相关费用无法确定，海关应当按照该货物进口同期的正常运输成本审查确定。

进口货物完税价格中的保险费，应当按照实际支付的费用计算。如果进口货物的保险费无法确定或者未实际发生，海关应当按照"货价加运费"两者总额的3‰计算保险费。其计算公式为

$$保险费 = (货价 + 运费) \times 3‰$$

2. 出口货物完税价格的确定

出口货物的完税价格由海关以该货物的成交价格以及该货物运至中华人民共和国境内输出地点装载前的运输及其相关费用、保险费为基础审查确定。

出口货物的成交价格是指该货物出口时，卖方为出口该货物应当向买方直接收取和间接收取的价款总额。出口关税不计入完税价格。

进出口货物完税价格不能确定的，海关经了解有关情况，并与纳税义务人进行价格磋商后，估定完税价格（即由海关估价）。

进出口货物的价格及有关费用以外币计价的，海关按照该货物适用税率之日所适用的计征汇率折合为人民币计算完税价格。完税价格采用四舍五入法计算至分。

11.6.3　进出口货物税费的征收

1. 申报时限

进口货物的纳税义务人应当自运输工具申报进境之日起14日内，出口货物的纳税义务

人除海关特准之外,应当在货物运抵海关监管区后、装货的 24 小时以前,向货物的进出境地海关申报。

2. 归类

纳税义务人应当按照《关税税则》规定的目录条文和归类总规则、类注、章注、子目注释以及其他归类注释,对其申报的进出口货物进行商品归类,并归入相应的税则号列。海关依法审核确定该货物的商品归类。

3. 进出口关税和进口环节代征税的计征

进出口货物关税,以从价计征、从量计征或者国家规定的其他方式征收。海关按有关法律、行政法规规定的适用税种、税目、税率和计算公式对进口货物计征进口环节海关代征税。除另有规定外,进出口关税和进口环节海关代征税按照下述计算公式计征:

从价计征关税的计算公式为

$$应纳税额 = 完税价格 \times 关税税率$$

从量计征关税的计算公式为

$$应纳税额 = 货物数量 \times 单位关税税额$$

从价计征进口环节消费税的计算公式为

$$应纳税额 = [(完税价格 + 实征关税税额)/(1 - 消费税税率)] \times 消费税税率$$

从量计征进口环节消费税的计算公式为

$$应纳税额 = 货物数量 \times 单位消费税税额$$

计征进口环节增值税的计算公式为

$$应纳税额 = (完税价格 + 实征关税税额 + 实征消费税税额) \times 增值税税率$$

4. 税款缴纳

纳税义务人应当自海关填发税款缴款书之日起 15 日内通过指定银行缴纳税款,也可通过中国电子口岸网上缴纳税款。逾期缴纳的,由海关自缴款期限届满之日起至缴清税款之日止,按日加收滞纳税款万分之五的滞纳金。纳税义务人应当自海关填发滞纳金缴款书之日起 15 日内向指定银行缴纳滞纳金。进出口关税、进口环节海关代征税、滞纳金等,应当按人民币计征,采用四舍五入法计算至分。滞纳金的起征点为 50 元。

5. 税费计算举例

我国境内一家外贸企业进口一批法国产葡萄酒,信息如下:

单价:EUR 1.5 per liter CIF Qingdao, China *Incoterms 2020*

数量:1000 箱,计 4500 升

货物 CIF 总价值:1.5 欧元/升 ×4500 升 =6750 欧元

包装:纸箱包装,每箱 6 瓶,每瓶 750 毫升(即每箱 4.5 升)

经查,该葡萄酒的最惠国税率为 14%,普通税率为 180%,增值税税率为 13%,消费税税率为 10%(仅计征从价消费税,不征从量消费税),并假定报关当日欧元与人民币汇率为 100 欧元 =702.93 元人民币。

试计算:

(1)该批货物的完税价格。

(2)应缴纳的关税税额。

(3)应缴纳的消费税税额。

（4）应缴纳的增值税税额。

参考答案：

（1）完税价格 = 6750 × 7.0293 = 47447.78（元）

（2）应缴纳关税税额 = 关税完税价格 × 关税税率 = 47447.78 × 14% = 6642.69（元）（法国适用最惠国税率）

（3）应缴纳消费税税额

= [（完税价格 + 实征关税税额）/（1 - 消费税税率）] × 消费税税率

= [（47447.78 + 6642.69）/（1 - 10%）] × 10%

= 6010.05（元）

（4）应缴纳增值税税额

=（完税价格 + 实征关税税额 + 实征消费税税额）× 增值税税率

=（47447.78 + 6642.69 + 6010.05）× 13%

= 7813.07（元）

注：完税价格、关税税额、消费税税额、增值税税额，均四舍五入，计算至分。

本章延伸阅读

1. 监管方式

进出口货物海关监管方式（即现行的"海关进出口货物报关单"监管方式），是以国际贸易中进出口货物的交易方式为基础，结合海关对进出口货物的征税、统计及监管条件综合设定的海关对进出口的管理方式。

由于海关对不同监管方式下进出口货物的监管、征税、统计作业的要求不尽相同，因此为满足海关管理的要求，监管方式代码采用4位数字结构，其中前两位是按海关监管要求和计算机管理需要划分的分类代码，后两位是海关统计代码。

应该指出的是，监管方式及其代码是动态的，海关根据业务需要可能适时对其加以调整（增设或删减）。截至2023年7月，海关使用的监管方式及其代码见表11-1。

表11-1 监管方式及其代码

序 号	代 码	简 称	全 称
01	0110	一般贸易	一般贸易
02	0130	易货贸易	易货贸易
03	0139	旅游购物商品	用于旅游者5万美元以下的出口小批量订货
04	0200	料件销毁	加工贸易料件、残次品（折料）销毁
05	0214	来料加工	来料加工装配贸易进口料件及加工出口货物
06	0243	来料以产顶进	来料加工成品以产顶进
07	0245	来料料件内销	来料加工料件转内销
08	0255	来料深加工	来料深加工结转货物
09	0258	来料余料结转	来料加工余料结转

(续)

序号	代码	简称	全称
10	0265	来料料件复出	来料加工复运出境的原进口料件
11	0300	来料料件退换	来料加工料件退换
12	0314	加工专用油	国营贸易企业代理来料加工企业进口柴油
13	0320	不作价设备	加工贸易外商提供的不作价进口设备
14	0345	来料成品减免	来料加工成品凭征免税证明转减免
15	0400	边角料销毁	加工贸易边角料、副产品（按状态）销毁
16	0420	加工贸易设备	加工贸易项下外商提供的进口设备
17	0444	保区进料成品	按成品征税的保税区进料加工成品转内销货物
18	0445	保区来料成品	按成品征税的保税区来料加工成品转内销货物
19	0446	加工设备内销	加工贸易免税进口设备转内销
20	0456	加工设备结转	加工贸易免税进口设备结转
21	0466	加工设备退运	加工贸易免税进口设备退运出境
22	0500	减免设备结转	用于监管年限内减免税设备的结转
23	0513	补偿贸易	补偿贸易
24	0544	保区进料料件	按料件征税的保税区进料加工成品转内销货物
25	0545	保区来料料件	按料件征税的保税区来料加工成品转内销货物
26	0615	进料对口	进料加工（对口合同）
27	0642	进料以产顶进	进料加工成品以产顶进
28	0644	进料料件内销	进料加工料件转内销
29	0654	进料深加工	进料深加工结转货物
30	0657	进料余料结转	进料加工余料结转
31	0664	进料料件复出	进料加工复运出境的原进口料件
32	0700	进料料件退换	进料加工料件退换
33	0715	进料非对口	进料加工（非对口合同）
34	0744	进料成品减免	进料加工成品凭征免税证明转减免税
35	0815	低值辅料	低值辅料
36	0844	进料边角料内销	进料加工项下边角料转内销
37	0845	来料边角料内销	来料加工项下边角料内销
38	0864	进料边角料复出	进料加工项下边角料复出口
39	0865	来料边角料复出	来料加工项下边角料复出口
40	1039	市场采购	市场采购
41	1139	国轮油物料	中国籍运输工具境内添加的保税油料、物料
42	1200	保税间货物	海关保税场所及保税区域之间往来的货物
43	1210	保税电商	保税跨境贸易电子商务
44	1215	保税工厂	保税工厂
45	1233	保税仓库货物	保税仓库进出境货物

（续）

序号	代码	简称	全称
46	1234	保税区仓储转口	保税区进出境仓储转口货物
47	1239	保税电商A	保税跨境贸易电子商务A
48	1300	修理物品	进出境修理物品
49	1371	保税维修	保税维修
50	1427	出料加工	出料加工
51	1500	租赁不满一年	租赁不满一年的租赁贸易货物
52	1523	租赁贸易	租期在一年及以上的租赁贸易货物
53	1616	寄售代销	寄售、代销贸易
54	1741	免税品	免税品
55	1831	外汇商品	免税外汇商品
56	2025	合资合作设备	合资合作企业作为投资进口设备物品
57	2210	对外投资	对外投资
58	2225	外资设备物品	外资企业作为投资进口的设备物品
59	2439	常驻机构公用	外国常驻机构进口办公用品
60	2600	暂时进出货物	暂时进出口货物
61	2700	展览品	展览品
62	2939	陈列样品	驻华商业机构不复运出口的进口陈列样品
63	3010	货样广告品	进出口的货样广告品
64	3100	无代价抵偿	无代价抵偿货物
65	3339	其他进口免费	其他进口免费提供货物
66	3410	承包工程进口	对外承包工程进口物资
67	3422	对外承包出口	对外承包工程出口物资
68	3511	援助物资	国家和国际组织无偿援助物资
69	3611	无偿军援	无偿军援
70	3612	捐赠物资	进出口捐赠物资
71	3910	军事装备	军事装备
72	4019	边境小额	边境小额贸易（边民互市贸易除外）
73	4039	对台小额	对台小额贸易
74	4139	对台小额商品交易市场	进入对台小额商品交易专用市场的货物
75	4200	驻外机构运回	我驻外机构运回旧公用物品
76	4239	驻外机构购进	我驻外机构境外购买运回国的公务用品
77	4400	来料成品退换	来料加工成品退换
78	4500	直接退运	直接退运
79	4539	进口溢误卸	进口溢卸、误卸货物
80	4561	退运货物	因质量不符、误期交货等原因退运进出境货物
81	4600	进料成品退换	进料成品退换

(续)

序号	代码	简称	全称
82	5000	料件进出区	料件进出海关特殊监管区域
83	5010	特殊区域研发货物	海关特殊监管区域与境外之间进出的研发货物
84	5014	区内来料加工	海关特殊监管区域与境外之间进出的来料加工货物
85	5015	区内进料加工货物	海关特殊监管区域与境外之间进出的进料加工货物
86	5033	区内仓储货物	加工区内仓储企业从境外进口的货物
87	5034	区内物流货物	海关特殊监管区域与境外之间进出的物流货物
88	5100	成品进出区	成品进出海关特殊监管区域
89	5200	区内边角调出	用于区内外非实际进出境货物
90	5300	设备进出区	设备及物资进出海关特殊监管区域
91	5335	境外设备进区	海关特殊监管区域从境外进口的设备及物资
92	5361	区内设备退运	海关特殊监管区域设备及物资退运境外
93	6033	物流中心进出境货物	保税物流中心与境外之间进出仓储货物
94	9500	特许权使用费后续征税	特许权使用费后续征税
95	9600	内贸货物跨境运输	内贸货物跨境运输
96	9610	电子商务	跨境贸易电子商务
97	9639	海关处理货物	海关变卖处理的超期未报货物、走私违规货物
98	9700	后续补税	无原始报关单的后续补税
99	9710	跨境电商 B2B 直接出口	跨境电子商务企业对企业直接出口
100	9739	其他贸易	其他贸易
101	9800	租赁征税	租赁期一年及以上的租赁贸易货物的租金
102	9810	跨境电商出口海外仓	跨境电子商务出口海外仓
103	9839	留赠转卖物品	外交机构转售境内或国际活动留赠放弃特批货
104	9900	其他	其他

(资料来源：中国国际贸易单一窗口，https://new.singlewindow.cn/。各种监管方式的适用范围见海关相关解释。)

2. 无代价抵偿

无代价抵偿货物（代码3100）是指进口货物在海关征税放行后，经检验发现货物残损、短少或品质不良，而由国外发货人、承运人或保险公司免费补偿或更换的同类货物。对无代价抵偿货物，海关区分情况分别予以免税或征税。

（1）如原进口货物所征税款未予退还的，其进口的无代价抵偿货物属下列情况的，予以免税放行：

1）原进口货物已退运国外或放弃交由海关处理的。

2）海关全数征税放行后，发现货物短少，重新补充进口的短少部分的货物。

3）机器、仪器或其零部件残损或品质不良的。

4）机器、仪器和其他货物残损或品质不良，国外同意削价，同时补偿进口部分品名、规格相同的货物，并且价值不超过削价金额的。

（2）车辆、家用电器、办公室用机器、其他耐用消费品及其零部件残损或品质不良，如不退运国外，其进口的无代价抵偿货物应予照章征税，但对留在国内的原进口货物，应凭商检部门出具的证书重新估价计税，原多征税款准予退还。

3. 商品名称与编码协调制度

为了统一不同国家对同一产品的不同称谓，联合国经济与社会理事会（ECOSOC）早在1950年就发布了《国际贸易标准分类》（Standard International Trade Classification，SITC）。之后，世界主要贸易国又在比利时首都布鲁塞尔签订了《海关合作理事会税则商品分类目录》（Customs Cooperation Council Nomenclature，CCCN）。CCCN和SITC对商品的分类有所不同，为了避免采用不同目录分类在贸易、运输、产品归类以及征税等方面产生分歧，海关合作理事会又制定了《商品名称及编码协调制度》（the Harmonized Commodity Description and Coding System，简称H.S.，又称《协调制度》），并于1988年1月1日起正式实施。

《协调制度》的总体结构包括三部分：一是归类总规则，共六条；二是类（section）、章（chapter）、目（heading）和子目（sub-heading）注释；三是商品名称及编码。

《协调制度》采用六位编码，把全部国际贸易商品分为21大类、97章（其中第77章为保留章），章下分目和子目。商品编码的前第1、2位代表"章"，第3、4位代表"目"，第5、6位代表"子目"。

目前使用《协调制度》的国家和地区有200多个，涵盖了国际贸易总量的98%。我国于1992年正式加入《协调制度公约》，现行的《中华人民共和国海关进出口税则》以及《中华人民共和国统计商品目录》《进出口税则商品及品目注释》等都是以《协调制度》为基础而制定的。

世界海关组织（WCO）每4~6年对《协调制度》进行一次修订。2021年年底，世界海关组织发布了2022年版《协调制度》修订目录，于2022年1月1日生效。我国随之进行了2022年版《协调制度》的翻译修订及《海关进出口税则》的修订转换。

4. 海关代征进口环节消费税、增值税

（1）消费税及征税对象。消费税是以消费品或消费行为的流转额作为课税对象而征收的一种流转税。消费税由税务机关征收，进口环节的消费税由海关代征。

消费税征收对象包括：

1）一些过度消费会对人的身体健康、社会秩序、生态环境等方面造成危害的特殊消费品，如烟、酒、酒精、鞭炮、焰火等。

2）奢侈品、非生活必需品，如贵重首饰、珠宝宝石、高档化妆品等。

3）高能耗的高档消费品，如小轿车、摩托车、汽车轮胎等。

4）不可再生和替代的资源类消费品，如汽油、柴油等。

（2）增值税及征税对象。增值税是以商品的生产、流通和劳务服务各个环节所创造的新增价值为课税对象的一种流转税。进口环节增值税是在货物、物品进口时，对进口货物的收货人征收的一种增值税。增值税通常由税务机关征收，但进口环节增值税由海关代为征收。

根据我国现行税法，一般纳税人根据发生的应税行为，适用于13%、9%、6%三档税率；小规模纳税人适用于3%、5%两档税率。

5. 海关代征进口环节船舶吨税

船舶吨税是指外籍船舶在本国航行时，由于使用本国港口设施和助航设备（如灯塔、航标等）而向本国缴纳的一种税费，专项用于海上航标的维护、建设和管理。《中华人民共和国船舶吨税法》第一条规定，自中华人民共和国境外港口进入境内港口的船舶，应当依法缴纳船舶吨税。船舶吨税按照船舶净吨位和吨税执照期限征收，进口环节船舶吨税由海关代征。

本章主要参考文献

[1] 张援越，邢丽. 报关与报检实务 [M]. 3版. 北京：机械工业出版社，2021.

[2] 山秀娟，管迪，王洪艳. 报关实务 [M]. 北京：清华大学出版社，2021.

[3] 李贺，张静，王伟宏. 报检与报关实务：理论 实务 案例 实训 [M]. 2版. 上海：上海财经大学出版社，2016.

[4] 中华人民共和国海关法 [M]. 北京：中国法制出版社，2021.

[5] 顾永才，王斌义. 报检与报关实务 [M]. 6版. 北京：首都经济贸易大学出版社，2021.

[6] 徐春祥，等. 国际贸易实务 [M]. 2版. 北京：机械工业出版社，2018.

[7] 徐春祥. 国际贸易实务习题与参考答案 [M]. 北京：机械工业出版社，2014.

本章数字资源

依次包括报关单位备案信息表、进出口货物报关单修改/撤销申请表、海关进口关税及增值税专用缴款书、放行通知书、进出境货物备案清单。